编 委 会

国家出版基金项目
NATIONAL PUBLICATION FOUNDATION
国家“十二五”重点图书出版规划项目

张天杰 邹建锋 喻志 著

明朝思想

南京出版社
南京出版传媒集团

图书在版编目(CIP)数据

明朝思想/张天杰著. —南京：南京出版社，2017.3

ISBN 978-7-5533-1703-8

Ⅰ. ①明… Ⅱ. ①张… Ⅲ. ①思想史—中国—明代 Ⅳ. ①B248

中国版本图书馆 CIP 数据核字(2017)第 044362 号

丛 书 名 明朝文化研究丛书
书　　名 明朝思想
作　　者 张天杰　邹建锋　喻　志
出版发行 南京出版传媒集团
南 京 出 版 社

社址　南京市太平门街 53 号　　邮编　210016
网址　http://www.njcbs.cn　　电子信箱　njcbs1988@163.com
淘宝网店　http://njpress.taobao.com　天猫网店：http://njcbcmjtts.tmall.com
联系电话：025-83283893、83283864(营销)　025-83112257(编务)

出 版 人 朱同芳
出 品 人 卢海鸣
责任编辑 凌　霄
装帧设计 周　勇
责任印制 杨福彬

排　　版 南京展望文化发展有限公司
印　　刷 南京工大印务有限公司
开　　本 787 毫米×1092 毫米　1/16
印　　张 26
插　　页 2
字　　数 414 千字
版　　次 2017 年 3 月第 1 版
印　　次 2017 年 3 月第 1 次印刷
书　　号 ISBN 978-7-5533-1703-8
定　　价 80.00 元

淘宝网店　天猫网店

营销分类：历史　文化

总　序

商　传

说起明朝的文化，我们首先想到的便是南京的那些保存至今的明朝遗迹，无论是深邃的南京故宫遗址，还是巍峨的南京古城墙，古木苍翠的孝陵，还是喧闹的夫子庙街和灯红酒绿的秦淮河房……确实，这些我们现在还可以触摸到感受到的东西，无一不渗透了明朝文化的内涵。相比之下，原本作为明朝京师的北京，反倒多了些清文化的氛围。

那么，究竟什么是明文化？简言之，明文化就是明朝人生活劳作活动过程中产生的所有物质与非物质的成果。

明朝是中国历史上一个重要的朝代，自从太祖朱元璋建国，经历了 276 年的统一与稳定，它既没有发生像唐朝"安史之乱"那样的破坏，也没有发生像宋朝南迁那样的分裂，更没有像清朝鸦片战争那样的国难，而是基本上平平安安度过了 276 年，这在中国历史上是绝无而仅有的。在这 276 年间里也便打造出来了一种特定的明朝历史文化。

我们先来看看明朝的历史，一般来说，有明一代的历史，大致可以分为三个大的时段。首先一个时段是开国。这个时段本来应该只是从明太祖朱元璋建国开始，到他的继承人建文帝朱允炆继位改元就结束了。可是由于当时并未完成从开国到治国的转变，以燕王朱棣为代表的军事集团发动"靖难"之役，最终战胜以建文帝朱允炆为代表的文官集团，夺取了皇位，从而使明朝的开国延至仁宗、宣宗即位才得以完成，前后将近六十年时间。与历朝相比，明朝的开国也算得上是最长的了。

从仁、宣以后，明朝进入了治国时段，谷应泰《明史纪事本末》称之为"仁、宣致治"，其后虽然经过了正统年间的"土木之变"，其实明朝并没有发生什么变化。倘若再深一层观察这个时段的历史，我们便可知道，正统时对于江南赋税的减征，成就了江南文化的物质基础，待到成化以后，因为商品生产的发展，明朝社会的转型便有所萌动。只是其后的“弘治中兴”，又将这一隐然的变化暂时阻断。到了正德朝，因为武宗皇帝的嬉政，自上而下的社会风气有所变化，士大夫们中间出现了像唐寅、桑悦、祝枝山之类放浪不羁的人物，也出现了像王阳明那样的新儒家及其追随者们倡导的学说。王阳明的心学与当时讲学的风气互为表里，一时蔚然成风，重现了一个可与先秦诸子百家争鸣的时代。嘉靖皇帝以外藩入继皇位，在其即位之初便发起了一场“议礼”之争，他的胜利固然是他对于皇统继承的个人意志所致，同时却也反映出了历史发展变化的需要，明朝的传统至此已经不得不变了，以内阁为代表的文官体制至此也发展到了巅峰。但这一切还都只是为其后的社会转型及其相应的改革提供了思想与理论的基础。

明朝真正的社会变迁是从万历朝开始的。即明朝人所说：人人都感受到了的这种“万历后为之一变”的历史变化。从万历朝起，明朝进入了我们常说的晚明时期。这个时段可与唐代“安史之乱”以后和清代鸦片战争以后的历史时段相比，在中国历史上，只有这三个时段被人们习惯称之为“晚”，即“晚唐”、“晚明”与“晚清”。

当年我们在白寿彝先生指导下编写《中国通史》，白先生曾经提出过一个问题：为什么晚明时代政治那样的腐朽，但是经济、文化和社会生活却那样繁荣？现在我们编写“明朝文化研究丛书”，自然再次遇到这个无法回避的问题。不过这个问题在今天明史研究者当中已经有了一个共识，那便是晚明时期的社会转型。这大约可以算得上是中国第一次向近代社会变化的尝试。

明朝的文化，在有明一代也发生过与这三个时段基本同步的变化。明太祖朱元璋建立的明朝，本来是一个传统的专制皇权帝制国家。朱元璋吸取历朝的经验教训，想尽了办法建立起一套维系他们朱家天下的专制集权统治体制。与此同时，在文化方向，他推行的也是文化专制政策。这种政策决定了明朝中叶以前的文化特征。那么明代中叶以前的中国传统文化的终极究竟是什么呢？我认为这一时段的文化主体就是官文化。

明代的官文化主要包括两个部分。一部分是由官方倡导和组织完成的文化工程。成祖的永乐盛世是中国传统帝制时代最为辉煌的成果。此时的明朝，在政治、经济、军事、文化各个方面，无一不处于中国历史的巅峰，又无一不具有统一与专制的时代特点。成祖亲撰的《永乐大典》序文中说得十分明白：

> 昔者圣王治天下也，尽开物成务之道，极裁成辅相之宜。修礼乐而明教化，阐礼乐而宣人文。朕嗣承鸿基，勔思缵述，尚惟有大混一之时，必有一统之制作，所以齐政治而同风俗。①

所谓“一统之制作”，其实就是官方的制作。从文化角度看，就是官文化，或称官方文化工程。不过《永乐大典》与《四库全书》有所不同，前者是为了保留文化而制作，后者则是为了禁毁文化而制作，这大约也是明清文化的差异。

除去这类国家文化工程外，还有由高层官员为主体而推动的带有官方背景的文化。伴随着永乐时期内阁制度的形成而逐渐形成的“台阁体”文化形态，成为这一部分官文化的代表形式。“台阁体”产生于永乐，到仁、宣后逐渐成为明文化的主体。当时虽然只有诗文与书法有“台阁体”之称，然其影响所及，则不仅限于文学、诗歌、书法等形式，实际上成为当时的时代文化精神体现。它影响到对后学者们的文化导向，并且通过科举等方式使之官方化。因此，虽然“台阁体”不是官方启动的文化工程，但是它同样应属官文化的范畴。

支撑官文化的政治基础是专制政治体制，经济基础则是国家税收控制下的高额岁入。官文化繁荣的时代，必定是政治集权、国富民穷的时代。民间文化繁荣，则需要专制体制相对宽松，社会经济发展繁荣，社会生活相对丰富，而且必然需要社会精英们，即士大夫们的倡导与推崇。

明朝中叶以后，随着经济的发展，社会生活发生了一定程度的变化。从正统以后对于江南地区的减税，为江南文化发展提供了经济基础。从这时候起，明朝的官文化逐渐失去主导地位。此种变化的标志是从李东阳倡导“茶陵诗派”开始的，其后经历了“前、后七子”、“唐宋派”等复古派的努力，“台阁体”一统天下的局面被打破。在思想方面，则是王阳明“心学”的兴起。这一切都为明中叶以后文化的多元与个性化的追求提供了理论基础。我们无论是从晚明的绘画，或者那些脍炙人口的“公安派”、“竟陵派”的小品，还有如“临川四梦”的戏

---

① 《明太宗实录》卷七三，“永乐五年十一月乙丑”条。

曲，以至市井中流传甚广的白话小说等等，无一不体现了这种明显的变化。

钱穆先生曾经说，中国文化发展的一个明显趋势是从宋朝以后，日益趋向于平民社会与日常人生。“这一趋势经历到清朝，先后几及一千年。中间发展最旺盛的有两个时期，一是在明代的万历，当西历十六、十七世纪之交；一则清代乾隆，当西历十八世纪之中晚。这是唐代开元天宝当西历八世纪之前半以后，中国史上国力最丰隆最畅旺的两时期，尤其以万历时期为甚”。① 此谓之“丰隆畅旺”，即社会经济繁荣发展。

晚明文化是在商品生产空前发展的情况下产生的，它的社会表现是纵欲思潮的泛滥，它的经济表现是商品化，它的思想表现是自我意识即个性的抒张，它的政治表现，则是对于传统的批判。晚明发生这种变化，其根本原因还在于传统专制统治的松动。

万历二十六年(1598)内阁首辅沈一贯在一份揭帖中道出了当时民众舆论的状况：

> 往时私议朝政者不过街头巷尾，口喃耳语而已。今则通衢闹市唱词说书之辈，公然编成套数，抵掌剧谈，略无顾忌。所言皆朝廷种种失政，人无不乐听者。启奸雄之心，开叛逆之路。此非一人口舌便能耸动，盖缘众怀怨愤喜于听闻耳。②

沈一贯这里所说的“众怀怨愤”，其实是晚明社会的一种较为普遍的社会心态。他所说的这种舆论波动的地方，还只是在都会城市之中，所谓“通衢闹市”者也。市民较之农民必定会更加关心政治。而这一切也都被有些学者解释为一种自我认同，也即个人价值观念。美国学者艾梅兰在总结了多位学者的观点后写出这样的一段文字：

> 明代中国有后王阳明(1472—1529年)时期被认为是一个日益对主体自我感兴趣的时期，这是一种对自我认同的内在结构的兴趣，与经典儒家基于外在

---

① 钱穆：《中国文化史导论》，商务印书馆1994年版，第201页。

② 沈一贯：《敬事草》卷三《请修明政事收拾人心的揭帖》。

的、可见的行为模式而设立的典型不一样。①

她继而说道：

> 甚至当明文人及有儒家抱负的精英继续按照《大学》中的格言修炼自己的意志和实践，使之符合礼的正统文本所阐释的那种理想的外在行为模式时，王阳明“心学”的追随者们就已开始重视自主性的自我的独特潜能了。争论的中心是人性与情、欲之间的关系。多义词“情”变成晚明再塑自我之身份认同的一个话语性的中心点。②

当然，这一观念的极端代表人物则是万历间的李卓吾。他的观念在明亡后遗民反思中，甚至被批评为亡国的祸因。这种自我价值观念的体现到清朝统治下，已荡然无存。当遗民的批评时过境迁之后，清朝的士大夫们则对此颇感疑惑不解，即称之为“横议”，“横议”者，胆大妄为之议论也。须知“横议”是须建立于民众掌握话语权基础之上的。此即先帅祖梁任公所言：“凡有时代思潮，无不由‘继续的群众运动’而成。”③故其以全社会的僭越之风打破旧日等级，以民众之喜恶形成文化的导向，一定程度上改变了以往的政治价值观，谓之思潮与运动当不为过也！此种文化的变化，我们一般可视之为近代化的转型。

明代文化的另一个特点，是东西文化的交融。万历以后，西方传教士来华，开启了西方天主教与中国儒学的结合。尽管明朝的士大夫纳妾的旧传统与天主教义冲突，但是很多士大夫还是选择了受洗成为天主教徒。以至于崇祯帝曾有改奉天主教的打算。

但是无论是明朝自身的变化，还是西方文化的影响，都没有使晚明此种文化之变化完成我们期待的转型，故亦可称之为未曾完成的文化转型。当明朝灭亡的时刻，人们除去那种“天崩地坼”的感慨之外，只能对这曾经繁荣的晚明文

---

①② ［美］艾梅兰著，罗琳译：《竞争的话语》，江苏人民出版社2005版，第49页。书中该段文字的注释说明其参考了吴百益《儒学的进步》第116、143、163页；浦安迪《四大奇书》第19—20页；狄百瑞为《理学的展开》一书所作的《导言》，第18页，及狄氏为《自我与社会》所作的《导言》和《晚明思想中的个人主义与人道主义》一文，第12—14页、145—148页，及文章的各处。

③ 梁启超：《清代学术概论》，上海古籍出版社1998年版，第1页。

化留下如同梦境一般的回忆。经历了那个时代的张宗子曾说道:“因想余生平,繁华靡丽,过眼皆空,五十年来,总成一梦。昔有西陵脚夫为人担酒,失足破其瓮,念无所偿,痴坐伫想曰:‘得是梦便好。’一寒士乡试中式,方赴鹿鸣宴,恍然犹意非真,自啮其臂曰:‘莫是梦否?’一梦耳,惟恐其非梦,又惟恐其是梦,其为痴人则一也。”①

这大约就是我们常说的,历史就如同过眼的云烟,无论人们的愿望与否,一切已消逝在以往的岁月之中。然而历史文化却不同于历史的事件,它不会真正消逝,而会通过各种不同载体继承下来,所以我们今天往往会有一种能够触摸到它的感觉。张宗子的作品本身,不就是这种文化的传承吗?明朝文化虽然没有完成历史的转型,却开启了一次文化向近代转型的过程,因此它不同于历朝历代的文化。

这一次,由南京出版传媒集团·南京出版社出面,我们有幸请到在这个领域里卓有成就的学者们,共同完成一部“明朝文化研究丛书”。这部丛书共八本,分别是:

张天杰教授:《明朝思想》;何孝荣教授:《明朝宗教》;吴艳红教授、姜永琳教授:《明朝法律》;周群教授:《明朝文学》;吕凌峰教授:《明朝科技》;孟凡人教授:《明朝都城》;晁中辰教授:《明朝对外交流》;《明朝文化概论》由我承担撰写。

我们希望这部丛书能够真正再现明朝文化,当然也包括那个“丰隆畅旺”的晚明时代的文化,以飨广大读者。

(作者系中国明史学会会长、中国社会科学院历史研究所研究员、博士生导师)

① [明]张岱:《琅嬛文集》卷一《梦忆序》,岳麓书社1985年版,第29页。

目　录

第一章 明初的政治文化与儒学的复兴

明洪武元年(1368),明太祖朱元璋在应天(南京)即位,明朝建立。该年八月,徐达、常遇春率领的北伐军攻陷大都,元顺帝逃亡上都,蒙古人在中原的统治宣告结束。朱元璋灭元之时,曾发布过讨元檄文,提出"驱逐胡虏,恢复中华"①的口号,以恢复汉室江山为鼓舞。有意思的是,明朝的统治持续了二百七十多年后,崇祯十七年(1644)满人入主中原、建立清朝,明亡两百五十年整后的清光绪二十年(1894),孙中山提出"驱除鞑虏,恢复中华"②的口号,又以恢复汉室江山为鼓舞。在中国历史上,明朝夹杂在元、清这两个非汉人王朝之间,就中国文化的传承而言,有其独特的重要性。作为中国文化核心的儒家思想,特别是宋儒所开创的新儒学,也即程朱理学,从明朝初期开始就得到了官方的特别注意,并成为官方思想的重要组成部分。在崇儒重道政策的感召下,儒士们纷纷出山为恢复汉家文化效力。然而毕竟是在易代之际,由元而入明,他们的学术思想也呈现多元与多变的色彩。

① [明]程敏政辑:《皇明文衡》卷一《谕中原檄》,《四部丛刊》影印明嘉靖刻本,商务印书馆1922年版,第28页;另见《皇明诏令》卷一,明嘉靖刻本。该文原为宋濂执笔。

② 孙中山:《孙中山全集》卷一《檀香山兴中会盟书》,中华书局1981年版,第20页。

第一节　明初的政治文化

一、政治制度

明朝初年，从明太祖朱元璋到明成祖朱棣，采取了一系列措施来加强专制统治，特别是废除丞相、设立厂卫这两项制度改革。

在明代以前，作为百官之长的丞相，有着特殊的地位，不必说汉代、唐代，单就已经强化集权了的宋代而言，丞相的地位仍旧重要而稳固。宋三百年间，丞相的名称几经变更，然而丞相制度却依旧完备：元丰前以同中书门下平章事为相，以参知政事为相之副；元丰三年之后以左右仆射为相，以尚书左右丞代参知政事；到了南宋乾道八年，又改左右仆射为左右丞相，并恢复参知政事。① 也有学者指出宋代"相权削弱"，其主要依据是参政分权、枢密分权、三司分权、监察分权，以及一系列互相牵制的制度。然而从史料来看，宋代的相权依旧极重，任官与免官、财权与军权、台谏与诏令的控制，甚至皇帝的废立与亲政等，无不受到丞相的影响，甚至有学者说宋代是相权强化、皇帝象征化。②

洪武九年(1376)，"汰平章政事、参知政事"；洪武十三年(1380)，朱元璋趁着丞相胡惟庸谋反案，废丞相，撤中书省，从此六部直接向皇帝负责，并立祖训："以后嗣君，其毋得议置丞相，臣下有奏请设立者，论以极刑。"③从此，皇帝的权力大大超越了历代的君主，君主专制达到了新的高峰。为了减轻繁杂的政务，又设立了内阁制度，后人也说内阁的首辅大臣近于丞相，其实则完全无法与前代的丞相相提并论。因为内阁大学生的品级较低，最多不过五品，"入阁者皆编、检、讲读之官，不置官属，不得专制诸司。诸司奏事，亦不得相关白"④。当时的阁臣，只有"票拟"的权力，还须经皇帝或皇帝信任的司礼太监"批红"方才生

---

① ［元］脱脱：《宋史》卷一六一《职官一》，中华书局 1985 年版，第 3773—3775 页。
② 王瑞来：《论宋代相权》，《历史研究》1985 年第 2 期，第 106—120 页。
③ ［清］张廷玉：《明史》卷七二《职官一》，中华书局 1974 年版，第 1733 页。
④ ［清］张廷玉：《明史》卷七二《职官一》，第 1734 页。

效，因此阁臣不过是皇帝的顾问、秘书而已。明中叶以后，“虽居内阁，官必以尚书为尊”①，逐渐改变了六部与内阁之间的地位，阁臣方较尊荣，然而远远不及前代的丞相。即便是嘉靖朝的严嵩、万历朝的张居正这两位首辅大臣，他们在特殊的情况下也曾显赫一时，获得了几近于丞相的权力，然而这样的特例极少，且在当时阻力极大，最后下场也就难免凄凉了。

洪武十五年(1382)，朱元璋设立了特务组织锦衣卫，“掌侍卫、缉捕、刑狱之事，恒以勋戚都督领之，恩荫寄禄无常员……盗贼奸宄，街涂沟洫，密缉而时省之”②。到了明成祖朱棣的时代，又增设了以东厂，由亲信宦官担任首领，以后又增设西厂、内行厂，这些厂、卫又相互勾结，配合皇帝的专制统治。这些特务机构在明朝的统治机器之中占有不可忽视的重要地位，最终导致明朝的政治日愈腐败，比如在明末阉党与东林党的党争之中，厂卫就扮演了重要的角色。

此外，还有影响地方政权的撤销行中书省与分封藩王。洪武九年(1376)，朱元璋在撤销中央的中书省的同时，也下令撤销各地的行中书省，也即行省，将其职权一分为三，设置承宣布政司、提刑按察使司、都指挥史司，三司互不统辖，受中央的垂直领导。自从西汉的“七国之乱”与西晋的“八王之乱”以后，后世的皇帝不再实行具有较大实权的分封制度，然而朱元璋却在一千多年之后的明朝恢复了这种制度，将他自己的 24 个儿子与 1 个孙子分封到全国，所谓“分镇诸国”、“翼卫王室”，“惟列爵而不临民，分藩而不锡土，与周汉封国稍异尔”③。各地藩王的势力依旧极大，甚至有过多次拥兵自重而谋反的事件，其中影响最大的莫过于长达三年之久的“靖难之役”。不过总体来说，地方政权的一分为三与分封藩王这两项举措，有利于朱明王朝的专制统治。

其他则有实行严刑峻法，制订了完备而严苛的《大明律》，特别是官吏贪墨多受酷刑，《大诰》之中针对官吏的罪刑就有一百多条，涉及贪赃科敛、乱政渎职等，还允许使用抽筋、剥皮、刖足、断手、黥面等酷刑，《明史》中也说：“明太祖惩元季吏治纵驰，民生凋敝，重绳贪吏，置之严典。”④明初还有大规模的移民与乡村的里甲制度、交通要道设立巡检司等，增强对于全国臣民的控制。

---

① [清] 张廷玉：《明史》卷七二《职官一》，第 1734 页。
② [清] 张廷玉：《明史》卷七六《职官五》，第 1862 页。
③ 郑天挺主编：《明清史资料》上册，天津人民出版社 1980 年版，第 65 页。
④ [清] 张廷玉：《明史》卷二八二《循吏》，第 7185 页。

总之，明代的政治气氛空前沉闷，不必说什么君主与士大夫共治天下，甚至连自身的安危都难以保障，士大夫的地位直线下降，于是乎“得君行道”的政治理想也渐渐远离了。

二、文化政策

政治上的专制，必然影响到思想文化领域，同样具有专制色彩的文化政策便逐步出台了。

为更好地了解明朝文化政策，我们不妨先回顾一下元朝。元朝建立了统一的大帝国，原本主要在东南半壁传播的朱子学，在北方也可以流传起来，期间大儒许衡、吴澄、刘因等起到了重要的作用。元朝统治者也意识到治天下需用儒术，于是程朱理学逐步成为官方思想的组成部分。元仁宗延祐年间（1314—1320）下诏开科取士，朱子的《四书章句集注》被钦定为科举考试的官方教材。元惠宗至元元年（1335），下诏兴建朱子庙，朱子的地位被提升到了新的高度。

明朝初年，官方则承继元朝而奉行崇儒重道政策，积极倡导程朱理学。虽然当时在思想文化上也涌动着三教会通的趋势，但是程朱理学思想则始终处于主导地位。

早在朱元璋起兵之初，就注意征辟儒士叩问平治之策，《明史》中说：“明太祖起布衣，定天下，当干戈抢攘之时，所至征召耆儒，讲论道德，修明治术，兴起教化，焕乎成一代之宏规。”①当时如许元、胡翰、宋濂、刘基等，都在应征之列，洪武元年（1368），又正式下诏征天下贤才：

> 天下之治，天下之贤共理之。今贤士多隐岩穴，岂有司失于敦劝欤？朝廷疏于礼待欤？抑朕寡昧不足致贤，将在位者壅蔽使不上达欤？不然，贤士大夫，幼学壮行，岂甘没世而已哉！天下甫定，朕愿与诸儒讲明治道。有能辅朕济民者，有司礼遣。②

由此可知朱元璋也有求贤若渴之心，对儒士礼遇有加，不拘一格征用儒士

---

① ［清］张廷玉：《明史》卷二八二《儒林一》，第7221页。
② ［清］张廷玉：《明史》卷二《太祖本纪》，第21页。

为守为令。

朱元璋对国子学以及地方官学也非常重视。明朝建立之前就有郡学之设，后来又设儒学提举司、国子学。洪武元年议定国子学官制，定祭酒为正四品、司业为正五品、博士为正七品。第二年，又拨款增修国子学，并在给中书省的上谕中说："太学育贤之地，所以兴礼乐、明教化，贤人君子之所自出，古之帝王建国君民，以此为重。朕承困弊之余，首建太学，招徕师儒。"①同时下诏天下府州县建立学校：

> 学校之设，名存实亡。兵变以来，人习战争。朕惟治国以教化为先，教化以学校为本。京师虽有太学，而天下学校未兴。宜令郡县皆立学。②

府设教授、州设学正、县设教谕，各一人；又设训导，府四人、州三人，县二人。后来各都司、卫，直至宣慰、安抚等土司，皆设学校。到了洪武十五年(1382)新建太学落成，改国子学为国子监。朱元璋又在新太学落成之际，亲幸国子监拜谒先师孔子，行释菜礼，并对祭酒吴颙等说："中正之道，无逾于儒。上古圣人不以儒名，而德行实儒。后世儒之名立，虽有儒名或无其实……卿等为师表，正当以孔子之道为教，使诸生咸趋于正，则朝廷得人矣。"③朱元璋又亲为太学生讲习《尚书》中的《大禹谟》《皋陶谟》《洪范》等篇，闻者莫不惊悦。朱元璋对孔子后裔优礼有加，洪武元年召孔子五十五代孙孔克坚至京，待以上宾之礼，给俸禄而不使视事，诏孔克坚之子孔希学袭封衍圣公，赐资善大夫正二品，又赐给祭田，使置礼器、乐器、乐舞，并为之置属官。洪武六年，又命翰林学士詹同、乐韶凤等定《释奠先师乐章》。④

洪武三年开科取士，考试内容则在宋元的基础上有所调整："初场《四书》疑问、本经义及《四书》义各一道。第二场，论一道。第三场，策一道。中式者后十日复以五事试之，曰骑、射、书、算、律。"⑤洪武十七年，颁布科举成式，初场试《四

---

① ［清］龙文彬纂：《明会要》，中华书局 1956 年版，第 396 页。
② ［清］龙文彬纂：《明会要》，第 408—409 页。
③ 李国详、杨昶主编：《明实录类纂》文教科技卷，武汉出版社 1992 年版，第 44 页。
④ ［清］龙文彬纂：《明会要》，第 616 页。
⑤ 李国详、杨昶主编：《明实录类纂》文教科技卷，第 35 页。

书》义三道，经义四道；第二场试论一道，判语五条，诏、诰、表、内科各一道；第三场，试经史时务策五道。① 其中《四书》用朱子的《四书章句集注》，《诗》用朱子的《诗集传》，《书》用朱子弟子蔡沈的《书集传》以及古注疏，《易》用程颐的《程氏易传》和朱子的《周易本义》，《春秋》用左氏、公羊、谷梁以及宋代胡安国、张洽的传，《礼记》用古注疏。从这里可以看出当时科举考试，其主导的学术思想便是程朱理学了。再者，对第一场考试经义的体裁也做了规定，这就是后世的"八股文"："其文略仿宋经义，然代古人语气为之，体用排偶，谓之八股，通谓之制义。"②

关于明朝的科举，顾炎武说：

> 明初三场之制，虽有先后而无重轻，乃士子之精力多专于一经，略于考古。主司阅卷，复护初场所中之卷，而不深求其二三场。夫昔之所谓三场，非下帷十年，读书千卷，不能有此三场也。今则务于捷得，不过于《四书》、一经之中拟题一二百道，窃取他人之文记之，入场之日抄誊一过，便可侥幸中式，而本经之全文有不读者矣。率天下而为欲速成之童子，学问由此而衰，心术由此而坏。③

当时的科举考试虽然分为三场，但是普遍重视的只是第一场，并且《四书》的分量越来越重，《五经》逐渐成为虚应故事，考试只要专于《四书》与一经就能侥幸成功，最终天下学子不得不重视程朱理学，经学也就逐渐衰弱了。

与学校、科举相应，还有收集、刊印儒学经典。洪武六年(1373)，朱元璋召国子博士赵椒等并说："汝等一以孔子所定经书为教，慎勿杂苏秦、张仪纵横之言。"④并从赵椒之请，颁正定《十三经》于天下。洪武十四年(1381)，又颁《五经》《四书》于北方学校。

到了永乐年间，另一个推尊程朱理学的重要举措就是《五经大全》《四书大全》《性理大全》这三部书的编撰，从此科举考试有了程朱理学系统的教科书。

---

① 李国详、杨昶主编：《明实录类纂》文教科技卷，第47—48页。

② ［清］张廷玉：《明史》卷七十《选举二》，第1693页。

③ ［清］顾炎武：《顾炎武全集》第十八册《日知录》卷十六《三场》，上海古籍出版社2011年版，第647页。

④ ［清］张廷玉：《明史》卷一三七《列传第二五》，第3955页。

永乐十二年(1414)朱棣命胡广等编撰三书：

> 《五经》、《四书》，皆圣贤精义要道，其传注之外，诸儒议论有发明余蕴者，尔等采其切当之言，增附于下。其周、程、张、朱诸君子性理之言，如《太极通书》、《西铭》、《正蒙》之类，皆《六经》之羽翼，然各自为书，未有统会，尔等亦别类聚成编。二书务极精备，庶几以垂后世。①

原本计划编为《五经四书大全》与《性理大全》二书，后来因为《五经》与《四书》单独出题以及篇幅浩繁之故，改为三书，以便诵读。书稿完成之后，朱棣赐名《五经四书性理大全》，并为之作序，其中说：

> 朕缵承皇考太祖高皇帝鸿业，即位以来，孳孳图治。恒虑任君师治教之重，惟恐弗逮。切思帝王之治，一本于道。所谓道者，人伦日用之理，初非有待于外也。厥初圣人未生，道在天地；圣人既生，道在圣人；圣人已往，道在六经。六经者，圣人为治之迹也。六经之道明，则天地圣人之心可见，而至治之功可成。六经之道不明，则人心之术不正，而邪说暴行侵寻蠹害。欲求善治，乌可得乎？朕为此惧，乃者命儒臣编修《五经》、《四书》，集诸家传注而为《大全》。凡有发明经义者取之，悖于经旨者去之。又辑先儒成书及其论议格言，辅翼《五经》、《四书》，有裨于斯道者，类编为帙，名曰《性理大全》。书编成来进，总二百二十九卷，朕间阅之，广大悉备，如江河之有源委，山川之有条理，于是圣贤之道粲然而复明，所谓考诸三王而不缪，建诸天地而不悖，质诸鬼神而无疑，百世以俟圣人而不惑。大哉！圣人之道乎，岂得而私之？遂命工悉以锓梓，颁布天下，使天下之人，获睹经书之全，探见圣贤之蕴，由是穷理以明道，立诚以达本。修之于身，行之于家，用之于国，而达之天下。使家不异政，国不异俗，大回淳古之风，以绍先王之统，以成熙皞之治，将必有赖于斯焉。②

朱棣认为帝王之治本于圣人之道，而圣人之道则体现在《六经》，《六经》的义理如果得不到发明，则人心不正，邪说暴行就会滋生，于是命人将《五经》《四

---

① 李国详、杨昶主编：《明实录类纂》文教科技卷，第578页。

② 陈文新主编：《四书大全校注》上册，武汉大学出版社2009年版，第8页。

书》诸家的传注汇编、精选而成《大全》并颁布天下，希望通过这三部书使得天下的读书人能够获得经书之全体、圣人大道之蕴藉，穷理明道、立诚达本，从而实现修身、齐家、治国、平天下。

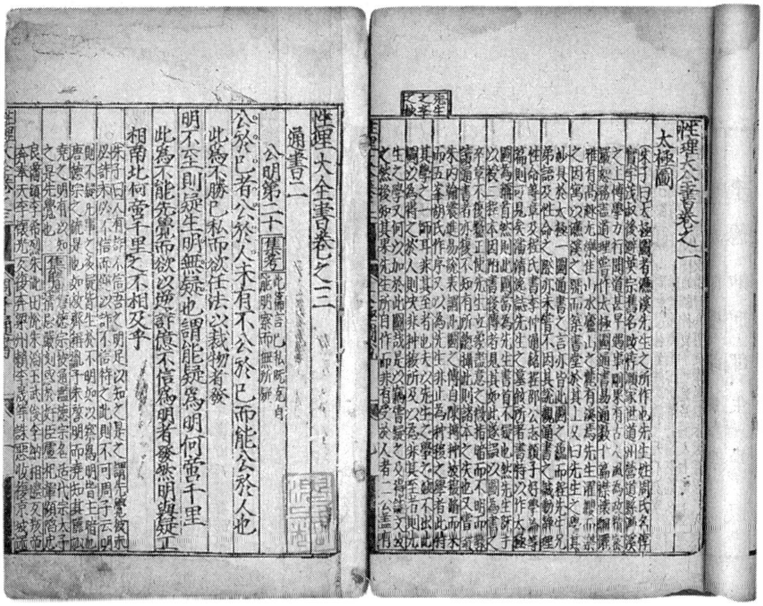

图 1－1　《性理大全》书影

三书的编撰，承继明太祖朱元璋以来的以儒家思想治国的精神，有利于儒学的发展。三书之中《四书》的传注基本以朱子《四书章句集注》为取舍的依据，而《五经》的传注也大多折中于程、朱，《性理大全》取周敦颐、程颢、程颐、张载、朱子等人谈论性理的语录，故而这三部《大全》，可以说是将学术思想统一到了程朱理学的系统之中，在一定程度上则是扼制了儒学之中诸如陆九渊的心学等其他学派思想的发展。三书颁布天下并运用于科举考试之后，也就实现了在思想上对于读书人的控制，有利于专制统治。

到了明朝后期，学界对这三部《大全》，多有批评，顾炎武说：

> 当日儒臣奉旨修《四书五经大全》，颁餐钱，给笔札，书成之日，赐金迁秩，所废于国家者不知凡几。将谓此书既成，可以章一代教学之功，启百世儒林之绪。而仅取已成之书抄誊一过，上欺朝廷，下诓士子，唐宋之时有是事乎？岂非骨鲠之臣，已空于建文之代？而制义初行，一时人士尽弃宋元以来所传之实

学,上下相蒙,以饕禄利,而莫之问也。呜呼!经学之废,实自此始。后之君子欲扫而更之,亦难乎其为力矣。①

朱棣希望此三书的编撰有助于教学与学术,事实上因为编撰的时间过于仓促,书中内容大多为采集前人成书而稍加修补而成,故质量不高,且带来了许多不良影响。因为这三书作为科举的教科书,使得读书人尽弃宋元以来传承有序的经学,许多极有价值的《四书》《五经》的注本也因此而亡轶;再者,因为这三书所采集的注疏矛盾、错误极多,因此并不能准确认识《四书》《五经》或者程、朱诸儒的义理。

当然,这三书的大量刊行,并通过学校颁行天下,也有一定的积极意义。特别是《性理大全》汇编了宋元理学家的大部分经典著作,为士子们全面而深入地学习理学提供了很大的方便。比如曹端、薛瑄等学者的主要著作,可以说就是此三书的读书心得。

第二节　宋濂:开国文臣之首

明朝初年的儒学,承继于宋元,故而有三个特点。其一,元朝中后期表彰程朱理学,故明初的儒者也大多为程朱一系的学者;其二,宋元以来儒者有部分主张朱陆和会,认为朱子晚年的思想与陆九渊比较接近,故而谈论"心学"者渐多;其三,喜论佛道,认为二氏之学有助于儒学,明初学者也不讳言佛道。由元而入明的学者众多,然而承前启后的代表人物则必为宋濂。

图 1-2　宋濂

一、生平

宋濂(1310—1381),字景濂,号潜溪,别号玄

① 顾炎武:《顾炎武全集》第十九册《日知录》卷十八《四书五经大全》,第 714 页。

真子，当时学者称其为太史公，浙江金华人，后迁居浦江。被明太祖朱元璋誉为“开国文臣之首”，又与高启、刘基并称为“明初诗文三大家”。51岁之前在元代度过，至正十六年(1356)，被举荐为国史院编修，固辞不赴，遁入浙东的龙门山，欲为道士，隐居著书。至正二十年(1360)，朱元璋攻占应天府，称吴王，招徕天下儒士，宋濂应召，起初为郡学经师，未就任；次年为李善长荐举，与刘基等一并至应天，任江南儒学提举。明朝建立之后，曾任赞善大夫、翰林学士、太子经筵、国子司业、知制诰、《元史》总裁官等职。《明史》中说：“首用文学受知，恒侍左右，备顾问……郊社宗庙山川百神之典，朝会宴享律历衣冠之制，四裔贡赋赏劳之仪，旁及元勋巨卿碑记刻石之辞，咸以委濂……一代礼乐制作，濂所裁定者居多。”①然而到了晚年，因为其孙而受胡惟庸案的牵连，死于被贬谪的途中，直到正德年间，方被追谥“文宪”。宋濂著作颇多，然大多为碑传、铭状、序跋，后人编为《宋文宪公全集》，今人编为《宋濂全集》。关于其生平，则有清代朱兴悌、戴殿江原编，民国孙锵补编的《宋文宪公年谱》，与今人徐永明先生新编的《宋濂年谱》。

中年之时的宋濂，不喜治生，嗜好书册，常常陷入沉思冥想之境。其《年谱》中说：“先生年三十，即以家事付子侄，朝夕从事书册。稍暇支颐看云，或披发行松间。遇得意时，辄击磬浩歌，声震林下，翛翛然如尘外。”②37岁时读书于城东的青萝山，有读书札记《青萝杂言》，后来又读书于龙门山，著有《龙门子凝道记》，后者较能代表其哲学思想。

宋濂之学，出于乡贤，全祖望《宋文宪公画像记》说：

> 文宪之学，受之其乡黄文献公，柳文肃公，渊颖先生吴莱、凝熙先生闻人梦吉四家之学，并出于北山、鲁斋、仁山、白云之递传，上溯勉斋，以为徽公世嫡。③

黄溍(文献公)、柳贯(文肃公)、吴莱、闻人梦吉，这四位先生对宋濂的影响最大，四子之学则传承之金华朱学的北山四先生何基(北山先生)、王柏(鲁斋)、

---

① ［清］张廷玉：《明史》卷一百二十八《列传第十六》，第3784—3788页。

② ［清］朱兴悌：《宋文宪公年谱上》，载《宋濂全集》附录三，人民文学出版社2014年版，第2932页。

③ ［明］黄宗羲、［清］全祖望：《宋元学案》卷八十二《北山四先生学案》，中华书局1986年版，第2801页。

金履祥(仁山)、许谦(白云),再上溯为朱子(徽公)的门人、女婿黄榦(勉斋),因此宋濂之学术有着朱学嫡传的一面。但是,除去朱学的一面,宋濂还从方凤而得闻陈亮功利之学,又从学于吕祖谦的后学李大有,所以全祖望在《东莱学案》之中又将之列入"吕学续传",与宋濂同时的著名儒士王袆在《宋太史传》中说:

> 初,宋南渡后,新安朱文公、东莱吕成公并时而作,皆以斯道为己任,婺实吕氏倡道之邦,而其学不大传。朱氏一再传为何基氏、王柏氏,又传之金履祥氏、许谦氏,皆婺人,而其传遂为朱学之世嫡。景濂既间因许氏门人而究其说,独念吕氏之传且坠,奋然思继其绝学,每与人言而深慨之。识者又足以知其志之所存,盖本于圣贤之学,其自任者益重矣。①

宋元以来,因为朱学为官方所倡导,故金华朱学的流传源远流长,而在南宋初年影响甚大的吕祖谦中原文献之学却不大有传人。宋濂对于学术颇有抱负,故愤然而起,接续吕氏之学,他自己曾说:

> 吾乡吕成公实接中原文献之传,公殁始馀百年而其学殆绝,濂窃病之。然公之所学,弗畔于孔子之道者也。欲学孔子,当必自公始。此生乎公之乡者,所宜深省也。嗟夫!公骨虽朽,公所著之书犹存,古之君子有旷百世而相感者,况与公相去又如此之甚近乎?②

宋濂还说:

> 当是时,得濂洛之正学者鼎立而为三:金华也,广汉也,武夷也。虽其所见时有不同,其道则一而已。盖武夷主于知行并进,广汉则欲严于义利之辨,金华则欲下学上达。虽教人入道之门或殊,而三者不可废一也。③

在宋濂看来,吕祖谦(金华)、张栻(广汉)与朱子(武夷)一样,都是北宋濂洛

---

① [明]王袆:《宋太史传》,载《宋濂全集》附录二,第2569页。
② [明]宋濂:《宋濂全集》卷八十六《思孅人辞》,第2035页。
③ [明]宋濂:《宋濂全集》卷九十四《龙门子凝道记卷之下·段干微第一》,第2212页。

之学的正传，只是他们教导后学入道的门径、方法各有侧重。这一看法也与全祖望《宋元学案》之中所述的儒学谱系相似，南宋当时所谓“东南三贤”生前本是论学之道友，他们的弟子也有相互的交叉，只是后来受到官学、科举的影响而更凸显了集大成的朱子，使得吕祖谦之学在金华一带都少有学者关注了。作为金华的后学，宋濂注意承继吕祖谦的文献之学，并认为通过吕氏同样可以承继濂洛之学，以及孔子之道。

正因为受到程朱理学与中原文献之学的双重影响，宋濂对于如何研习经史之学，有着自己独特的看法。他曾自述其治学经历：

> 于是取一经而次第穷之，有不得者，终夜以思。思之不通，或至达旦。如此者有年，始粗晓大旨。然犹不敢以为是也。复聚群经于左右，循环而温绎之。如此者亦有年，始知圣人之不死，其所以代天出治、范世扶俗者，数千载犹一日也。然犹不敢以为足也。朝夕讽泳之、沉潜之，益见片言之间，可以包罗数百言者，文愈简而其义愈无穷也。由是去读迁、固之书，则势若破竹，无留碍矣。权衡既悬，而百物重轻无遁情矣。然犹不敢以为易也，稽本末以核其凡，严褒贬以求其断，探幽隐以究其微，析章句以辨其体。事固灿然明白，其制作之意，亦皦然不诬也。①

由此可知，宋濂为学真正用力的还是经、史，先将群经置于左右，循环往复、朝夕讽咏、经年沉潜，体悟其中的义理而有得，方才开始读司马迁的《史记》、班固的《汉书》，史书的读法则为稽本末、严褒贬、探幽隐、析章句，从多个角度去体会其中的微言大义以及作文得失。宋濂熟读经史，但特别反对元代以来的陋儒，老死于章句、训诂之下，认为儒士应当有“经纶天下”之志，因此他指出：

> 于是尽弃解诂文辞之习，而学为大人之事。以周公、孔子为师，以颜渊、孟轲为友，以《易》《诗》《书》《春秋》为学，以经纶天下为务，以继千载之绝学为志。子贡、宰我而下，盖不论也。②

① ［明］宋濂：《宋濂全集》卷二十八《叶夷仲文集序》，第581页。
② ［明］宋濂：《宋濂全集》卷九十四《龙门子凝道记卷之下·令狐微第十二》，第2238页。

宋濂认为治学必须取法乎上，以周公、孔子为师，以颜回、孟子为友，以《五经》为学，出则施展经纶天下之志，处则继述千载绝学为志，无论出处都学为“大人”，这种大气魄、大人格的儒学观，后来对其门人方孝孺等人，也有着重要的影响。此外，宋濂还曾出入于佛老之学，这一点下文再做说明。

二、“心学”

宋濂的儒学气魄极大，具体表现在他的“治心”之学，以及“六经皆心学”等思想上。他说：

> 天地一太极也，吾心一太极也。风雨雷霆，皆心中所以具。苟有人焉，不参私伪，用符天道，则其应感之速，捷于桴鼓矣。由是可见，一心至灵，上下无间，而人特自昧耳。①
>
> 天下之物孰为大？曰：心为大……仰观乎天，清明穹窿，日月之运行，阴阳之变化，其大矣广矣。俯察乎地，广博持载，山川之融结，草木之繁芜，亦广矣大矣。而此心直与之参，混合无间，万象森然而莫不备焉。非直与之参也，天地之所以位，由此心也；万物之所以育，由此心也。②

由此而言，宋濂发挥“理一分殊”，天地是一个太极，人心也是一个太极，故而天下之物唯有心为大，外在客观的事物，无论日月、阴阳、山川、草木都会成为内在主观的体认，从这个意义上，宋濂说“四海之大，非一物非我也”。由本体而工夫，他认为如果没有私性伪妄的干扰，那么人心的“至灵”，就能够与天地万物“上下无间”，即与天地参、万物育，因此人需要做的就是去私去伪，克除自昧，这也就是宋濂的“治心”之学。宋濂接着还说：

> 能体此心之量而践之者，圣人之事也，如羲、尧、舜、文、孔子是也。能知此心，欲践之而未至一间者，大贤之事也，如颜渊、孟轲是也。或存或亡，而其功未醇者，学者之事也，董仲舒、王通是也。全失是心，而唯游气所徇者，小人之

---

① ［明］宋濂：《宋濂全集》卷二十五《赠云林道士邓君序》，第527页。

② ［明］宋濂：《宋濂全集》卷九十三《龙门子凝道记卷之中·天下枢第八》，第2198页。

事也，如盗跖、恶来是也……心一立，四海国家可以治，心不立，则不足以存一身。使人人知此心若是，则家可颜、孟也，人可尧、舜也，六经不必作矣，况诸氏百子乎？

周公、孔子，我师也；曾子、子思，吾友也。《易》、《诗》、《书》、《春秋》，吾器也。礼乐、仁义，吾本也；刑罚、政事，吾末也。四海之大，无一物非我也。一物不得其所，吾责也。夫然，故若天之覆也，地之载也，不知孰为天地也，孰为我心也，亦一而已矣。①

在宋濂看来，能够真正做到"治心"并将之实践的，只有伏羲、尧、舜、周文王、孔子等圣人，像颜回、孟子只能是知之而未能行之，像董仲舒、王通则在"治心"之功未醇，至于盗跖、恶来则全然失去了心之理而任气而行了。因此，需要以周公、孔子为师，以曾子、子思为友，以《易》《诗》《书》《春秋》等经典为器，在实践上则当以礼乐、仁义为本，刑罚、政事为末，只有这样才能真正做到心与天地、万物合一。再者心、物之合，人当有圣贤之心，一物不得其所也是"吾责"，这也就是张载所说的"民胞物与"的精神。

那么如何来讲求"心学"呢？宋濂提出"六经皆心学"论：

六经皆心学也，心中之理无不具，故六经之言无不该。六经所以笔吾心之理者也，是故说天莫辩乎《易》，由吾心即太极也；说事莫辩乎《书》，由吾心政之府也；说志莫辩乎《诗》，由吾心统性情也；说理莫辩乎《春秋》，由吾心分善恶也；说体莫辩乎《礼》，由吾心有天序也；导民莫过乎《乐》，由吾心备人和也。人无二心，六经无二理，因心有是理，故经有是言。心譬则形，而经譬则影也。无是形则无是影，无是心则无是经，其道不亦较然矣乎？

然而，圣人一心皆理也，众人理虽本具，而欲则害之，盖有不得全其正者，故圣人复因其心之所有，而以六经教之：其人之温柔敦厚，则有得于《诗》之教焉；疏通知远，则有得于《书》之教焉；广博易良，则有得于《乐》之教焉；洁静精微，则有得于《易》之教焉；恭俭庄敬，则有得于《礼》之教焉；属辞比事，则有得于《春秋》之教焉。然虽有是六者之不同，无非教之以复其本心之正也。呜呼！

---

① ［明］宋濂：《宋濂全集》卷九十三《龙门子凝道记卷之中·天下枢第八》，第2198—2199页。

> 圣人之道，唯在乎治心。心一正，则众事无不正。犹将百万之卒在于一帅，帅正，则靡不从令；不正，则奔溃角逐，无所不至，尚何望其能却敌哉？大哉心乎！正则治，邪则乱，不可不慎也。
>
> 秦汉以来，心学不传，往往驰骛于外，不知六经实本于吾之一心……不知心之为经，经之为心也。何也？六经者，以笔吾心中所具之理故也。周、孔之所以圣，颜、曾之所以贤，初岂能加毫末于心哉？不过能尽之而已。今之人不可谓不学经也。而卒不及古人，无他，以心与经如冰炭之不相入也。①

在此篇中宋濂进一步强调"治心"，他认为"圣人之道，唯在乎治心"，而"六经"之学皆是"心学"。"六经"所述皆是"心中之理"，《易》论辩天地、太极之理，《书》论辩政事之理，《诗》论辩心志之理，《春秋》论辩善恶之理，《礼》论辩秩序之理，《乐》论辩心和之理。因为人心有此理，故"六经"述说此理，心与经，便是形与影的关系，所以说"六经皆心学也"。再说"六经"教之，则分别有《诗》教之"温柔敦厚"、《书》教之"疏通知远"、《乐》教之"广博易良"、《易》教之"洁静精微"、《礼》教之"恭敬庄俭"、《春秋》教之"属辞比事"，"六经"虽然不同，但是其中教化的目标却是相通的，都是"教之以复其本心之正"，也就是达到"一心皆理"。

宋濂的"心学"及其对于"六经"的认识，不免让人想到陆九渊。陆九渊说"心即理"，强调的是向内讲求而"发明本心"；"六经注我"，则难免有轻视经典、废却读书的可能。宋濂的"心学"，强调心涵盖了理，其重心还在于那些与天地、万物相通的心中之理；而"六经皆心学"，则是指"六经者笔吾心中所具之理"，因此如今之人讲求"心学"就应当去私去伪、去欲而存其与天地、万物相通之理，也即在"一心皆理"而"得全其正"的基础之上，再去讲求经学也就不会"如冰炭之不相入"了。至于"六经"本身，宋濂还是十分重视的，以孔子、周公为师，以"六经"为器，通过"六经"之教化来实现复本"心中之理"，这种态度也是与陆九渊决然不同的。

三、朱陆和会与儒佛折衷

元代金华朱学的许谦等人的学术，带有一定的朱陆和会色彩。到了元明之

---

① ［明］宋濂：《宋濂全集》卷七十八《六经论》，第1877—1879页。

际的宋濂，则朱陆和会的色彩更为明显。明代中期的阳明学者薛应旂曾说：

> 究观先生之学，在宋则有若陆子静；在元则有若吴幼清，盖皆吾学正传，后先一辙，其与前四贤之繁简纡直，世必有能辨之也。①

薛应旂认为宋濂的学术接近于南宋的陆九渊（子静）与元代的吴澄（幼清），因此属于心学一系的“正传”，而与金华朱学的四贤，也即何基、王柏、金履祥、许谦等人是不同的。他还希望后世学者将心学一系的简直，与理学一系的繁纡分辨开来，其用心则是在表彰宋濂并作为心学传承在明代初期的关键一环。应该说其说法有一定的道理，但是吴澄与宋濂，其实都不能算是真正的心学传人，都只是有着朱陆和会的色彩而已。

受到金华朱学的直接影响，宋濂也讲“格致”与“持敬”，比如他在《自题画像记》中说：“用致知为进学之方，藉持敬为涵养之地。”②此语可以说与程颐“涵养须用敬，进学在致知”的意思是完全一致的，读书、格物与持敬的内外兼修，原本就是程朱理学所重视的，不过从宋濂的为学来看，其“心学”虽不废读书，但向外的格致则较少讲求，向内冥求涵养的一面则较多，甚至还有借佛道二氏之学中的内向之学来补充儒学的一面。

再说宋濂的儒学主张朱陆和会，对于朱陆异同的问题讨论极少，其著述之中引用陆学的话则也有不少，对陆九渊兄弟的评价极高。他说：

> 学不论心久矣，陆氏兄弟卓然有见于此，亦人豪哉！故其制行如青天白日，不使纤翳可干，梦寐即白昼之为，屋漏即康衢之见，实足以变化人心。故登其门者，类皆紧峭英迈，而无漫漶支离之病。惜乎力行功加，而致知道阙，或者不无憾也。③

上面说到宋濂的心学，与陆九渊有所差异，不过他本人还是对陆九渊、陆九韶兄弟评价极高，认为也是“人豪”，这首先是说他们的人格高洁，道德践履的笃

---

① ［明］薛应旂：《浦江宋先生祠堂记》，载《宋濂全集》附录二，第 2611 页。
② ［明］宋濂：《宋濂全集》卷九十《自题画像赞又赞》，第 2138 页。
③ ［明］宋濂：《宋濂全集》卷九十四《龙门子凝道记卷之下·段干微第一》，第 2212 页。

实，无论人前人后、白天黑夜，其言行都是如一的，因此对于教化后学来说有着极大的影响，足以变化人心。宋濂同时也指出陆学的不足，陆学在“力行”功夫上让人赞赏有加，但在“致知”功夫上却有所阙略，让人不无遗憾，这种评价显然又是站在朱学的立场上来说了。因此，宋濂与吴澄相似，都是主张朱、陆两系取长补短、兼综合会的。

宋濂平生，几乎无书不读，与宋元大儒相似，喜好研读佛老经典。尤其到了晚年，与佛徒也多有往还，故其文集中多有与佛教相关的碑传、序跋之类的文字。关于宋濂好读佛老之书，王祎说：“景濂于天下之书无不读，而析理精微，百氏之说，悉得其指要。至于佛老氏之学，尤所研究。用其义趣，制为经论，绝类其语言。寘诸其书中，无辨也。”①刘基也说他：“上究六经之源，下究子史之奥，以至释老之书，莫不升其堂而入其室。”②因此，全祖望曾说他“佞佛者流，金华之学至此而一变”③。更有意思的是，宋濂临终之际，相传书写了《观化帖》方才端坐而逝：

> 君子观化，小人恒化，中心既恒，何以能观？我心情识尽空，等于太虚。不见空空，不见不空。大小乘法门，不过如此。人不自信，可怜可笑。④

可见佛学的空观，透彻生死还是需要佛典的助缘。宋濂自己曾说：“予本章逢之流，四库书颇尝习读。逮至壮龄，又极潜心于内典，往往见其说广博殊胜，方信柳宗元所谓‘与《易》、《论语》合’者为不妄，故多著见于文辞间。”⑤“予儒家之流也，四库书册，粗尝校阅；三藏玄文，颇亦玩索。负夸多斗靡之病，无抽关启钥之要。近惟默坐存诚，屏斥而销贯之。于是天光骏发，灵景自融，方知仪曹之云‘为渐门者设’”。⑥ 柳宗元认为佛典与儒家的《易》《论语》有相合处，宋濂研读经史子集之后，又研读佛典后也得出了同样的结论，儒佛之原本相合，无论研读儒典、佛典，只要耐心去校阅、玩索，“默坐存诚”，屏斥障碍，就能够得到“天光骏

① ［明］王祎：《宋太史传》，载《宋濂全集》附录二，第 2569 页。
② ［明］刘基：《潜溪后集序》，载《宋濂全集》附录二，第 2727 页。
③ ［明］黄宗羲、［清］全祖望：《宋元学案》卷八十二《北山四先生学案》，第 2801 页。
④ ［清］王崇炳：《金华征献略》，载《宋濂全集》附录二，第 2588 页。
⑤ ［明］宋濂：《宋濂全集》卷二十七《夹注辅教编序》，第 563—564 页。
⑥ ［明］宋濂：《宋濂全集》卷二十五《送璞原师还越中序》，第 517—518 页。

发，灵景自融”的境界。

与默坐存诚的读经相应，宋濂还学习佛家的坐禅法，他说：

> 必处乎重山密林之中，木茹涧饮，绝去外缘，而直趋一真之境。水漂麦而不顾，雷破柱而弗惊。久之驯熟，忽然顿悟。大地山河，咸作碧流离色。能如是，不可谓无所证入矣。①

宋濂在出山前后，都曾在浙东的山中读儒家经典的同时，从事佛家的坐禅等修养方法，并从中受益，获得顿悟之体验。不过他还是反复强调儒士接触佛学，需要回归儒学之诚与不废儒家之人伦。他说：“盖形非亲不生，性非形莫寄，凡见性明心之士，笃报本反始之诚。外此而求，离道愈远……虽尝绝学，不废明伦，其知反始报本者欤？”②对佛典的研读，以及“明心见性”的感悟，最终还是要回归于对儒家经典上的更深层次的理解上来，否则研读佛经只是“离道愈远”，“明心见性”的佛学必当有助于“存心养性”的经学。宋濂在晚年退休金华之时，再入龙门山，至圣寿寺读《大藏经》，后该寺的主持海公建有学士亭，高僧来复作有《学士亭记》，其中说：

> 古之儒先君子知是道之大同，未尝不究其说而有得焉。若周濂溪之交照觉……今太史宋公学周、程之学者，文足以贯道，才足以用世，智足以周身。治生之暇，乐与吾徒游，隽永禅悦，竟日忘倦，是能不异其教而同其道，不外其迹而内其心，非独知人而又知言者矣。③

这一评价比较公允，宋濂确实与周敦颐、程颐、朱子等人一样，领悟三教“道之大同”，又在研习儒门经典之余，方才与佛徒游、学佛典，他的为文与为学也都受到了佛学的深刻影响，然而他终究“不异其教”，依旧保持儒士的本色未改。

宋濂的儒佛折衷思想，也与当时官方的倡导有一定的关联。朱元璋建立明朝，在以儒家思想为根本的同时，还对佛教有所提倡，认为有助于治道。朱元璋

---

① ［明］宋濂：《宋濂全集》卷二十四《送季芳联上人东还四明序》，第486页。

② ［明］宋濂：《宋濂全集》卷二十五《赠清源上人归泉州觐省序》，第529页。

③ ［明］释来复：《学士亭记》，载《宋濂全集》附录二，第2806页。

曾命天界寺僧人宗泐等作《金刚般若经新解》，命宋濂为此书作序，序中说：

西方圣人，以一大事因缘，出现于世，无非觉悟群迷，出离苦轮。中国圣人，受天眷命，为亿兆生民主，无非化民成俗，而跻于仁寿之域。前圣后圣，其揆一也……皇上自临御以来，宵衣旰食，励精图治，礼乐刑政，灿然备举，所以裁成天地之道，辅相天地之宜，以左右民者，既无所不用其极。今又彰明内典，以资化导，唯恐一夫不获其所。其设心措虑，实与诸佛同一慈悯有情。所谓仁之至、义之尽者也。于戏盛哉！①

他认为佛家的“觉悟群迷”与儒家的“化民成俗”在根本上是一致的，所以朱元璋励精图治，在礼乐、刑政等方面做好之后，注疏儒家经典的同时，注疏佛家经典也是仁至义尽的大善事，故而值得称颂，这应当是出于宋濂的本心。

南宋高僧契嵩作有《夹注辅教编》，该书将儒家的喻孝、劝善思想与佛家《坛经》的思想融汇为一编，宋濂为此书作序说：

天生东鲁、西竺二圣人，化导烝民，虽设教不同，其使人趋于善道，则一而已。为东鲁之学者则曰：我存心养性也。为西竺之学者则曰：我明心见性也。究其实，虽若稍殊，世间之理，其有出心之外者哉？传有之：东海有圣人出焉，其心同，其理同也；西海有圣人出焉，其心同，其理同也；南海、北海有圣人出焉，其心同，其理同也。是则心者，万理之原，大无不包，小无不摄，能充之则为贤知，反之则为不肖矣；觉之则为四圣，反之则六凡矣。世之人，但见修明礼乐刑政为制治之具，持守戒定慧为入道之要。一处世间，一出世间，有若冰炭、昼夜之相反。殊不知春夏之伸，而万汇为之欣荣；秋冬之屈，而庶物为之藏息，皆出乎一元之气运行。气之外，初不见有他物也。达人大观，洞然八荒，无藩篱之限，无户阈之封，故其吐言持论，不事形迹，而一趋于大同。小夫浅知，肝胆自相胡越者，恶足以与于此哉？②

东鲁之圣人孔子，与西竺之圣人释迦牟尼，他们的教法虽然不同，但是导人

---

① ［明］宋濂：《宋濂全集》卷二十九《金刚般若经新解序》，第 630 页。

② ［明］宋濂：《宋濂全集》卷二十七《夹注辅教编序》，第 563 页。

为善这一目标却是一致的。儒家讲“存心养性”，佛家讲“明心见性”，在宋濂看来其中之理，也是相通的。再者，儒家讲“修明礼乐刑政”作为治理国家的工具，佛家讲“持守戒定慧”作为入道的要旨，一求处世，一求出世，看似冰炭、昼夜一样相反，其实则如同有春夏也就有秋冬，有万物之欣荣也就有万物之藏息，都是一元之气的运行、流转，都是相通的。在宋濂看来，人心之中“万理之原，大无不包，小无不摄”，理无大小，心同理同，故而儒佛之道，在圣人、达人看来都是融会贯通的，只是那些“小夫浅知”者，方才自设藩篱、户阈，“肝胆自相胡越”，水火不容一般了。宋濂还说：

> 鲁典、竺坟，本一途辙，或者歧而二之，失则甚矣。自惭蹇伧，驰逐章逢，知本迹之不殊，思内外之两尽。嘉斯笃行，吻合道谟，聿增名教之重，不昧原本之义。①
>
> 盖宗儒典则探义理之精奥，慕真乘则荡名相之粗迹，二者得兼，则空有相资，真俗并用，庶几周流而无滞者也。②

在他看来，东鲁的儒家外典，与西竺的佛家内典，在根本之理上其实本一，儒与佛心同而理同，所以应当儒佛并用，内外典并修。儒典的长处在于剖析义理的精华、奥妙，佛典的长处在于破除名相的表面粗迹、引人深思熟虑，如果儒、佛二者兼通，那么就能相资并用，就能够达到周流而无滞的思想境界了。

还有必要补充的是，宋濂对于道家思想，也有着极大的热情，他曾作有《混成道院记》，其中说：“予闻神仙家之说，葆精啬神，冥合太虚，翛然玄览，却立垢氛之外，下上星辰，呼吸阴阳，超无有而独存，心颇艳之。”③在他看来，道家思想可以保养精神，对于修身而言也有其积极意义，故而儒、佛、道三家，原本相通，又互为资用。

宋濂作为开国儒臣的表率，他所倡导的独居特色的“心学”，以及朱陆和会、儒佛折衷的治学态度，对于后来的吴与弼以及陈献章、王阳明等当有一定的影响，甚至可以说，明代儒学发展的总基调，在宋濂那里就已经奠定了。

---

① ［明］宋濂：《宋濂全集》卷二十五《赠清源上人归泉州觐省序》，第529页。

② ［明］宋濂：《宋濂全集》卷二十五《送璞原师还越中序》，第517页。

③ ［明］宋濂：《宋濂全集》卷八《混成道院记》，第162页。

第三节　方孝孺：千秋正学

方孝孺是宋濂的得意弟子，但二人的学术思想却有着巨大的差异。宋濂有着“出入二氏”的经历，方孝孺却是主张对佛、道“放言驱斥”；宋濂认同朱陆和会，方孝孺却力图倡导纯正的朱子学。后来方孝孺被刘宗周、黄宗羲等赞许为“程朱复出”“千秋正学”，从学术的纯正性一面，对明代儒学的发展产生了深远的影响。

一、生平

图 1－3　方孝孺

方孝孺（1357—1402），字希直，一字希古，号逊志，学者称正学先生，浙江宁海人。洪武二十五年（1392），方孝孺被荐而得朱元璋召见，任汉中府学教授，后任蜀献世子师。建文帝时，奉太祖遗诏辅佐幼帝，任翰林侍讲学士、《太祖实录》及《类要》总裁。不久燕王起兵“靖难”，建文帝遣师讨逆的诏书出自方孝孺之手。朱棣攻陷南京，命方孝孺起草登极诏书，方孝孺“投笔于地，且哭且骂曰：死即死耳，诏不可草”①，最后被磔而死，兼诛十族。明代后期获得宽宥，追谥“文正”。其著作也多被禁毁，后人辑为《方正学先生逊志斋集》二十四卷，今人重辑为《方孝孺集》。

方孝孺是当时著名的“天下读书种子”②，学有渊源。20 岁时，方孝孺游学南京，于是受学于宋濂；宋濂回到金华，他又跟从问学，宋濂目之为当世奇才，就说：“以为游吾门者多矣，未有若方生者也”，又誉其为“百鸟中之孤凤”③。宋濂

①②　［清］张廷玉：《明史》卷一百四十一《列传第二十九》，第 4019 页。
③　［明］黄宗羲：《明儒学案》卷四十三《诸儒学案上一》，中华书局 2008 年版，第 1041 页。

还在赠诗之序中说：

> 凡理学渊源之统，人物绝续之纪，盛衰几微之载，名物度数之变，无不肆言之。离析于一丝，而会归于大通。生精敏绝伦，每粗发其端，即能逆推而底于极。本末兼举，细大弗遗。见于论著，文义森蔚，千变万态，不主故常，而辞意濯然常新，滚滚滔滔，未始有竭也。①

由此看来，在老师的心目中，方孝孺是一个精敏绝伦的优秀学者，并且对他还有着传承理学渊源之统、人物绝续之纪的期希，从其后来的表现来看，确实也并未辜负了老师。方孝孺对其师宋濂，也评价极高。他说："今之世不幸斯事废缺，赖太史公起而振之，一代之文，粲然始完。人以为公一儒者，于世何所预，而不知公之有功于斯世者，至大也。譬犹星辰之于天，须眉之于人，初无所预。"②宋濂(太史公)的文章、道德在明朝开国之初，确实有着振兴之功，而接续则有赖于方孝孺之辈了。

方孝孺的学术，除了问学于宋濂之外，还有家学渊源。方孝孺8岁读书，15岁学文，就经常得到其父亲朋友的赞赏，故黄宗羲也说他："虽出自景濂氏，然得之家庭者居多。"③他的父、祖皆为儒士，父亲方克勤更为当时名儒，宋濂在为其父作墓志铭的时候就说：

> 五岁知读书，自辨章句。十岁暗记五经，诸老先生啧啧爱赏，目为神童。年垂弱冠，遍穷濂洛关闽遗书，及寻乡先达授受源委。凡涉性命道德之秘，穷研探索，寝食为之几废。因喟然叹曰：为学必合天人而后可，舍是非学也。④

方克勤自幼聪明好学，被人视为神童，青年之时就钻研濂洛关闽之书，深究

---

① [明]宋濂：《宋濂全集》卷一百五《送方生还海宁并序》，第2458页，"海宁"当为"宁海"之误。该文另见《方孝孺集》附录《送希直归宁海五十四韵并序》，浙江古籍出版社2013年版，第976—977页，此处署名作"潜溪"。

② [明]方孝孺：《方孝孺集》卷十一《与舒君书》，第435页。

③ [明]黄宗羲：《明儒学案》卷四十三《诸儒学案上一》，第1042页。

④ [明]宋濂：《宋濂全集》卷七十《故愚庵先生方公墓版文》，第1672页。

性命、道德之学而废寝忘食。方孝孺在如此家风的熏陶之下，其学术风格自然也就趋向于较为纯正的理学传统。他曾在与友人的书信中讲述其治学之志：

> 从总角辄自誓愆，以为虽不易至孔子之堂奥，而颜、孟之事皆在所愿学者，苟循其路而望其庐，乌有不至哉。复以欲知古人之道，必识古人文字，故时习章句，凡有所感触，亦间发之。其意在明斯道，非为文也。①

方孝孺从小就立志成大儒、明斯道，认为不易学而至孔子之堂奥，而颜回、孟子所从事的则当能够学而至，故而学古人文字、章句，其目的在于古人之道。他后来曾说："儒者之道，大之无不该，细之无所遗，近不以为易而不举，远不以为迂而不为。固无有不达乎事务，而可以为儒者也。"②他还著有《三贤赞》与《尚友五赞》，提出作为儒者代表的"三贤"、"五友"，三贤者司马迁、韩愈、欧阳修，"皆气豪辞雄，有振衰立懦之功"；五友者诸葛亮、陆贽、范仲淹、韩琦、司马光，"功业赫然可称，而秉心操行不倍于圣贤之道者"。③ 可见方孝孺所谓儒者，当是文辞、事功皆长，学与行并举而得儒之全体的人物。

然而后世对方孝孺的评说，大多只是重在其节义，而未涉及其理学。刘宗周说：

> 先生禀绝世之资，慨焉以斯文自任。会文明启运，千载一时，深维上天所以生我之意，与古圣贤之所讲求……此非学而有以见性分之大全不能也。既而时命不偶，遂以九死成就一个是，完天下万世之责。其扶持世教，信乎不愧千秋正学者也。考先生在当时已称程、朱复出，后之人反以一死抹过先生一生苦心，谓节义与理学是两事，出此者入彼，至不得与扬雄、吴草庐论次并称。于是成仁取义之训，为世大禁，而乱臣贼子将接踵于天下矣，悲夫！④

确实方孝孺本人"以斯文自任"，在理学上有其追求，故而刘宗周说当时之

① ［明］方孝孺：《方孝孺集》卷十《与郑叔度八首》，其二，第 361—362 页。
② ［明］方孝孺：《方孝孺集》卷五《庞统》，第 174 页。
③ ［明］方孝孺：《方孝孺集》卷十九《三贤赞》、《尚友五赞》，第 710—714 页。
④ ［明］刘宗周：《师说》，载《明儒学案》卷首，第 1 页。

人已经称其为“程朱复出”了，只是学术未成而身死于节义，在相当长一段时间里学者无法读到其著作，无法认识其理学之价值，故而后人会有“一死抹过先生一生苦心”。当然刘宗周更要强调的则是节义与理学二者的关联，像方孝孺这样的儒士，其节义上的表现与其理学上的修为是分不开的，因为看惯晚明儒士节义与理学二分的乱象，担心乱臣贼子接踵而至，故而更加认为方孝孺之难能可贵了。

二、持守正学，驱斥佛道

关于方孝孺之学术，黄宗羲说：

> 先生直以圣贤自任，一切世俗之事，皆不关怀……谓圣功始于小学，作《幼仪》二十首。谓化民必自正家始，作《宗仪》九篇。谓王治尚德而缓刑，作《深虑论》十篇。谓道体事而无不在，列《杂诫》以自警。①

方孝孺认为学习圣人之道，当从洒扫庭除的“小学”入手，故专门作《幼仪杂箴》20 首；又认为化民成俗则从“正家”开始，故又作《宗仪》9 首。再进一步则是“王治”，认为应当“尚德而缓刑”，作《深虑论》10 首。还就如何讲求“道体”，作《杂诫》38 章，用以自警。至于如何为学，方孝孺在其《宗仪》的“务学”一门之中说：

> 学者，君子之先务也……故学，将以学为人也，将以学事人也，将以学治人也。将以矫偏邪而复于正也。
>
> 夫学，非为华宠名誉爵禄也，复其性，尽人之道焉耳……其说存于《易》、《诗》、《书》、《三礼》，其理具于心，其事始乎穷理，终乎知天。其业始于修己，终于治人。其功用至于均节运化，涵育万物。大得之而圣，深造之而贤，勉修之而为君子。②

---

① ［明］黄宗羲：《明儒学案》卷四十三《诸儒学案上一》，第 1042 页。
② ［明］方孝孺：《方孝孺集》卷一《宗仪九首·务学》，第 58—59 页。

方孝孺所立的方氏族规中的这一条，也就是后来为蜀献王世子定的“九箴”之中的“正学”，为学，就当学习如何做人，也即“尽人之道”，而不是谋取华宠、名誉、爵禄。至于如何学习做人之道，关键在于《易》《诗》《书》《三礼》等儒家经典，从中学习修己治人之道。方孝孺后来还有《学辨》一文，详论如何研习经典。他说：

> 夫所谓善学者，学诸《易》以通阴阳之故、性命之理；学之《诗》以求事物之情、伦理之懿；学之《礼》以识中和之极、节文之变；学之《书》以达治乱之由、政事之序；学之《春秋》以参天人之际、君臣华夷之分，而学之大统得矣。然不可骤而进也，盖有渐焉：先之《大学》，以正其本；次之孟轲之书，以振其气；则之《论语》，以观其中；约之《中庸》，以逢其原，然后“六经”有所措矣。博之诸子以其辨，索之《史记》以质其效，归之伊洛关闽之说以定其是非。既不谬矣，参天下之理以明之，察生民之利害以凝之。践之于身，欲其实也；措之于家，欲其当也；内烛之于性，欲其无不知也；外困辱而劳挫之，欲其著而不懈，畜而愈坚也。夫如是，学之要庶几乎得矣。①

方孝孺认为“六经”与“四书”为学问的基础，并且“四书”学而有本，进而学“六经”也就有了方向。再接下来则读诸子之书、《史记》，以及伊洛关闽等宋儒的理学之书。理学之书确实有其重要的地位，但他也并未将之特别强调，只是指出其能使人明是非的意义。

当然，对于宋代的理学，特别是朱子，他还是有所归依的。在一序文中就说：

> 自周以来，教化详明，得先王之意者莫如宋，故宋之学术最为近古。大儒硕生，既皆深明乎道德性命之理，远追孔、孟之迹，而之为徒。其他以文辞驰于时者，亦皆根据六艺，理精而旨远，气盛而说详。各有所承传，而不肯妄相沿踵，盖教化使然也。②

---

① ［明］方孝孺：《方孝孺集》卷六《学辨》，第 214 页。

② ［明］方孝孺：《方孝孺集》卷十二《刘樗园先生文集序》，第 455 页。

在他看来，周代以来最能得尧、舜等先王之意的就是宋儒，宋代学术发明道德性命之理，能够远追孔子、孟子，再说宋代的文辞也是根据儒家的“六艺”，所以能够“理精而旨远，气盛而说详”。总之，宋学各有所承传，又各有创新，是一个儒学教化倡明的时代。方孝孺还说：

> 人不知学则已，为学不以宋之君子为师，而欲连诸古，犹面山而趋，而欲适乎海也。乾、淳之学，莫盛于朱子。博文以致其知，主敬以笃其行，而审于义理之辨，此岂特朱子为然哉！自孔子以来固然矣，然则师宋之君子，固学孔子者所宜为也。①

也就是说，只要为学，就当以宋代的诸儒、诸君子为师，而宋学最盛则为朱子，通过朱子则可以真正学到孔子之学，也即学到儒学的精粹了。对于朱子，方孝孺的评价极高，他说：“朱子之学，圣贤之学也。自朱子没二百年，天下之士未有舍朱子之学而为学者。”②但是对于朱子，也不是全盘接受，比如他认为朱子的《大学》“格物补传”是多余的，他还说：“致知格物传之阙，朱子虽尝补之，而读者犹以不见古人全书为憾。”③与宋元时期的董槐、叶梦鼎、王柏等人相似，他也认为《大学》原书并无阙略，只要将“经”之中的“知之而后定”一段与“传”之中的“听讼，吾犹人也”一句合起来即为“格物”章的“传”，因此不必作补传。这种思想，其实表明方孝孺不太重视向外的格物穷理，与其师宋濂一样，方孝孺的思想也偏重于内修。

方孝孺指出为国之本在于修身，而修身之道最为切要则在于“治心”，而“治心”之法的核心在于程朱所讲的“主敬”。他说：“为国之本，莫尚乎修身，修身之道，莫切乎治心，而心之官则在于思……人之有身，孰能无所思也哉！”④心的功能又在于思，那么“治心”也就在于使得内心之思回归于正，心正就能够“心通乎天”。方孝孺在《君学》一篇中提出“治心之术”，他说：

---

① ［明］方孝孺：《方孝孺集》卷十四《赠卢信道序》，第 545 页。
② ［明］方孝孺：《方孝孺集》卷七《习庵说》，第 264 页。
③ ［明］方孝孺：《方孝孺集》卷十八《题大学篆书正文后》，第 670 页。
④ ［明］方孝孺：《方孝孺集》卷十七《身修思永堂记》，第 642 页。

> 人君之学，莫大于治心立政。治心之术有五：持敬以弭安肆之萌，寡欲以遏侈纵之渐，养慈爱之端以充其仁，伐骄泰之气以固其守，择贤士自辅以闲其邪。五者立，然后可以为政。①

这虽说是对于君主的要求，但对于普通儒者也同样有用，想要"治心"，就要去做持敬、寡欲等工夫，这些思想与程朱理学的"涵养须用主敬"相近。方孝孺还曾专门讨论"主敬"工夫，他说："夫敬为复善去恶之机，天理之所由存，人欲之所由消也。故人能一主乎敬，窔奥之间，俨乎若上帝之临；造次之顷，凛乎若珪璧之奉。"②由此可见，主敬工夫的重要性，学理学就是为了明辨是非，而"敬"则为"复善去恶之机"，是天理与人欲的分界点，人的内心能够主敬，则如同"上帝之临"、"珪璧之奉"，也就能够实现"治心"了。此外，方孝孺还专门谈到周敦颐的"主静"，他说：

> 圣人未尝不动，但常主于静。苟静而无动，则物而不通矣，欲人在仁义中正主静，静应于物耳，非欲人强制其本心如木石然，而不能应物也……夫人处乎万事万物之间，而欲与之俯仰，裁天下之变，成天下之务，欲其不动，不可得也。③

方孝孺诠释周敦颐《太极图说》的"静而无动"，认为"主静"不是要人强制其本心如同木石一般，或不去应酬事物，如果这样那万物之间不能相通了，再说人本就处于万事万物之间，还是要有应酬才能"裁天下之变"、"成天下之务"。所以"主静"就是要如周敦颐所说"定之以仁义中正"，使得人心归于中正，然后再去事物之间应酬。这种观点，也是近于程朱理学。

与在理学上归于程朱相似，在对于佛、道二教上，方孝孺的观点也近于朱子。他说：

> 仆有志于古人之道久矣，今之叛道者莫过于二氏，而释氏尤甚。仆私窃愤

① ［明］方孝孺：《方孝孺集》卷三《君学下》，第 91 页。
② ［明］方孝孺：《方孝孺集》卷十七《直内斋记》，第 632 页。
③ ［明］方孝孺：《方孝孺集》卷十一《答林子山书》，第 407—408 页。

之，以为儒者未能如孟、韩放言驱斥，使之不敢横，亦当如古之善守国者，严乎疆域斥堠，使敌不敢劫可也。稍有所论述，愚僧见之辄大恨，若詈其父母，毁讪万端，要之不足恤也。①

事乎老佛、名法之教，其始非不足观也，而不可以用，用之修身则德隳，用之治家则伦乱，用之于国于天下则毒乎生民，是犹是犹稂稗之农也，学之蠹者也。②

方孝孺认为当时最为离经叛道的莫过于佛、道，而佛学的影响则更甚。面对异端，即使不能像孟子、韩愈当年那样勇于"方言驱斥"，也应当善于持守儒学本身的边界，如同守护国土一样果敢。他还从人伦纲常的角度来说，不是说佛、道之学本身不足观，而是佛、道之学不可以用，无论修身、治家、治国都不可以用，这一态度也是极为坚决的。方孝孺还在友人的信中，说：

夫儒者之道，内有父子君臣、亲亲长长之懿，外有诗书礼乐、制度文章之美。大而以之治天下，小而以之治一家，秩然而有其法，沛然其无待于外。近之于复性正心，广之于格物穷理，以至于推道之原而至于命，循物之则而达诸天。具事要而不烦，其说实而不诬。君子由之，则至于圣贤，众人学之，则至于君子。未有舍此他求，而可以有得者也。……故世之好佛者，吾举不知其心之所存，使弃儒从佛，果能成佛，犹不免于惑妄畔教之罪。况学之者，固逐逐焉以生，昏昏焉以死，未尝有一人知其所谓道者邪。③

在他看来，当时好佛之人，也不见得存心于佛学，往往只是昏昏然而已。而儒学之中，则讲求人伦纲常，讲求诗书礼乐，从平治天下直至齐家之道，都是秩序井然。从"复性正心"、"格物穷理"的下学，再上达至性天之道，也都有规矩可循。所以从事程朱理学，也即从事圣贤之学、君子之学。他接着还说："每见流于异端者，辄与之辩；非好辩也，悯夫人之陷，而欲拯之于平安之途。诚不自知其过虑也，以故为佛氏者，多不相悦。"上面引文曾提及方孝孺因为辟佛而被僧

① ［明］方孝孺：《方孝孺集》卷十一《答刘子传书》，第403—404页。
② ［明］方孝孺：《方孝孺集》卷十七《种学斋记》，第656页。
③ ［明］方孝孺：《方孝孺集》卷十《答郑仲辩二首》，其二，第356页。

人“毁讪万端”，好佛者也与他“多不相悦”，他每每遇见有人流于异端，就跟他们争辩其中是非，希望他们回归于平安之途，也即儒门正学。

正因为方孝孺在持守程朱理学与驱斥佛、道二教这两者，都有着极为严苛的态度，再加上其“节义”之道的杰出表现，故而黄宗羲说他：“持守之严，刚大之气，与紫阳真相伯仲，固为有明之学祖也。”①方孝孺是明初极为难得的一位儒士，从“正学”的意义上，为明朝、为后世的士大夫们树立了典范。

第四节　曹端：明初理学之冠

虽然同为明初的儒者，但是曹端与前两位有着诸多的不同。其一，宋濂、方孝孺都是南方人，确切地说都是浙东人，而曹端则是北方儒者。其二，宋、方由元入明，而曹端则与他们不同，他生于明朝开国之初，故而从严格意义上说，他才是明朝的第一位著名儒者。其三，曹端既无师承又无家学，却是一位学术型的儒者，宋、方师弟二人则基本属于实践型的儒者。曹端被称为“今之濂溪”、“明初理学之冠”，作为明代理学的开山之祖，虽然他在经济、事功上不能与宋濂、刘基、方孝孺等人相比，但在道统传承上却有着重大的贡献。曹端“以正学倡天下”，被认为真正接续了程朱理学的道统，并使得薛瑄与吴与弼等人闻风而起，从此以后，各家理学思潮传承有序、源远流长。

一、生平与学思历程

曹端（1376—1434），字正夫，号月川，河南渑池人。永乐六年（1408）举人，第二年会试得乙榜第一，任山西霍州、蒲州学正，前后二十多年。他的著作主要有《太极图说述解》《通书述解》《西铭述解》，以及《夜行烛》《曹月川先生语录》等，后人汇刻为《曹月川集》《曹月川先生遗书》等，今人又重编为《曹端集》。关于其生平记述，则有张信民编纂、张璟裁定的《曹月川先生年谱》。

---

① ［明］黄宗羲：《明儒学案》卷四十三《诸儒学案上一》，第1042页。

关于曹端的学思历程，有三个特点值得注意。其一，学无师承。刘宗周说："先生之学，不由师传，特从古册中翻出古人公案。"[①]《明史》本传中载：

> 五岁见《河图》《洛书》，即画地以质之父。及长，专心性理。其学务躬行实践，而以静存为要。读宋儒《太极图》《通书》《西铭》，叹曰："道在是矣。"笃志研究，坐下着足处，两砖皆穿。事父母至孝。[②]

曹端自幼就对性理之学有独特的兴趣，据其年谱则还对《周易》有着浓厚的兴趣，而其毕生钻研的则还是周敦颐的《太极图说》《通书》与张载的《西铭》等不多的几种理学经典，并作有"述解"，此外他还对二程、朱子之学多有钻研。

其二，证悟"太极"。曹端证得周敦颐《太极图》的"精旨"一事，在其为学的一生之中尤为关键，所谓"洞彻斯道"学术成熟的标志性事件，发生在其56岁之时，年谱中记载甚详：

> 先生得《太极图》之精旨，故为《川月交辉图》喻其妙。其图天上一月，川中九月，盖取月映川水之意尔。其诗曰："天月一轮映万川，万川各有月团圆。有时川竭为平地，依旧一轮月在天。"起句喻统体之太极，承句喻各具之太极，转句喻万感之俱寂，合句喻一理之常存。画图于颁书阁下，日吟咏其间，其洞彻斯道之妙如此。[③]

他作有《川月交辉图》表述自己对"太极"的理解，并作《月川图诗》。从引文来看，曹端是以朱子的"月印万川"与"理一分殊"来理解"太极"的。曹端还说："学欲至乎圣人之道，须从太极上立根脚。"[④]曹端通过解读、体悟理学经典，遥承于朱子之学。对其治学历程，据刘宗周述：

> 深有悟于造化之理，而以"月川"体其传，反而求之吾心，即心是极，即心之

① [明]刘宗周：《师说》，载《明儒学案》卷首，第2页。
② [清]张廷玉：《明史》卷二百二《儒林一》，第7238页。
③ [明]张信民、[清]张璟：《曹月川先生年谱》，载《曹端集》附录二，中华书局2003年版，第298页。
④ [清]张廷玉：《明史》卷二百二《儒林一》，第7239页。

动静是阴阳，即心之日用酬酢是五行变合，而一以事心为入道之路。故其见虽彻而不玄，学愈精而不杂，虽谓先生为今之濂溪可也。乃先生自谱，其于斯道，至四十而犹不胜其渺茫浩瀚之苦，又十年，恍然一悟，始知天下无性外之物，而性无不在焉，所谓太极之理即此而是。盖见道之难如此，学者慎毋轻言悟也哉！①

曹端深刻领悟了“月川”之理，并以此诠释《太极图》，在刘宗周看来在其证悟中反求于心特别重要，“一以事心为入道之路”，这就有将曹端纳入心学的嫌疑。刘宗周还注意到曹端40岁前对“太极”尚未领悟，到了50岁后方才“恍然大悟”，所谓“天下无性外之物，性无不在”，也是曹端解释太极之理的一个方面。刘宗周注意到他“见道之难”，对于“太极”的证悟，确实是曹端治学生涯的一个关键。也正因为如此，刘宗周称曹端“为今之濂溪”，并说“《太极图》先生生平所最得力者”②，可见其辨析“太极”在明代理学史上的重要意义。

其三，辟佛辨惑。曹端20岁时，初读谢应芳的《辨惑编》，“昼夜诵习，力行不怠”③。此后即开始力辟邪说，“一切浮屠、巫觋、风水、时日之说屏不用。上书邑宰，毁淫祠百余”。④ 曹端不信佛道，对于风水、命相之说也摒弃不用。所谓淫祠，就是官方规定不得祭拜的神灵的庙宇，因为迷信而兴起，故而曹端主张毁弃。当时曹端的父亲喜好佛老，曹端特意编撰了《夜行烛》一书进呈其父，并说：“佛氏以空为性，非天命之性。老氏以虚为道，非率性之道。”其父“欣然从之”。⑤诸生有丧事，曹端请懂得儒家礼仪的前去经理，“有欲用浮屠者”，他又极力劝阻；还有人“以太岁土旺为言”，曹端前去讲明其中的谬妄。⑥

曹端先后两次在霍州做学正，共计16年，虽然仅为一小小学官，但对于当地的风俗、人心，却有着很大的影响：

为霍州学正，修明圣学，诸生服从其教。郡人皆化之，耻争讼。知府郭晟问为政，端曰：“其公、廉乎！公则民不敢谩，廉则吏不敢欺。”晟拜受。遭艰归

① ［明］刘宗周：《师说》，载《明儒学案》卷首，第2页。
② ［明］黄宗羲：《明儒学案》卷四十三《诸儒学案上二》，第1067页。
③ ［明］张信民、［清］张璟：《曹月川先生年谱》，载《曹端集》附录二，第262页。
④⑤ ［清］张廷玉：《明史》卷二百二《儒林一》，第7238页。
⑥ ［明］黄宗羲：《明儒学案》卷四十三《诸儒学案上二》，第1061页。

图 1－4　霍州署衙

渑池，霍诸生多就墓次受业……宣德九年卒官，年五十九。诸生服心丧三年，霍人罢市巷哭，童子皆流涕。①

因为曹端讲明圣学，当地的士子在他生前服从于他的教导，他死后又服心丧三年。他还对一郡之人也产生了教化作用，纷纷耻于争讼，后来就连知府也都受其风化之影响。此外，曹端还“为设里社、里谷坛，使民祈报。年荒劝振，存活甚众”②，所以说他的儒学其实多有实践的一面。朱鸿林先生说：“曹端讲话有人相信，走了有人思慕，他的行事才是真正的儒者本色，不是假道学的面相。”③确实从其一生的治学与教学来看，不失实践之儒的本色，决非空谈心性者可比。

二、《太极图说》《通书》之新诠

曹端被刘宗周视为“今之濂溪”，与其多年钻研《太极图》与《通书》，并在朱

①② ［清］张廷玉：《明史》卷二百二《儒林一》，第 7238 页。

③ 朱鸿林：《〈明儒学案〉研究及论学杂著》之《〈明儒学案〉·〈曹端学案〉研读》，三联书店 2016 年版，第 138 页。

子的基础上加以重新诠释有着密切的关系。这些新的诠释，刘宗周、黄宗羲、孙奇逢等学者都评价颇高，认为是对濂、洛之学的最好传承。

曹端本人对于周敦颐也评价极高，特别是对《太极图》，他曾作“赞”说：

> 濂溪夫子，卓乎先觉。上承洙泗，下开河洛。建图立说，理明辞约。示我广居，抽关启钥。有纲有条，有本有末。敛归一心，放弥六合。月白风清，鸢飞鱼跃。舜、禹得之，崇高卑若。孔、颜得之，困极而乐。舍此而为，异端俗学。造端之初，胡不思度。毫厘之差，千里之错。①

他认为周敦颐上承孔、孟，下启二程，而《太极图》与《太极图说》则更为“理明辞约”，成为学术的关键，“有纲有条，有本有末”，故而必须仔细揣摩，方能获得“月白风清，鸢飞鱼跃”的境界；反之如果不从此入手，或误读此图，则为异端、为俗学了。而曹端本人则在太极这一观念的诠释上，花费了大量力气，也有了新的发展。就基本观点而言，他说：

> 太极，理之别名耳。天道之立，实理所为……孔子而后，论太极者皆以气言。老子道生一，而后乃生二。庄子师之曰：“道在太极之先。”曰一，曰太极，皆指作天、地、人三者气形已具而混沦未判之名。道为一之母，在太极之先，而不知道即太极，太极即道。以通行而言，则曰道；以极致而言，则曰极；以不杂而言，则曰一。夫岂有二耶？列子混沦之云，《汉志》含三为一之说，所指皆同。微周子启千载不传之秘，则孰知太极为理而非气也哉？②

在他看来，“太极”也即“天道”，也即“理”，而那些认为“太极”为气的学者，诸如老子、庄子与《列子·天瑞》所说的“混沦”、《汉书·律历志》所说的“太极元气，函三为一”等等，都是在说“太极”为气，而“太极”之上还有一个“道”在，这其实是将理、气二分了。曹端则认为理、气不可谓二，“太极”是理而非气，然后再从通行、极致、不杂而言，则“太极”又可以说是“道”、是“极”、是“一”。他也认为周敦颐说的“无极而太极”，也就是朱子所诠释的“无形而有理”，而周敦颐《太极

① ［明］曹端：《曹端集》卷一《赞太极图并说》，第22页。
② ［明］曹端：《曹端集》卷一《太极图说述解序》，第1—2页。

图说》对于“太极”的阐明则非常重要，所谓“启千载不传之秘”，也就是阐明了“太极为理而非气”这一点。

在《太极图》的诠释上，曹端主要发挥朱子的《太极图说解》，然而朱子此“注解”与其“语录”中的某些论述却多有差异。曹端说：

> 至于“语录”，或出讲究未定之前，或出应答仓卒之际，百得之中不无一失，非朱子之成书也……信“语录”而疑“注解”，所谓弃良玉而取顽石，掇碎铁而掷成器，良可惜也。①

他强调，朱子对于“太极”的诠释，只有《太极图说解》为“至当归一”，至于朱子的那些“语录”，原本为后人所编，不能作为成书来看，或者出于讲学而未定之前，或者出于应答的仓促之际，所以不可因为语录的说法混杂而将“太极”也理解得混杂了。曹端将信“语录”而疑“注解”比喻为弃良玉而取顽石，拾掇碎铁而抛掷成器，由此可知曹端不只是在传承理学上遵从朱子，还对朱子的各类著述有着精深的认识。

之所以详细说明这一点，则是因为曹端曾经作有《辨戾》一文，附于《太极图说述解》之后，对朱子的“语录”提出过批判。其中说：

> 及观“语录”，却谓“太极不自会动静，乘阴阳之动静而动静”耳，遂谓“理之乘气，犹人之乘马。马之一出一入，而人亦与之一出一入”，以喻气之一动一静，而理亦与之一动一静。若然，则人为死人，而不足以为万物之灵；理为死理，而不足以为万化之原。理何足尚而人何足贵哉？今使活人乘马，则其出入、行止、疾徐，一由乎人驭之何如耳。活理亦然。不之察者，信此则疑彼矣，信彼则疑此矣，经年累岁，无所折衷，故为《辨戾》，以告夫同志君子云。②

在曹端看来，这两条“语录”亦为朱子门人所记，故而不可信从，关于理气动静的学说还是当信从朱子的《太极图说解》等书。因为说太极、理自身不会动静，而是乘着阴阳、气方会一动一静，这就有以气为主的意思。朱子在理气关系

---

① ［明］曹端：《曹端集》卷一《太极图说述解序》，第 3 页。
② ［明］曹端：《曹端集》卷一《辨戾》，第 23—24 页。

上，虽然主张二者不离、不杂，但也曾说“理与气，此决是二物”①。曹端认为以“人乘马”来比喻理乘气，表明理、气一起动静，还不够准确，故而必须强调“活人乘马”，无论出入、行止、疾徐都由骑马之活人在驾驭，也就是说理非死理，而是“万化之原”，理本来就控制着气的动、静。关于曹端的“活人乘马之喻”，黄宗羲在《明儒学案》中，对曹端以上思想进行驳斥：

> 先生之辨，虽为明晰。但详以理驭气，仍为二之，气必待驭于理，则气为死物。抑知理气之名，由人而造，自其浮沉升降者而言，则谓之气；自其浮沉升降不失其则者而言，则谓之理。盖一物而两名，非两物而一体也。②

黄宗羲认为曹端的辨析比较明晰，但仍旧有毛病。曹端“活人乘马”对于理气动静的辨析，虽然扬理而抑气，但隐含有理、气为二的意思在，强调气必须由理来驾驭，则气为“死物”。黄宗羲则强调了理、气只是人造的两个名称，将浮沉、升降的现象的称之气，将浮沉、升降的现象背后的本质称之理，理与气都只是一个事物的两种名称，换句话说无论现象与本质，都是一个事物的属性而已。关于理气动静的问题，后来还有薛瑄提出“日光飞鸟之喻”，当是在曹端的基础之上，又有新的发展了。

除了《太极图说述解》，承继于朱子之外，曹端的《通书述解》也基本以朱子为准。在此书的卷首，曹端选录了胡宏、朱子、真德秀、黄瑞节的《通书》篇评语，其中朱子评语有七条，其他几位各一条，将这么多条朱子的评语放在卷首，可见其对朱子推崇。至于正文之中对《通书》的诠释，大多是在引述了朱子的解释以及《或问》《语录》之中相关条目之后，方才补充自己的看法的，故而也是以朱子的思想为基准的。也可以说，朱子对于周敦颐的《太极图说》与《通书》的诠释，在曹端这里方才得到了进一步的完善。

曹端另一获得后世高度评价的就是《通书述解》之中以“仁”来诠释“孔颜之乐”。周敦颐《通书》第二十三章《颜子》之中说：“天地间有至贵至富可爱可求，而异乎彼者，语哉?”曹端的述解如下：

---

① ［宋］朱熹：《朱子全书》第二十二册《晦庵先生朱文公文集》卷四十六《答刘叔文》，上海古籍出版社、安徽教育出版社 2002 年版，第 2146 页。

② ［明］黄宗羲：《明儒学案》卷四十三《诸儒学案上二》，第 1062 页。

朱子曰："所谓至贵至富可爱可求，即周子之教程子，每令寻仲尼、颜子乐处所乐何事者也。然学者当深思而实体之，不可但以言语解会而已。"今端窃谓孔、颜之乐者，仁也，非是乐这仁，仁中自有其乐耳。且孔子安仁而乐在其中，颜子不违仁而不改其乐。安仁者，天然自有之仁；而乐在其中者，天然自有之乐也。不违仁者，守之之仁；而不改其乐者，守之之乐也。《语》曰"仁者不忧。""不忧"非乐而何？周、程、朱子不直说破，欲学者自得之。愚见学者鲜自得之，故为来学者说破。①

《通书》之中对于孔颜之乐的说法，很自然让人想到周、程授受当中的"每令寻仲尼、颜子乐处"一事，然而，朱子却对此并未在《通书解》当中给予直接的说明。曹端于是加以详细地述解，他认为孔颜之乐，也就是"乐仁"，故而"异乎""至贵至富可爱可求"。他的根据是《论语》，《子罕》篇说"仁者不忧"，《学而》篇中说孔子蔬食饮水乐在其中，这就是"仁者安仁"；《雍也》篇中说颜回箪食瓢饮不改其乐，这就是"三月不违仁"。曹端还认为，孔子天然而自有仁、天然而自有乐，而颜回则守而能仁、守而能乐，那么孔、颜二人之仁与乐，也还是有所差别的。与此相关，曹端还有一条语录：

程子曰："医书以手足痿痹焉不仁，此言最善名状。仁者，以天地万物为一体，莫非也。认得为己，何所不至？若不属己，自与己不相干涉。如手足不仁，气已不贯，皆不属己。"盖手足不属己，气之不贯也；天地万物不属己，心之不贯也。身与手足一体也，外邪间之，故与气不相贯。己与天地万物一体也，人欲间之，故与心不相贯。身与手足之间，医必有方。我与天地万物之间，圣人亦必有方。能近取譬，圣人示学者去间之方也。②

程颢解释仁，提出"仁者，以天地万物为一体"，天地万物与自己相干，如同气之相互贯通，好比人的身体之中，手、足与身、心一体，故而应当血气贯通。曹端进一步诠释，指出手、足属于己，方才血气贯通；天地万物属于己，那么人心就会与之贯通。但在日常生活之中，往往会有"外邪"间隔而导致气质不相贯通，而导致"己"与天地万物不能"一体"的就是"人欲"的间隔，这去除间隔的方法则需要圣人

① ［明］曹端：《曹端集》卷二《通书述解》卷下，第78—79页。
② ［明］曹端：《曹端集》卷六《曹月川先生语录》，第220页。

的教导了。此处曹端未曾说得十分明白的还有一点，即去除人欲的间隔之后，“已与天地万物一体”的境界到底如何？其实这一点在程、朱的“仁”论当中已有说明。

回过头来看二程、朱子的“仁”论。程颢的《识仁篇》提出“学者须先识仁。仁者，浑然与物同体……既能体之而乐，亦不患不能守也”①；而程颐则认为“大抵尽仁道者，即是圣人，非圣人则不能尽得仁道”，“天人之理得，然后可以至于圣人”②；朱子《仁说》则在认同程颐的同时，也照顾到程颢的观点，他说：“盖仁之为道，乃天地生物之心，即物而在……能克去已私，复乎天理，则此心之体无不在，而此心之用无不行也。”③

由此可知，曹端对于孔颜之乐以及仁的解说，提出“仁中自有其乐”与“已与天地万物一体”等观点，认为去除已与万物之间的人欲间隔，天理流行而无碍，然后方才得仁、守仁，仁者不忧故而可乐。应该说曹端的这些论述，都是沿着二程、朱子做了详尽的发挥，而其关键则是将程颢的意思“说破”了。

曹端的这些诠释，得到了后人的赞同。特别是孙奇逢，他认为《通书述解》四十章，“直与《太极图说》相表里，解其未易解，述其未殚述……能发元公之蕴”，而其中“至矣”、“尽矣”的高妙之论则孔颜之乐，“至论孔、颜之乐，元公令两程寻所乐何事，毕竟无人说破”，到了曹端这边方才有独到的领悟，孙奇逢说：

> 斯言至矣！尽矣！盖极至之理，惟一仁。仁者不忧，不忧自乐，宁直孔、颜？羲皇、尧、舜、禹、汤、文、武，总不外是。四十章述解，无非发明太极一图，而仁字已括图之义矣。④

他认为曹端点出了孔颜之乐当中的“极至之理，惟一仁”这个关键，进一步说，则除了孔、颜二人，还有伏羲、尧、舜等圣人也都到了“仁者不忧，不忧自乐”的境界。而曹端的《通书述解》的核心思想便是以“仁”来发明《太极图》的精义。

曹端曾著有《四书详说》36 卷，该书现已亡轶，唯有序保留于年谱，其中也可以看出他对于承继朱子所做的努力。他说：

---

① ［宋］程颢：《二程集》之《河南程氏遗书》卷二，中华书局 1981 年版，第 16—17 页。
② ［宋］程颐：《二程集》之《河南程氏遗书》卷十八、卷二十五，第 182、374 页。
③ ［宋］朱熹：《朱子全书》第二十三册《晦庵先生朱文公文集》卷六十七《仁说》，第 3280 页。
④ ［明］孙奇逢：《笺通书述解》，载《曹端集》附录六，第 361 页。

> 永乐中，端正霍学，为诸生说《四书》，一尊朱子成说，先举一章大旨，而后分经以布其注，衍义以详其说。然其间朱子以为易晓而不尽释者，初学之士或难之，端用父师先正成说之精当者补之，将以尽详约而便初学焉。①

由此可知，曹端在学正任上，为诸生讲《四书》之时，都是遵循朱子《四书章句集注》的成说，后来对于朱子解释未尽指出，做了一些增补。

三、理学史上的地位

曹端在明初诸儒之中的独特性，还是在于他是学术型的儒者，所著《太极图说述解》《通书述解》尤为重要，成为承继与发展周、张、程、朱等宋代理学谱系的关键一环。

明末大儒刘宗周就说："愚谓方正学而后，斯道之绝而复续者，实赖有先生一人。薛文清亦闻先生之风而起者。"②宋濂、方孝孺二人在事功上做了儒者的表率，但在儒学的学理上却并未有太多的钻研，而曹端与他们不同，他在学理上有着精深的造诣，遥承朱子而对多种理学经典加以重新诠释，使得明初的理学有了新的发展，经他之后则又有薛瑄与吴与弼等学者"闻风而起"，将理学推向新的高峰。

为曹端重编文集、年谱的张璟则从更为广阔的理学史背景上对曹端之学做了评价：

> 以至明代，是由洙、泗以来，至是且二千余年，由濂、洛而下，且五百有余岁矣，其嚼然不滓、纯乎其纯者，数君之外，寥寥其人……月川先生于诸儒议论纷争之日，屹然以身任斯道之重，终始大节，无可疵议。其立言，又皆省身克己、主敬明伦之旨居多……故可断然以先生为足继程子之后无疑也。③

明初之际的大多儒者，尚停留在议论纷争之中，至于此处所说的"程子"，当为明道先生程颢，也就是说他认为曹端在明代理学史上的地位，相当于宋代的

---

① ［明］张信民、［清］张璟：《曹月川先生年谱》，载《曹端集》附录二，第 288 页。

② ［明］刘宗周：《师说》，载《明儒学案》卷首，第 2 页。

③ ［清］张璟：《重编靖修曹月川先生文集序》，载《曹端集》附录六，第 355 页。

程颢，有着承濂、洛而上继洙、泗之功。

接着，还有为曹端著作作序的杨国桢、张伯行等学者，指出了曹端对于明代前期理学的影响：

> 有明讲学之盛，肇于河东，而先河东以正学倡天下者，断自月川先生始……先生生洪武之初，首以正学为天下倡，由是河东、新会、余干赓续而倡明之，故永、宣、成、弘之世，士皆有师传宗统，而风俗骎骎，治近于古。①

有明一代讲学之盛，开端于薛瑄（河东），然而“以正学倡天下者”却是由曹端开始的，作为明代的第一个大力倡导程朱理学的学者，影响了此后的薛瑄、陈献章（新会）、胡居仁（余干）等人，正是有这么一大批理学家，方才有永乐、宣德、成化、弘治四朝的理学繁荣，方才有风俗的淳朴，几如上古。至于将曹端的著作编入《正谊堂全书》的张伯行则说：“时薛河东以真儒、纯臣倡绝学于当代，未尝不雅服先生之仁义在躬，教人有本，辟邪闲圣，厥功伟如也。”②薛瑄以真儒、纯臣的身份倡导理学，在明初的影响巨大，但是他对于曹端则极为佩服，曾经向曹端问学，深受其影响。

作为北方儒者在明初的代表人物，《明史》中也有所强调：

> 初，伊、洛诸儒自明道、伊川后，刘绚、李吁辈身及二程之门，至河南许衡、洛阳姚枢讲苏门，北方之学者翕然宗之。洎明兴三十余载，而端起崤、渑间，倡明绝学，论者推为明初理学之冠。③

自从二程以后，在伊洛之间讲学的有二程的及门弟子刘绚、李吁等人；之后就要到元代的许衡与姚枢，北方学者之中方才又有儒学宗师；再到明朝开国三十多年以后的曹端，讲学于崤、渑之间，重新在北方倡明理学。由此来说，曹端作为北方儒者在明初有着特别重要的地位。

总之，曹端从学理上传承了周、张、程、朱，并留下了许多重要著作，对于明初的理学、北方的儒学有着深远的影响，故而不愧为“明初理学之冠”。

---

① ［明］杨国桢：《曹月川先生遗书序》，载《曹端集》附录六，第356—357页。

② ［清］张伯行：《曹月川先生集序》，载《曹端集》附录六，第354页。

③ ［清］张廷玉：《明史》卷二百二《儒林一》，第7239页。

第二章 明初理学的兴盛：薛瑄与河东、关中之学

理学是儒学发展的重要阶段，起源于北宋，集大成于南宋，明朝的理学承继元代而发展，明初之时，因为统治者的重视，理学得以继续官方化，逐步进入了理学兴盛的时期。此时出现了理学大家薛瑄，他的讲学影响了官方的思想学术，同时也影响了北方的众多民间学者，河东学派的兴起以及关中之学的发展，就与薛瑄有着密切的关联。

第一节　薛瑄与河东学派

一、薛瑄生平与学思历程

图 2-1　薛瑄

薛瑄（1389—1464），字德温，号敬轩，山西省河津人。出生于书香世家，祖父薛仲义和父亲薛贞都熟读经典，并能对经典有所阐发。祖父薛仲义生活于元朝末年，据说因为战乱而不出仕，一生于乡里教书为业。其父薛贞的生平与曹端相似，曾任儒学教谕 30 多年。薛瑄曾作《汾阴阡表》，较为详细地追述了薛贞一生的事迹，赞扬其高风亮节，以及为学的精密严谨。

薛贞生于元朝末年，刚 7 岁时其父薛仲义就教他读《四书》等经典。薛贞自幼聪慧，又非常勤奋，至于昼夜诵习不辍，3 年左右便将《四书》背诵，不漏一言。后来进入县学，更加专注于经史子集诸书的学习。在县学，薛贞不仅为学刻苦，还能很快适应当时以古赋代论的科举革新，在士子当中独占鳌头，得到老师、同学的推许。洪武十八年（1385），29 岁的薛贞应试南宫并中举，被授予儒学教谕。

薛贞的一生，大多在教谕官这个职位上度过的，所以后人亲切地称呼他为"教谕公"。他先是任北平真定府元氏县教谕，后任河南开封府郑州荥阳县教谕，再任玉田县教谕，又在永乐十七年（1419）任河南鄢陵县教谕。最后，薛贞卒于河南河内县教谕任上。他的所谓仕途，除了四年任四川省马湖府平夷长官司吏目外，其余三十多年都在任教谕。教谕的职位很低，甚至很难说得上是正经的官职，而薛贞博古通今、才华横溢，却安于教谕之职，这在当时的社会中是很难被人理解的。薛贞在他的职位上兢兢业业，忠于职守，把一个简单的事情做好，这在精神上着实难能可贵。薛瑄说：

自读书应举入仕，一听之自然，未尝少屈以于人。历官三十余年，教人治

> 民，必勤必进，不以秩卑禄薄而分外有一毫侥异心……事上恭而不谀，处僚友和而不比。奉身极俭。
>
> 其为学，以仁义道德为本，析经义以先儒氏说为主，为文词以理胜，而不为浮靡，论道以三纲五常为大，而异端邪怪之说，无以干其思……处心制行，为学之正，自少至老无所矫易，又可见矣。①

薛瑄对父亲表示了极大的认可与钦佩，不以职位高低评判，而以学行是否合乎纯儒为准，其中也透漏出他对自己人生的看法。薛贞的人格精神，对薛瑄的一生有着极大的影响。言传身教是最好的教育，薛贞应该很好地做到了这一点，在对薛瑄进行“言传”，教之以圣人之道与儒家经典，同时也以身作则进行“身教”。薛瑄后来重视讲学，强调圣人之学落实于日用常行，除了自身的研习与体悟，父亲的影响恐怕也是终其一生难以消弭的。

关于薛瑄自己的生平，《明史》本传开篇说起母亲“梦一紫衣人谒见，已而生瑄”，故而“性颖敏，甫就塾，授之《诗》、《书》，辄成诵”。②《明儒学案》的记述则更为离奇：

> 母梦紫衣人入谒而生，肤理如水晶，五脏皆见，家人怪之。祖闻其啼声，曰：非常儿也。自幼书史过目成诵。③

薛瑄生于洪武二十二年(1389)，此时其父任北平真定府元氏县教谕。7岁时，其父改任开封府郑州荥阳县教谕，当时他的祖父正设私塾，于是成为他的启蒙老师。薛瑄母亲之梦，无论其真假，但他自幼颖悟过人，读过的经典多半能过目成诵，记性颇好，当是事实。到了洪武三十一年(1399)，因北方官学遭废除，其父薛贞不再担任教谕，改任四川马湖府平夷长官司吏目，于是举家迁居四川。④ 薛瑄一家从北方来到长江流域的成都平原，环境发生了很大的变化，北方每到秋冬，满目凋零，萧瑟凄凉；而在温暖湿润的天府之国，却是树木终年长青；

---

① [明]薛瑄：《薛瑄全集》之《文集》卷二十二《汾阴阡表》，山西人民出版社1990年版，第914页。

② [清]张廷玉：《明史》卷二百八十二《儒林一》，第7228页。

③ [明]黄宗羲：《明儒学案》卷七《河东学案上》，第107页。

④ [明]杨鹤：《薛文清公年谱》，载《薛瑄全集》，第1698页。

北方干旱少水，成都平原却有滚滚的长江。自然环境的改变，会对一个人的心性产生影响，多水的地方往往灵才之气充足。此时薛瑄虚岁十一，正处于成长的关键时期，环境的变化一定对他产生很大的影响。当时的薛瑄已经文采斐然："时年十二，以所作诗赋呈监司，监司奇之。"①就在四川之时，薛瑄开始接触理学思想。

永乐二年(1404)，薛贞复任荥阳县教谕，五年后任玉田县教谕。此时的薛瑄开始接触到理学思想，《年谱》中说：

> 玉田多贤豪长者，济南王素亨、大梁范汝舟、东莱魏希文、永嘉徐蕴夫、安阳范仲仁、海昌李大亨诸公，皆年德老成……皆避师席，结为友，与习宋诸儒性理诸书。久之，先生叹曰："此道学正脉也。"尽焚诗赋草，专精性命，至忘寝食。②

薛瑄特别敬仰北方大儒许衡，然而没有明确的师承关系，当属于私淑。当时在北方讲理学的著名学者为魏纯(希文)与范济(汝舟)，他们与另外几位儒者先被薛家礼聘为师，后来则又与薛瑄在师友之间，薛瑄在研读宋儒的性理之书后，放弃诗赋之学，开始钻研程朱理学，并在其中得到乐趣，以至于废寝忘食。

薛贞改任鄢陵教谕后，薛瑄得以补为县学生员。永乐十八年(1420)，薛瑄参加科举考试，得中了河南乡试第一。第二年，成功考取进士。但是他并未立即开始仕途生涯："以省亲归。居父丧，悉遵古礼。宣德中服除，擢授御史。三杨当国，欲见之，谢不往。"③因父亲亡故而丁忧，又因三杨而不愿为官，隐居乡野也磨炼了他的性情。宣德三年(1428)，薛瑄40岁时才开始为官，距他考中进士已经7年了。这一年，他被授职广东道监察御史监湖广银场，随后改任监沅州银场。4年后，因其母亡故而回乡丁忧。银场是朝廷开办的采集银矿的机构，银场监察御史虽官阶不高但实权很大，银场又是一个极易收受贿赂的地方，故银场监察御史历来被视为肥缺。薛瑄被任命的消息一传出，很多人前去道贺，而此时他却举古诗"此乡多宝玉，慎莫厌清贫"自勉。薛瑄此时开始手抄《性理大

① [清]张廷玉：《明史》卷二百八十二《儒林一》，第7228页。

② [明]杨鹤：《薛文清公年谱》，载《薛瑄文集》，第1701页。

③ [清]张廷玉：《明史》卷二百八十二《儒林一》，第7228页。

全》，并将自己的读书心得记录下来，这便是后来著名的《读书录》。[①] 此时的薛瑄，每日钻研性理之学："出监湖广银场，日探性理诸书，学益进。"[②]

明英宗正统元年(1436)，薛瑄再次出山，担任山东提学佥事：

> 首以朱子白鹿洞规开示学者，俾先致知而后力行，居敬以穷理，由经以求道。按临所至，必先询其力行，而后及于文艺。亲为诸生讲解，恳恳告以为人为己之学。诲人必随其才器成就之，或以行步。或以字画，或以讲诵，或以诗赋，各因其所长取之，不求全而责备。数者皆无，然后不得已，必使以儒冠拜祖宗而后去之。诸生感慕不已，至今谈及，辄皆下泣。无老少贤愚，皆以道学薛夫子目之。[③]

其实薛瑄早就曾上疏乞任教职，此次终于实现了家族的使命，于是便按照朱子手定的白鹿洞学规指导山东诸生，这是他正式宣讲程朱理学的开始。薛瑄任学官，首重力行，其次才是与科考有关的文艺之学，他又讲求因材施教，又以儒学思想感化人心，于是多年以后当地百姓还称之"道学薛夫子"。

正统六年(1441)，薛瑄被召为大理寺左少卿。一到京城，薛瑄首先碰到的问题就是如何应对司礼监太监王振。其实，薛瑄任大理寺左少卿一职，王振亦有力焉。当时王振曾询问杨士奇"吾乡谁可为京卿者"，杨士奇于是做了推荐，而王振也素闻薛瑄之名，召为大理寺左少卿，妄图以为己用，然而薛瑄到任之后却并未去拜见王振，甚至还说："拜爵公朝，谢恩私室，吾不为也。"[④]待到议事东阁，诸位公卿多趋拜王振，独薛瑄屹立不拜；王振却在此时展示其大度，主动向薛瑄作揖，而薛却依旧未曾加礼，王振"自是衔瑄"，因此便借机加害。《明史》中记述：

> 指挥某死，妾有色，振从子山欲纳之，指挥妻不肯。妾遂讦妻毒杀夫，下都察院讯，已诬服。瑄及同官辨其冤，三却之。都御史王文承振旨，诬瑄及左、右

① [明]杨鹤：《薛文清公年谱》，载《薛瑄文集》，第1708页。
② [清]张廷玉：《明史》卷二百八十二《儒林一》，第7228页。
③ [明]阎禹锡：《文清公行状》，载《薛瑄全集·行实录》卷一，第1613页。
④ [清]张廷玉：《明史》卷二百八十二《儒林一》，第7228页。

> 少卿贺祖嗣、顾惟敬等故出人罪，振复讽言官劾瑄等受贿，并下狱。论瑄死，祖嗣等末减有差。系狱待决，瑄读《易》自如。子三人，愿一子代死，二子充军，不允。及当行刑，振苍头忽泣于爨下。问故，泣益悲，曰："闻今日薛夫子将刑也。"振大感动。会刑科三覆奏，兵部侍郎王伟亦申救，乃免。①

薛瑄任大理寺少卿时，为一寡妇申冤，被王振等人诬陷，并投入监狱。薛瑄被处以死刑，然而他在监狱里，依旧诵读《周易》如故。当时薛瑄的三个儿子，愿意代死、充军来抵罪，不被允许。薛瑄即将被刑之时，王振家的仆人悲戚于"薛夫子将刑"，于是王振有所感动，又迫于舆论的压力，才将死刑改为削职归田。

正统八年(1443)，薛瑄居家，讲学河汾。江西、陕西等诸省士子前来问学者有一百多人，薛瑄依旧以程朱之学加以教诲：

> 拳拳诲以从事小学以及大学，由洒扫应对以至精义入神，居敬以立其本；由经以求其道，不事语言文学，而必责诸躬行之实。问及科举之学，则默然不对。终日正衣冠危坐，如对神明。洛阳阎禹锡徒步来学，及别，先生送至里门，告之曰：程门教人以居敬穷理为要。②

薛瑄认为从事科举者，多半只是临时讲求一下时文，对自己的身心几乎全然无涉，故而默然。他讲求理学，重在躬行实践，外在的洒扫应对与内在的居敬穷理，以及读书求道的结合。对于远来求学者，也谆谆告知以程门之教，此时薛瑄在北方已经以理学闻名了。

仁、宣之治，使明初繁荣达到了最高点，明英宗即位之后，重用宦官王振而导致朝政腐败。正统十四年(1449)，发生了土木堡之变，英宗亲征瓦剌，兵败被俘。瓦剌军队长驱直入，攻到北京城外。于谦等大臣辅佐英宗的弟弟朱祁钰登基，并组织北京保卫战。大明王朝岌岌可危之时，薛瑄被再次启用，《明史》中说：

---

① ［清］张廷玉：《明史》卷二百八十二《儒林一》，第7228—7229页。
② ［明］阎禹锡：《文清公行状》，载《薛瑄全集·行实录》卷一，第1614页。

> 景帝嗣位，用给事中程信荐，起大理寺丞。也先入犯，分守北门有功。寻出督贵州军饷，事竣，即乞休，学士江渊奏留之。景泰二年，推南京大理寺卿。富豪杀人，狱久不决，瑄执置之法。召改北寺。苏州大饥，贫民掠富豪粟，火其居，蹈海避罪。王文以阁臣出视，坐以叛，当死者二百余人，瑄力辨其诬。文恚曰："此老倔强犹昔。"然卒得减死。①

薛瑄正是因为"某躬行实践，深明理学，宜留内阁近地，以资启沃"②，被任命为大理寺丞，瓦剌也先进犯之时，他守卫京城北门，立有战功。不久，担任督运贵州军饷之事，完事后请求退休，又被挽留。景泰二年(1451)，被推为南京大理寺卿，薛瑄依然忠于职守，不避豪强。接着又被召进北京，任大理寺卿。在这一任期内，苏州因饥荒而发生贫民抢掠，阁臣王文主张以叛逆处置，有二百多人当死，薛瑄力辩其诬，终使得被杀的贫民大为减少。薛瑄老年，又经历一次重大变革，即夺门之变：

> 英宗复辟，拜礼部右侍郎兼翰林院学士，入阁预机务。王文、于谦下狱，下群臣议，石亨等将置之极刑。瑄力言于帝，后二日文、谦死，获减一等。帝数见瑄，所陈皆关君德。事已，见石亨、曹吉祥乱政，疏乞骸骨。帝心重瑄，微嫌其老，乃许之归。③

景泰八年(1457)，代宗病重，将领石亨、太监曹吉祥等发动夺门之变，拥戴已经逊位的英宗为帝，并抓捕于谦、王文等重臣并处以极刑。薛瑄此时任礼部右侍郎兼翰林院学士，并为阁臣，面对此变又表现出大无畏的精神，为于谦等人辩白。事后，薛瑄面对石亨、曹吉祥等人，无心为官，上疏请求致仕。英宗虽想挽留，考虑到薛瑄年老而准许他回乡。

此后8年，薛瑄开始了第二次河汾讲学：

> 家居八年，闭门不出，四方从学者日众，至市馆不能容。先生拳拳以复性

---

① ［清］张廷玉：《明史》卷二百八十二《儒林一》，第7229页。
② ［明］阎禹锡：《文清公行状》，载《薛瑄全集·行实录》卷一，第1615页。
③ ［清］张廷玉：《明史》卷二百八十二《儒林一》，第7229页。

为教。曰："此程、朱吃紧为人处，而欧阳永叔言性非所先，大误矣。"又曰："学者读书穷理，须实见得，然后验于身心，体而行之。不然，无异买椟而还珠也。"①

薛瑄又以复性为教，并倡导读书穷理，当于身心之际的体验。此时的薛瑄，对人、对事有了更为深刻的认识，于是写下了"七十六年无一事，此心惟觉性天通"②的诗句，表达自己在道学上追求所达到的境界。他的《读书续录》，也是在这一阶段编辑完成的。③

薛瑄一生追求学行完美，恪守儒家道义，他生前的言行举动都遵循儒者的标准，死后也为时代所推崇，《明史》对他有如下评价：

瑄学一本程、朱，其修己教人以复性为主，充养邃密，言动咸可法。尝曰："自考亭以还，斯道已大明，无烦著作，直须躬行耳。"④

薛瑄的学术本自于程朱理学，教人以复性之道，他认为到朱子而集大成，故而无须著作，直在躬行。天顺八年（1464），薛瑄病逝；第二年追赠资善大夫、礼部尚书，并谥"文清"。薛瑄去世不久，就有礼部官员开始议论从祀孔庙，特别是弘治、嘉靖年间的请祀格外引起重视，但因为种种原因直至隆庆六年（1571），在其逝世一百多年后被获准。⑤ 马三乐等人在奏疏中说："使万世之后，咸知我明有真儒，无愧朱、程，可以配享圣庙。"⑥于是薛瑄被尊为"我朝真儒"，无愧于程、朱，继许衡之后成就最高的儒者。而此前他的著作《读书录》，则早已被颁于国学，供士子们诵习。⑦ 作为明代本朝第一个从祀孔庙的儒者，薛瑄获得了官方的认可与推崇，成为官方理学的象征。

---

① ［明］阎禹锡：《文清公行状》，载《薛瑄全集·行实录》卷一，第1617页。
② ［明］薛瑄：《薛瑄全集》之《文集》卷五《临终口号》，第313页。
③ ［明］杨鹤：《薛文清公年谱》，载《薛瑄全集》，第1726—1728页。
④ ［清］张廷玉：《明史》卷二百八十二《儒林一》，第7229页。
⑤ 关于薛瑄从祀的过程，参见许齐雄：《北辙：薛瑄与河东学派》第五章《我朝真儒：薛瑄从祀孔庙始末》，浙江人民出版社2015年版，第115—194页。
⑥ ［明］马三乐等：《崇祀真儒以昭圣化以振士风事》，载《薛瑄全集》，第1641页。
⑦ ［清］张廷玉：《明史》卷二百八十二《儒林一》，第7229页。

二、性天之通，理气之辨

(一) 性天

薛瑄的思想承继程朱之学，黄宗羲在《明儒学案》中说："先生以复性为宗，濂、洛为鹄，所著《读书录》大概为《太极图说》、《西铭》、《正蒙》之义疏。"①薛瑄的主要著作为《读书录》《读书续录》与《理学粹言》，后人将这几部书以及其他诗文、奏疏等汇编为《薛文清公全集》四十六卷，今人重新整理为《薛瑄全集》。

薛瑄一生精研程朱理学，后人称其理学"以性为宗"、"复性为要"，他晚年有诗曰："土床羊褥纸屏风，睡觉东窗日影红。七十六年无一事，此心惟觉性天通。"②"性"与"天"是宋儒喜谈的范畴，而据《论语・子罕》则孔子极少直接谈"性"与"天"，汉儒如董仲舒等虽也谈"性"与"天"，却都取阴阳、灾祥祸福态度，所以说宋以前少有儒者把"性"与"天"当成最高的哲学范畴研究谈及。直到有宋一代，面对佛老的巨大挑战，方才开始大旨谈"性"与"天"，且对佛老心性说有所借鉴，却又壁垒分明，决然不同。《中庸》开篇即说："天命之谓性，率性之谓道，修道之谓教。"③故而宋儒又大旨谈"诚"、谈"有"，与佛老之空无相对。朱子与吕祖谦合编的《近思录》，将"道体"置于第一卷，虽然说此举乃是不得已，但其原意乃是"下学上达"，应对其他思想流派的挑战，避免支离之讥，不得不将"道体"拔置书首。在朱子等宋儒那里，对"性"与"天"等"道体"之论，多少是与其政治主张和生活实践息息相关的，历经元、明几百年来的发展，在明儒这里，对"道体"之论，更多带有较为纯粹的理论色彩。

薛瑄一生中亦精研性与天道，在从政期间一有空闲，便亲自抄录《性理大全》，如有所得便即记载。薛瑄非常重视知性知天，他说：

> 尽心工夫，全在知性知天上。盖性即理，而天即理之所从出。人能知性知天，则天下之理无不明，而此心之理无不贯；苟不知性知天，则一理不通，而心

---

① ［明］黄宗羲：《明儒学案》卷七《河东学案上》，第 111 页。
② ［明］薛瑄：《薛瑄全集》之《文集》卷五《临终口号》，第 313 页。
③ ［宋］朱熹：《四书章句集注》，中华书局 1983 年版，第 17 页。

即有碍，又何以极其广大无穷之量乎？是以知尽心工夫，全在知性知天上。①

薛瑄认为，“知性知天”乃是尽心的全部工夫，《论语·子罕》之中子贡说：“夫子之性与天道，不可得而闻也”，但朱子等部分宋儒却说学者最终的目的，乃是要“知性知天”，却也不可躐等，须历经洒扫、应对、进退之节等“小学”工夫；格物、穷理、修身、齐家、治国、平天下等“大学”工夫，最后下学而上达，学达性天。在薛瑄这里，则说“知性知天”乃是全部的工夫。薛瑄还说：

性非特具于心者为是，凡耳、目、口、鼻、手、足动静之理皆是也。非特耳、目、口、鼻、手、足动静之理为是，凡天地万物之理皆是也。故曰：“天下无性外之物，而性无不在。”②

因为在薛瑄这里，“性”包含广阔，小至“耳、目、口、鼻、手、足动静之理”，大至“天地万物之理”，皆属于性的范畴，因此，“苟不知性知天，则一理不通”。似乎薛瑄将朱子的顺序倒置过来了，在朱子那里先格物穷理，“一旦豁然贯通焉，则众物之表里精粗无不到，而吾心之全体大用无不明”③。在薛瑄这里，则直接强调“尽心”与“知性知天”的相通，这也可能是明儒和宋儒一个较明显的差别，与宋儒更注重实践相比，明儒非常注重心性之体验与涵养。也正因此，薛瑄在晚年的时候，写出这句“此心惟觉性天通”。黄宗羲也说：“然河东有未见性之讥，所谓‘此心始觉性天通’者，定非欺人语，可见无事乎张皇耳。”④薛瑄将“知性”看得如此重要，也辨析其与佛氏之“明心见性”的区别，薛瑄曾说：

天下无性外之物，而性无不在。如君臣、父子、夫妇、长幼、朋友，皆物也，而其人伦之理即性也。佛氏之学曰“明心见性”者，彼即举人伦而外之矣，安在其能明心见性乎？若果明心见性，则必知天下无性外之物，而性无不在，必不举人伦而外之也。今既如此，则偏于空寂，而不能真知心性体用之全，审矣。⑤

① ［明］薛瑄：《薛瑄全集》之《读书录》卷一，第1030页。
② ［明］薛瑄：《薛瑄全集》之《读书录》卷一，第1023页。
③ ［宋］朱熹：《四书章句集注》，第7页。
④ ［明］黄宗羲：《明儒学案》卷七《河东学案上》，第108页。
⑤ ［明］薛瑄：《薛瑄全集》之《读书录》卷一，第1029页。

儒学说知性知天，极易与佛氏之“明心见性”相混，故而薛瑄强调儒学与佛氏之性的区别，乃在“人伦”。佛氏不讲下学，外人伦，直接谈明心见性，因此偏于空寂，佛氏之性，亦已不说儒者所言的性了。这也是很多儒者所认同的，佛氏“举人伦而外之”，而儒学之性，即在物中，在君臣、父子、夫妇、长幼、朋友五伦之内，故与佛氏之学不同。

儒者之上学和下达，本体和工夫完备，正如上文所言，朱子非常注重上学和下达两种工夫的分合，尤其注重为学次第不可躐等，而明儒学者好谈性理，对下学工夫多有疏忽，而薛瑄异之，他说：

> 下学学人事，上达达天理也。人事如父子、君臣、夫妇、长幼之类是也，天理在人如仁、义、礼、智之性，在天如元、亨、利、贞之命是也。盖下学父子、君臣、夫妇、长幼之人事，便是上达仁、义、礼、智，元、亨、利、贞之天理也。谓之“天知”者，非闻见之知也，乃天与圣人默契为一，是以人不能知而天独知也。然五者姑举事理之大者而言，其实无一而非“下学人事，上达天理”也。①

薛瑄发挥朱子下学上达之论，在区分下学之“人事”与上达之“天理”的同时，强调了天理在于人，下学的人伦之事，便是仁、义、礼、智与元、亨、利、贞的天理，这也就是“性天之通”。薛瑄认为这种“天知”不是外向讲求的闻见之知，而是天与圣人的“默契为一”，然而从他晚年的诗句来看，儒者也会有达到这种“默契”的可能，而这种可能的实现则还是需要躬行，所谓“七十六年无一事”，方能“此心”与“性天”相通。

(二) 理气

除了谈“性”与“天”，“理”或“天理”亦是宋明理学一个根本的范畴。朱子理学承继二程的“性即理”，与张载的“气”等思想，从而构筑起完备的“理气论”体系。在朱子的体系中理气不离不杂，但在逻辑上有先后顺序，理先气后并且理更为根本。薛瑄的理气论虽然承续于程朱理学，但对此问题则看法稍有不同，他认为理气无先后：“盖理气虽不相杂，亦不相离，天下无无气之理，亦

① ［明］薛瑄：《薛瑄全集》之《读书录》卷四，第1112页。

无无理之气。”[①]他这样说，则是强调了理与气不可二分，没有“无气之理”，这一看法则与朱子有较大的不同，朱子曾说：“未有天地之先，毕竟也只是理……有理，便有气流行，发育万物。”“且如万一山河大地都陷了，毕竟理却只在这里。”[②]薛瑄为了强调理气不二，还提出了著名的日光飞鸟之喻：

> 理如日光，气如飞鸟。理乘气机而动，如日光载鸟背而飞。鸟飞而日光虽不离其背，实未尝与之俱往，而有间断之处，亦犹气动，而理虽未尝与之暂离，实未尝与之俱尽，而有灭息之时。“气有聚散，理无聚散”，于此可见。[③]

在这个比喻中，理还是更为根本的，气有聚有散，理则无聚散，故而理好比日光，而气则好比日光之下的飞鸟，理乘气而动，好比日光负载于飞鸟之背上，看似与飞鸟一起运动，而实际上却未尝与飞鸟一起前行，日光还是那个日光，还在原来的地方。理是无间断、无灭息的，即有间断之处，聚散灭息的也只是气，因此虽理气无先后，但理依然比气更根本。这些说法总体来说还是与朱子理气说契合的，与曹端“活人乘马”之喻一样，都是为了对朱子的说法加以修正。但是，薛瑄这个比喻同样被黄宗羲批评为“失喻”：“理为气质理，无气则无理，若无飞鸟而有日光，亦可无日光而有飞鸟，不可为喻。”[④]黄宗羲的批评至为恰当，纵观薛瑄所论理气确有矛盾之处，一方面说“理无无气之理，亦无无理之气”，另一方面又说“有间断之处，亦犹气动”、“气有聚散，理无聚散”；再说飞鸟与日光，又可以相互分别，这样来说理气还是有先后的，还是二分的。当然，日光与飞鸟的比喻，还有希望说明“理一分殊”的意思，薛瑄在此条之下还说：“一理古今完具，而万物各得其一。”“理如日月之光，小大之物各得其光之一分，物在则光在物，物尽则光在光。”[⑤]这两条当是补充上一条的，飞鸟背上的光，相当于“万物”或“大小之物”各得其一分之理，这么解释“一理”与“分殊”于气之“万理”的关系还是合适的。至于说物在则光就在物之上，而反之则还有物不在而光还在，这其

① ［明］薛瑄：《薛瑄全集》之《读书续录》卷十二，第 1491 页。
② ［宋］朱熹：《朱子语类》卷一，中华书局 1982 年版，第 1、4 页。
③ ［明］薛瑄：《薛瑄全集》之《读书录》卷五，第 1145 页。
④ ［明］黄宗羲：《明儒学案》卷七《河东学案上》，第 109 页。
⑤ ［明］薛瑄：《薛瑄全集》之《读书录》卷五，第 1145 页。

实就是说还有气不在而理还存在的情况，虽然也是朱子的说法，但还是将理气二分了。这个问题，不去说比喻总是蹩脚的这样的理由，只是说事实上薛瑄那里本来就矛盾重重的。

薛瑄还说："遍满天下，皆气之充塞，而理寓其中。""天地间只有理气而已，其可见者气也，其不可见者理也。"①这些说法虽说也是承继于朱子，说明理与气本是宇宙的统一体，可以分别从理或气的一面去理解，而其实则是"不离不杂"的，不过在理、气二者之中，则又似在强调气的根本性。然而他在讲述"理一分殊"之时，又还是强调了理的根本性，比如他有这样的两种说法：

> 理一乃所以包乎分殊，分殊即所以行夫理一。分殊固在乎理一之中，而理一又岂离分殊之外哉？
>
> 理一犹一大城子，无不包罗。其中千门万户，大衢小巷，即所谓分殊也。理一所以统夫分殊，分殊所以分夫理一，其实一而已矣。②

此处薛瑄强调的是"理一"与"分殊"的"一而二、二而一"的关系，"理一"是"分殊"的统括，而"分殊"则是"理一"的实行；"分殊"之理固然包罗于"理一"之理当中，而"理一"之理也不能离开"分殊"之理而独自存在。薛瑄又以城子与衢巷的比喻，城好比"理一"，而那些千门万户、大衢小巷好比"分殊"，城子原本就是由所有的衢巷组成的，二者本是一回事。薛瑄的这些说法如果细究则还是有些问题的，不过他还是比朱子更注意理气的实存性，将一和多、全体与个体、包含与各在等关系，进一步说明了。再如他还说：

> 太极即理也。合天地万物之理言之，万物统体一太极也。就天地万物之理言之，一物各具一太极也。统体者，所以涵夫各具者。似合矣，而未尝不分也，各具者，所以分夫统体者，似分矣，而未尝不合也。③

从宇宙来说就是"统体一太极"，从天地万物来说则是"一物各具一太极"，

① ［明］薛瑄：《薛瑄全集》之《读书录》卷一，第1018—1019页。
② ［明］薛瑄：《薛瑄全集》之《读书录》卷一，第1036、1039页。
③ ［明］薛瑄：《薛瑄全集》之《读书录》卷二，第1053页。

合之中有分，分之中有合，宇宙的整体与具体的事物，二者原本就是一回事，薛瑄对于“理一分殊”还是有着深刻领悟的，虽然总体而言并未离开朱子理气论的范围。

再者，朱子认为性气不离亦不杂。薛瑄也非常认同这种说法，他说：

> “论性不论气不备”有二说：专论性不论气，则性亦无安泊处，此不备也；专论性不论气，则虽知性之本善，而不知气质有清浊之殊，此不备也。“论气不论性不明”亦有二说：如告子以知觉运动之气为性，而不知性之为理，此不明也；如论气质有清浊之殊，而不知性之本善，此不明也。二之则不是，盖理气虽不相杂，亦不相离。天下无无气之理，亦无无理之气，气外无性，性外无气，是不可二之也。若分而二，是有无气之性，无性之气矣，故曰二之则不是。①

薛瑄认为“论性不论气不备”有两种理解：其一，只论性而不论气，则性无安泊之处，故而不够完备；其二，只论性而不论气，强调性善，却不知气质本有清浊之不同，故而也不够完备。“论气不论性不明”也有两种理解：其一，如告子以气为性，将知觉运动的气看作了性，则不知性之为理，此为不明；其二，强调气质本有清浊之不同，却不知性之本善，此也为不明。这更多是指孟子所言的性善，论性不论气。论气不论性，不知性之本善，此即不明。薛瑄认为性气不离不杂，没有“无气之性”或“无性之气”，故而不可二之，这点与理、气不可二之，其实都是一样的道理。正是在这种基础上，薛瑄于修身功夫上则主张“复性”之说，通过变化气质之性，复归到性之本善。

三、无烦著作，直须躬行

薛瑄一生读书不辍，虽说在义理上也颇有所成，然而他最为用力之处，乃是生活中的践履笃躬行实践，讲求修身功夫。薛瑄认为宋儒，特别是朱子已将道学讲得很完备，无须再多著作，而重要的是切身躬行。关于朱子的承继儒家道统，薛瑄说：

---

① ［明］薛瑄：《薛瑄全集》之《读书续录》卷十二，第 1419 页。

尝观周子、二程子、张子、邵子，皆与斯道之传者也。而朱子作《大学》、《中庸》序，惟以二程子继承孟氏之统而不及三子，何耶？盖三子各自为书，或详于性命、道德、象数之微，有非后学造次所能窥测。二程则表彰《大学》、《中庸》、《语》、《孟》，述孔门教人之法，使皆由此而进。

此朱子以二程子上继孔孟之统，而不及三子欤？然朱子于《太极图》、《通书》则尊周子，于《西铭》、《正蒙》则述张子，于《易》则主邵子。又岂不以进修之序当谨守二程之法，博学之功又当兼考三子之书邪？及朱子又集“小学”之书，以为“大学”之基本；注释《四书》以发圣贤之渊微，是则继二程之统者，朱子也。①

他认为朱子在《大学》与《中庸》的序言之中，强调二程承继孟子的道统，因为二程表彰了《四书》，继述了孔、孟教人之法。而宋儒如周敦颐、张载、邵雍三人各自的著作分别详于性命、道德、象数之学，这些学问过于高妙，不是一般后学所能窥测。再说朱子本人，其讲学在进修之序上谨守二程之法，从而上继孔孟的道统。同时也重视周、张、邵三人的著作，因为博学之功当兼通、参考这三人之书；而朱子集“小学”与“大学”之书，注释《四书》发挥孔孟等圣贤的渊深、精微之说，这就更是二程的传承道统，而又集宋儒之大成了。这么看来，薛瑄其实对于朱子，始终是尊崇有加的。

薛瑄读圣贤书之时，亦即是强调要痛下践履工夫。他说：

湖南靖州读《论语》，坐久假寐，既觉，神气清甚，心体浩然，若天地之广大。盖欲少则气定，心清理明，其妙难以语人……须是尽去旧习，从新做起。张子曰：“濯去旧见，以来新意。”余在辰州府，五更，忽念己德所以不大进者，正为旧习缠绕，未能掉脱，故为善而善未纯，去恶而恶未尽。自今当一刮旧习，一言一行求合于道，否则匪人矣。②

他读《论语》，也是作为涵养心性的一种方式，这正是“古之学者为己”的读书方法，读书乃为修养己身，养吾浩然之正气，与那种为科举功名而读书，乃是

① ［明］薛瑄：《薛瑄全集》之《读书录》卷一，第 1027 页。
② ［明］薛瑄：《薛瑄全集》之《读书录》卷一，第 1028 页。

非常不一样的。“须是尽去旧习，从新做起”、“自今当一刮旧习，一言一行求合于道”等等，薛瑄孜孜以求，真是“苟日新，日日新，又日新”。薛瑄读书重在践履，还可以从他对经典的注脚的态度之上看出来：

> 各经、《四书》，注脚之注脚太繁多，窃谓不若专读各经、《四书》正文、传注，熟之又熟，以待自得之可也。小注脚太繁多，不惟有与经注矛盾处，亦以起学者望洋之叹。①
>
> 读书只当以正文、传注为本，正文、传注已通析，尚有可疑者，乃可参考语录诸说。窃见传注之外，皆有诸儒小注，经文不过数语，而小注乃数千百言。其实学者不但不能周览，并经文、传注亦不能精矣。若有大圣贤作，必重加芟削矣。②

薛瑄一生讲学，却并无经典诠释之著作，而只有发挥自己体悟的读书札记。后来的河东学派的大多学者，也具有这样的特点，即谨守先儒矩矱，这与创始者薛瑄对于“注脚之注脚”的这种认识是分不开的。他认为只要将经典的正文，与最初先儒所作的那些传注熟读、精思，以求有所自得也就可以了。那些后儒所加的小注脚，也就是原本即为注脚的传注的注脚，其中多有矛盾可疑之处，再加之动则数千百言，完全是没有必要都读的，甚至还期待有大圣贤出来，将这些小注脚加以芟削一番。薛瑄虽然尊崇朱子，但对于朱子的著作，也并未全盘接受，他说：

> 读朱子语录，不若读《易木义》、《四书集注》、《章句》、《或问》诸手笔之书为定论。有余力，则参考语录之类可也。③

与曹端作《辨戾》有些相似，薛瑄也认为当时流传的朱子语录，出于门人所录，其中掺杂记录者的意见，却多有矛盾指出，故只能作为参考而不必都去细读。他认为当读朱子亲手完成的《易本义》《四书集注》等著作，这种选择也是出于重在践履的读书态度。

---

① ［明］薛瑄：《薛瑄全集》之《读书录》卷一，第1123页。
② ［明］薛瑄：《薛瑄全集》之《读书录》卷一，第1126页。
③ ［明］薛瑄：《薛瑄全集》之《读书录》卷一，第1033页。

薛瑄说："将圣贤言语作一场话说，学之者通患。"①因此，他自己在各个事项上皆求躬行："工夫切要，在夙夜、饮食、男女、衣服、动静、语默、应事、接物之间，于此事事皆合天则，则道不外是矣。"②通观薛瑄之生平，其为官清廉、不畏权贵、为弱者申冤虽死而无惧以及生活之一丝不苟，正是如此贯彻的，也即在事事物物上求合天则：

> 余于坐立方向、器用安顿之类，稍大有不正，即不乐，必正而后已。非作意为之，亦其性然。言动举止，至微至粗之事，皆当合理，一事不可苟。先儒谓一事苟，其余皆苟矣。③

薛瑄能笃行圣贤之道，乃是从一事一物着手的，后来明末的高攀龙、刘宗周等人，也就非常赞许薛瑄这种"一事不可苟"的修身态度。即使如此，薛瑄尤觉得克己非常难，他以无比谦虚而坦诚的笔触写道："二十年治一怒字，尚未消磨得尽，以是知克己最难。"④更可见他修身工夫之认真，一丝不苟。他总结说："为学时时处处是做工夫处，虽至陋至鄙处，皆当存谨畏之心而不可忽，且如就枕时，手足不敢妄动，心不敢乱想，这便是睡时做工夫，以至无时无事不然。"⑤薛瑄之修身功夫，显著之处在于他时时处处、事事物物求合天则，而并非抽象的义理辨析、明心见性。程朱所说的居敬穷理，薛瑄也从时时处处如何践履来加以理解，他说：

> 才收敛身心，便是居敬，才寻思义理，便是穷理。二者交资，而不可缺一也。居敬有力，则穷理愈精，穷理有得，则居敬愈固。初学时见居敬穷理为二事，为学之久，则见得居敬时敬以存此理，穷理时敬以察此理，虽若二事，而实则一矣。人不持敬，则心无顿放处。人不主敬，则此心一息之间，驰骛出入，莫知所止也。⑥

① [明]薛瑄：《薛瑄全集》之《读书录》卷二，第1055页。
② [明]薛瑄：《薛瑄全集》之《读书录》卷二，第1048页。
③ [明]薛瑄：《薛瑄全集》之《读书录》卷二，第1059页。
④ [明]薛瑄：《薛瑄全集》之《读书录》卷一，第1022页。
⑤ [明]薛瑄：《薛瑄全集》之《读书录》卷四，第1106—1107页。
⑥ [明]薛瑄：《薛瑄全集》之《读书录》卷四，第1083页。

居敬、穷理乃是程朱理学非常重要的修身方法，薛瑄对此也非常注重，认为居敬和穷理乃是相辅相成的。居敬、穷理“二者交资，而不可缺一”：居敬功夫做得愈有力，则所穷之理就愈能精深，所穷之理愈有得，则居敬功夫就愈能稳固。居敬、穷理“虽若二事，而实则一矣”：居敬之时要存主其理，穷理之时要察识其理，至于居敬或者说持敬、主敬的功夫，则是此心一息尚存，无时无刻都不能放下的功夫，所以说居敬与穷理，看似二事，而实际则是一回事了。因此，薛瑄还指出为学之要，便是存天理，去人欲：

> 为学之要，莫切于动静，动静合宜者，便是天理，不合宜者，便是人欲。人心一息之顷，不在天理便在人欲，未有不在天理人欲，而中立者也。①

程、朱提出“存天理、去人欲”，原本就是针对士大夫阶层，让他们在治国理民之时注意自身的道德修养。薛瑄本人的仕途生涯，也是践行了“存天理、去人欲”的精神。薛瑄任大理寺少卿“未及五阅月”，即“辩白锦衣卫已成案大狱十余起”。② 回顾薛瑄的生平，我们可以看到薛瑄用其一生之为学、为官和为人，践履了孔孟程朱的圣贤之道。

薛瑄对《大学》首章讲到“知止”深有体悟，曾对“知止而后有定”等句，做了详尽的诠释，他说：

> 知止所包者广，就身言之，如心之止德，目之止明，耳之止聪，手之止恭，足之止重之类皆是；就物言之，如子之止孝，父之止慈，君之止仁，臣之止敬，兄之止友，弟之止恭之类皆是。盖止者止于事物当然之则，则即至善之所在，知止则静安虑得相次而见矣，不能知止。则耳目无所加，手足无所措，犹迷方之人，摇摇而莫知所之也。知止，则动静各当乎理。③

“知止”也就是明确自己应做、能做的事情，尽心竭力去做。包括的范围极广大，无论从自身而言、从事物而言，都有许多细目，最终则止于事物当然之法

---

① ［明］薛瑄：《薛瑄全集》之《读书录》卷一，第 1018 页。
② ［明］阎禹锡：《文清公行状》，载《薛瑄全集·行实录》卷一，第 1613 页。
③ ［明］薛瑄：《薛瑄全集》之《读书录》卷二，第 1062 页。

则，止于至善之所在。“知止”而后，方能顺着“静、安、虑、得”的次序做功夫。不能“知止”，就会感觉耳、目、手、足无法安排、不知所措，人就会迷失方向、不知所往；把握了“知止”则能无论动、静，时时处处都能合于理。正是依照这种“知止”的为学态度，薛瑄的一生追求着“止于至善”的儒家理想。

关于薛瑄，刘宗周曾说：“前辈论一代理学之儒，惟先生无间言，非以实践之儒欤？”①薛瑄作为明朝第一个从祀孔庙的大儒，因为其学宗程朱，故而极少有批评之声，然而其学术的真正得力之处，则还在于实践。

四、河东学派

薛瑄的思想大体承继程朱，同时又融合了张载的关学的某些因素，他非常注重躬行，讲明圣贤经典之中的下学工夫，对程朱理学的某些理论亦有所发挥。薛瑄两次讲学于河汾，他的为人为学影响了一大批学者，形成了足以与王阳明的姚江学派相对峙的河东学派，在中国思想史上影响深远。

《明儒学案》中专辟《河东学案》上、下两卷，薛瑄乃是河东学派之首，因薛瑄为河东（今山西一带）人，故名之河东学派。这一学派，以传承程朱理学为宗。薛瑄晚年在故里讲学，学生众多，较为重要者及《明儒学案》中有记载者如下：

阎禹锡（1426—1476），字子与，河南洛阳人。明英宗正统九年（1444）举于乡试，是时他年方十九。第二年，授昌黎训导，后官至御史，提督畿内学政。听闻薛瑄讲学，往从之游。阎禹锡补开州训导，用薛瑄的思想学术来授其弟子，教化多人，其中比较著名的有周琦（1481 年进士）、陆坚（1459 年举人）、茅阳三人。阎禹锡拜薛瑄为师，是他之幸，更是薛瑄之幸。阎禹锡是极力传播薛瑄思想的得力干将，且影响了后来的关中学者，直至吕柟这样的大思想家，故得黄宗羲赞之曰“使文清之学不失其传者，先生之力也”②。阎禹锡经常与弟子讲明《太极图说》《通书》，著有《自信集》。

张鼎，字大器，陕西咸宁人。成化丙戌进士。他年少时随父亲在蒲州任上，得以师从薛瑄。对薛瑄思想的传扬颇有功劳，黄宗羲说：“终身恪守师说，不敢

---

① ［明］刘宗周：《师说》，载《明儒学案》卷首，第 2 页。
② ［明］黄宗羲：《明儒学案》卷七《河东学案上》，第 126 页。

少有踰越。文清殁后，其《文集》散漫不传，先生搜辑较正，凡数年，始得成书。”①

张杰，字立夫，号默斋，陕西凤翔人。黄宗羲说：“其工夫以‘涵养须用敬，进学在致知’二语为的。用《五经》教授，名重一时。”②

王鸿儒，字懋学，号凝斋，河南南阳人。成化丁未进士。段坚的弟子。有《凝斋笔语》。

周蕙，字廷芳，号小泉，甘肃山丹卫人，后徙居秦州。薛敬之说：“躬行孝弟，其学近于伊、洛，吾以为师；陕州陈云逵，忠信狷介，凡事皆持敬，吾以为友。吾所以有今日者，多此二人力也。”③

薛敬之(1435—1508)，字显思，号思菴，陕西渭南人。与陈白沙相与并称。从周蕙学，常鸡鸣而起，候门开，洒扫设坐，至则跪以请教。

李锦，字在中，号介菴，陕西咸宁人。受学于周蕙。

此外，还有关中的著名弟子段坚、吕柟及其弟子，则在下文中详为介绍，故此从略。

黄宗羲对河东学派颇有微词，却也庶几道出了河东学派的特点：

> 河东之学，悃愊无华，恪守宋人矩矱，故数传之后，其议论设施，不问而可知其出于河东也。若阳明门下亲炙弟子，已往往背其师说，亦以其言之过高也。然河东有未见性之讥，所谓“此心始觉性天通”者，定非欺人语，可见无事乎张皇耳。④

虽然黄宗羲颇有微词，认为“河东之学，悃愊无华，恪守宋人矩矱”，也就是说只知恪守宋儒之学而无所发明，但如从正面理解，也可以看成是对河东学派真正承继程朱之统的肯定。再说“故数传之后，其议论设施，不问而可知其出于河东也”，也可见河东学派师承有自，故而少有改变或者说有创新，与阳明后学之背其师说者又不可同日而语。河东学者虽学风笃实，却也讲求性与天道，“此心始觉性天通”乃是薛瑄晚年自我评述的诗句，黄宗羲认为此句并非欺语，对于“河东未见性之讥”，并不认同。

---

① ［明］黄宗羲：《明儒学案》卷七《河东学案上》，第 126 页。
② ［明］黄宗羲：《明儒学案》卷七《河东学案上》，第 127 页。
③ ［明］黄宗羲：《明儒学案》卷七《河东学案上》，第 133 页。
④ ［明］黄宗羲：《明儒学案》卷七《河东学案上》，第 110 页。

总而言之,河东学派学风笃实,其一代又一代的后学基本上都能够承续程朱理学,薛瑄在北方儒者之中也一直有着广泛的影响。只是因为后来的学者讲起明代的儒学,多半只是关注在阳明心学,对于程朱理学较为忽视,事实上就明代中期而言,薛瑄以及河东学派与王阳明及其后学,他们的影响几乎双峰并峙。这也正是薛瑄能够早于王阳明等人,而成为第一个从祀孔庙的儒者的原因所在。

第二节　薛瑄与吕柟以及关中之学

一、薛瑄对关学之影响

关学萌芽于宋代庆历年间的儒家学者申颜、侯可,而正式创立于张载,它是宋代理学极其重要的一支,学者将濂、洛、关、闽并称,并认为他们继承了孔、孟以来的儒家思想。张载的学说以"气本论"为依托,讲究躬行礼教,至于极有名"横渠四句教":"为天地立心,为生民立命,为往圣继绝学,为万世开太平。"表达了士大夫的担当精神,其言简意赅、气势恢宏,影响了历代的关中学者。张载死后,其弟子中数人竟东入洛阳,求学于二程。此后数百年间,关学无有力人物,但仍不至于学脉断绝。

明宪宗、武宗年间,关中人王恕、薛敬之、吕柟等著述立教,也是一时之胜。然而,两者之间还是有稍许差异。张载及其弟子之学说,有明确的师承关系,有一致的思想中心,且因为其发源于关中,我们称之为"关学"。而明代薛敬之、吕柟等人,虽然也发扬了张载"以气为本"、"以礼为教"的思想,然而其发展的脉络却是继承自薛瑄的河东之学,并非严格意义上的"关学",且这些人大都外出为官,活动中心未必都在关中地区,我们虽也称之"关学",但此点必须说明。薛瑄的思想,其基本框架依托于朱子之学,并开始借鉴张载的学说,而明中期的关中学者,正是在薛瑄的基础上,对理学的进一步发展,涉及张载之学,也是情理之中。《明儒学案》中说:"是时关中之学,皆自河东派来,而一变至道。"[①]这就是说

① ［明］刘宗周:《师说》,载《明儒学案》卷首,第4页。

当时的关中之学，是薛瑄河东之学的继承和发扬。

山西学者李元庆做了一个简表，详细地展现了河东之学与关中学者的师承关系。① 其大致如下：

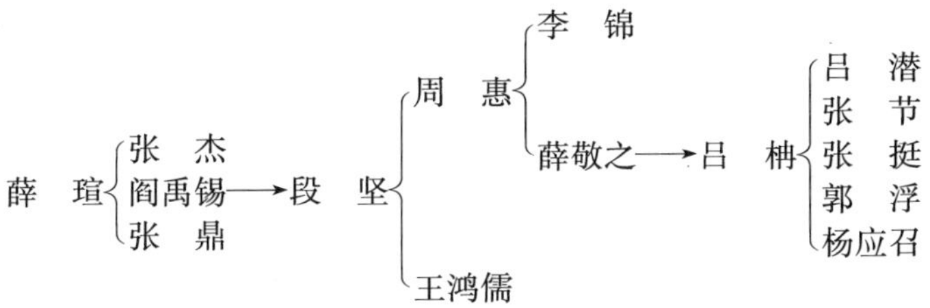

明代中前期的关中学者，最为重要的当是段坚。段坚(1419—1484)，字可久，号柏轩，又号容思，兰州段家滩人。他14岁入县学，“早岁受书，即有志圣贤”，后来拜薛瑄的大弟子阎禹锡为师，“以溯文清之旨”，并且学有所得。② 景泰五年(1454)段坚考中进士，历任山东福山县知县、莱州知府与河南南阳知府。段坚一生信奉儒家的“爱民”、“仁政”、“洁身”等正统思想，可以说，段坚领会了薛瑄的学说，且是心领神会。段坚将薛瑄的河东之学传给周惠，周惠将学说传给薛敬之，薛敬之传给吕柟，如此构架起河东之学和关中学者之间的桥梁。

二、吕柟与明初关学

(一) 生平以及讲学影响

吕柟(1479—1542)，字仲木，号泾野，陕西高陵人。正德三年(1508)高中进士第一名，授翰林修撰。当时宦官刘瑾当权，看到本乡之人得中状元而想要结交，但吕柟却拒绝了刘瑾，遂引起其不满。吕柟任经筵讲师，并参与政事，由于其个性耿直，遂遭刘瑾等人排挤，以疾病致仕返乡。在这段时间里，吕柟筑东郭别墅，“以会四方学者”，后因四方来学者渐多，以致别墅不能容，遂又筑东林书屋。

刘瑾乱党失败之后，朝廷起复原官，吕柟入史馆，纂修《正德实录》。此时吕柟曾多次上书劝学，然而正德皇帝朱厚照，15岁继承大统，一方面刚毅果

① 李元庆：《明代理学大师薛瑄》，山西高校联合出版社1993年版，第98页。

② [明]黄宗羲：《明儒学案》卷七《河东学案上》，第126页。

断，以很短的时间诛灭阉党刘瑾，后又平安化王之乱、宁王之乱，大败蒙古小王子，且多次赈灾免赋；另一方面却又纵情声色，荒淫无道，惯于征伐，不喜文法。所以吕柟上疏劝学，直接忤逆皇帝，令其不悦。正德九年(1514)正月，皇帝在乾清宫滥玩灯火而导致失火，看到火光冲天竟戏笑着说："好一棚大焰火。"吕柟此时上疏启奏六事："一、逐日临朝，二、还处宫寝，三、躬亲大祀，四、日朝两宫，五、遣去义子、番僧、边军，六、撤回镇守中官。"①不被理会，吕柟又一次引归。

明世宗嘉靖皇帝即位，吕柟又起复原官。嘉靖三年，上书皇帝"修省自劾"，这封奏疏牵涉嘉靖皇帝生身父母的尊号问题，也即"大礼议"事件，故而惹怒皇帝，被下诏狱，随后被降为解州判官，摄行州事。这已经是吕柟第三次因耿直言事而导致仕途不顺了，但他并不在乎。在解州期间，吕柟"未尝言及朝廷事"，虽对朝政有些灰心，但却积极于地方上的兴利除害，教化百姓，"恤茕独，减丁役，劝农桑，兴水利，筑堤护临池，行《吕氏乡约》及《文公家礼》"②。还曾在解梁书院从事讲学，吴、楚、闽、越士从者百余人，《泾野子内篇》中存有《端溪问答》《解梁书院语》。

嘉靖六年(1527)，经朝中大臣举荐，吕柟升任南京吏部考功郎中、尚宝司卿，公暇则在柳湾精舍、鹫峰寺讲学。嘉靖十一年(1532)，升任南京太常寺少卿，又在任所讲学。嘉靖十四年(1535)调国子监祭酒，整顿监规，使得公侯子弟也乐于前来听讲。次年升南京礼部侍郎，仍在任所讲学。在南京期间，吕柟与湛若水、邹守益等共同讲习儒家经典，南京学风一时颇盛，《泾野子内篇》中的《柳湾精舍语》《鹫峰东所语》即是此时讲学的记录。嘉靖十八年(1539)，吕柟上疏请归，同年五月致仕，时年60岁。吕柟返归故里，再次讲学于北泉精舍，度过一生中的最后四年。

吕柟著述宏富，有《周易说翼》《尚书说要》《毛诗说序》《礼问内外篇》《春秋说志》《四书因问》《史约》《小学释》《宋四子钞释》《寒暑经图解》《史馆献纳》《南省奏藁》《泾野诗文集》《泾野子内篇》《泾野集》等。

吕柟是有明一代关学的集大成者，他师事薛敬之，从而继承薛瑄的学说，以

---

① ［明］黄宗羲：《明儒学案》卷八《河东学案下》，第137页。
② ［清］张廷玉：《明史》卷二百八十二《儒林一》，第7243页。

朱子学为主体，且又承继关中之学，特别是张载注重践履的思想。他反对王阳明的致良知学说，认为其说太过笼统难以践履，故而应该遵循朱子的格物穷理之说。后世对其学术评价颇高，如刘宗周就说："愚按关学世有渊源，皆以躬行礼教为本，而泾野先生实集其大成。"①

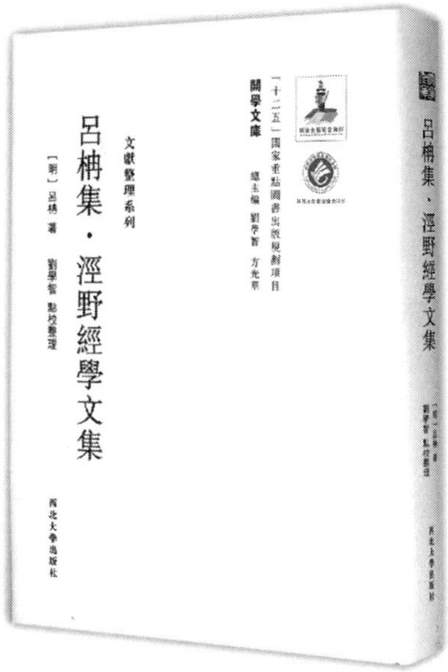

图 2-2 《关学文库》之《吕柟集·泾野经学文集》

吕柟讲学一生，大江南北门生合约千余人，一时笃行自好之士多出其门，"几与阳明氏中分其盛，一时笃行好学之士多出其门"②，可见当时讲学之盛。吕柟的弟子主要有：吕潜、张节、李挺、郭郛、王之士、杨应诏等。

吕潜，字时见，号愧轩，陕西泾阳人，举人，曾任工部司务，万历戊寅卒，年六十二。张节，字介夫，号石谷，泾阳人，初从湛甘泉游，后师从于吕泾野，万历壬午，年八十卒。李挺，字正立，咸宁人，正、嘉间诸生。这几位都在学行上广受人称道。③

郭郛，字惟藩，号蒙泉，泾阳人，举人，曾任获嘉教谕、马湖知府。王之士，字欲立，蓝田人，举人，因赵用贤的推荐而任国子博士。此二人虽未及门，然被认为是私淑吕门的重要关中学者。④

杨应诏，号天游，举人，福建建安人，著有《杨天游集》。从学吕柟后，在华阳善中作道宗堂，祭祀周敦颐与吕柟，当时学者多与其交往，对王艮、王畿等阳明后学颇有微词。黄宗羲称其学：

> 先生之学，以寡欲正心为主本，不愧天为归的，一切清虚玄远之言，皆所不喜。然其言多自夸大，而雌黄过甚，亦非有道气象。⑤

---

①② [明]刘宗周：《师说》，载《明儒学案》卷首，第 11 页。

③ [明]黄宗羲：《明儒学案》卷八《河东学案下》，第 153—154 页。

④ [清]张廷玉：《明史》卷二百八十二《儒林一》，第 7244 页。

⑤ [明]黄宗羲：《明儒学案》卷八《河东学案下》，第 155 页。

应该说黄宗羲的说法还是比较公允的，当时的程朱学者对于心学的排斥也多有太过，往往为读其书便指摘其学，信口雌黄，非儒者应有之气象。

（二）独守程朱

在吕柟的时代，正值阳明学如日中天，“时天下言学者，不归王守仁，则归湛若水，独守程、朱不变者，惟柟与罗钦顺云”①。吕柟并不为时代风潮所动，他对王阳明的“致良知”多有批评：

> 问“致良知”。先生曰：“阳明本孟子良知之说，提掇教人，非不警切，但孟子便兼良能言之。且人之知行，自有次第，必先知而后行，不可一偏。傅说曰：‘非知之艰。’圣贤亦未尝即以知为行也。纵是周子教人曰‘静’、曰‘诚’，程子教人曰‘敬’，张子以‘礼’教人，诸贤之言非不善也，但亦各执其一端。且如言静，则人性偏于静者，须别求一个道理。曰诚、曰敬，固学之要，但未至于诚敬，尤当有入手处。如夫子《鲁论》之首，便只曰‘学而时习’，言学，则皆在其中矣。”②

吕柟认为，知行自有次第，并非像王阳明反复强调的那样知行合一，而是必须先有知然后才能有行，古来圣贤也并未有阳明所谓“以知为行”的弊病。吕柟甚至还说非特王阳明的说法有问题，即使是周敦颐的“静”“诚”、程颐的“敬”、张载的“礼”也只是各执一端，不够周全。也就是说必须如同孔子所说“学而时习”，把握为学次第，再多方讲求，方才能够有所进益。对此吕柟还有论述：

> 何廷仁言“阳明子以良知教人，于学者甚有益”。先生曰：“此是浑沦的说话，若圣人教人，则不然。人之资质有高下，工夫有生熟，学问有浅深，不可概以此语之。是以圣人教人，或因人病处说，或因人不足处说，或因人学术有偏处说，未尝执定一言。至于立成法，诏后世，则曰格物致知，博学于文，约之以礼。盖浑沦之言，可以立法，不可因人而施。”③

---

① ［清］张廷玉：《明史》卷二百八十二《儒林一》，第7244页。
② ［明］黄宗羲：《明儒学案》卷八《河东学案下》，第142页。
③ ［明］黄宗羲：《明儒学案》卷八《河东学案下》，第145页。

对于王阳明的良知之教人，吕柟仍旧强调自古圣人教人，或从人的病处说，或从人的不足之处说，或从人的学术有偏之处说，从未执定一种法门，便可以处处都用此一法门。正如以上所说，吕柟认为即便周敦颐、程颐、张载的学说，如果执其一端则还是有弊病的。他还指出，真正的“立成法，诏后世”，最为重要的也就是朱子所说的“格物致知”与孔子所说的“博学于文，约之以礼”，其中可以看出吕柟强调的还是“学”的重要性。关于格物致知，吕柟也有自己的独特看法：

> 论“格物致知，世之儒者辨论莫太高远乎”？先生谓：“若事事物物皆要穷尽，何时可了。故谓只一坐立之间，便可格物。何也？盖坐时须要格坐之理，如尸是也；立时须要格立之理，如斋是也。凡类此者，皆是如是，则知可致而意可诚矣。”又曰：“先就身心所到、事物所至者格，久便自熟。或以格为度量，亦是。”①

事事物物都穷尽是不可能、不必要的，因此吕柟强调格物的关键只在于“坐立之间”，也就是日用常行当中的一些基本规范，比如“坐如尸”、“立如斋”，在其中做格致工夫，就可以实现诚意。换句话说，就是在平日里身心所到之处，在所经历的事物上头用工夫，渐渐精熟，便又体悟了。在朱子与尹焞以及二程兄弟之间，吕柟更为推崇的，乃是尹焞和程颢，他对这些学者都有自己的裁量：

> 惟时问：“先生常论尹彦明、朱元晦不同者何？”先生曰：“得圣门之正传者，尹子而已，其行悫而直，其言简而易。若朱子大抵严毅处多，至于谏君，则不离格致诚正。人或问之，则曰‘平生所学，惟此四字’。如此等说话，人皆望而畏之，何以见信于上耶！”因论后世谏议多不见信于人君者，亦未免峻厉起之也。又问：“朱子与二程何如？”先生曰：“明道为人，盎然阳春之可掬，故虽安石辈，亦闻其言而歎服。至于正叔，则启人伪学之议，未必无严厉之过耳。”顷之歎曰：“凡与人言，贵春温而贱秋杀。春温多，则人见之而必敬，爱之而必亲，故其言也，感人易而入人深，不求其信，自无不信也。秋杀多，则人闻之而必畏，畏之而必恶，畏恶生则言之入人也难，将欲取信而反不信也。”②

① [明]黄宗羲：《明儒学案》卷八《河东学案下》，第142页。
② [明]黄宗羲：《明儒学案》卷八《河东学案下》，第151页。

确实朱子与尹焞气象不同，吕柟认为尹焞得圣门之正传，其行为直诚，其言语简易；而朱子则太过严毅峻厉，再者朱子常说“格致诚正”，也让人望而生畏。再就程颢和程颐相比，也是程颢较为温和，而程颐未必无严厉之过。吕柟还指出“贵春温而贱秋杀”，教导晚辈还当如春日之温和，让人起敬爱之情，然后所教之言才能深入其心，自无不信；反之，如秋日至肃杀，则畏惧、厌恶之情生，想要让其信也难了。

（三）从下学做起

在儒家思想之中，程朱理学强调“存天理、去人欲”。吕柟贯彻坚持了这一传统，他所提出的为学之路就是他的“学仁”说。吕柟认为为学之人，必须要学习仁义之道，但是“仁”在吕柟这里，并非高悬的东西，而是朴实的下学工夫。他说：

> 先生谓诸生曰：“我欲仁，斯仁至矣。今讲学甚高远，某与诸生相约，从下学做起，要随处见道理。事父母这道理，待兄弟妻子这道理，待奴仆这道理，可以质鬼神，可以对日月，可以开来学，皆自切实处做来。”大器曰：“夫仁亦在乎熟之而已矣！”曰：“然。”①

吕柟所讲的学仁，乃是从下学做起，随处见道理，事父母、待兄弟妻子都是这个道理，待奴仆也是这道理，虽然只在日用伦常之中，但其功却非小：“可以质鬼神，可以对日月，可以开来学。”如此说只是因为用功切实，“学仁”也只在切实的修身工夫精熟而言。吕柟一直强调在于下学工夫，这与其学术渊源于薛瑄有关，他们都重视践履的笃实。“从下学做起”，吕柟在别处亦有阐发：

> 李乐初见先生，问：“圣学工夫如何下手？”先生曰：“亦只在下学做去。”先生因问：“汝平日做甚工夫来？”和仲默然良久不应。先生曰：“看来圣学工夫只在无隐上就可做得。学者但于己身有是不是处，就说出来，无所隐匿，使吾心事常如青天白日才好。不然，久之积下种子，便陷于有心了。故司马温公谓

① ［明］黄宗羲：《明儒学案》卷八《河东学案下》，第 141 页。

'平生无不可对人说得的言语',就是到建诸天地不悖,质之鬼神无疑,也都从这做起。"①

弟子问圣学工夫的下手之处,吕柟回答只在下学之处认真做去。至于平日里如何做工夫,他说"无隐",也就是"慎独"。慎独,在《中庸》有"莫见乎隐,莫显乎微,故君子慎其独也",朱子集注说:"独者,人所不知而己所独知之地也。言幽暗之中,细微之事,迹虽未形而几则已动,人虽不知而己独知之,则是天下之事无有着见明显而过于此者。是以君子既常戒惧,而于此尤加谨焉,所以遏人欲于将萌,而不使其滋长于隐微之中,以至离道之远也。"②慎独后来成为儒者修身养性的重要工夫。宋元以来的儒者大都注重慎独,吕柟则尤其强调。他认为,慎独就包含存天理、灭人欲,而存天理是静时的涵养功夫,灭人欲是动时的省察功夫。因此,慎独是精妙入微的修身方法,他说:

问"慎独工夫"。曰:"此只在于心上做,如心有偏处,如好欲处,如好胜处,但凡念虑不在天理处,人不能知而己所独知,此处当要知谨自省,即便克去。若从此渐渐积累,至于极处,自能勃然上进。虽博厚高明,皆是此积。"③

吕柟所论和朱子相类,他认为慎独当在心上做工夫,去除偏处、好欲处、好胜处,只要念头不在天理处,所谓"人不能知而己所独知",都应当努力去做知谨、自省的慎独工夫,将那些"人欲"的念头克去。《中庸》在讲慎独时,还讲到了"戒惧",吕柟对此亦有发挥:

问:"戒惧、慎独,分作存天理、遏人欲两件看,恐还不是。"先生曰:"此只是一个工夫,如《易》'闲邪'则诚自存。但独处却广着,不但未与事物接应时是独,虽是应事接物时也有独处。人怎么便知?惟是自家知得,这里工夫却要上紧做。今日诸生聚讲一般,我说得有不合处,心下有未安,或只是隐忍过去;朋友中有说得不是处,或亦是隐忍过去,这等也不是慎独。"先生语意犹未毕,何

① ［明］黄宗羲:《明儒学案》卷八《河东学案下》,第147—148页。

② ［宋］朱熹:《四书章句集注》,中华书局2012年版,第18页。

③ ［明］黄宗羲:《明儒学案》卷八《河东学案下》,第145页。

> 坚遽问:“喜怒哀乐前气象如何?”先生曰:“只此便不是慎独了。我才说,未曾了,未审汝解得否?若我就口答应,亦只是空说。此等处须是要打点过,未尝不是慎独的工夫。”坚由是澄思久之。先生始曰:“若说喜怒哀乐前有个气象便不是,须先用过戒惧的工夫,然后见得喜怒哀乐未发之中,若平日不曾用工夫过来,怎么便见得这中的气象?”问:“孟子说个仁义礼智,子思但言喜怒哀乐,谓何?”先生曰:“人之喜怒哀乐,即是天之二气五行,亦只是打天命之性上来的。但仁义礼智隐于无形,而喜怒哀乐显于有象,且切紧好下手做工夫耳。学者诚能养得此中了,即当喜时体察这喜心,不使或流,怒时体察这怒心,不使或暴,哀乐亦然,则工夫无一毫渗漏,而发无不中节,仁义礼智亦自在是矣。”叔节又问:“颜子到得发皆中节地位否?”先生曰:“观他怒便不迁,乐便不改,却是做过工夫来的。”①

《中庸》里说的“戒慎恐惧”与“慎独”,吕柟认为乃是一个工夫。慎独之独,不但包括了未曾与事物接应之时,还包括了应事接物之时,独处就是自知,故而“戒惧”、“慎独”的工夫最为紧要。但若心有未安却总是隐忍了过去,便不是慎独。然而,如果一定要说“喜怒哀乐之未发”前有个气象,这就不对了。在吕柟看来,喜怒哀乐未发就当用“戒惧”的工夫,然后才能把握“未发之中”,因此必须在平时用戒惧、慎独的工夫。吕柟在回答为什么孟子说到“仁义礼智”而子思却说之到“喜怒哀乐”时说,“仁义礼智”往往隐于无形,属于上学的工夫;而“喜怒哀乐”却能够显于有象,最适合切紧着去下手做下学的工夫。戒惧、慎独的工夫正在喜怒哀乐之中体察,所谓体察喜心,必当“不使或流”;体察怒心,必当“不使或暴”,哀、乐之心亦然,那么下学工夫就能够无一毫的渗漏,静时工夫得当,动时便可发而无不中节,于是上学的“仁义礼智”也就能够真正把握了。

在北方的儒者之中,正是因为有着吕柟这样的重视践履的关中学者,秉持了薛瑄所开创的笃实学风,同时又合于张载所留下的余韵,将程朱理学再度传承并发扬光大,这也形成了不容忽视的明代关学,一直到清初的李颙(1627—1705),尚绵延而不绝。

---

① [明]黄宗羲:《明儒学案》卷八《河东学案下》,第149—150页。

第三章 明初理学的转向：吴与弼与崇仁学派

曹端、薛瑄承继程朱理学，他们的影响主要在北方，明初在南方讲理学并且影响深远的则有吴与弼。吴与弼的理学，其实隐含着心学的某些因素，而他的著名弟子陈白沙则开创了江门心学，他的另外几个著名弟子则依旧以程朱理学为主，如胡居仁讲学于江西余干、娄谅讲学于江西上饶，都有着众多的弟子，故而吴与弼及其崇仁学派在整个明代思想史也有着重要的地位。吴与弼及其后学承继宋元以来的理学，并进行了创造性实践和理论转化，为明中叶心学思想的兴起提供了思想资源。

第一节　吴与弼及其崇仁学

一、生平以及讲学影响

吴与弼(1392—1469)，字子傅，号康斋，江西抚州崇仁人。其父为国子司业吴溥(1362—1426，字德润，号古崖)，故有家学渊源。八九岁时在家乡读书，已崭露头角；19岁赴京，师从明代“三杨”之一的洗马杨溥(1372—1446，湖北石首人，字弘济)。后来在其父任所获读朱子所编的《伊洛渊源录》，慨然有志于道学：“乃知圣贤犹夫人也，孰云不可学而至哉！”①于是尽焚举业文字，谢却人事，独处小楼。吴与弼放弃仕途，也与其年少时亲眼看见靖难之变有关，故而选择远离政治权力中心，中年以后便开始身居乡野，躬耕食力，倡道小陂。② 吴与弼的讲学，在当时远近闻名，四方学者络绎不绝，“被蓑笠，负耒耜，与诸生并耕，谈乾坤及坎离艮震兑巽”③。可见当时的崇仁学派师弟，过的是一种淳朴的耕读生活。

图3-1　吴与弼

吴与弼的学术渊源于朱子《伊洛渊源录》、老师杨溥《易传》和《四书》，并融合了邵雍《击壤集》、家父吴溥的词章之学，以及诸子百家，于天文、地志、律历、医卜“罔不究其说”，成就大百科式学问。吴与弼高弟娄谅称其为“全人”。④ 吴与弼见《伊洛渊

① ［明］黄宗羲：《明儒学案》卷一《崇仁学案》，第14页。

② 据《江西通志》卷一百零九记载，小陂书院在崇仁县小陂。正统间，吴与弼讲学于此。时陈献章、胡居仁、胡九韶诸儒俱从焉，后即为祠亦名康斋书院，清同治年间编印的《崇仁志》尚有康斋书院祠。嘉靖三年(1524)，知县黄铎在崇仁昭清观故址建吴康斋祠。湛若水弟子曾汝檀任抚州知府，在府治顺化门外立三贤祠，祠陆九渊、吴澄、吴与弼三人，湛若水有记。万历中知县刘昌重修，邹元标有记。［清］谢旻、陶成等编：《江西通志》，《四库全书》第516册，第519页。

③ ［明］黄宗羲：《明儒学案》卷一《崇仁学案》，第15页。

④ ［明］娄谅：《吴康斋先生与弼行状》，载焦竑编《献征录》卷一百十四，《四库全书存目丛书》史部第106册，第456—459页。

源录》道统之传，“心慨慕焉”，“知圣贤之必可学”：

> 遂弃举业，谢绝人事。独处小楼之上，日玩四书诸经洛闽语录，收敛身心，沉潜义理，视世之所尚举不足其志，直欲造乎圣贤之域。其诗曰“九仞始一篑，千里方跬步”，又曰“诚当通鬼神，志当贯金石”，盖不下楼者二年。①

吴与弼终因“用工过苦致疾”，于是21岁时还乡“授室”。再经过10年的刻苦读书与涵养，31岁时得《四书》学大要：

> 进乎《大学》以极夫体用之全。读《论语》则以博文约礼为要，《孟子》则以充四端求放心为本，《中庸》则谨乎存养省察之功，以致中和之极。②

他自认为于《四书》之中得为学之全体大用，自信为己与自得之学，挺立做人，立志从事讲学，培育天下英才。③

宣德六年(1431)，吴与弼40岁后，在崇仁莲塘小坡村居家讲学，来学者颇多，“深慨嗜利者多，师道不立”，恐难于管理，便立学规。④ 其学规如下：

> 一、须用循序熟读《小学》、《四书》本文，令一一成诵。然后读《五经》本文，亦须烂熟成诵，庶几逐渐有入。此个工夫须要打崖岁月方可。苟欲早栽树，夜遮阴，非吾所知也。
>
> 二、学者所以学为圣贤也。在斋务要讲明义理，修身慎行为事。如欲涉猎以资口耳，工诗对以事浮华，则非吾所知也。
>
> 三、古人读书皆须专心致志，不出门户。如此痛下工夫三五年，庶可立些

---

①② [明]娄谅：《吴康斋先生与弼行状》，第20—25页。

③ 心学“全体大用”朱熹曾说过。明末清初儒家李二曲与其高弟王丰川则详细建构全体大用之说。

④ 吴与弼在15世纪二三十年代，教学声誉颇佳。这或许得益于其父亲吴溥影响力。吴溥一直担任国子监司业，天下学子、官员未有不知其名者。其在南京国子监严格立教，声誉颇佳。地方名流、政要乐于请吴溥大公子吴与弼管教其子女。吴与弼早年或曾在安徽安庆，江西临川、丰城、上饶等地短期授课，学生较多。

根本，可以向上。如或作或辍，一暴十寒，则虽读书百年，吾不见其可也。①

此学规有复兴宋学的生机，以圣贤人格为知识分子读书的目标，契合于身心修养，从而造就吴与弼本人为亲身参与的崇仁学派的兴起，逐渐形成一个学术中心，并延续到他去世，总共约 40 年。而北方理学代表人物薛瑄真正居家读书讲学的时间，是在天顺元年(1457)辞去礼部右侍郎兼翰林院学士后，与吴与弼相差 27 年。薛瑄讲学的时间仅维持了 8 年，与吴与弼难以相提并论。薛瑄也未有立书院、学规等专门严格的规范管理学生，其弟子也区区可数，这些都说明吴与弼的小坡书院在 15 世纪开风气之先。② 正是由于吴与弼的"风格高迈，议论英发，善启迪人；听其言者，莫不踊跃思奋"，"奋乎百世之下，览前迹而启任道之机，远续洛闽之绝学"③。

吴与弼曾多次亲身前往学生的讲学传道场所，特别喜欢看望学生，顺做江湖之游，老而弥坚，学到老读到老。如景泰七年(1456)冬，吴与弼 65 岁，携 23 岁的胡居仁，从崇仁出发到上饶访学生娄谅、周文，连宿几日，登娄谅府第芸阁讲学。天顺二年(1458)，吴与弼将从崇仁到北京，"途中纪行诸作，皆当日手书寄白沙，凡七纸"，其中提到弟子陈白沙对自己的辅仁之功，刻骨难忘。吴与弼写道：

成化己丑春三月，行李出北京。是日次于析木之店，以示东吴张声远。一见惊绝，阅之竟日，不目瞬，以手抚弄，以口吟哦。某怜之，割一纸。是岁六月，过清江，以手书问，尚无恙也。明年秋，镁书来求跋。又二年壬辰二月丰城友人始以讣来，先师之在亡己丑十月，至是二易岁。当镁求跋语时，属纩来一年矣。呜呼，悲乎！先生道德名誉倾一世，妇人小子知之，华夏蛮人咸知之。平生爱一字一词，不以假人。某之所得，徒以一日在门下。然诵其言，想见其风采，而得其为

① [明]吴与弼：《康斋集》卷八《学规》，第 529 页；[明]娄谅：《吴康斋先生与弼行状》，第 20—25 页。

② 近有几个学者撰文认为《明儒学案》应该以河东学案为卷首，而非崇仁学案为卷首。事实上，《明儒学案》是以"谁可以开明代理学学风之先"的高度来立论的。纵观《薛瑄文集》，其学术宗旨并没有心学思潮规模。虽能他比吴与弼长 3 岁，但是从各方面来看，他都难以成为明代心学的开山者。因此，黄宗羲以吴与弼为明代理学的开山人物，不仅仅是以学理为其立论依据，还有其体现的整个"明代学脉"(同济大学朱义禄教授提出的观点)的精神，即刻苦自立、潜心理学、无所不讲、善于启发人、传道的内在品质。

③ [明]娄谅：《吴康斋先生与弼行状》，第 20—25 页。

> 人，则宜其有惕然而感，勃然而兴者矣。某犹望此于百世之下，况其迩者乎。①

弟子陈献章对老师寄来书信，非常惊讶和感动。72岁，过余干，赐胡居仁讲学之所“礼吾书舍”，鼓励其讲学：

> 壬申岁始师于于先生准，至甲戌岁复游康斋先生之门，始知圣贤之学，不在于言语文字之间，而在于身心德行之实，故追前非欲求自新之实。但终以驽庸之才，不堪鞭策而进也。思与二三同志，别求燕闲之地，以共讲其所闻而不可得。于是乡党某等捐割己资，即幽旷之地，构屋数间以为，群居讲学之所至。壬午三月师吴与弼经历至所，赐之扁曰礼吾书舍。盖因其地而寓号焉。②

73岁，过衢州常山象湖访学生郑伉，宿其家。75岁，过安徽宣城祁门访学生谢复，并赠“今日良朋果盍簪，还家各务惜分阴。新春有约龙潭上，好与尔曹共此心”以劝学。此类师生互访进学在《康斋集》比比皆是，把师生关系人文化、纯粹化与互动性，有力地推进名教的发展。

吴与弼讲学之后，屡荐不出。正统十一年(1446)山西佥事何自学荐举，后又有御史涂谦、抚州知府王宇再荐，他都谢绝不出。景泰七年，御史陈述荐举他入阁讲学，皇帝下诏江西巡抚韩雍前往礼请，他又辞谢不出。天顺元年(1457)，石亨与大学士李贤上疏荐举，并派人前往征召吴与弼进京，并待以宾师之礼。第二年五月，授为左春坊左谕德。他多次上疏力辞，才得允准。李贤称赞吴与弼得道之全体，“儒者之高蹈”，“淹贯经书”，“于经书义理穷究最精”。③

当时有福建朱子学者陈真晁(1411—1474)与其弟二人，远道从福建到江西访学吴与弼，经过南昌时，被张廷祥(1437—1506)劝阻，从而使得陈剩夫失去与吴与弼学术高峰对话的机会。黄宗羲感慨道，“奈何东白以‘得真’一言，遂为金柅，康斋、白沙终成欠事”④。当时陈真晁是抱着必死的决心和莫大的勇气来江西拜谒吴与弼的。须知他变卖了自己所有的家产，是自备着棺材上路的，并写

---

① [明]陈献章：《跋张声远藏康斋真迹后》，《陈献章集》，中华书局2008年版，第67—68页。

② [明]胡居仁：《胡居仁文集》卷二《上邑宰》，江西人民出版社2013年版，第164页。

③ [明]李贤：《古穰集》卷二十五《天顺日录》上，《四库全书》第1244册，第752页。

④ [明]黄宗羲：《明儒学案》卷四十六《诸儒学案上》，第1087页。

下了遗言。陈真晟嫡传弟子周瑛（1430—1518，福建莆田人）与陈白沙友，任抚州知府时曾亲吊吴与弼墓，写道“富贵路方炽，山林迹渐稀。谁能甘白屋，君独谢黄扉。学古难为用，名高易嫁非。百年泉壤下，全璞有光辉”①。陈献章在成化十八年（1482，吴与弼殁后13年）对老师吴与弼道德典范意义和教育影响力有较高评价，“其当皇明一代元气之淳乎”②，赞其“尊师道，勇担荷，不屈不挠，如立千仞之壁，盖一代之人豪也”③。

除了崇仁学派的弟子，明代中期的张汝弼（1425—1487）晚年也喜吴与弼，说“立心造道，处世化俗”，端严刚峭，勇于进道，亦千载人物，并赋诗曰：“耳根何处得浮尘？浪说康斋识未真。风月周台灯火夜，伊川路上见斯人。”④正是由于当时士人对吴与弼的学问和道德修养甚为推崇，被选入地方乡祠。丘浚（1418—1495）曾撰文赞吴与弼“性本沉潜，学惟践履，躬耕陇亩，不求闻达”⑤，其讲学场所小陂书院为祠名康斋书院。罗钦顺（1465—1547）称赞吴与弼的好学精神与道德节操，说其“志于道，可谓专且勤矣……而康斋之决去，所得亦已多矣……然好学知康斋，节操如康斋，何可多得”⑥。素来对别人要求较高的李贽（1527—1602）也赞吴与弼“风格高迈，议论英伟，胸次洒落，师道尊严。善感悟启发人，其学术质任自然，务涵养性情，有孔门陋巷风雩之意”⑦。

到了晚明，学人黄明编有《聘君吴康斋先生年谱》一书，时宰相吴道南（1547—1620，江西崇仁人）为该书写了序言。吴道南说：

> 学遡伊洛之渊源，其出处进退，轫诸道；其穷通得丧，付之天人，所知也。乃若笃志苦心，亲师觅友，惟日孜孜而不知老之将至，真有因年。独觉其进，维兹谱足以识之。⑧

---

① ［明］周瑛：《翠渠摘稿》卷七《吊吴聘君》，《文渊阁四库全书》第1254册，第850页。

② ［明］陈献章：《陈献章集》卷一《祭先师康斋墓文》，第107页。

③ ［明］陈献章：《陈献章集》卷一《书玉枕山诗话后》，第70页。

④ ［清］范鄗鼎：《理学备考》卷二《理学名臣录》，山西省图书馆藏清康熙范氏五经堂刻本，《四库全书存目丛书》史部第121、122册，第759页。

⑤ 丘浚：《吴康斋入乡祠文移》，载贺复征《文章辨体汇选》卷四十七，《四库全书》第1402册，第236—237页。

⑥ ［明］罗钦顺：《困知记》卷下，第45条，中华书局1990年版，第38页。

⑦ ［明］李贽：《续藏书》卷二十一《聘君吴公》，中华书局1959年版，第658—660页。

⑧ ［明］吴道南：《吴文恪公文集》卷十五《聘君吴康斋先生年谱序》，《四库禁毁书丛刊》集部第31册，第519页。

戴有孚撰《著疑录》，选吴与弼《日录》易说、安贫和随事克制方面三条。[①] 即便强调顿悟、不喜传统程朱修养方法的高攀龙（1562—1626）对吴与弼也是赞叹：

> 行谊洁修，心境静乐如享现成家当者，快乐受用而已。然其日渐月磨，私欲净尽，原与豁然者一般，即敬轩先生亦不见作此样工夫。[②]

晚明大儒刘宗周（1578—1645）赞吴与弼“独得圣贤之心精”、“卓然世道”，“醇乎醇云”[③]。以气节著称的黄道周（1585—1646）甚至以“大师”极赞吴与弼，称其“拥皋比立里门，称大师，负经逐畔，恒百数十人”[④]。

黄宗羲（1610－1695）肯定恩师刘宗周的说法，并从阳明心学史的高度评价吴与弼和崇仁学派在明代学术历史中的启明作用，并以崇仁学案为《明儒学案》卷首，确定崇仁学的历史作用。他说：“康斋倡道小陂……椎轮为大辂之始，增冰为积水所成，微康斋，焉得有后时之盛哉。”[⑤]这样，经过近两百年的流传，在顾宪成、刘宗周和黄宗羲等学者的话语表彰下，吴与弼终于在晚明清初之际获得儒林的认可。

二、理气论

（一）“元气”

元气说有其思想源流。庄子《知北游》以气为本原，有“通天下一气”之说。何休《公羊传隐元年解诂》较早倡元气说，“元者，气也…天地之始也”。自张载“凡象，皆气也”[⑥]提出存在之气说以来，朱子“动静气也”[⑦]尤密之，以气为宇宙

① ［明］戴有孚：《著疑录》卷一《儒学》，《四库全书存目丛书》子部第 152 册，明嘉靖戊午秋月间刻本，第 286、288 页。戴有孚，字圣山，江西吉安永新人，参与阳明讲学。

② ［明］高攀龙：《高子遗书》卷八上《答曹真予论辛复元书》，《四库全书》集部第 1292 册，第 489 页。

③ ［明］刘宗周：《师说》，载《明儒学案》卷首，第 3 页。

④ ［明］黄道周：《瑞庭王先生暨配盛孺人墓表》，载王轩、杨笃等修光绪版《山西通志》卷一九七，中华书局 1998 年版，第 433 页。

⑤ ［明］黄宗羲：《明儒学案》卷一《崇仁学案》，第 14 页。

⑥ ［宋］张载：《张载集》之《正蒙·乾称篇第十七》，中华书局 1978 年版，第 63 页。

⑦ ［宋］黎靖德编：《朱子语类》卷九十四，中华书局 1994 年版，第 2376 页。

的本原。明初，元气说成为学术共识。刘基(1311—1375)认为元气先于天地万物而永久存在，他说“有元气乃有天地。天地有坏，元气无息”①，其大胆远超庄子。庄子突出气作为宇宙的主要本原，气是看不见的真实存在。刘基的元气说采用朱子的充气之理，故而说元气先于宇宙，类似太极的地位。宋濂(1310—1381)主气之母说：“太虚之间……非气母也耶？”②气母孕育万物，类刘基之元气。他们都在坚持和发展朱子的理气说，元气需“天地之心”(理)来认识和把握。③ 元气是天下万理的本原，指导天下万物的运行。一旦天下秩序混乱，民不聊生，需要重新规范社会。

吴与弼的元气说受元末明初思想家的影响。其元气是天地真气，为天地真心所出。吴与弼的元气观遍及宇宙万物，无所不该，尤其是人身，具有本体论意味。他说：“三纲五常，天下元气。一家亦然，一身亦然。”④又说：“毋以妄想戕真心、客气伤元气。”⑤在吴与弼看来，自然范围里的元气不仅适用于一家之治理，也适合一身之修养；同样，以纲常学为核心的儒家政治伦理可以被用作社会基础的家庭内部治理。儒家伦理因具有天地元气般无所不能的功能而增强家与人的效用。故保养人身，保有自然特征的元气充周人身是极其必要的，所以吴与弼说毋以“客气伤元气”。

“三纲五常，天下元气”试图重新强调古代的宗法制度对社会秩序的无形“监管”，此语得到明儒唐枢(1497—1574)、周思兼(1519—1565)、来知德(1526—1604，号瞿塘)、贺时泰(1546—约1620)等人的呼应与表扬。⑥ 纲常为中国社会治理的制度基础，也是人们行为方式的道德规范。在家国同构的治理

---

① ［明］刘基：《刘基集》卷五《天说》下，浙江古籍出版社1999年版，第141页。

② ［明］宋濂：《宋濂全集》卷四十八《温忠靖王庙堂碑》，第1057页。

③ 刘基、宋濂理气论参见张岂之主编、甘祥满等著《中国思想学说史》之《明清卷》上，广西师范大学出版社2008年版，第27—30页。

④ ［明］吴与弼：《康斋集》卷十一《日录》，第230条，《四库全书》集部第1251册，第582页。

⑤ ［明］吴与弼：《康斋集》卷十一《日录》，第242条，第583页。

⑥ ［明］周思兼《学道纪言》第一卷第一条，就是关于他与学友讨论吴与弼的“三纲五常，天下元气。一家亦然，一身亦然”的思考心得。周思兼所作《学道纪言》的体例与规范则主要按照吴与弼《日录》样子，以时间编排语录。该书里面抄有大量吴与弼的语录。见周思兼《学道纪言》，《四库全书存目》子部第85册；《周叔夜先生集》，《四库全书存目》集部第114册。而培养出状元儿子的聋人儒家贺时泰刻苦自学，以吴与弼为人格典范。其他三人著作参阅贺时泰：《思聪录》，《四库全书存目丛书》子部第16册；来知德：《来瞿唐先生日录十三卷》，《四库全书存目丛书》子部第85、86册。

模式下，纲常成为整个社会的核心规训手段。① 但是，吴与弼更多地把元气作为自我身心修养的核心理论，他说："区区向时不晓事，其进太锐，往往尽力于书，且高大其声，耗丧元气，极为大害。"②他反对"耗丧元气"、"伤元气"。在道德践履上，吴与弼的元气说更多主养生层面。吴与弼虽主心气、血气与气禀说，然归约则在元气。吴与弼罕及气之抽象层面，而涵养心气，变化气质，提升精神修养是其主要的目标所在。

正是由于吴与弼青年时期常年患病，又贫困无钱看病，所以只能通过保养精神的方法克治疾病。而充养天地元气于身来消除疾病，则成为其保养身心的主要方法。这样，通过自己亲身体验，他就把宋儒先验的精神性元气观"下沉"到能验于身心元气观，从而使得客观之理具有真实性。在吴与弼经验主义元气说的影响下，胡居仁和陈献章在理气观凸显气的运动能力，为罗钦顺等人的气本论思潮的形成奠定思想史背景。

（二）理契于心

理本意为道理、原则、脉理和规律等。③ 理，以许衡的话来讲，"所以然之故"和"所当然之则"。④ 二程从宇宙本体、自然无为无形、对立统一性、人伦道德和物物有理，五个层面来分析理的含义。⑤ 二程通过吸收道家自然哲学和华严宗的理事无碍等思想，把理设定为宇宙的根源和主宰，理先气后，心理性命道相合的思想，并首次提出"存天理、去人欲"的新工夫论，将伦理价值抬到本体论的高度。朱子通过吸收张载的气论，进一步发展二程的天理哲学思想。⑥ 朱子从宇宙本体、无形、人伦道德、理一分殊等层面来分析理的含义，认为理先气后、理气

---

① "三纲"即"君为臣纲"、"父为子纲"、"夫为妻纲"；"五常"指"仁、义、礼、智、信"，宋明以后，理学家将之上升到"天理"的地位。《康斋集》存有吴与弼撰写大量的《族谱序》，体现出他试图以名教宗法制和伦理观重新规制社会秩序的努力，以便减少明朝开国时期残暴政治对地方家族的毁灭性冲击。吴与弼努力办私学，是他侧重教化以便提升读书人的道德修养，以便减少他们日后陷入政治牵连之祸。

② ［明］吴与弼：《康斋集》卷八《与友人书》，第 520—521 页。

③ ［英］葛瑞汉著，程德祥等译：《中国的两位哲学家：二程兄弟的新儒学》，大象出版社 2001 年版，第 40、59 页小注 1。

④ ［英］葛瑞汉：《中国的两位哲学家：二程兄弟的新儒学》，第 40 页。

⑤ 蔡方鹿：《理》，张立文主编：《中国哲学范畴精粹丛书》，中国人民大学出版社 1996 年版，第 124—130 页。

⑥ 蔡方鹿：《理》，第 142—148 页。

不离、理本气末、太极是理，并指出天理和人欲是相对立的，需要我们从事“存天理、去人欲”的心性工夫。理则是天地万事万物与人伦内心道德的本原与运作原则，是超时空、超感觉的绝对本体，是无情、无意与无造作。[①] 二程与朱子之理都有宇宙根本规律的意思，只是每个人的表达方式与直陈方式不一致，如天理、道、太极之类；如生之理、气之理与动静之理等。二程之理是反张载气本论而说的，其中程颐纳张载之气入理；而程颢则认为理本在事事物物之中，形下为器非气，反对纳气入理。朱子则大大吸收程颐之说，并采周敦颐阴阳之气，以太极总理，上下细分，形成理本体论的集大成说。[②] 此系与心本体论、气本体二说形成理气心三系说，为宋元明清理学的主要思想框架。吴与弼论理大抵不出程朱范围。当然，吴与弼对这些形而上的抽象理论问题不感兴趣。他所感兴趣的是哪些道德修养论是可以真实的践履，哪些道德修养论有利于身心修养和成就圣贤人格。[③] 在文集中，吴与弼虽然绝口不谈玄理，只谈如何思考和把握天理，化为内心的道德修养。但是我们还是可以嗅出吴与弼对理的品性的把握，主要是依程颐的理说。[④]

其一，理具于吾心。道理平铺，发明本心可以发现平铺之理。吴与弼说：“道理平铺在，着些意不得。”“固知道理平铺在，方寸何容半点私？”“须知道理平铺在，顺应何容一点私？”[⑤]天理具有自然性与客观性，不着安排，普爱万物，客观存在于世界中，具有真实不妄与大爱的品性。老子的道表面讲自然，实际暗含有善万物的特性。这里，吴与弼也有这个意思。客观之理与个体无意阔然之心相和谐。道理平铺在暗示着我们的身心修养需要体悟到万物一体、廓然而大公的特性。此种顺应与阔然思想来自二程。理之平铺于世界中，可能有其独到的

① 张立文：《朱熹思想研究》，中国社会科学出版社2001年版，第137—212页。另有范寿康更早论述朱子的理，理包括本体（道）、形式、太极、无极和理法（所以然之故与当然之则）五个层面，阅范寿康：《朱子及其哲学》，中华书局1983年版，第17页。

② 张岱年：《中国哲学大纲》，中国社会科学出版社1985年版，第51—64页。

③ 明代早期儒家不太似程朱般重视哲学思辨，而是身心修养。元代儒家视《小学》《四书》《近思录》等书籍刊印，多数学者以身心修养为己任。吴与弼秉承元代金华理学之余风，重视道德涵养，详参陈荣捷：《元代之朱子学》，载《朱学论集》，华东师范大学出版社2007年版，第194—214页。

④ 张岱年：《中国哲学大纲》，中国社会科学出版社1985年版，第58页。

⑤ ［明］吴与弼：《康斋集》卷十一《日录》，第264条、卷三《溪上偶成》、卷六《题正心斋》，第584、420、468页。

心理体验。吴与弼通过读书，获得的“理亦明著”与“心神清爽”①，表明理之呈现与悦心之乐的先后性，指出理具于心的可能性。这些是吴与弼读书多年的心性感悟，具有可信性。吴与弼所主“精白一心、对越神明”，讲心中之理是纯善的道德伦理，突出理的日用性，有别于道家与华严宗。其“神明”即天地之主宰，即“上帝”。在与客观之理的相对待中，他认为自己工夫涵养的一己、主观之心可以把握客观之理。他还说：“学者须当随事痛惩此心，划割尽利欲根苗，纯乎天理，方可语王道……可谓出世奇男子。”②“王道”即圣贤治理天下的方法。如果个体可以在自己的心地上做功夫，即“随事痛惩此心”，那么可以存理去欲，内圣外王。从心出发，通过个体的主观努力，存理灭欲，可以把握外物之理。他还说：“五伦各有其理，而理具于吾心，与生俱生。人之所以为人，以其有此理也，必不失乎此心之理。”③此语虽讲现实礼节有内在客观之理，但却是吴与弼论理的一个方面。“理不仅存于事物之中，也存在于人心之中，理的问题是人的内心所思索的问题，穷理应该在‘五伦’实施中来进行，理更多地具有了先天道德的含义。”④从此看出，他认为心具有知觉道理的能力，并把理和心处于相同的时间层面。此语虽吸收二程心理本一的思想，但在义理上有所推进，特别强调心性工夫以不失心之理为原则。吴与弼心具此理、理在心中的思想，为陈献章、王阳明的心学大明提供可以比较的思想资源。

其二，理验于身心。究实理而非妄谈虚理是儒家传统。吴与弼的实理观表现为对事物之理的观照、探究。他说的如“静中思绎事理，每有所得”、“今日思得随遇而安之理”、“午前治圃，贫贱之理，当然不敢辞劳”⑤与“今日失金何足较，自当观理学前贤”⑥，通过事事依理、循理和观理，事上体会认知此理，亲自劳动，开物成务，在人际关系上应对事物，有利于圣贤人格的培育。再如“静中观物，理随处可得”、“痛省身心，精察物理”、“天晴，仰思物理”⑦与“天心见处从义觅，

---

① ［明］吴与弼：《康斋集》卷十一《日录》，第37条，第570页。
② ［明］吴与弼：《康斋集》卷十一《日录》，第3条，第566页。
③ ［明］吴与弼：《康斋集》卷八《吴节妇传》，第528页。
④ 刘宗贤：《明代初期的心性道德之学》，载《中国哲学史》1999年第2期。
⑤ ［明］吴与弼：《康斋集》卷十一《日录》，第33、212、220条，第570、582页。
⑥ ［明］吴与弼：《康斋集》卷二《璇庆失金》，第400页。
⑦ ［明］吴与弼：《康斋集》卷十一《日录》，第275、200、305条，第584、581、585页。

物理窥时向邵求”[1]等语透露出道问学向外扩展的主动精神，影响衢州学生郑伉。郑伉学术旨趣带有博学强识的格物色彩。

理是客观存在的，是宇宙的本体和主宰，却可由人心通过读书、思考和实践所认识与运用。儒家在道德生活中把握至理，让天理流行无碍，实现美德扩养身心。他说，“虽万变之纷纭，而应之各有定理”[2]，因此“众理森严尽在书，朝经暮史志何如。须将万事皆依理，先圣前贤定不迂”[3]，表明其以循理为道德生活的标准，并坚定不移的守理，成就理想人格。理具有一本万殊、万殊一本的特性。至理是一本，众理是万殊。宇宙中的个体其分在于体认事物之理，即行诚践仁的功夫，即工夫即本体。吴与弼苦读思考《晦庵文集》所得的“至理有契，不觉抚席”[4]，表明程朱之理与自我之心相契，其理与心在生活中可以相契的思维模式为明代心学大门的打开提供思想资源。总之，吴与弼的实在之理是可以由人的本心所认识的，不仅仅是二程与朱子所言的绝对客观、抽象、规范之理，具有经验性、自然性与现实感，这是他开启陈献章、阳明心学的地方。吴与弼的“潜心理渐真”[5]表达出他通过“潜心”获得与理相契的感受，足见其心学路子。“道理平铺在”一语表示出吴与弼之理具有真实性与普遍性，这是他自己常年读书与教学过程中真切感受到的心得。在自己的生活世界里，他把程朱客观之理下降到真实的生活世界，从而任何一个个体都可以通过学习、读书与义理实践来把握“天理”，形成自己主观的实在之理。他的“静中思绎事理，每有所得”更是表现出他对理的感悟是真实存在的。在这样的思维模式下，思考者需要不断扩充心体的知觉思维的广度与深度，即“主静”工夫论的逐步形成。透过思考者心体对外物之理的自觉反思，吴与弼的“理在心中”的思维方法使得儒家哲学回归真实的世界，使理学具有经验性与现实性，为心学的发展提供功夫操持上的可能。而其三大弟子娄谅、胡居仁与陈献章对心学的往复“丽泽”之辩与义理建构，均形成各自的学术著作，心学思潮得以形成。[6]

---

① ［明］吴与弼：《康斋集》卷七《至日》，第 490 页。
② ［明］吴与弼：《康斋集》卷十一《日录》，第 328 条，第 587 页。
③ ［明］吴与弼：《康斋集》卷七《于西塾云》，第 497 页。
④ ［明］吴与弼：《康斋集》卷十一《日录》，第 308 条，第 586 页。
⑤ ［明］吴与弼：《康斋集》卷一《除夕》，第 375 页。
⑥ ［美］罗伯特・保罗・沃尔夫著，郭实渝等译，《哲学概论》，广西师范大学出版社 2009 版。如按沃尔夫对哲学“合理、客观（真实）与普遍”三重性定义，吴与弼学无疑具有浓厚的哲学性。参阅该书第 30—33 页。

三、“养良心”

存理遏欲功夫贯穿吴与弼“力除闲气、固守清贫”①的清白一生，达到“己私须尽克，天理必全纯”②的理想人格状态。吴与弼也特别重视廓心、澄心、清心、平心、存心、静心、无心、公心，以及绝邪思、去妄想、凝敛、瞑目等心上功夫克己洗心，建构以“养良心”为工夫目标的庞大心学体系。吴与弼重视对客观抽象之理的对待与思考，并用心、灵台与灵府将之转化成具体的、可感受的主观体悟，有益于身心。

吴与弼说：“人心谁不良？”指出人的本心是善良的。“长道心”的最终目标是良心在人的身上，其日常行为体现出一个儒家的独善与兼济的品格。③ 吴与弼察觉到公共良心的缺失导致人道的丧失，社会风气的败坏，因此他说：“能不失此心之理……亦人道之当然……然人欲横流，良心断丧，而人道不亏者鲜”④，他呼唤知识分子以养良心来引领社会风气的改善。吴与弼还说：“知止自当除妄想，安贫须是禁奢心。”“与一邻人谈及不肖，稍能负重私心，稍悦。”“逐日从容深燕养，憧憧慎勿役私心。”⑤他提出克制每个人的私心和奢心来保养良心、长道心，挺立道德主体性的。仁者养良心的传统修养功夫亦只是去奢、去私。

吴与弼的知行均以圣贤言论为依归，天人关系具有“相胜”性，求天理常存在心。吴与弼通过渐修、长时间的读书活动，实现内心纯理。他反复告诫学生：“何者为天理而当存？何者为人欲而当去?”读书之道在于“涵泳乎圣贤之言，体察乎圣贤之行，优柔厌沃，日就月将”⑥，不能期近效，欲速成，急功近利，故“学者

---

① 来知德：《来瞿唐先生日录》(内篇)，李克明、吴正权点校，《梁平文史资料第9辑》，梁平县政协与梁平中学编，2005年，第143页。来知德以“力除闲气、固守清贫”评价康斋的一生，并自己以实现醇儒为终身使命。

② ［明］吴与弼：《康斋集》卷一《梦洗马先生》，第360页。

③ 吴与弼道德修养论的核心是养良心，而长道心是养良心的修养方法。他说，看《孟子》，深悟心学之要，盖指孟子之良心、赤子之心。他说“安得同志人，灵台共期养”，他的工夫显然是针对流俗滔滔的时代有感而发的，具有现实针对性。守住良心是社会有序的最后一道防线。当良好的制度被小人说抛弃或篡改的时候，制度便到了难以有效管理社会的时候。有序秩序只能依靠政治精英的道德自觉，即良心。

④ ［明］吴与弼：《康斋集》卷八《吴节妇传》，第528页。

⑤ ［明］吴与弼：《康斋集》卷十一《日录》，第15、51、289条，第568、571、585页。

⑥ ［明］吴与弼：《康斋集》卷十《历志斋记》，第555页。

须当随事痛惩此心，划割尽利欲根苗，纯乎天理，方可语王道”①。在“迢迢良夜月澄秋，万象清严风露幽”的环境中，获得“廓然欲尽理周流”②的心理感受。通过摆脱习俗之欲，“廓然欲尽”，实现内心自然，与天理流通。③ 由于心具众理，故保持心的明觉能力，做洗心工夫，时时涵养，理常在于人之一心：“无极之妙，充盈宇宙，而该贯吾心，何可须臾离哉！”④。吴与弼通过对天理的反思，来克制自己过于刚猛的脾气，化粗暴为平和，克己复礼，变化气质。在博览群书的基础上，他获得思辨之理；在与事物的应对过程中，天理周流其间，实现理浑然于身心，乐以忘忧。他说：“何由养得中和性？乐以忘忧理浑然。敛然下学无他法，一味深功克性偏。”⑤“一味深功”，可证吴与弼克制自我之苛刻。通过思考事物之理的必然性与实在性，承认理之于事物身心的指导作用，吴与弼实现客观外理自我化，所谓天地之理皆为我，反身而诚，以至于忘记生活的贫困，与颜渊的贫中作乐相契。吴与弼的读书穷理以勿忘勿助为原则，以随分为尺度，随读者的学力为要求，求其中之理：“每读书，但随力所到为之，少倦则止，惟此心不可间断为学本。当日就月将，优游涵泳方能持久。若要急迫速成，徒自苦耳，终不济事。”⑥此说尤补学子贪功急进之弊。“归，焚香读书外南轩，风日和煦，蓝览景乐甚。读书，理亦明著，心神清爽”⑦，再如“贫困中事务纷至，兼以病疮，不免时有愤躁。徐整衣冠读书，便觉意思通畅”⑧，且态度真诚，俨然禅宗老和尚。吴与弼认为是获得儒家义理，使生活之理明白地呈现在日常的真实世界，获得心情、感觉上的愉悦，堙契于心。其读书甚为恭敬，如焚香、整衣冠之类，可见其爱读书，非功利心态，是自然而然的追求，具有值得我们称赞之处，且另有更深的意义在，即传道。

吴与弼多有心上磨炼工夫，使理贯于吾心。虽然吴与弼未在哲学义理上公开说过“心即理”，但在实际的身心工夫操持中，存心即存理，体心即体理，事实

---

① ［明］吴与弼：《康斋集》卷十一《日录》，第 3 条，第 566 页。
② ［明］吴与弼：《康斋集》卷一《月夜》，第 374 页。
③ 与同时代的理学家薛瑄“性与天通”同。
④ ［明］吴与弼：《康斋集》卷十《省庵记》，第 564 页。
⑤ ［明］吴与弼：《康斋集》卷一《正月十九夜枕上作》，第 376 页。
⑥ ［明］吴与弼：《康斋集》卷八《与友人书》（壬寅），第 520 页，时年为 1422，康斋年 32。
⑦ ［明］吴与弼：《康斋集》卷十一《日录》，第 37 条，第 570 页。
⑧ ［明］吴与弼：《康斋集》卷十一《日录》，第 8 条，第 567 页。

上说明他在工夫论上见证即心即理。他说:“心苟一念之或失,则圣人之道斯远尔”、“心一失,几何不为水之流荡、云之飘扬,莫之据哉。”[①]表示心一念非正则远理,特别强调心理相合、密不可分,这样就抬升心的灵明昭觉能力对理的把握,使心的地位在身心修养论中上升。故君子心“必兢兢于日用常行之间”[②],君子之学“舍圣何归。欲师于圣,其廓然而大公,物来而顺应乎。居敬穷理明诸体,养气集义利诸用”[③],以圣贤“正大光明之学为根本,则外物之来有以烛之”,而“吾心庶得以不失”[④]。因为吴与弼学术根本在于不失心,也就是不失本心所具之理,使天理周流于一心,此是存心工夫高明处。而本心全具此理的过程需要心静,即“一理存乎静”[⑤]。

吴与弼心学首先得益于其老师杨溥。他在回忆老师时说,“剪烛论心夜,焚香读易晨”[⑥],而老师对其期许的“己私须尽克,天理必全纯”[⑦]也是他日后走向成圣的重要动力。因为《易传》有洗心之方,所以当年师生间谈论的主要是心学议题。“论心”在其文集出现7次,也说明与学生谈论心学是其教学思想的一方面。[⑧] “论心”之归宿即是“养心”。由于“一心谁不良”[⑨],养心主要是保养良心。他的“尘窗旋扫养灵台”、“养心随处抱遗经”[⑩]等诗句,表示出向内身心修养的色彩。其早年许下“良心贵有养”[⑪]心愿,晚年仍然坚持友人一起养心的理念。“养良心”是吴与弼存理去欲功夫论的心上面向。

吴与弼谈心性本体是兼谈心性工夫的,要实现精白高明之心需要洗心、澄心、静心、存心、充心心法,而这些都是围绕“养良心”而展开的。心作为“虚灵之府”,吴与弼常用“灵明”、“灵台”或“灵府”所表达“良心”,以凸显心对外物的知

---

① [明]吴与弼:《康斋集》卷八《与徐希仁训导书》、《与九韶书》,第515、518页。

② [明]吴与弼:《康斋集》卷十《厉志斋记》,第555页。

③ [明]吴与弼:《康斋集》卷十《坦斋记》,第564页。

④ [明]吴与弼:《康斋集》卷八《答九韶书》,第518页。

⑤ [明]吴与弼:《康斋集》卷一《读〈中庸〉》,第369页。

⑥ [明]吴与弼:《康斋集》卷一《梦洗马先生》,第360页。

⑦ [明]吴与弼:《康斋集》卷一《梦洗马先生》,第360页。

⑧ 据检索,“心”在《康斋集》中出现599次,而“理”才出现91次。

⑨ [明]吴与弼:《康斋集》卷一《感怀》,第365页。另有“晨朝气清爽,良心还炯然”,见《康斋集》卷一《晓起即事》,表示时刻注意养“良心”。

⑩ [明]吴与弼:《康斋集》卷七《即事》,第492、498页。

⑪ [明]吴与弼:《康斋集》卷一《睡觉》,第362页。

觉能力。吴与弼“中岁方知学养心”[①]，多以读书调养为法，以随处为权度，即“养心随处抱遗经”[②]，这些随处的方法传给陈白沙、湛若水。由于沾染世俗物欲，灵台陷入“久自私”、“泥俗情”[③]，“俗氛”难于自清，故要涵养的过程去除污染。吴与弼涵养灵台、养灵府表达出心的明觉能力在儒家生命与心灵深处的意义，他强调“灵台宜有养”、“何能挽得千溪水，净洗灵台一片私”、“尘窗旋扫养灵台”。[④]他自己多以“透彻灵台第几关”[⑤]严格要求自己。灵台“须静养”，要以“静虚”为法，[⑥]即“一点灵台合太虚”[⑦]，以获得人与天地万物一体的廓然意境，即“灵台清晓玉无瑕，独立东风玩物华。春气夜来深几许？小桃又发两三花”[⑧]所表达。吴与弼的“灵府偶然无一物，静中意思验周程”[⑨]、“无别想”显然要消除外物对内心明觉特性的侵蚀，“但教灵府虚”[⑩]，以便保持内心的无意心态，这些都与陈献章的“致虚立本”、“虚明静一”一致。[⑪] 吴与弼虚静涵养灵府带来的“灵台一点明”[⑫]，获得的“灵台更有天然妙，不待秋风也自香”[⑬]意境，正好符合《中庸》无声无息、鸢飞鱼跃意境。正是在不断保养心的过程中，他通过心契古圣贤之心的方法，获得“至理有契”的体验。在阅读孟子著作后，吴与弼感受到“性命无古今”[⑭]，因此可以阅读古人留下的言语获得真理。在“红炉坐终日，黄卷静相对”[⑮]的静读氛围下，吴与弼感觉到“至哉圣贤言，妙契心自醉”[⑯]，这给他成圣的

---

① ［明］吴与弼：《康斋集》卷三《九日同九韶饮子贞宅》，第 416 页。
② ［明］吴与弼：《康斋集》卷七《即事》，第 498 页。
③ ［明］吴与弼：《康斋集》卷一《不寐》、卷五《别二孙生》，第 367、454 页。
④ ［明］吴与弼：《康斋集》卷一《阅九韶吟稿》、卷一《感怀》、卷七《即事》，第 363、382、492 页。
⑤ ［明］吴与弼：《康斋集》卷一《数月矣有怀寄诗》，第 359 页。
⑥ ［明］吴与弼：《康斋集》卷二《次学者韵》、《秋夜》，第 383、398 页。
⑦ ［明］吴与弼：《康斋集》卷七《宿罗原冈》，第 506 页。
⑧ ［明］吴与弼：《康斋集》卷一《晓立》，第 367 页。此诗歌被晚明周汝登(1547—1629)高度欣赏，见其《圣学宗传》。
⑨ ［明］吴与弼：《康斋集》卷四《对月偶成》，第 439 页。
⑩ ［明］吴与弼：《康斋集》卷六《宿安定里》，第 479 页。
⑪ 对陈献章“致虚立本”、“虚明静一”的分析阅苟小泉《陈白沙哲学研究》，第 57—60 页、第 124—127 页。
⑫ ［明］吴与弼：《康斋集》卷二《病中倦卧，偶思年二十四时寓居东坪，与诸生夜读赋玩月诗，微吟一过，神思洒然，次旧韵》，第 387 页。
⑬ ［明］吴与弼：《康斋集》卷五《孙氏丛桂堂》，第 453 页。
⑭ ［明］吴与弼：《康斋集》卷一《读孟子》，第 365 页。
⑮⑯ ［明］吴与弼：《康斋集》卷一《即事》，第 364 页。

精神历程增添继续下去的动力。吴与弼的读书是以静中阅读、观物反思与体悟为主要特色的，他的“幽独悦兹圃，把书行且吟……长契静者心”、“静来悟道机……但得此心安”[①]可为证。

衡量养心是否益于身心的标准是无念、无欲与自然的“无心”（“无私心”之谓）如“止水”状态，此时外理周流于内在身心，所谓的“寸心含宇宙”[②]快乐心情。他的“廓然欲尽理周流”、“寸心似水无纤浪”[③]，表示出心中无事、心纯乎理的状态。吴与弼早年寡欲之法更多采用的是绝邪思、去妄想，他的“妄想潜消思寡欲”[④]可为证。他甚至把“寸心凝敛绝邪思”升级到“作圣之功”[⑤]的地步，以致“一念之微须致精……豪埃丝垢宜揩尽……律身须礼不容疏”、“纤私绝处海无波”[⑥]，也可见其功夫之严谨不塌等。其“一念私才起，风波势便增。若非鏖战勇，方寸几时平”[⑦]之语，令人感受理欲交战之激烈。他的“莫以私心搅自然”[⑧]要求功夫主体按照天下大公之心随分读书、随缘做事，以达到气和灵明状态。他强调以《易传》洗心之方保持心体无私，如他说“一玩谦亨辞，泠然涤心垢”[⑨]。他特别喜欢对月养心。[⑩]

吴与弼通过洁心、顺心、收敛此心、玩心、读书入心、正心、通心等心上工夫保养良心。洁心是指思虑上的干净引发行为上的合德，如“思其清以洁乎心。心洁而百行从，可正百行。正，则人道备矣”[⑪]。养心则通过读书等活动自己调理与应对“把捉不定、动与心违”[⑫]，做到内心真诚，不违背自己的良心。收敛此心则应对“此心常役于外，四体无所管束，恣为放纵”现象，以“衣冠整肃，言动端

---

① [明]吴与弼：《康斋集》卷一《圃内》、《客玩夜月》，第366、368页。
② [明]吴与弼：《康斋集》卷一《道中作九首》，第368页。
③ [明]吴与弼：《康斋集》卷一《月夜》、《午枕》，第374、377页。
④ [明]吴与弼：《康斋集》卷二《偶书》，第381页。
⑤ [明]吴与弼：《康斋集》卷二《梦觉作》，第380页。
⑥ [明]吴与弼：《康斋集》卷二《病中枕上作》、《题友琴轩》，第383、388页。
⑦ [明]吴与弼：《康斋集》卷二《私》，第385页。
⑧ [明]吴与弼：《康斋集》卷三《元旦枕上作》（壬戌），第404页。
⑨ [明]吴与弼：《康斋集》卷二《晨坐东斋》，第382页。
⑩ 在吴与弼诗歌里面，有几百次他提到对月洗心的感受。月亮是洁白的，他希望良心像月亮那样无私。
⑪ [明]吴与弼：《康斋集》卷十《松涛轩记》，第556页。
⑫ [明]吴与弼：《康斋集》卷八《答九韶书》，第518页。

严，以礼自持”①的方法，安顿身心。其玩心方法弥补收敛法之笨拙，主要是读书思考劳作空隙之余的遐想与胡思乱想。读书入心则显得很正规，如他说：“小学书，尤不可不痛加工夫，须逐篇逐条玩味入心，见圣贤教人之意，昭然见于言外。如此庶几有进。”②正心则本于《大学》之教，“圣贤教人，必先格物致知以明其心，诚意正心以修其身”③，正人心，“息邪说，距诐行，放淫辞者……列圣之绪，赖以不坠”④，对于《春秋》深奥学问，则主张“优游涵泳，默识心通”⑤。

四、静时敬

吴与弼的工夫论以身心修养为主要目的，而敬、静则是其身心修养的主要方法。工夫论上，吴与弼大致经历过由主敬到静时敬、最后主静这样的一个过程。⑥

第一阶段，“主敬”。敬义夹持，诚明两进是程朱工夫论的核心。⑦ 敬有尊重、自持、恭谨、沉着和专心的意思，表示个体对人、事的尊重，要求个体对事物的全神贯注与兢兢业业。⑧ 朱子的敬不仅包括内心德行的修养，也包括外在容貌的修养；既包括大礼仪的仪节，也包括日常生活的行为规范。⑨ “敬以直内、义与方外”是《易经》实现圣贤理想人格工夫论主旨。⑩ 吴与弼的敬主要是学习、吸收伊川、朱子的敬，突出对心对身的管制。在吴与弼，“雪山增重，草木可敬”、“甘棠勿剪拜，草木皆可敬”⑪，天地间草木与人一样可敬，敬具有普遍性。“草木

---

① ［明］吴与弼：《康斋集》卷八《与友人书》，第 520 页。

② ［明］吴与弼：《康斋集》卷八《与曰让书》，第 523 页。

③ ［明］吴与弼：《康斋集》卷十《厉志斋记》，第 555 页。

④ ［明］吴与弼：《康斋集》卷十《唐山书阁记》，第 556 页。

⑤ ［明］吴与弼：《康斋集》卷十《麟经轩记》，第 558 页。

⑥ 这个过程，大抵与朱子类似，其经历过工夫论主敬—主静的演变，详细的分析参阅张荣明：《宋代理学“静”、“敬”的思想历程》，附录，上海人民出版社 1987 年版。

⑦ 陈荣捷著，万先法译，《早期明代之程朱学派》，载自《朱学论集》，华东师范大学出版社 2007 年版，第 221 页的注释；钱穆：《朱子新学案》第三册，巴蜀书社 1986 年版；钱穆：《朱子学提纲》，生活·读书·新知三联书店 2007 年版。

⑧ ［英］葛瑞汉：《中国的两位哲学家：二程兄弟的新儒学》，第 122 页。

⑨ 陈来：《东亚儒学九论》，生活·读书·新知三联书店 2008 年版，第 154 页。

⑩ 孔子用忠恕之道，周敦颐用主静，程颐用敬，来修炼君子人格。

⑪ ［明］吴与弼：《康斋集》卷十《桑溪记》《墨池记》，第 562、563 页。

皆可敬”是吴与弼学习程、朱思想而来，加上自己山村生活的体悟所得，却与道家、佛家思维相契。如湛然等人说“无情有性”，体现中国思想家对人文精神的发扬。[①] 除了草木可敬，但凡遇到好学之人、守礼之人、乐善好施之人，吴与弼必写信致以“可敬”、“可喜可敬”、“敬羡”、“悚然起敬”之意[②]，如“与弼闻之，为之惕然而惧，跃然而喜，感天地而起敬者，再三为之寒栗”。[③] 吴与弼常焚香敬观四书[④]，他说：“不敬则不直，不直便昏昏倒了。万事从此隳，可不惧哉？”[⑤]，敬成为其早年读书处理事务的基本原则。吴与弼说：“大抵圣贤授受紧要，惟在一敬字。人能衣冠整肃，言动端严，以礼自持，则此心自然收敛。虽不读书，亦渐有长进。但读书明理以涵养之，则尤佳耳。苟此心常役于外，四体无所管束，恣为放纵，则虽日夜苦心焦思读书，亦恐昏无所得脱。讲说得纸上陈言，于身心竟何所益？徒敝精神，枉过岁月，甚可惜也。此区区平昔用功，少有所见如此。”[⑥]吴与弼早年教法把敬视为成圣最重要的原则，其敬兼有生理与心理的两层治疗作用。吴与弼对敬颇为信服，因敬生梦，时常梦见文王、孔子父子、文公等圣贤。[⑦] 诚体敬用，敬是诚的保持过程[⑧]，吴与弼说：“夫惟善学者，必本之圣人以教，居敬穷理以修其身，积力久，然后知彼一切世俗之学，举不足为。而吾所以参天地，赞化育者，道弘矣。”[⑨]“舍持敬穷理之功，则吾不知其方矣。”[⑩]敬不仅可以涵养身心性情，还可以提供人生的动力，变成活泼的生活勇气。吴与弼以敬作为通往精白心灵的涵养工夫，不断实现美德和礼仪制度的操练、践行和反躬过程。君子之学“居敬穷理明诸体，养气集义利诸用”[⑪]，通过读圣贤书，严格管束身心，

---

① 潘桂明：《论唐代宗派佛教的有情无情之争》，《世界宗教研究》1998 年第 4 期；潘桂明、吴忠伟：《中国天台宗通史》，江苏古籍出版社 2008 年版。

② ［明］吴与弼：《康斋集》卷八《与章士言训导书》、《与子端帖》、《与胡升》，第 516—517、519、519—520 页。

③ ［明］吴与弼：《康斋集》卷十一《日录》，第 103 条，第 575 页。

④ 如，弟子九韶送朱子《经济文衡》至，吴康斋每日敬观，见《康斋集》卷八《与九韶书》，第 522 页。

⑤ ［明］吴与弼：《康斋集》卷十一《日录》，第 78 条，第 574 页。

⑥ ［明］吴与弼：《康斋集》卷八《与友人书》，第 520 页。

⑦ 康斋生活贫困，地处偏僻之乡，梦到孔子往往给予他不断成德的意志力和动力，故四库提要作者说康斋“刻画过甚”之说固不可取。

⑧ ［英］葛瑞汉：《中国的两位哲学家：二程兄弟的新儒学》，第 119 页。

⑨ ［明］吴与弼：《康斋集》卷十《唐山书阁记》，第 557 页。

⑩ ［明］吴与弼：《康斋集》卷十一《日录》，第 127 条，第 577 页。

⑪ ［明］吴与弼：《康斋集》卷十《坦斋记》，第 564 页。

使身心收敛，常惺惺，使得元气充裕于身心上，使身体自然而然地得到滋长。敬有时也和宽恕的行为联系在一起。

第二阶段，静时敬。敬是儒家礼仪制度在个体身上的衡量标尺，静则是身体涵养的工夫，有助于自我智慧的认知。主静强调对道的把握与对身体的保养。濂溪和明道倾向于主静，象山、白沙、阳明尤其重视静中审视天理，喜静坐，故被一些保守派学者视为禅。36岁以后，吴与弼心性工夫论倾向于"静时敬"，试图把主敬和主静结合起来，既有利于身体的涵养，也有利于性灵的保养，如"缓步途间，省察四端，身心自然约束，此又静时敬也"①、"连日禅房昼梦浓，人情物理静时功。宵来更碍寻潇洒，净几明窗写训蒙"②。吴与弼在静时敬的操持下，慢慢开始理解主静对天理的察觉，他说"一理存乎静"③，静中可以"悟道机"④，静夜"寸心凝敛绝邪思"⑤，"南轩读《孟子》甚乐，湛然虚明，平旦之气略无所挠，绿阴清昼，熏风徐来，而山林阒寂，天地自阔，日月自长。邵子所谓'心静方能知白日，眼明始会识青天'，于斯可验"⑥，"幽静无非安分处，清闲便是读书时"⑦，刘宗周正是在这个意义上独佩吴与弼得圣人心精。他特别欣赏吴与弼的"淡如秋水贫中味，和似春风静后功"⑧，并表扬其有醇儒之风。习静是对儒家抽象哲理的深思与贯通，"和似春风"表现出吴与弼习静大有感悟。习静有助于心气的澄清与天理呈现于内心，体会万物一体的生生意思，获得身心和谐的快感，如"夜观童子照鱼，静听流水。自悟川上之叹，及朱子安、行、体、用之旨"、"夜立庭间，静思践履，笃实纯粹。君子不可得也，诚难能也"⑨等句。他对习静功夫很是欣赏，如"近来身心稍静，又似进一步"⑩。通过"静听流水"、"静思践履"、幽静读书之类的静中观物与静中思理工夫，吴与弼把握到圣贤身心修养的诀窍。他说："一事少含容，盖一事差，则当痛加

---

① ［明］吴与弼：《康斋集》卷十一《日录》，第54条，第571页。
② ［明］吴与弼：《康斋集》卷七《太平寺》，第489页。
③ ［明］吴与弼：《康斋集》卷一《读〈中庸〉》，第369页。
④ ［明］吴与弼：《康斋集》卷一《客玩夜月》，第368页。
⑤ ［明］吴与弼：《康斋集》卷二《梦觉作》，第380页。
⑥ ［明］吴与弼：《康斋集》卷十一《日录》，第12条，第567—568页。
⑦ ［明］吴与弼：《康斋集》卷十一《日录》，第14条，第568页。
⑧ ［明］吴与弼：《康斋集》卷十一《日录》，第16条，第568页。
⑨ ［明］吴与弼：《康斋集》卷十一《日录》，第32条，第570页。
⑩ ［明］吴与弼：《康斋集》卷十一《日录》，第197条，第581页。

克己复礼之功，务使此心湛然虚明，则应事可以无失。静时涵养，动时省察，不可须臾忽也。苟本心为事物所挠，无澄清之功，则心愈乱，气愈浊，梏之反复，失愈远矣。”①在“静时敬”中得到天人一体的感悟，实现克己复礼，恢复湛然虚名的本心，获得心气和平愉悦。吴与弼把主静作为一种好的教育方法传播给江西丰城的杨德全，如“子归，静扫一室……将圣贤之书，熟读玩味，体察于身，一动一静……不患不造古人门庭矣”②，希望他可以转化气质，实现圣贤人格。

第三阶段，主静。吴与弼晚年以孔子随心所欲为心境宗旨，多习静，如“静中黄卷夜忘眠”、“静观万物生生意，契我虚灵无事心”③，静中读书研理，让心中充满春意。他曾有诗“偶逢涧石坐繁阴，惬我平生习静心”④，表明其一生以“习静”为工夫，而身心多有受益。“残书破砚贫中乐，虚阁明窗静里心”⑤为其读书时心静的写照。他说：“夜来枕上静思，一味圣学，帖然。终此余喘而已。”⑥他晚年习静多以体会静中意思为目标，把握儒家无声无臭之理，明道所谓“真乐”，体现超越精神。其静中意思是指静中有天理在，故心体上多有乐意，如“徐步墙内，看秧生塍。静中春意，可乐也”、“憩亭子，看收菜。卧久，见静中意思，此涵养工夫也”⑦，展现为一幅活泼泼、生机盎然的图像。吴与弼消化明道“天亦是以生为道”，以生生之道为理，并以之为本原。他的“静中观物，理随处有得”⑧，表明理为在物之生理上，故能被心所感受，故“午憩亭，静中胸次淡然”⑨。内心感受此意，加以辅仁之功，晚年确以“见静中意思”为“涵养工夫”。如果说吴与弼还不敢超越程朱敬静兼具工夫论的话，广东弟子陈献章则纯以主静为工夫，厌烦主敬之严格，翻越藩篱，直指心性，自成一大家，把明代心学功夫带入新领域。

---

① ［明］吴与弼：《康斋集》卷十一《日录》，第 26 条，第 569 页。
② ［明］吴与弼：《康斋集》卷八《劝学赠杨德全》，第 529 页。
③ ［明］吴与弼：《康斋集》卷七《发景德镇》、《仙游山》，第 490、496 页。
④ ［明］吴与弼：《康斋集》卷六《齐原道中》，第 479 页。
⑤ ［明］吴与弼：《康斋集》卷六《偶成》，第 478 页。
⑥ ［明］吴与弼：《康斋集》卷十一《日录》，第 271 条，第 584 页。
⑦ ［明］吴与弼：《康斋集》卷十一《日录》，第 273、296 条，第 58485 页。
⑧ ［明］吴与弼：《康斋集》卷十一《日录》，第 274 条，第 584 页。
⑨ ［明］吴与弼：《康斋集》卷十一《日录》，第 303 条，第 585 页。

第二节　崇 仁 学 派

吴与弼弟子众多，刻苦自立，筑室山林，勤奋读书，教书育人，致力于道德主体性的实践。比较出名的有胡九韶(约1400—1464)、娄谅(1422—1491)、陈献章(1428—1500)、胡居仁(1434—1484)、郑伉(1436—1478)、谢复(1441—1505)、饶烈等，学术影响范围包括广东、安徽、浙江、北京、福建、湖北等地。除陈献章、胡居仁有作品传世外，其他学者如郑伉、谢复虽然勤于著述，作品却在后代子孙手里散失。尤其是娄谅，学术思想比较博大，因为战争和政治牵连原因，大部头的学术资料毁于战火，非常可惜。虽然夏尚朴自称保存娄谅的《日录》，不知何故现在却没有流传。

一、江西门人与再传弟子

江西金溪胡九韶是吴与弼门下问学时间较早弟子。吴与弼早年无子，携九韶往南京奔丧。吴与弼有"琴书深托绿萝溪"句，可知他把自己的学问衣钵传给九韶。吴与弼学有进益，总告于他。从"每日晡，焚香谢天"看，胡九韶把自己的生活宗教化，是儒学宗教化的生活派的代表。他确实遵照老师的观点，力耕授课，怡然自得，真得吴与弼真传，但博问学功夫不见长。江西上饶著名弟子娄谅来往师门者十多年，力耕细物，多亲下学、小学功夫，学问以主敬躬理、尊德性为主。对于阳明与娄谅的学术关系，学术界作出很多猜测，有的不一定符合历史真实。安徽祁门谢复(号西山)心体力行，弃举子业，求自得之学。在吴与弼门下学习三载，得知行合一之学。家居，教育乡人，行敬法，遵古礼，造诣甚深。谢复著作甚多，如《西山类稿》《日抄语录》，尚不可考。浙江常山郑伉得小学于吴与弼，四子六籍尤其深得。归，筑室龙池，读书教人，讲朱子之学。著作甚多，然《易义发明》《读史管见》《观物余论》《蛙鸣集》多被大火烧毁，学术规模无从考证。学术兴趣广泛，遍通诗词、《周易》、历史和自然知识，构建一外展的、广博的问学体系。江西临川饶烈，潜心经学，辩理欲，得自得学问，一时名士。

胡九韶门下著名弟子有杨崇(约 1420—1495),早师九韶,习朱子小学书,恒以教人,读书明理。杨崇有一子杨廉(1452—1525,号月湖)得其父学,坚持朱子学传统,以守敬与勿忘勿助为下手功夫。① 而娄谅弟子夏尚朴(1466—1538,字敦夫,号东岩,江西上饶人)、湛若水嫡传弟子洪垣(1507—1593,江西婺源人,号觉山),二人学术思想比较独特。洪垣继承湛若水的"随处体认天理"之说,创立了"知几"、"知觉"的儒家心性理论,融合佛学与道家哲学。当然,崇仁后学与佛道合流,却是吴与弼所没有预料到的。

江西上饶、余干崇仁学派诸弟子谨遵丽泽、盍簪之教,以讲学传道为己任,各立门户,形成学术中心。弟子胡居仁早享盛誉,1467(年 34)、1480(年 47)曾两度被聘中国四大书院之首的江西庐山白鹿书院讲学(总计在洞讲学时间约两年),撰洞规、讲义,教州郡官学弟子。其讲学宗旨,一本朱子修身穷理、博文约礼之法,以诚敬存心、博穷事理、克治力行和推已成物为总领。② 1472 年(年 39),胡居仁赴上饶访同门学友娄谅,并登其家芸阁,累日共相讲学,畅游著名风景名胜弋阳龟峰,多有诗赋酬作。③ 1481 年(48 岁),胡居仁赴上海拜访年轻时《春秋》师、吴与弼弟子于准,并与上海郡贤达讲学累日。④ 同年三月,与当时学术界精英钱塘掌教丘崇育、司训徐旭、周璘、杭郡掌教毛敏、司训舒升、仁和掌教林邦辉等人共游西湖,论道之体用,成一时佳话。⑤ 对于老师吴与弼,他高度表扬道(1464,时年 31),"方今海内之士,学明德尊,足为师表者,康斋先生一人而已"。而为传承老师的教化,胡居仁一生曾建礼吾、南谷诸书院,以馆待学者;筑丽泽堂为肄业之所,读小学、四书、六经、周、程、张、朱、司马、邵之书。1483(成化癸卯,时年 50)春,受淮王聘讲,赠其"慎独"之语。⑥ 胡居仁除出门访友讲学之外,多与名士交游、书信往来,主要有罗一峰(即罗伦,1431—1478,江西丰城

---

① 罗钦顺熟读杨廉的著作,二人友善,见胡发贵:《罗钦顺评传》,南京大学出版社 2001 年版,第 93—94 页。

② [明] 胡居仁:《胡居仁文集》之《胡敬斋先生文集》卷二《续白鹿洞规六则》、《白鹿洞讲义》,第 203—214 页。

③ [明] 胡居仁:《胡居仁文集》之《胡敬斋先生文集》卷二《芸阁记》,第 187 页。

④ [明] 胡居仁:《胡居仁文集》之《胡敬斋先生文集》卷二《棠溪书院记》,第 190 页。

⑤ [明] 胡居仁:《胡居仁文集》之《胡敬斋先生文集》卷二《游西湖记》,第 188—189 页。

⑥ [明] 胡居仁:《胡居仁文集》之《胡敬斋先生文集》卷三《瑞梅赋为淮王题》,第 222 页。传姚文灏(江西贵溪人,成化甲辰进士,官工部主事)曾聘胡敬斋为贵溪桐源书院师。

人)、张东白、周时可①、李龄、何浚、钟成、舒纲、璩行素、柴时珪等。其高弟有福建武平的舒冕、徐弘、余祐等人。② 私淑弟子则为魏校。通过余祐、张吉、魏校等人的努力，胡居仁著作得以刊布，学术得以留传。通过胡居仁、娄谅和他们的朋友、学生数十人的交往、讲学，形成《四库全书》编者所讲的“余干学派”，区域则以江西余干为中心，辐及南昌、上饶、丰城、庐山等地，范围覆盖赣东北的学术重镇，绵延二十余年(1462—1484)。

娄谅与弟弟娄□③，子娄性④、娄忱，及其弟子潘润、蔡登与夏尚朴为主体的饶州一系继续传播崇仁学。娄谅以“著书造就后学”为法，包括《日录》四十卷、《三礼订讹》四十卷、《诸儒附会》十三篇、《春秋本意》十二篇等皇皇巨篇；学术上以“收放心为居敬之门，以何思何虑、勿助勿忘为居敬要指”。⑤ 然而其不善交游，“杜门却扫，足迹不履公门”，致使其学问打不开局面，难为读书人所知。然娄谅之子娄忱之小女娄素珍“缔姻宁藩，不幸遭逆濠之变，举族逮系，遗文散失无存”。⑥ 娄谅文献的湮没不仅是崇仁学的不幸，也是15世纪中国思想史的不幸。⑦ 目前只能根据零星资料，还原15世纪晚期娄谅及其弟子的讲学活动。娄谅的私人讲学在赣、浙地区颇具影响力，弘治二年(1489)，王阳明受其父亲王华之

---

① 周时可，号畏斋，江西吉水庐陵人，1469年进士，1488年升广西副使提学，曾于1500年访陈献章，1502年致仕。

② 关于徐弘，见沈佳：《明儒言行录》卷三胡居仁条所录，《明代传记丛刊》第三册，台北明文书局1991年版，第343页。胡居仁有《送徐生》(卷三)，云：“归梅放寒花岁已深，为君特赋雪窗吟。信知此道无今古，展卷详论孔孟心”，此徐生概为徐弘也。门人徐弘撰《行状》云：“慨然以古人自期，以斯道自任，以记诵词章为不足事，专用心于内，其学以主忠信为本，以求放心为要”。参阅[清] 杨希闵编《胡文敬公年谱》，《宋明理学家年谱》第十册，北京图书馆出版社2005年版，第237—238页。

③ 其弟弟，字克让，号莲塘，官提学南畿侍御，与陈献章成化十九年(1483，时年56岁)春正月在江浦白马庵，论学赋诗。先前陈献章往京师，于庆寿寺与娄克让、娄谅之子娄性、蒋世钦交游。而陈献章似乎未曾与娄谅见过面，因为陈献章有“未接其人”之说。陈献章当时应娄克让之约请撰《书莲塘书屋册后》，见《陈献章集》，第64—65页。

④ 娄性，字原善，号野亭，娄谅长子，上饶市水南人。历南京职方主事、武库郎中、兵部郎中等职。弘治七年(1494)修筑高邮湖堤，即“康济渠”。有《野亭诗稿》、《皇明政要》20卷(1507年首版、1526年再版)。(据信州人家、白鹿洞书院网《明代的白鹿洞书院》等资料选编)

⑤ [明] 黄宗羲：《明儒学案》卷二《崇仁学案二》。

⑥ [明] 夏尚朴：《夏东岩集》卷五《冰溪娄先生墓志铭》，《四库全书》集部，第1271册；《娄一斋先生行实》。濠，即朱宸濠(1479—1521)，1499年袭封宁王。1519年六月起兵争夺皇位，后失败被诛。

⑦ 当地至今流传“一代儒宗属娄谅”谚语。娄妃时与江南才子唐寅(1470—1523，字伯虎，江苏苏州人)相契。正德九年(1514)，唐寅曾应宁王朱宸濠之请赴南昌半年参谋之游。

托，在18岁的时候年拜访时年68岁的娄谅，访学半日。娄谅之子娄性于弘治五年(1492)罢官之后，于弘治十一年(1498)应翰林院编修、江西提学佥事苏葵(1449—?)之请主讲庐山白鹿洞书院并任山长。① 时各地官办资助的书院尚未普遍兴起，故四方闻风而至的生徒达五百余人，以至院舍容纳不了，只得借住附近乡间民房。这是白鹿洞书院历史上生徒人数的最高纪录。后来，他还曾主讲鹅湖书院。② 娄谅二子娄忱继续在家热心讲学，规模不小，"游者甚众"，"僧舍不能容，乃就栋宇高处，因梁架木为阁，悬寄檐牙，犹鸟巢然，终日闭户读书其中"，有的学生甚至只能住在树上，形成晚上"鸟巢"辉映奇观的繁荣景象。③ 这些是上饶娄氏家族对15世纪地方教育做出的难以抹除的贡献，不因战火而消失的记忆。娄谅高弟潘润常年在偏僻之地，终身于地方教育事业，其曾历任湖南辰州麻阳训导、四川成都彭县教谕，"燕居焚香默坐，时取古书翻阅而涵泳其义"④，俨然以儒家自居。胡居仁高弟余祐以气节闻于当世，学术上颇有新见。如他说分理是理、气是气为二元之说："气尝能辅理之美矣，理岂不救气之衰乎?"

二、崇仁学之北传与南传

崇仁学北传弟子安徽祁门谢复家学深厚，"弃举子业，不远千里"，往从吴与弼游学，凡有得于讲授者，必心体力行以求自得。三阅寒暑，弗少懈。吴与弼喜曰，"吾道有望矣"。其学自践履入，聚徒南塘、西山讲学。家居则教育乡人，行敬法，遵古礼，较早的提出"知行合一"的说法。⑤ 有《西山类稿》，然未得流传。⑥ 崇仁学派的浙江弟子郑伉年三十余见吴与弼，自验小学于身心，徐闻四子六籍

① 成化十七年(1481)，胡居仁辞去讲席之后，江西提学副使钟成又多次请人聘请陈献章主持白鹿洞书院讲席，陈献章碍于心学可能会遭遇批评再三推辞没有到任。弘治十年(1497)，江西提学佥事苏葵与南康知府刘定昌，在巡抚王宗锡等人支持下又倡修书院。弘治十四年至十六年，江西提学副使邵宝修葺书院，并在洞中讲学与刻书。嘉庆年间，提学副使徐一鸣等人多有修建，并请夏尚朴前来讲学，被拒。

② 据白鹿洞书院网《明代的白鹿洞书院》等资料修改。

③ [明]夏尚朴:《夏东岩集》卷五《监察御史李君墓志铭》，第44—45页。

④ [明]夏尚朴:《夏东岩集》卷五《教谕潘德夫墓志铭》，第47页。时夏尚朴友人张邦奇知其教法甚好，"视学湖湘，雅知君学。时就麻地，择诸生十余辈，俾廪麻阳而就学焉"。张邦奇，1484—1544，宁波鄞县人，1538年执掌翰林院事。

⑤ [明]黄宗羲:《明儒学案》卷二《崇仁学案二》，第45页。

⑥ [明]王讽:《谢西山先生复传》，载焦竑《献征录》卷一百十四，《四库全书存目丛书》史部第106册，第461页。

之要，久之于道，若有见。归筑室于龙池之上，日取诸儒论议，一切折衷于朱子，“设义学，立社仓，然挟经济之术，三谒公卿而不一试”。凡古载籍，鲜不读，有《易义发明》《卦赞》《读史管见》《观物余论》与《蛙鸣集》等，凡数十万言，惜以毁烬，其存者仅十之一云。[①] 可见，崇仁后学的徽、浙两支以朱子学为规范，博文约礼，重视学术的实用性，不似心学高抬本心。

崇仁学的南传则以陈献章为代表，他把明代学术带入精深的心学世界。陈献章晚年，湛若水来学，学得陈献章学问精深初。湛若水弟子辈出，开创了一支16世纪唯一稍能与阳明学对抗的甘泉学派，在明代学术史留下厚重的一笔。陈、湛二人及其学派，详见下章。

第三节 崇仁学派对阳明心学的影响

一、崇仁学之进路

明初政治生活体系的残暴性导致大部分知识精英参与政治的热情消退，事实上关闭优秀知识分子参政的大门，却促进这些优秀精英转向内心世界的省察。[②] 正是基于德性在政治领域中消失的刺激，他们把希望寄托在下一个时代，埋身于偏僻之乡的地方教育事业，希望更年轻的知识分子可以投身公共事务治理。而吴与弼开创的崇仁学派在教法上，纯以身心修养之学为要，以德性教育为核心，恢复了宋学的生机，开创一个属于学者的灿烂世纪。这种对真实世界学术的关心，完全把自己阻挡在现实政治体系之外，从而使自己更能以旁观者清的面貌，长时间的审思“内圣外王”之学，建构较为博大的学术体系。崇仁学是15世纪中国思想史的主要代表。其学派人数众多，而且后学能人辈出。此时，除吴与弼外，尚有曹端、陈真晟与薛瑄等学者尚能教书育人。政治高压之下，要开出自由学术与独立教化，具有相当的难度。薛瑄虽困于流俗，其门人不少。曹端特立独行，专于教学。陈真晟在福建偏僻之地传道授业，其弟子周瑛

① ［明］郑善夫：《敬斋郑先生伉墓表》，载焦竑《献征录》卷一百十四，第464—465页。

② 把政治生活看成一个体系、系统的学者有伊斯顿。参阅［美］戴维·伊斯顿著，王浦劬等译：《政治生活的系统分析》，华夏出版社1999年版。

则与陈献章等学者互谈学术。陈真晟勇于为学，其愿可谓坚也，其志则不终也。① 周瑛学术中正，然而常年周旋于官场，终未有可论之传人。这样看来，15 世纪明代思想史有体系者，唯有崇仁学派。香港中文大学朱鸿林教授指出，目前尚需要对 15 世纪思想史深入研究。② 而 15 世纪的理学处于心学兴起的时代，逻辑进路上表现为吴与弼对心学大要的深入，尤其是吴与弼弟子娄谅、陈献章的"高虚"心学与胡居仁的实用心学。正是在吴与弼及其门人构筑的庞大心学"网"下，王阳明自觉学习与实践开出独特的本心"良知学"。

（一）从"心与理一"到"理与心一"

先秦儒家心学从天心、天性立论，基于人的本心、本性，以至善"真心"为其道德修养的目的，具有浓郁的道德主义、人文主义和宗教性色彩，彰显修养的自觉性、自由性与主动性。在天人合一观的思维模式下，大多数儒家的思维仍然以泛道德主义的视野审思个体修身与国家管理，具有一定的空想性、内向性与封闭性。③ 这种思维模式将所有的目标投向君子和圣人，因此君子和圣人集天下所有人的希求于一身，从而使自身不可避免地带有"全体主义"思维方法，以致陷入理想与现实之间永难弥补的鸿沟，造成儒家内在困境和强大的紧张感。唐宋之际，韩愈、李翱、周敦颐、二程、朱子等儒者有感世代衰落，宗罗百代，形成宋代义理学的思维。

理心合一是二程、陆九渊、朱子、吴与弼、娄谅、陈献章、胡居仁和王阳明都认同的基本观点。其本意是弥补佛教不探究外物之理导致的"遗外"、"心与理二"不足而提出一套新的本体论学说。在朱子"心与理一"的思维模式中，理是客观性本体，心是把握此理的能动性工具。通过开发心的知觉和德性直觉，使心纯然洁净，完全无"气禀物欲之私"④，心在贯通自身之性之后能贯通天下万物之性，从而理解和重新诠释万物之理，实现"心与理一"。朱子此说是坚持和发

---

① 愚谓，吴与弼如能与陈剩夫进行学术对话，则崇仁学意义另当别论。关于陈剩夫未能访学于吴与弼之事可阅附录《明清吴与弼学的流变》。也可参阅[明]陈真晟：《陈剩夫集》，四库存目丛书，集部第 39 册。陈真晟与陈献章、周瑛多有书信往来。

② 参阅朱鸿林：《明代思想史的空间与进路》，《中国社会科学院院报》2007 年 5 月。

③ 儒家学说"泛道德化"的内在困境详阅[美] 狄百瑞著，黄水婴译：《儒家的困境》，北京大学出版社 2009 年版。

④ [宋] 朱熹：《朱子语类》卷一百二十六，岳麓书社 1997 年版，第 2721 页。

展其师李侗“默坐澄心”以“体认万理”的心理合一说，并将之向格物穷理的方向发展。而李侗向内用力地“默坐澄心”则是继承程颢的“理与心一”说①，具有向内体会“万物生意”的内向性与直觉性色彩。而象山的理心合一在朱子看来，虽对外宣称坚持伦理价值，仍然不能免去禅宗静坐不读书的内向性，故而难察“气禀物欲之私”，不能真正实现“心与理一”。在这里，他似乎暗暗的批评程颢及其弟子的“理与心一”视野下静坐不读书的缺陷，以抬升自己“心与理一”新论的权威性，扩大自己的话语权，并以此说“塞进”《大学》文本，达到重新改造理学体系的目的。

吴与弼由于长年埋身于偏僻乡村教育，虽饱览群书，但缺乏对政治公共事务磨炼，所以其对理心合一的认识与朱子重视理想与现实的折中不同，更多的是心上愉快的情感式体悟、直觉，即“至理有契”，以至于“不觉抚席”②。吴与弼沉迷于山村生活获得“千古此心同”③自得“无声无臭”之乐。这是吴与弼没办法也不情愿融入明朝政治体系的约束条件下自我心态的反映。其接下来的一句“一尘不动处，万籁无声时”显然已经陷入直觉的神秘主义了。这是吴与弼常年在山村环境下涵养“理心合一”心性工夫论下不可避免的结果，毋宁是其多年“习静”导致的。因此，其门人陈献章常年读书，端坐密室，难免不会出现与其老师相似的“心境”。这样“自得”直觉体悟的反复出现，就会使陈献章坚信自己“作圣之功”的信念和意志，并形成自己的一套学说，传给门人并成为一种新教法，开出“江门学派”。事实上，陈献章及其门人获得的理心合一其实与吴与弼晚年所体悟到的理“契于心”相似，只是在坚持读书沉思(meditation)与主静(stillness)偏重程度不一样而已。陈献章把自己体悟的“天地我立”、“万化我出”、“宇宙在我”④，本心明觉抬升到“道”的层次，夸大心体把握外理的主观能动性，体悟到天地之物“归于我”⑤而“我”与“道”同“至大”、“至久”心境。⑥

陈献章获得的理心合一论事实上已经是“理与心一”，而不是“心与理一”。

---

① ［宋］程颢、程颐：《二程集》，第76页。
② ［明］吴与弼：《康斋集》卷十一《日录》，第308条，第586页。
③ ［明］吴与弼：《康斋集》卷七《自得亭》，第506页。
④ ［明］陈献章：《陈献章集》，第242页。
⑤ ［明］陈献章：《陈献章集》，第217页。
⑥ 具体的论述，可参章继光等编《陈白沙研究论文集》，湖南大学出版社2001年版。

在陈献章“理与心一”思想体系内，本心由于主动性的拓展，全具万事万物之理，义理融贯于心，因此本心获得与外理同等的地位，事实上可以表示为“理即心”。陈献章体悟到的“理即心”的感悟和心境由于缺乏对实际政治事务的磨炼，更多的是由自己的读书思考和静坐而产生的心理上“光景”、“影像”，事实上也没有一套严密的逻辑推理过程。① 从理论上系统挖掘心学的内在理路的任务留给王阳明了。王阳明以本心良知学解答了“理即心”、“心即理”如何可能的问题，并以“四句教”为“致良知”方法论，丰富与发展陈献章理心合一论，弥补其逻辑性不足的缺陷。至王阳明，心学格局达到一顶峰，而陈献章心学之功不可抹杀。

在心学义理的发展过程中，胡居仁较早的注意到陈献章心学“遗物”的缺陷，在理论上试图矫正陈献章心学的歧路，对同门娄谅（还包括娄谅弟子蔡登）和陈献章多有批评。陈献章多次感受到同门的学术批评压力，这或许导致陈献章放慢或难以继续丰富与发展自己的理心合一论。胡居仁通过写信给陈献章挚友张东白、罗一峰等人，通过他们传话给陈献章自己对理心合一论的正解，尤其是他还写了很多封同样题材的信给当时影响力比较大的政府官员和儒林士人，这使陈献章感到难于明言的外界压力，不得不对外辩解自己心学体系没有偏离程朱理学规范与主题。一时，天下士人学子皆知陈献章之学为“异端”，与“正学”相异。从这里我们感觉到，陈献章和胡居仁分别从“纵贯系统”和“横摄系统”发展吴与弼学，体现为高明心学与实用心学的不同诠释路径。②

（二）从主敬穷理到主静尽心

由吴与弼所推动的心学发展到 15 世纪后半期的时候，出现“胡陈之辩”。按胡居仁的思维视野来看，分歧主要集中在主静功夫过程中有无“心”与有无“理”的问题。在本体论上，娄谅、陈献章和胡居仁都未脱离老师的理心合一、天人合一的思维模式。但在具体心性操持功夫过程中，围绕着“敬—静”关系，三

① 在阅读陈献章文集时，很容易获得愉悦的心情，而不是像阅读朱子文集多有曲折婉转心情，就是因为朱子理论体系中藏着带有客观性知识论而不是证悟。

② “纵贯系统”和“横摄系统”是当代第三期儒家牟宗三对程朱学的诠释方法论，详参牟宗三四大册巨著《心体与性体》。

个人分道扬镳。娄谅以“求放心”[①]为功夫进路，陈献章以高妙自得为心境目标，而胡居仁以开物成务的实学主义为归宿。其中，陈献章和娄谅二人彼此多“惺惺相惜”，互相敬慕。但在胡居仁看来，二人都滑入佛老异端之流，与“正学有害”，尤其是陈献章之学尤甚。

因此，胡居仁在其《居业录》第一卷第一条就明确地认为娄谅和陈献章等同门之学背离“天命之性”（天德），“静时无心”，“静时无理”，因此他批评娄谅和陈献章学问最后根本实现不了心理合一。胡居仁认为儒学以程朱“静中有物”为功夫操持的核心价值。此“静中有物”是真实存在的，只是理在心内而未发，心在身内而寂然未动，故需要戒惧功夫。正是心有理而未形于外、理无形而具于内，心表现为“无迹”既虚又实的特性。所以，他反对娄谅和陈献章的察识心体的说法，即在于此法易导致心乱如麻、无主的混乱困境，不得不提出主敬的唤醒工夫论进路，以实现“不动心”[②]的心境。主敬是胡居仁在吸收朱子主敬学体系基础上建构的庞大的心学工夫论。主敬表现为心专注于外在事理，博约格物，下学上达，内在遵循着心—气—理[③]的互动循环思维方法。

心—气—理的互动立基于主敬约束身心的前提下达到的心泰—气清—理明可逆思维循环思维，实现心正、气正和理正的目标，归于天下“一理”“一气”[④]的终极价值。胡居仁多次批评陈献章不懂存心功夫，割裂心与理的有机关系。二人的核心分歧还在于“敬—静”关系在个体修身治国中的不同看法。前文曾说，吴与弼以“静时敬”开启了崇仁心学义理规模，而吴与弼本人也经历“敬—静”功夫的换位。因此，其学生内部发生对“静时敬”功夫的不同诠释也是在所难免，这也导致崇仁学派的内部“分裂”，也可以说是“壮大”。以胡居仁为代表的“狷”者正统派，绝难容忍以娄谅、陈献章和罗一峰为代表“狂”者派“存心”与“穷理”的双重缺失[⑤]。

“胡陈之辩”的发起者为胡居仁。自从第一次庐山白鹿洞书院辞讲（1468，时年 35 岁）之后，胡居仁深感心学的兴起导致学生不好读书，虚夸好谈。在赴

---

① ［明］胡居仁：《胡居仁文集》之《胡敬斋先生文集》卷一《又复张廷详》，其九，第 168 页。
② ［明］胡居仁：《胡居仁文集》之《居业录》卷一，第 19 条，第 17 页。
③ ［明］胡居仁：《胡居仁文集》之《居业录》卷一，第 13 条，第 16 页。
④ ［明］胡居仁：《胡居仁文集》之《居业录》卷一，第 54 条，第 20 页。
⑤ ［明］胡居仁：《胡居仁文集》之《胡敬斋先生文集》卷一《又复张廷详》，其九，第 168 页。

上饶与娄谅深度访谈(1472,时年 39 岁)之后,更加坚定认为娄谅之学“过于高妙”,不屑“卑下”,不在“实地上做”,并在书信里直接批评娄谅之学有“好高”之病。[①] 他又把矛头对准陈献章,认为其学“以圣贤礼法为太严,先儒传义为烦赘”,“至无而动”容易导致“以手捉风,无所持获”,“不屑为下学,故不觉流于黄老”[②],并希望通过张廷祥传达要求陈献章“自省”的意见。当胡居仁(1475,年 42)得知陈献章挚友罗一峰在丰城金牛洞讲学,他便修书一封提醒其讲学不要背离正统理学。随即在信中他批评陈献章《与何时矩书》中的“天自信天、地自信地、吾自信吾”、“尘微六合,瞬息千古,只是一个儱侗”等语均为“自大之言,非真见此道之精微者,乃老庄佛氏之余绪”,“入于虚妙”[③],与正道“平正切实”学问背驰。除在学术界批评陈献章之外,他还与一位地方政府官员通信,指出陈献章其学“太高虚超脱,于正学有害”。[④] 在罗一峰捐馆后,他反思理学不昌,把原因归结为自然主义心学的“诱惑”,并认定罗一峰晚年之学也属陈献章心学一系。在胡居仁第二次主掌(1480 上半年,年 47)白鹿洞书院后,他似乎获得更多的话语权,与更多的学界与政界朋友通信,批评陈献章的黄老心学,试图达到昌兴程朱理学的目的。而这时的陈献章不得不写了篇为自己辩解的信,即广为人知的《复赵提学佥宪》。

胡居仁晚年反思自己实在心学与陈献章心学为何有歧见时指出,陈献章之学错就错在“不去敬上做工夫,只去心上捉摸照看,及捉摸不住,索性要求虚静,所以入于空虚。殊不知敬则心自存,不必照看捉摸。敬则自虚静,不必去求虚静”[⑤],一针见血地指出二人工夫论分野的关键所在。正是基于未能主敬,“喜虚静好高妙,忽吾儒下学之卑近,厌应事察理之烦,而欲径趋高大无滞碍之境”[⑥],故未能透见天命之性、理事双融,所以娄谅、罗一峰、陈献章、蔡登、夏尚朴等心学巨子滑入禅学阵营。透过 15 世纪后半期的胡陈之辩,我们可以看到心学的实在主义与自然主义分野。

---

① [明]胡居仁:《胡居仁文集》之《胡敬斋先生文集》卷一《与娄克贞》,第 156 页。
② [明]胡居仁:《胡居仁文集》之《胡敬斋先生文集》卷一《复张廷祥》,其四,第 157 页。
③ [明]胡居仁:《胡居仁文集》之《胡敬斋先生文集》卷一《与罗一峰》,其二,第 160 页。
④ [明]胡居仁:《胡居仁文集》之《胡敬斋先生文集》卷一《奉宪副张希仁》,第 161 页。
⑤ [明]胡居仁:《胡居仁文集》之《胡敬斋先生文集》卷一《与陈大中》,其三,第 172 页。
⑥ [明]胡居仁:《胡居仁文集》之《胡敬斋先生文集》卷一《与蔡登》,其二,第 177 页。

二、崇仁学与阳明学

黄宗羲研究专家朱义禄教授曾指出，从心学思想嬗变的规律来说，任何一个时代的新思想不是某一哲人在某一时期突然创造出来的，都是建立在以前几代人不断探索的基础上发展起来的。阳明心学体系作为主导明代学术的主流话语心态，自有其宽厚的知识论平台。而这样一个学术与思想的大平台，则是由崇仁学派来完成的。吴与弼的“无所不讲”与“善于启发人”给沉闷的明初学术界不啻为惊雷之响，其门下学生独立自强，刻苦自修，个个敢于担当，开启明代阳明心学翱翔的契机。

阳明心学知识论背景的考查，除去刻苦自学与事上磨炼的进学之途，尚有四条可以依赖的路径。众所周知的吴与弼→陈献章→王阳明或吴与弼→陈献章→湛若水→王阳明进路，是学术界所熟知的一条线索。因为湛若水与王阳明学术关系非常密切，二人学术思想上取长补短，多常争鸣，几乎达到你中有我、我中有你的程度。以致有的学者(如姜允明)认为王阳明实得陈献章的衣钵(真传)。第二条线索是吴与弼→娄谅→王阳明的路子。这条路了或许不仅仅是人格导引与榜样力量。从《明儒学案》可知，蔡登是娄谅高弟。娄谅临终前，蔡登一直陪伴在他左右，并要求蔡登查查周、程诸子卒之月日。而蔡登以心学著称当地，以致胡居仁写长信给其严厉的批评，要其将虚高超脱心学向日用实效的平实心学转换。王阳明与娄谅另一高弟夏尚朴友好交流则是众所周知。第三条线索是吴与弼→胡居仁→王华(王阳明之父，1446—1522)→王阳明家学传承。王阳明至少在实际政治生涯上对其家父之学一直未公开反对过。一般认为，王华私下熟读胡居仁文集，其早年对程朱之学甚为倾心，而胡居仁的心学思想与朱子大类，突出心学的实用主义基调。王华及第之后，得以阅读公开印刷的胡居仁遗著。而胡居仁的实用主义取向的心学思潮在当时社会已获得政治官员的普遍认可。事实上，阳明心学一直没有放弃对世俗社会公共事务的兴趣和实际关怀，这与部分阳明后学巨子的参禅打坐颇不类。从这个意义上来讲，阳明心学汲取的学术资源有很大一部分离不开胡居仁实用心学，因为胡居仁与王阳明在心学的最终指向上致思路子具有相同性。崇仁心学对阳明心学影响的第四条暗线为吴与弼→胡凤仪→杨崇→杨廉→王阳明。此线为学术界所忽视，主要原因为杨廉（月湖）的遗著直到最近才刚刚由《续修四库全书》的收入而公开，所以黄宗羲只能在《明儒学案》纵论里面用短短一行字来描述，仅仅说他与蔡清二人在当时并立于世。杨廉彰显的是吴与弼所传授的朱子《小学》路子，以胡九韶、杨崇的阒然自修、洒扫应对为代表。杨廉与王华、王阳明父子同事并友善，书信来往颇多。另外，杨廉在 1504 年还与胡居仁弟子、女婿余祐（切斋）合作推动《胡文敬集》《居业录》的出版。

基于上述的四条线索，从心学的内在逻辑上，从理气、理心、理欲、心性等关系上探述从吴与弼到胡居仁、陈献章，再到阳明心学的内在进路，分析心学演变的内在逻辑，刻画出明初心学的发展脉络。其中，娄谅与陈献章两条线索表现的是后来意义上的心学进路，更多的是内在义理上的一致性；而家传和月湖两条线索表现的是传统程朱实学进路。正是基于这样的庞大与广阔的知识论平台，阳明心学不仅仅是高谈阔论的超高虚渺的心性论功夫，还有经世致用、拯救天下的下学之功，与阳明后学迥不类。而这些正是吴与弼所传承的程朱"敬义夹持、诚明两进"教法所产生的效果。衢州徐希仁、湖州潘宏道、常山郑伉、王华、王阳明等越文化学术精英与赣文化体系内吴与弼及其崇仁学派心学巨子互通有无，使得心学思想在 15、16 世纪大放光彩，让赣越地区成为明代学术与思想的重镇，在思想史上留下厚重的一章。

三、崇仁后学与阳明学弱势"对抗"

崇仁学的余衍代表湛若水、夏尚朴、杨廉、魏校、王道（1476—1532，字纯甫，号顺渠，山东武城人）等人在 16 世纪初扮演着与阳明学的对抗的角色，并形成一个较大的学术中心。他们或执着于朱子学，回归康斋之学；或入湛若水门下；或自立门户，公然与王阳明对抗。除湛若水这一派外，其他人物在 16 世纪上半叶早期多处于"边缘化"[①]，却刺激阳明学派的传播。

① 湛若水属陈献章门下。陈献章学得康斋真传，到湛若水处，有回归与康斋学理路趋向，其门下四大弟子及其后传的学术面貌以博文约礼，同时不少人还吸收阳明心学，博大的学问局面得以打开，研究兴趣遍及天文地理（唐枢、吕怀）、音乐（吕怀）、礼学（唐伯元）、经学（吕怀、蔡汝楠）、佛学（洪垣）、军事学（许孚远）、周易学（洪垣），朱子学得以绵延。有关湛若水及其门人与阳明学的对抗，学术界论述颇多，故本文搁置不议。本文的重点是论述大家所不知夏尚朴、杨廉、魏校等人对阳明的批评。

王道早年从学王阳明，后从学湛若水，怀疑王阳明"致良知"说，认为"良知止是情之动，未动前头尚属疑"，认为"为学之道，剿求之心而已，是几于执一而废百矣"，因此，黄宗羲说他"所疑者大端有二，谓致知之说，局于方寸；学问思辨之功，一切弃却"①。同拜学于娄谅门下的夏尚朴批评王阳明未识儒家之根本"理"，"议论太高"，"说玄说妙"，不切实际的"空虚"之学。他说"近世儒者，用尽平生之力，卒流入异学而不自知者"，"譬之五谷，不知其种，得不误认稊稗为五谷耶？虽极力培壅，止成稊稗耳"②，这样就把阳明学打入"异学"的地步。又说：

> 近时诸公论学，乃欲取足吾心之良知，而议程朱格物博文之论为支离，谓可以开发人之知见，扩吾心良知良能之本然。此乃入门窾，于此既差，是犹欲其入而闭之门也。③

指出阳明学偏离程朱理学旨趣。他还对王阳明的《朱子晚年定论》表达不满，他说："朱陆同异之辨，前辈已有定论……近时诸公力扶象山之学，极诋朱子之学支离。盖亦未能平心易气，细观其书……今王阳明专择其不好处来说，岂不是偏耶。"④他认为阳明学离本逐末。在与湛若水的通信中，他更是直陈阳明学的不是，他说："不无厌常喜新之意，有取于象山之简径，遂使学者茫然措其心于文字言语之外，不肯就人伦日用处，痛下工夫，将来恐为患不细。"⑤在他看来阳明学背离传统礼教，其护教之意昭然。其本意试图坚持朱子理学规范，反对阳明心学，尝试矫正阳明心学之弊，使明代儒学向实用理学回归。但由于他所坚持的朱子学是被吴与弼、娄谅心学化、主观化的理学，故其思想处处显示出陆王心学色彩，被后人认定为"禅学"。私淑胡居仁的苏州学者魏校不喜阳明心学，以"新学"称之，将阳明学与慈湖心学相提并论，甚至要"火其书"，一如他在广东焚曹溪大鉴和尚之衣极端心情一样。他说：

---

① ［明］黄宗羲：《明儒学案》卷四十二《甘泉学案六》，第 1036 页。
② ［明］夏尚朴：《夏东岩集》卷一，第 32 条，《四库全书》集部第 1271 册，第 6 页。
③ ［明］夏尚朴：《夏东岩集》卷一，第 82 条，第 17 页。
④ ［明］夏尚朴：《夏东岩集》卷一，第 78 条，第 17 页。
⑤ ［明］夏尚朴：《夏东岩集》卷四《寄湛甘泉先生书》，第 38 页。

> 今之讲学者，其说太易易。然只因不曾真切用功，日用间虽有窒碍处，不自知也。①
>
> 阳明，盖有激者也。故翻禅学公案，推佛而附于儒，被他说得太快，易耸动人。今为其学者，大抵高抬此心，不复在本位，而于义利大界限反多依违。明眼人观之，亦自易破。②

与吕柟、王顺渠、夏尚朴、陈激衷③等人一样，都对阳明学持反对意见，促进经学、实学、天象学、经学、音律学与考据学在明代的发展。他的学生如王应电，考据学知识扎实，从事礼学、考据学与音律学研究的学者。他的女婿、访学吕泾野门下郑若曾（1503—1570）的地理知识渊博。④ 学生王敬臣（1513—1595）则从事乡村地方教学，礼学知识渊博，以立志为先、慎独为宗，俨然醇儒。⑤魏校遵循程朱理学静、敬工夫论，倚重静对收敛身心的积极性，“转手”胡居仁律己主义涵养的哲学体系，试图靠近康斋之学，恢复朱子学，以便与阳明学相对抗。但自己多习主静工夫，其天根学与阳明后学罗洪先、聂豹的归寂主静学相契。杨廉虽对王阳明讲学气氛极为表扬，“立吾道之赤帜甚盛甚盛”，但对王阳明讲学宗旨也表示担忧，“若矫枉过正，恐又堕于一偏，将来只成一家之学”。⑥

崇仁后学理学家由于共同的目标而团结在一起，互相鼓励，形成以反对阳明学、传播朱子学为旨趣的小型学术中心。由于各种各样的原因，他们不再拥有像吴与弼那样的学养和声誉，也没有陈献章、胡居仁那样敢于自立门户、独撑一派，在阳明学流行的环境中，渐趋边缘化。在15世纪，吴与弼、娄谅、陈献章与胡居仁等人及其弟子事实上成为学术的中心，为学术的重建和传播起到重要

---

① ［明］魏校：《庄渠遗书》卷四《与李子庸》，《四库全书》集部第1267册，第755页。

② ［明］魏校：《庄渠遗书》卷四《复沈一之》，第771页。

③ 陈激衷，字符诚，号尧山，广东南海人，少苦读，官至国子监助教，曾研“六虚琴”，官建宁教谕。弃官归。

④ 郑若曾，字伯鲁，号开阳，昆山人，当时卓越的军事家之一，胡宗宪、戚继光参谋。有《日本图纂》《筹海图编》《江南经略》等。

⑤ 王敬臣，字以道，号少卿，苏州人。有《俟后编》（六卷附录一卷补录一卷），［清］彭定求辑，《四库全书存目丛书》子部第107册。另有不可考学生邓鲁等。

⑥ ［明］杨廉：《杨文恪公集》，《答王伯安》卷四十五，《续修四库全书》集部别集类，影印山东省图书馆藏明刻本，第1333册，第94页。他有三封与阳明往来的书信。

的引导作用。是时，各地仍然有零星的朱子学儒家，但似乎都未有崇仁学派那样儒家林立，自成一系。不少学者或拜师于崇仁学子门下，或千里迢迢远道商学。

15世纪后半期，福建有陈真晟（1411—1474，字剩夫，镇海人）及其著名弟子周瑛（1430—1518，莆田人）均与陈献章为友、师。陈真晟当年甚至卖掉家产，自备着棺材上路的，并写下了遗言，跋涉千里，与其弟弟来赣商学。途经南昌，由于张元祯（即张廷祥，1437—1506）的几句赞美的话而临时中断商学旅程（陈真晟有《陈剩夫集四卷》，《四库存目丛书》集部第38册）。浙江有章懋（号枫山，1436—1521，兰溪人），他曾问学陈献章，并说当时诸儒："康斋出处为第一着；白沙第二着；一峰第三着；我辈又是第四、五着了。"①江西丰城罗伦（1431—1478）也曾试图访学康斋，然不得见。安徽则有程敏政（1445—1500，徽州人）、汪循（1452—1519，徽州人，师谢莹）秉承祁门谢氏之风教，恩泽于康斋安徽教化，传朱子学。然而，所有这些人物，都未发展成为以与崇仁学那样大的规模。只是在这个意义上，黄宗羲以吴与弼为明代理学的开山人物，以崇仁学案为《明儒学案》卷首，特别给以表彰。

而崇仁后学夏尚朴、魏校等人与王阳明的对抗只能是夕阳的晚霞，16世纪思想史的重光自属阳明学无疑。考诸崇仁学在明代哲学史的意义，可知崇仁学对程朱学传统的坚持与实践并为阳明心学之繁荣提供义理上的资源，崇仁学当为我们所重视。其特征，犹如刘伯温与宋潜溪的理论为吴与弼学提供义理知识背景一样。崇仁学孕育阳明学的学术种子，如娄谅、陈献章、杨廉（月湖）和夏尚朴与王阳明存在着不能割断的学术联系，特别是吴与弼将客观之理主观化；另一方面，阳明学也在夏尚朴、魏校、湛若水、余祐和王顺渠等人的批评中走向繁荣。不可否认，他们都承认阳明学有功于学术界，引导学子汲汲进学。但是由于阳明学多以觉悟之法教学子，走入心学路径，偏离程朱学传统，在政治与学界引发重要问题，引起罗钦顺等程朱学者的不满。尤其是王阳明的无心说，虽有利于学生的自觉进学，也容易让人偏于对事物的管理。盖盛世则阳明学有利于社会心灵觉醒；然衰世则须实学。阳明学兴趣固不在实学也。如克理和所言，吴与弼通过读书和沉思两种方式通往圣贤之

---

① ［明］章懋：《枫山语录》卷四《人物类》，《四库全书》集部第1254册，第130页。

路，其学问重在克制情感与回归传统朱子学。[①] 吴与弼不仅向他人开放自身，而且还向自然界开放身心，这样他掀开程朱学通往阳明学大门，铺垫明代心学的大路。如克理和所言，某种程度上，吴与弼的教化作用像奥古斯丁（354—430），而其《日录》则类《忏悔录》。

① 详阅 Kelleher Theresa. *Personal Reflections on the Pursuit of Sagehood: The Life and Journal* (*Jih-lu*) *of Wu Yu-pi* (*1392 -1469*)，第 287—290 页。

第四章

明中叶心学的开端：陈白沙与湛若水

明代思想界的学术之分，自陈白沙开始。《明史·儒林传》说："明初诸儒，皆朱子门人之支流与裔，师承有自，矩镬秩然……学术之分，则自陈献章、王阳明始。"①确实包括曹端、薛瑄与吴与弼、胡居仁在内，都可以说是严守程朱理学的矩镬，讲求居敬穷理、躬行实践。但是到了陈白沙、湛若水那里，其学术风格便发生了大转折，再到王阳明则此转折正式完成。陈白沙隐居于岭南乡村，放弃老师吴与弼读书涵养的路径，专力静坐，以养端倪，追求心体之潇洒，以求万物一体、自得自然之心境。白沙嫡传湛若水继承白沙的"随处"之学和"勿忘勿助"之教，却又提出以主敬代主静、随处体认天理，又似乎有回归程朱的倾向。湛门弟子在当时与阳明弟子几乎并驾齐驱，共同营造了明中叶心学的繁荣局面。

① ［清］张廷玉：《明史》卷二八二《儒林一》，第 7222 页。

第一节 陈白沙及其江门心学

一、生平以及讲学

陈白沙(1428—1500)，原名献章，字公甫，号石斋，江门古岗人。虽然名气甚响，被誉为“真儒复出”①，可是其一展雄才的仕途却极不顺利。1466 年(成化二年丙戌)，陈白沙时年 38 岁，满腹才华的他得到老友、国子监祭酒邢让的帮助，担任吏部文选清吏司。因陈白沙拒绝接纳时任礼部侍郎尹旻子入其门下，来往多次，令尹旻恼怒而遭其打击报复、排挤，第二年春天不得不归家。② 1483 年，陈白沙时年 56 岁，再次前往北京应邀受职，还是被时任礼部尚书老仇家尹旻再次打击报复，结果以“翰林院检讨”③虚职而归。自此以后，陈白沙再无心国家事务的参与，反而刺激他在心学上打开局面，创立江门学派，独树一帜，开启 16 世纪心学的大帆，成为当时思想界的时代弄潮儿。

陈白沙孜孜于教育事业，英姿豪迈，气象超脱，颇有明道之风，也善于启发人，培育出一大批优秀的教育者、儒家学者。1466 年中进士的贺钦(1437—1510，号医闾，辽宁人)自见陈白沙后，倾心问学，并于 1488 年后无意仕途，淡泊名利，潜心成圣，在家耕读教学 20 余年。④ 林光(1439—1519，字缉熙，号南川，东莞人)年 31 受学白沙门下，较早得白沙学真传。其一生献身于地方教育，曾任浙江平湖县教谕、山东兖州府儒学教授、严州府儒学教授、国子监博士、襄王府左长史，1513 年以中顺大夫致仕。⑤ 林光来往江门多年，先隐后仕，以治事高效、清廉著称⑥，心学上能守白沙之说，主静上得其效。湖北籍弟子李承箕

---

① [明] 陈献章：《陈献章集》附录二《年谱及传记资料》，中华书局 1987 年版，第 810 页。
② [明] 陈献章：《陈献章集》附录二《年谱及传记资料》，第 810 页。
③ [明] 陈献章：《陈献章集》附录二《年谱及传记资料》，第 831 页。
④ [明] 贺钦：《医闾先生集》卷八《辞职陈言疏》，辽宁人民出版社 2011 年版，第 126—132 页。
⑤ [明] 林光：《南川冰蘖全集》，中国文史出版社 2004 年版，前言，第 2 页。
⑥ [明] 林光：《南川冰蘖全集》，前言，第 4 页；卷一《肃清门禁以防不虞启》，第 31 页。

图 4－1　江门陈白沙纪念馆

(1452—1505)慕陈白沙之名，不畏风寒路遥，往来湖广四次，绝意功名，潜心教学，设立义庄以资宗族贫困者。[1] 广东南海的张诩(1456—1515，号东所)更是淡泊功名，究心于心学，以自然为宗，从事地方教育事业。[2] 而其高足湛若水得白沙江门钓台，则官至南京三部尚书，著书立说，将江门心学发扬光大。

二、“若个人心即是天”

在心性学上，陈白沙接引老师吴与弼的“诚心”之学，重视《中庸》的诚意之学，但具体道德修养上觉得老师的教法过于无边无际，难于着力，故放弃吴与弼“无所不讲”烦琐教法，专以主静的简易之学，偏于往内涵养，所以涵养得越深，

---

① ［明］李承箕：《大崖李先生诗集》，《四库全书存目丛书》集部别集类第 43 册。
② ［明］张诩：《张东所先生文集十三卷》，《四库全书存目丛书》集部别集类第 43 册。

就越背离伊川教法。吴与弼教陈白沙以“悉其心以立乎己”[①]，故陈白沙独得静坐工夫之妙。白沙心学以凸显心对道、理的直觉把握能力，其说心“通塞往来”[②]，具有“微尘六合、瞬息千古”[③]的“无尽”变现能力。而此种灵明知觉陈白沙似乎把它神秘化。同时，他把心“虚”化，“非见闻之所及”，“迹著而心隐”，故“心者，吾之所独知”[④]，强调个体借助自身的心灵体验去获得真理性认识，在此推理下“若个人心即是天”，“六经尽在虚无里，万理都归感应中”[⑤]，把天地之理归为一心之变现、感应，而中国博文约礼的规范性传统也被纳于其一心之“虚无”中，经义之学失去其历来的独立性和普遍性，而主体之心成为变现世界的主宰了。陈白沙说，心为“一元之所舍”[⑥]，是天地万理的藏身之所、器，这些思想促进门人湛甘泉提出“心之本体，与宇宙同大”、“宇宙之内一心”的心学思想。陈白沙提出的“心为道舍”、“心具万理”和“心即是天”的心学思想被看作“成就阳明心学的重要渊源”，掀开明代学术的新路向，其意义非同一般。[⑦]

陈白沙重视心体的觉悟，工夫上追求心体的自然，境界上追求洒脱愉悦的超理性情怀。夏东岩说的没错，陈白沙确实要打破伊川之“主敬”学的，要让理学快乐起来，这也与当时盛世社会的良好发展相关。在“善端”的涵养上，陈白沙汲取吴与弼“洗心”之方。[⑧] 吴与弼以“敬义夹持实洗心之要法”[⑨]，通过“诚明两进”的工夫进路，陈白沙也说，“一洗天地长……再洗日月光……洗之又日新”、“洗竹洗荒枝，洗心洗狂驰……一洗一回疏，相将洗到无”、“洗之以长风”的

---

① ［明］陈献章：《陈献章集》，附录四，吴与弼：《孝思堂记》，第936页。

② ［明］陈献章：《陈献章集》卷一《送李世卿还嘉鱼序》，第16页。

③ ［明］陈献章：《陈献章集》卷三《与林时矩》，其一，第243页。

④ ［明］陈献章：《陈献章集》之《陈献章诗文续补遗·与林缉熙》，其十六，第975页。

⑤ ［明］陈献章：《陈献章集》卷六《示儿》、《与湛民泽》，第664、644页。

⑥ ［明］陈献章：《陈献章集》卷一《仁术论》，第57页。

⑦ 苟小泉：《陈白沙哲学研究》，中华书局2009年版，第110—118、210页。

⑧ 陈献章“治心”工夫论，阅苟小泉《陈白沙哲学研究》第136—144页。苟小泉发现陈献章“治心”工夫论可以从洗心、存心与充心三层。他似乎把“充心”错误理解为“大心”。“充”字典解释为充实、满足，即是以儒家仁义之理浇灌于心，使心全具义理，也就是心具万理的过程。笔者以为，白沙的“充心”不是空间范围上使用的“大心”。“大心”的目的是要让心的知觉能力的提升，心包万物。陈献章未讲过格物致知意义上的“大心”，他强调收敛意义上的顿悟、静中坐。

⑨ ［明］吴与弼：《康斋集》卷十《浣斋记》，第561页。

洗心工夫，以此获得“无累于形骸，无累于外物”①的澄明洒脱心境。吴与弼以“又从虚阁学澄心”、“克己良规各洗心”②方法，获得“悟彼静心者，乐此动时趣”③快乐，陈白沙工夫论在此相同。在存心上，吴与弼以“德羲存心”④，“于思处分真妄”，消除妄想，获得“心清一气自和平”⑤心境，陈白沙也以存心作为身上体验诚敬的方法，让“元神”与“浩气”归于一身⑥，从而实现万物一体之乐。更甚的是，二人论“充心”，语句上也有惊人的相似处。吴与弼说：“是心也，其天地生物之心乎……充是心，以弘厥德焉”⑦，陈白沙也说：“仁，人心也。充是心，足以保四海”⑧，二人的“是心”即为儒家讲的“天心”，而“充”含有天人一体的意思，颇有同调。

陈白沙坚持了老师吴与弼的洗心、存心工夫论，并在此基础上重视觉悟、专心静坐发展出一套重视静坐觉悟的心学新体系。除了洗心、养心等传统涵养的方法外，陈白沙力排众说，提出觉悟之教，开心学的新格局。在教学中，陈白沙以近禅心法教人，要求学生重视心体的觉悟：“人争一个觉，才觉便我大而物小，物尽而我无尽。”⑨在觉悟万事万物之理过程中，人的道德主体性得以提升，一应百应，豁然开朗。他把自己悟得的心得告诉湛甘泉，他说：“学无难易，在人自觉耳。才觉退便是进也，才觉病便是药也。”⑩而近来学者凋零，原因在于这些学者成圣之失多在“不自觉”⑪，中途遇难而废道学，不能长久坚持不懈。

三、静养端倪

1454年，陈白沙27岁时从时年64岁的吴与弼游学半年，坚定其成圣的决

---

① [明]陈献章：《陈献章集》卷四《梦作洗心诗》、卷五《洗竹》、卷二《与太虚》，第316、515、225页。
② [明]吴与弼：《康斋集》卷七《即事》、《感兴》，第501、487页。
③ [明]吴与弼：《康斋集》卷三《游黄岚坑》，第417页。
④ [明]吴与弼：《康斋集》卷七《挽饶州吴别驾》，第506页。
⑤ [明]吴与弼：《康斋集》卷二《枕上偶成》，第392页。
⑥ [明]陈献章：《陈献章集》卷一《仁术论》、卷四《赠世卿》，第57、300页。
⑦ [明]吴与弼：《康斋集》卷十《天恩堂记》，第559页。
⑧ [明]陈献章：《陈献章集》卷一《古蒙州学记》，第28页。
⑨ [明]陈献章：《陈献章集》卷三《与林时矩》，其一，第243页。
⑩⑪ [明]陈献章：《陈献章集》卷三《与湛民泽》，其五，第191页。

心和意志，获得读书涵养的方法，也知道成圣的各种方法，但是迟迟未能寻找到适合自己的修养路径，一时之间，颇为苦恼。① 后来，乡居已久，在偏僻的乡野中，陈白沙奋勇主静，撇开师说中主敬致知工夫论，很快地就找到养出善端（“端倪”）的方法，感觉到成圣的自信与快乐。陈白沙对其学生医闾说：

> 为学须从静中坐养出个端倪来，方有商量处。②
>
> 夫养善端于静坐，而求义理于书册，则书册有时而可废。善端不可不涵养也，其理一也……善端可养，静可能也。③

静观是工夫主体在天地自然和日用生活中对本体存在的刹那间的直觉把握，类似禅宗的顿悟，获得天人合一、心即理的境界。④ 吴与弼不敢抬高习静妙用，陈白沙则把静中身心修炼抬高到本体论意义，被胡居仁等学者视为禅学，广受批判之苦，一生难于释怀。吴与弼时常静中思考理学义理如何契于身心，思考成圣贤的阻力和动力，如“长契静者心”⑤。他早年对于静的理解还停留在一种模糊的认识之上，难于固定化，故“静来悟道机，深奥难言说”⑥。有时，他对主静还是有怀疑，故“习静生憎损病心，晚凉门外独横琴”⑦。而后“静时功”带来心灵自信，时时操练，时常感到愉悦，这大概是三十五六岁之间的事。再过了几年，“习静”成为一种日课，一度宗教化，内化在日常生活中。这种习静的工夫，在吴与弼看来，其实和禅的区别不大了，故他自己也说“习静日同禅”。“静时功”与“习静”其实是一种心理学意义上的自我观照和自我反省，是人格成长的自我教育机制。伴随而来的是“静中滋味”，如“笔砚为伍书作朋，寒檐不觉朝昏

---

① 容肇祖先生认为白沙有高明之资，容肇祖：《明代思想史》，开明书店 1941 年版，第 18—22 页。

② ［明］陈献章：《陈献章集》卷二《与贺克恭黄门》，其二，第 133 页。

③ ［明］陈献章：《陈献章集》之《陈献章诗文续补遗·与林缉熙》，其十五，第 975 页。

④ 朱汉民：《吴与弼的教育思想和明代心学思潮》，《江西社会科学》1992 第 6 期，第 95 页。他认为，吴康斋的静观工夫预示着新的心学思潮的出现。刘兴邦对吴康斋与陈献章二人在静的工夫联系上论述独到，他认为陈献章“静坐中养出端倪”来源于吴康斋的“见静中意思”、“静中思绎事理”，是一种超理性工夫和境界，刘兴邦：《吴与弼与江门学派》，《五邑大学学报（社会科学版）》，2003 年第 1 期第 31—36 页。

⑤ ［明］吴与弼：《康斋集》卷一《圃内》，第 366 页。

⑥ ［明］吴与弼：《康斋集》卷一《客玩夜月》，第 368 页。

⑦ ［明］吴与弼：《康斋集》卷二《门外闲坐》，第 385 页。

改。静中滋味将语谁，一日诗情阔于海”、“识得静中滋味别，始知禅客最为忙”①等句，“静中意思”如“灵府偶然无一物，静中意思念周程”②和“静中春意”。晚年，吴与弼把习静作为保养身体的方法，他说“观生时学易，习静日同禅。利用崇吾德，忘机不识圆”、“静观万物生生意，契我虚灵无事心”。③

陈白沙似乎不知道恩师习静修养到何等程度，其经过十多年的苦读和“静坐”，养出个“端倪”，获得了解脱、自我超越，证得至善本体。④ 而这时，吴与弼已经捐官很多年了。陈白沙求学崇仁的时候，吴与弼习静工夫已经相当成熟，对自己教法也很自信。这个时候(1454 年秋冬)，胡居仁也在，两人同为寒门弟子，均得到吴与弼的生活资助(“辅仁之功”)。应该说，陈白沙和胡居仁二人都学到成圣的方法，可能吴与弼在讲课的时候讲的过于烦琐、多样与笼统，“无所不讲”，陈白沙尚未弄透弄通，只好回家慢慢实践。故清代《四库提要》之《康斋集》认为陈白沙学问上得到吴与弼“静观涵养”为学方法，形成了江门一系。⑤ 侯外庐等学者进一步指出，陈白沙在吴与弼门下受业，尚未得其旨，未能悟师道，回到江门，静坐久之，反复体味，方见此心之体。陈献章静坐中反复体味才悟得心之体，其实就是吴与弼早就提出过、实践过的观点。陈白沙回忆录中说他对师传之道，悟之迟迟，并没有说他的所得与乃师无关。⑥ 这些说法强调当时的陈白沙尚未有成圣的深度领悟，应该说这样的分析都是言之有据的。

师徒二人诗歌里都有对习静的大量描述，陈白沙发展与深化吴与弼的主静学，他说：

> 久之，然后见吾心之体，隐然呈露，常若有物，日用间种种应酬，随吾所欲，如马之御衔勒，体认物理，稽诸圣训，各有头绪来历，如水之有源委也……有学于仆者，辄教之静坐。盖以吾所经历确有实效者告之，非务为高虚以误也。⑦

① ［明］吴与弼：《康斋集》卷四《工楼店即事》、卷六《昼梦觉作》，第 433、474 页。
② ［明］吴与弼：《康斋集》卷四《对月偶成》，第 439 页。
③ ［明］吴与弼：《康斋集》卷七《对雨书怀》、《仙游山》，第 495、496 页。
④ “端倪”既“端绪”，也就是“真心”、“善端”，即“天理”。
⑤ ［明］吴与弼：《康斋集》卷首《提要》，第 358 页。
⑥ 侯外庐主编：《宋明理学史》(下)，人民出版社 1997 年版，第 144 页。
⑦ ［明］陈献章：《陈献章集》卷二《复赵提学佥宪》，其一，第 145 页。

学劳扰则无有见道。故观书博览，不如静坐。[1]

陈白沙的主静学成为他自己的教学思想和方法，指导学生入学术之门。他的“使心常在内，见理明”[2]，和吴与弼一致。晚年吴与弼与陈白沙习静如出一辙，陈白沙主静工夫论源于吴与弼，二者学术关系非常密切。心在内是指心在腔子内，坚持老师读书理明心得。陈白沙与吴与弼工夫论的不同在于陈白沙自己不再信奉读书，专向主静探求心体，开启江门心学“别派”。

陈白沙主静多被人误为禅学，有偏静不动之弊，其嫡传湛若水甚喜静坐，“每夜瞑目坐，率至漏分”[3]。在教学中，湛若水要求学生每日静坐四小时，“申酉二时默坐思索”[4]，以防学生精神恍惚，弥补读书之辛苦。湛若水较清醒地认识到过分主静容易引起遗弃事务的毛病，所以他以主敬规制主静，事实上有意识的“转手”白沙学术。陈白沙早期弟子林光喜静坐。他透过人心之静明，空其心，心在万物上，超乎万物之表，直接把握万物之理，察识宇宙道德之体，物我一体，使物我对待消失，获得宇宙本体生意的观象。[5] 这些心灵感受与吴与弼、陈白沙是一致的。林光提出静养动应说，静养为体，动应为用，试图维护师说的合理性。他说：

夫人之一心，息之极而闲之至，足以参两间，而后群动万物不足以相挠，死生不足以为变，视世之为仁义者犹若拘拘，而况于功名富贵乎？……闲其心者有要也，要者，一而已矣。事之未至一其心，则静而闲矣；事之既接一其心，则动而闲矣。知静养而不知动应，是有体而无用，非吾儒之学也。[6]

---

① ［明］陈献章：《陈献章集》卷三《与林友》，其二，第 269 页。

② ［明］陈献章：《陈献章集》卷一《书漫笔后》，第 66 页。

③ ［明］洪垣：《墓志铭》，载《甘泉文集》卷三十二，《四库全书存目丛书》集部第 57 册，第 247 页。

④ ［明］湛若水：《甘泉文集》卷六《大科书堂训规》第 3 条，第 554 页。

⑤ ［明］林光：《南川冰蘖全集》卷二《静观亭记》，中国文史出版社 2004 年版，第 41 页。林光中晚期因弃隐归官多为师门所不满。作为陈献章弟子师，曾代陈献章答伍光宇、贺钦问学，指教工夫路数，学问多得陈献章真传，然终因品格欠缺坚毅，别母外宦，不得江门衣钵。其文集不得收入四库全书，流传不广。梨洲因未读《南川冰蘖全集》，明儒学案未详其学问功夫。林光的哲学思想一本陈献章所教，倡学问自得与自然性，以我大而物小、气学为本体论，以闲心、主静下的静养动应、默养善端和勿忘勿助为特色的工夫论。在天理的把握上，与湛若水的随时体认相同，认识到天理的周流与无间，提出参前周养说，深造自得性命。

⑥ ［明］林光：《南川冰蘖全集》卷二《游心楼记》，第 38—39 页。

实现诚的心理状态，需要心灵的闲息，觉我大而物小。如人心不能闲，人心会受制于事物之烦冗，被事物所牵制和拘役，物大而我小。林光的“大我”学说体现人格的挺立，对大写的人给予重视。① 这与甘泉用静以待动、先翕后辟释陈白沙之“主静”颇不同。② 陈白沙另外两个高弟张诩、李承箕则将陈白沙的静养工夫滑入坐禅一系，不参与公共事务，隐于山野，生活、学术与政治上多未能与传统儒家伦理相契，引起湛若水的不满。

主静过程中的规矩就是勿忘勿助。勿忘勿助是吴与弼的重要教法，更是一种读书博文约礼渐进之道，指工夫入于自然、无法着力的境界，是合本体的工夫。③ 勿忘勿助源于孟子养气说，本意是指在读书学习和成就圣贤的道路上，既不要拔苗助长，也不要懒散消极，走一条优游厌沃、日就月将的中和之道，分勿忘、勿助两层。吴与弼 31 岁时刻苦读书，以勿忘勿助熟玩四书五经，证得圣贤之境。当早期门人胡九韶（约 1395—1465）因读书过苦致疾，吴与弼告知他读书不应该急功近利，过于用功：“兼足下不曾有积累着实工夫，难一时骤语也。大要入门只在拨置他书，一以四书及洛、关、闽诸子，专心循序熟读，勿忘勿助，优柔厌饫于其间，积久自然有得。不可强探向上，此味真难知也。正文公所谓：虽淡实腴也。不肖亦何幸而忽臻斯境，痛快，痛快。来谕谓较去年差胜，甚善。但用心不宜太苦，进锐退速，实非虚语。足下精神甚短，体弱致然，宜倍加保养，以图万全。”④应该勿忘勿助，慢慢调整，学问自然就会增长。即使不读书，只要有

① ［明］林光：《南川冰蘖全集》卷二《游心楼记》，第 38 页。这种闲，是建立在不可厌的冗之上，非纯空虚之言，里中有个辩证法在。

② 景海峰：《陈白沙与明初儒学》，《中国哲学史》，2001 年第 2 期，第 59—67 页。他认为主静强调身体自我的调适，凝聚精神，存养本心。主敬，则偏重于关系自我的顺合，交相为用，格物穷理。静坐也就是识蔽、去蔽的过程，通过静坐，明天理而消人欲，养成君子品格。静是孕育生机之静，静坐是体悟天地之道的过程。当时的主静思潮，是针对当时学术的利禄化、官方朱子学的威权化，以及普遍的心灵窒塞、思想僵固而发。明初朱学居敬穷理的主张占据主导地位，理学家多偏执于下学工夫，生活化（人伦日用）的居敬穷理工夫对“主静”派张力加大，在理学内部产生某种紧张。陈献章逢人便说“静坐”，可以说是对“主敬”派话语的挑战。

③ 钟彩钧：《吴康斋的生活与学术》，《中国文哲研究集刊》1997 年第 10 期，第 292—293 页。

④ 关于胡九韶的生平，明史《儒林传》记载的“及与弼殁，门人多转师之。成化中卒”。（《明史》，卷二百八十二《列传第一百七十》）有误，当去黄宗羲《明儒学案》“成化初卒”说。康斋对于胡九韶捐馆有诗歌，可见九韶捐馆当在 1465 年左右，见“时傍邻舟向日吟，天涯忽动故人心。始知一失钟生尔，宜绝当年伯氏琴。”《康斋集》卷七《鄱阳舟中伤九韶》，第 491 页。而且，胡九韶为崇仁萝溪人，不是金溪人。

礼貌，衣服得体，对人和学问怀着一颗尊敬的心，学问也会慢慢成长起来。吴与弼 43 岁时，在《日录》中就有“勿忘勿助”的专门记载：“勿忘勿助，近日稍知此味。天假以年，尚宜少进。穷通得丧，可付度外也。”[①]陈白沙写的墓文则对老师的“勿忘勿助”教法评价较高。陈白沙到小陂求学的时候，吴与弼已经 64 岁了，那时吴与弼的教法相当融熟。众所周知，吴与弼对陈白沙早晨劳动晚期的批评势必当时可能引起陈白沙的反感[②]，而且陈白沙在小陂半年多数时间应该有从事劳作的。对于陈白沙品格的砥砺，吴与弼的耕读一体的教法功不可没。据夏尚朴记载，身为官宦之家的娄一斋从学吴与弼门下是经常要从事劳作、“折节下学”的，所以举人出身的陈白沙从事农业劳作是不可免的，故惠州籍心学家杨起元（1547—1599）在《白沙语录序》说陈白沙“值蔬编篱”、“研墨”、“接茶”应该属实。[③]劳作有助于学生养元气，在持久、耗时地劳作中思考天理的模样，当有补于“勿助”之学。[④] 当多数读书人忙于功利之学应举的时候，吴与弼令陈白沙从事劳作涵养学问，这是一种崭新的教法，圭角磨去，加以深厚涵养，势必爆发，故祭酒邢让以诗考察陈白沙，最后有“真儒复出”之叹。陈白沙颇有才气，不免锋芒毕露，吴与弼以“勿忘勿助”教法，令陈白沙接人待物，端茶研墨，从事劳动，有助于其人格的发展。主静涵养是宋元诸儒心学家成圣功夫论的二种途径之一。静观是工夫主体在天地自然和日用生活中对本体存在的刹那间的直觉把握，获得天人合一、心即理的境界，吴与弼的静观工夫预示着新的心学思潮的出现。[⑤]陈白沙则把主静抬高到本体论意义[⑥]，陈白沙“静坐”养善端，证得至善性体的出现是对吴与弼“静时敬”、“无声无臭”的习静感悟的理论推进，故《宋明理学史》撰者指出，陈白沙在吴与弼门下受业，尚未得其旨，未能悟其师道，其后他回到白沙里，“静坐久之，反复体味，方见此心之体”，陈白沙说的在静坐中反复体味才悟得“心之体”，其实就是吴与弼早就提出来的观点。陈白沙上文的意见，是说他对师传之道，悟之迟迟，而并没有说他的所得与乃师无关”[⑦]，这

---

① ［明］吴与弼：《康斋集》卷十二《日录》，第 579 页。

②③ ［清］阮榕龄：《编次陈白沙先生年谱》，载《陈献章集》附录二，第 806 页。

④ 对康斋劳作的分析，可参李雪、徐福来：《吴康斋哲学思想之特色及其意义》，《南昌大学学报》（人文社会科学版）2011 年第 1 期。

⑤ 朱汉民：《吴与弼的教育思想和明代心学思潮》，《江西社会科学》1992 年第 6 期，第 95 页。

⑥ 刘兴邦：《吴与弼与江门学派》，《五邑大学学报》（社会科学版），2003 年第 1 期，第 31—36 页。

⑦ 侯外庐：《宋明理学史》（下），人民出版社 1997 年版，第 144 页。

样就推翻了黄宗羲“别派”说，论证吴与弼对陈白沙思想的促进作用吴与弼的克己安贫、真诚的生活，完全依着自己的人生哲学信条来生活，对陈白沙一生独立为学起示范作用。吴与弼 38 岁时说：“人须于贫贱患难上立得脚住，克治粗暴，使心性纯然。上不怨天，下不尤人，物我两忘，惟知有理而已。”①追求的“物我两忘”是对着贫困的生活而发出的解决之道，是一种恶劣生活环境下的乐观精神和超脱态度，其艰苦工夫所要达到是“精白一心、对越神明”②的“理与心一”道德主义境界，是儒家追求至善的“醇儒”精神，故独得明代理学宗师刘念台的崇拜和尊敬。陈白沙以静养端倪发展了吴与弼的“物我两忘”境界论，抛弃读书穷理的“太严”教法，一任自然最终获得身心愉悦、超脱潇洒和收“放心”的精神状态，体现中国哲学飘逸的面向。另外，吴与弼“无时无处不是功夫”的随处之学与陈白沙的自然之学、湛若水的随处体认之学颇相暗合。

第二节　湛若水及其甘泉学

一、生平以及讲学

湛若水(1466—1560)，字民泽，号甘泉，广东增城人。弘治五年(1492)，27 岁的湛甘泉中举人，29 岁往江门就学于陈白沙(1428—1500)，焚掉赴考之凭据以表学习决心，潜心白沙门下。弘治十一年(1498)三月，陈白沙赞湛若水学术规模：“来书甚好，日用间随处体认天理，着此一鞭，何患不到古人佳处也”。第二年将“江门钓台”作衣钵传与湛若水，作《赠江门钓台诗》并跋：“达摩西来、传衣为信。江门钓台，病夫之衣钵也！今与民泽收管，将有无穷之祝。珍重！珍重！”弘治十三年(1500)陈白沙卒，湛若水为之服丧 3 年。

弘治十八年(1505)，湛若水中进士。后到西樵山建书院，聚徒讲学 4 年。湛若水讲学讲究方法，要学生先习礼，明学规；先静坐聚精会神，然后才授课。

---

① ［明］吴与弼：《康斋集》卷十二《日录》，第 574 页。
② ［明］吴与弼：《康斋集》卷十二《日录》，第 575 页。

嘉靖元年(1522)复职，次年转翰林院侍读，又次年任南京国子监祭酒，作《心性图说》。历四年，升南京吏部右侍郎，次年转礼部左侍郎，再升南京礼部尚书，转南京吏部尚书和南京兵部尚书，75岁致仕。家居后，在府第附近建"天关书院"讲学。在西樵有大科、增城有明诚、南香山有莲洞、新塘有甘泉等书院；在新塘江畔建钩台。①

图4-2　湛若水

湛若水吸收陈白沙的自然学说，却也转手陈白沙的心学功夫论，以"主敬"代"主静"，以"中正之理"代"端倪"，吸收张载的气学、程颢的一体思想、程颐的体用一源观拓展了白沙心学，通过博文约礼的读书方法回归经典的研究，丰富并发展五经学，使明代理学走进经学时代。②

湛若水的弟子如唐枢、许孚远等，多为较为平实的儒家，喜欢阐发经典，在礼学、乐学、兵法、算数等方面拓展儒学的研习视野，并在与阳明后学交往中力图捍卫儒家道德意识。与陈白沙师吴与弼晚年对"名教"的忧患一样，湛若水俨然有充当名教教主的一面。湛若水"主虚"、"无欲"吸收道家心性方法，却对老子虚无之说有批评；他捍卫白沙心学，并不认为陆九渊为禅家，反对杨简(1141—1226)"灭意"功夫论，以其为"真禅者"③。湛若水从白沙归，其"体认天理"思想就渐趋成熟④，他以"大心说"为基础，试图达到内外合一、动静合几、物我一体、体用一原的高妙境界论⑤，实现生理(包括生意、生机、生气)与伦理的融合。

二、气化自然

湛若水试图建立以气为中心的大一理论体系，其嫡传弟子洪觉山称"大全"

① [明]湛若水：《湛甘泉先生文集》三十二卷，山西大学图书馆藏清康熙二十年黄楷刻本，《四库存目丛书》集部第56、57册，未作特别说明，所引均出自此处。

② 邓志峰：《王学与晚明的师道复兴运动》，社会科学文献出版社2004年版。

③ [明]湛若水：《湛甘泉先生文集》卷七《寄崔后渠司成》，第581页。

④ 刘兴邦、江敏丹：《岭南心学传人：湛若水》，广东人民出版社2006年版，第66页。

⑤ [明]湛若水：《湛甘泉文集卷》二十七《送杨少默序》，第700页。

理论。[①] 郭齐勇、李锦全和钟彩钧诸教授注意到湛若水吸收张横渠的大心说。[②]湛若水之学包括大心说、一体说、辩证法等。世界是一个基本元体：气。气是个流行的道体，充塞宇宙之间，天地内外无所不贯，自然万物的运动动力。气是天地间万物的本体。气本体论源于吴与弼、陈白沙的"元气"说。阴阳之气中和为道，物质组合依据一定的元素形成宇宙体系，而人吸收各种成分变化成个人的心性情理。世界的一切存在，有形无形，有意无意，都来源于气之理运动，鬼神和天理亦在自然的气息中。

湛若水说：

> 天地间万物，只是一气而已。[③]
>
> 宇宙间隔一气而已。自其一阴一阳之中者，谓之道。自其形成之大者，谓之天地。自其主宰者，谓之帝。自其功用者，谓之鬼神。自其妙用者，谓之神。自其生生者，谓之易。自其生物而中者，谓之性。自其精而神虚灵知觉者，谓之心。自其性之动应者，谓之情。自其至公自正者，谓之理。自其理出于天之本然者，谓之天理，其实一也。[④]

在气化之下，阴阳之道形成天地，由此帝、神、易、性、心、情、理、天理等概念得以展开，最后"穷理尽性以至命运是一气，滚做一气"[⑤]，气化到人，人要臻于完美，复性之学得以必要。由气生出天地、人间的各种道理。宇宙本体论体系各范畴，如阴阳、升降、浮沉、晦明、刚柔、伸屈、曲直、溶结、避阖、开闭、动静、屈伸、语默、有无、体用、显微、知行、长短和方圆等，在气的磨合下，便具有互动、互补和调试特征。湛若水接续张载的太虚说，细致地刻画气化之理"理一分殊"的诸多特征。湛若水说："气一则理一矣。如池浑浑，群鱼生焉，是谓同体。溢则同生，涸则同死，一体之谓也，其形体呼吸性情潜跃之异者，分之殊尔。见之者，谓

---

① 弟子洪觉山整理其师的著作，就以《泉翁大全集》命名，嘉靖十九年版本，万历二十一年版本，参阅台湾研究院文中研究所钟彩钧研究员主持整理点校版。

② 郭齐勇：《中国哲学史》，高等教育出版社 2006 年版，见湛若水章节。

③ ［明］湛若水：《湛甘泉文集》卷四《知新后语》，第 45 条，第 544 页。

④ ［明］湛若水：《湛甘泉文集》卷二《新论》，第 65 条，第 532 页。

⑤ ［明］湛若水：《湛甘泉文集》卷二十三《天关语通录》，第 88 条，第 120 页。

之知道。”①“体用一源，显微无间，一以贯之”②，指出一体之理的理一分殊特性。他还说：

> 阳升则浮，阴降则沉，浮沉相荡，而润下生焉。阳精则明，阴精则晦，晦明相感，而炎上生焉。阳刚则伸，阴柔则屈，屈伸相循，而曲直生焉。柔以溶之，刚以结之，溶结相推而纵革生焉。刚以避之，柔以阖之，避阖相烫，而稼穑生焉。天地之生也。行气而质，故水火多气，木金土多质。③

此处则说万物之理阴阳变化、相克相生的道理。这样的一套分析话语大大拓宽陈白沙自然说体系，内蕴辩证法易使名教道德学说因具有自然、生理之理增强理论上的正当性。湛若水说：

> 天地之初也，至虚。虚无，有也。无则微，微化则著，著化则形，形化则实，实化则大。故水为先，火次之，木次之，金次之，土次之。天地这终也，至塞。塞者，有也。有则大，大变而实，实变而形，形变而著，著受而微。故土为先，金次之，木次之，水次之。微则无矣，而有生焉。有无相生，天地之终始乎？④
>
> 行短而知长，行方而知圆，行有止而知无穷，故行一而已造其极之谓也，非造其中而谓也。若夫知者，所以潜天地，达古今，通昼夜尽终始之变，以至于化育，非天下之聪明睿知，其孰能尽之？⑤

他指出气化来源于天地之“至虚”，与张载的太虚说契合，这样就让陈白沙的自然主义学说具备理论基石，提高陈白沙自然说的“形而上”特性。湛若水对自己发现这套神妙不测的气说，给与了较高的地位，并把理论的发明权给予了圣人，从而给自己的气化自然、动静合一的一体之学一度烙上接续道统的地位，他说：“性，妙天地之有情，著天地之无；神，妙有无之机，道天地之一，其惟圣人乎？”⑥这样，

---

① ［明］湛若水：《湛甘泉文集》卷二《新论》，第51条，第530页。
② ［明］湛若水：《湛甘泉文集》卷五《二业合一训》，第10条，第549页。
③ ［明］湛若水：《湛甘泉文集》卷四《知新后语》，第1条，第539页。
④ ［明］湛若水：《湛甘泉文集》卷二《新论》，第37条，第529页。
⑤ ［明］湛若水：《湛甘泉文集》卷二《新论》，第40条，第529页。
⑥ ［明］湛若水：《湛甘泉文集》卷二《新论》，第30条，第528页。

“动静无端，阴阳无始，妙之至也”[1]、“一开一闭，可以观极。一动一静，可以观性，一屈一伸，可以观神，一语一默，可以观德”[2]，可以的辩证之“妙”发前人之未发，给理学语言增添活力。通过对“妙”的细致阐发，使得湛若水的气化之说具有厚重的理论色彩，不再像以前的名儒那样武断的语句式。

三、随处体认天理

要获得对奇“妙”天地之理的认识，湛若水要求学者“大心”，要有天下一体的潇洒胸怀，来做“廓清”的中和、中正功夫。湛若水说：“和气致，则天地泰、万物若。”[3]“大其心能全体天地之性。”“胸中无事，则天理见矣。”“学之要，洒而落之；不廓清，不足以入道。”“廓清之，则本体不污；本体不污，则光明自生，日新之谓与。”“或问习心不除？廓而清之，久则除矣。”[4]湛若水还认为：“中正者，天下之至道也，是故勿意必固我，而发皆中节，君子可以知道也。”[5]君子应该知道修养身之道就是实现中和的德性，天人合一就是天理，化为内心的一体、中正之理。成中英把生机的自然主义作为中国哲学的一个特征，发现世界中生机与自然主义并不断体悟、省察涵养是儒家的核心思想之一。[6] 以湛若水而言，《易经》的主要思想就是体认“复”，察见天地生生不息的心。《论语》中记载的孔子对城外树林胡乱砍伐的担忧以及“仁者乐山、智者乐水”的山水情怀，可以表现早期儒家对“生意”仁体的关注。湛若水说：“心无一物，天理见前。何为天理？本体自然。廓乎浑兮，四时行焉。勿忘勿助，圣则同天。”[7]指出天理的自然性，就是廓浑流行之理，一气流行。在此之下，“随处体认天理，六字千圣同行。万里一心感应，虚灵中正观生”[8]，通过人心对事事物物的感应能力，去把握中正和谐之理，实现天下太和的局面。湛若水功夫论的核心理念是随处体认天理，作为道

---

① ［明］湛若水：《湛甘泉文集》卷四《知新后语》，第 48 条，第 544 页。
② ［明］湛若水：《湛甘泉文集》卷二《新论》，第 5 条，第 526 页。
③ ［明］湛若水：《湛甘泉文集》卷二《新论》，第 10 条，第 527 页。
④ ［明］湛若水：《湛甘泉文集》卷一《樵语》，第 3、55、51、9、7 条，第 521、536、526、533 页。
⑤ ［明］湛若水：《湛甘泉文集》卷一《樵语》，第 48 条，第 526 页。
⑥ ［美］成中英：《从中西互释中挺立：中国哲学与中国文化的新定位》，中国人民大学出版社 2006 版，第 60 页。
⑦ ［明］湛若水：《湛甘泉文集》卷二十六《示诸学者》，第 163 页。
⑧ ［明］湛若水：《湛甘泉文集》卷二十六《示学六言赠六安潘汝中黄门》，第 173 页。

的天理是大公心、无私心，蕴含生意，自然的流行，中正虚混。随处体认天理的方法是勿忘勿助、自然而然与渐进的自强不息。勿忘勿助功夫心法是复活吴与弼、陈白沙的教法。

按照传统儒家的理论，完美道德是天理的主要价值取向。直接从生意角度来定义天理，容易滑入道家的自然主义学说。湛若水并没有像崇仁学派胡居仁那样严格、单纯的坚持儒家伦理和道德思想，而是偏向从自然界的生意层面描述他认为的天地之理。湛若水还是坚持、继承陈白沙自然学说的地方，他认为："心之生理"就是"天理"，湛若水说："生意，即是天理，即是浑沦。""天理只是心之生理。如彼谷种，仁则其生之性。仁即是天理也。"[①]因此，"心者，生理，如树在地。斯须弗存，生理索然"[②]，"心之生生，乃理也"[③]，在这里，湛若水打了一个比方，"心道生仁，树道生实。存心根之，省察防之，讲习灌溉之。人力不与焉，而生生不已"[④]，以一棵茂密的大树而言（生意、仁），需要和大地（根基、心道）相联系；以谷种而言（心），她有孕育新生命的力量（仁、生之性）。所以。天理让天下生命物更好的生生不息，湛若水试图回到儒家《易经》的原初智慧。因此，存心养性的功夫论要求"畜生意"，"生意"需要主体者时时刻刻的涵养（"咸畜"）。湛若水继承吴与弼、陈白沙的生意理论，自己也曾在西樵山间 7 年隐居，获得道德生命的亲证。他把"生意"范畴抬高，突出内心对生生不息的体认和工夫。他说："夫农夫之养苗也，去其害苗者尔，而生意不可遏也。学者之养心也，去其害心者尔，而生理不可息，锄夫何加力焉？""锄其骄而苗自夭，杀其虫而木自茂，绝其欲而理自足，是故万化咸畜。"[⑤]通过生动地锄苗的比喻，鼓励儒家学者敢于磨炼，日新月新，勇敢的改正内心的不良习惯，以便涵养天理。

儒家学者除了日新功夫，还需要保持内心的虚灵和寡欲的念头，体认天理。湛若水说：

虚无，即气也。如人之嘘气也，乃见实用，故知气即虚也。其在天地万物

① ［明］湛若水：《湛甘泉文集》卷十一《问疑续录》，第 40、48 条，第 638、639 页。
② ［明］湛若水：《湛甘泉文集》卷二《新论》，第 2 条，第 532 页。
③ ［明］湛若水：《湛甘泉文集》卷二十三《天关语通录》，第 89 条，第 121 页。
④ ［明］湛若水：《湛甘泉文集》卷二《新论》，第 18 条，第 527 页。
⑤ ［明］湛若水：《湛甘泉文集》卷二《新论》，第 13、41 条，第 527、529 页。

之生也，人身骨内毛面之形也，是皆气之质，而其气即虚无也。是故知气之虚实、有无之体，则于是道也，思过半矣。

空室空木之中，有物生焉。虚则气聚，气聚则物生，故不待种也。气即种也，得之气化而生也，故虚者，生之本。①

可见湛若水的虚心功夫论是基于本体的功夫论，在儒家哲学上具有一定的创新。他还说：

夫身在屋内，四面墙壁也，何以见天地四方之全，必超身而也立于九层之台，斯尽可见之矣。故物欲也，玩好也；文艺也，皆墙壁之类也。故僻之，而后可以见道。

人心之虚也，生意存焉。生，仁也。生生，天地之仁也。塞则死矣。圣人之心，太虚乎？故能生万化，位天地，育万物，中和之极也。必有主，而后能虚。②

天地之气本虚，虚化之气运转天地，因此人心虚灵，主一无适，跃升于天地之上，势必可以透彻天理。自然间流动之气遵循的是道家的本体论，具有虚无性，《易经》在此处与老子的宇宙本体论相通。湛若水对仁的理解坚持继承孔子仁学，把仁的含义归纳为直接贴切自然的勃勃生机，一种生活本然意味的。湛若水的仁内化到主体者的虚心，这种思维逻辑的逻辑起点是道家哲学的思想，只不过那不是主，而是附属于儒家哲学道德基点罢了。寡欲成仁，湛若水提出无私无欲的为学工夫，保持清明心体论。湛若水说："仁也者，安之为大。""学立，则人无私，学无私，则一，一则明。""贤者寡欲，圣人无欲。寡欲之至，可圣。无欲之至，可天，圣则无意无必，天则无声无臭。"③这是他坚持二程功夫论的地方。

除了融合前人的多种修养方法，比如涵养、寡欲和日新等心法外，湛若水道德修养论的特色在于他提出"煎销习心"的心法来实现精白一心。湛若水分析禹成为圣人般精神意志，归结为禹具有千锤百炼的金子般的品格，因此他告诫自己的学生，务必具备坚强的人格，内心存有敬畏，修养者才会浑合无间，具备

① ［明］湛若水：《湛甘泉文集》卷二《新论》，第43、44条，第529页。
② ［明］湛若水：《湛甘泉文集》卷二《新论》，第460条，第530页。
③ ［明］湛若水：《湛甘泉文集》卷二《新论》，第27、11、1条，第528、527、526页。

盛德，实现“纯心”的“精白一心”特点。湛若水说：“禹之圣也，其犹诸百炼金矣。浑合无间是之，谓盛德。”①“（纯心）其犹乎金之精乎。金之不精，有或杂之，非复企之初矣。今夫金，时时而炼焉。久则精金尔矣。又何待于外求？”②湛若水对锤炼精神的强调不仅仅是一般规范意义上的，还结合适合经验的方法论。湛若水突出辨证技术的运用（与道家哲学合流），考虑现实生活的不确定性与困难。有时，妥协和容忍有利于美德涵养。他说：

> 君子之学也，犹之锻金也，不炉不锤，则金不精。事也者，学之炉锤也。不历事，则仁不熟。不熟，而仁之弃也者。夫仁也者，贵熟之。③
>
> 观洪炉之铸金，则知天地张始矣。在炉，而溶生之也；出炉，而结成之也。溶也者，水始之象也；结也者，土终之象也。其溶也，孰不以为屈而不知生之始也。伸，孰大焉。其结也，孰不认为伸而不知成之终也。屈，孰大焉。始终相乘，屈伸相感，而金未曾变，道之象也。④

“习心”即人心中的坏的部分，好比金子中的杂质。宋代儒家常用人情心、物欲、私欲心、世俗心来表达这样一个概念。湛若水哲学的主旨是随时体认天理，而要达到廓清大公的澄明心境，需要煎销习心。在这里，湛若水透过“习心”概念发展了前人的学说。“体认天理”与“存天理”的不同在于，前者突出了修养自得的思想，体现默识的修养态度，更加关注工夫的有效性；而后者强调境界的保存和占有。作为哲学意义上的“存天理”，这样的境界其实很难维持。其实，从儒学心性工夫角度而言，“存天理”基本上是一个想象的境界。换句话说，“存天理”是一种理想主义的价值追求，而湛若水的体认天理却是可以实现的目标。在湛若水看来，重要的是体验和经历，是一种参与的乐趣，而不是艰难的实现某个难以企及的宏伟目标。随时体认天理是一种现实的，是有效的，是可以获得的。湛若水的煎销习心，不仅仅是一般意义上的灭人欲，他把习心看成一种自然现象，首先肯定它的合理性，强调的是渐进和反复的清洗。

---

① ［明］湛若水：《湛甘泉文集》卷一《樵语》，第 2 条，第 521 页。

② ［明］湛若水：《湛甘泉文集》卷三《雍语》，第 76 条，第 538 页。

③ ［明］湛若水：《湛甘泉文集》卷二《新论》，第 55 条，第 530 页。

④ ［明］湛若水：《湛甘泉文集》卷四《知新后语》，第 14 条，第 541 页。

第三节 甘泉后学：唐枢与许孚远

一、唐枢的“讨真心”

唐枢(1497—1574，号一庵，浙江湖州人)终身投入乡野私塾教育，博学群览，凡历史、经济、地理、政治、制度、典籍、法律、军事、海防、天文、音律与易数，无所不究，亦无所不讲，堪称16世纪中期最博学的教育家与思想家。但由于他久居乡野，未能在真实的公共事务管理领域打开局面，故后世学者知之者少，而深入阅读他的著作的人，就更少了。① 据传，他受学名儒湛若水门下，接受老师融气入心的理本论，在此基础上吸收阳明心学，提出“一念机灵”心法来“追见心之真元”②，发展出以心学方法把握客观之理的新型理学形态。

自程颐、朱子以“性即理”说昭明宋学以来，元明诸儒未敢轻易离畔。王阳明提出良知说后，心学得以大放光彩，大明于天下。至16世纪中后期，心学已然为读书人熟知。唐枢虽拜湛若水门下，但其阳明心学思想浓厚。唐枢以性学为宗，针对阳明学流传、演变的困境和乱象，以“讨真心”是实现其究竟性学工夫，别开生面。与我们普通所认识的“性”不同，唐枢心中的性“不言有无”，“实非空灭”，故“天下之至诚”方能“尽其性”，俨然相当于程朱之“理”。③ 他吸收陈白沙一系太虚之学，认同“性即理”、“道亦即是气”④，“性根不变”，提出“性就是气”的新观点，批判宋儒理气二分的观点。他说：“理气无彼此，无异同……汉、宋诸儒，分理气作二种，不知性即理，性亦即是气……只有元气流行，随在变化。”⑤继而提出人随着时间的变化有壳气、习气、母气、世气与元气五说，主张五

---

① [明]唐枢：《木钟台集》亨卷《景行馆论》，《四库全书存目丛书》子部第162、163册，齐鲁书社1997年版。本文所引著作，如未做特殊说明，均出自此处。
② [明]唐枢：《木钟台集》亨卷《真谈》，第486页。
③ [明]唐枢：《木钟台集》利卷《辖圜窝杂著》，第501—502页。
④ [明]唐枢：《木钟台集》元卷《礼元剩语》，第405、407页。
⑤ [明]唐枢：《木钟台集》利卷《辖圜窝杂著》，第503页。

气归“真生”的元气。① 他多次与阳明高弟钱德洪、王畿论学，一方面学习二人心学长处，一方面也面陈其过。② 其性学以生机、生理、仁、至善等传统伦理价值为依归，以天地一体之德为其生发流行之体。性体“清纯至然”，“纯粹至善”。③ 性根为“天地万物之主”，承受“空真妙一”之太虚而来。④ “性无有无空实……得于天地之生理，有无空实之境，物而不神，含生而就死”⑤，把性学抬高至形上层次，丰富性学的意蕴。在其《病榻答言》中，唐枢指出，性学是学者功夫的根本。学者应以“尽性合命”，“穷理正是尽性处”。⑥ 从个体而言，尽性工夫落于实处则要“调停之机”，“惜形气”，而以“凝神”、“灭虑”为下手工夫，“明法像”，“当境转头”，获得内外双悦之境。他要求学者要“挺挺做真汉子”，要有大同情心，不冷落世界。⑦“性是人心生机”⑧，须真心为主。而心意智识在他看来混是一物。智、识由虚灵高明之真心所控，其中“真心妙明之用为智”，“众体起欲为缘物而动为识”。⑨ 其性学体系兼顾物、事，以“精专”和“尽性”为“达性”之两面，在内外之间保持一种创造性张力，即他说的“不可离内外也不可合内外”博通新性学。⑩ 在他看来，心性一也。性是“天理之明通”，与“灵机发动”之心不同。⑪ 尽性是指人心要使天理流行于世界，实现人心与万物一体的仁者境界，这里与湛若水的合一之学有一致性。

真心与“妄心”相对应，由于私欲对人的本心遮蔽，“原生的知能”成为“既坏的知能”，“妄心”容易干扰虚灵不测心体的决策力。⑫ 真心含有天地实理、真宰、本心、良知、生理、至善等含义，是内在于人身的本来面目，“虚而能灵，灵能通天气”，贯通心—身—元气之间；“人即天、天即心”，故心“宰制万物，放诸四海，而准与天地参”，而真心即为“天地大中之本心”，为“事物之主”。⑬ 这些说法与湛

① ［明］唐枢：《木钟台集》元卷《三一测》，第 417 页。
② ［明］唐枢：《木钟台集》元卷《礼元剩语》，第 405 页。
③ ［明］唐枢：《木钟台集》亨卷《景行馆论·论性》，第 464 页。
④ ［明］唐枢：《木钟台集》元卷《礼元剩语》，第 407 页。
⑤ ［明］唐枢：《木钟台集》元卷《礼元剩语》，第 406—407 页。
⑥⑦ ［明］唐枢：《木钟台杂集》元卷《病榻答言》，第 50 页。
⑧ ［明］唐枢：《木钟台杂集》元卷《病榻答言》，第 53 页。
⑨ ［明］唐枢：《木钟台杂集》元卷《病榻答言》，第 52 页。
⑩ ［明］唐枢：《木钟台再集》元卷《因领录》，第 589 页。
⑪ ［明］唐枢：《木钟台再集》元卷《因领录》，第 599 页。
⑫ ［明］唐枢：《木钟台集》亨卷《真谈》，第 480 页。
⑬ ［明］唐枢：《木钟台集》亨卷《真谈》，第 478—479 页。

若水的中和之心说一致。湛若水以勿忘勿助的心法所涵养的中和之心，是在宇宙流行的心体，与王阳明的“事中”之心略有不同，有外、内之别。唐枢说：“阴阳立而心之真见。”①真心得阴阳之中，真心立基于宇宙阴阳的气机流行，这是他吸收陈白沙、湛若水气学的地方。唐枢的真心还具有力、灵、志、学个维度，实现“性尽则心真”的境界。② 对心体在宇宙流通性的强调，足见唐枢对白沙一系心学的重视。真心说在唐枢的心性论中占有核心地位，他说：“真心乃人实有之心，是人自知的……只被人自埋没，不肯露出头面……功夫只要寻讨明白，自然受用不尽。”③而讨真心成为体认天理、尽性的根本方法。其真心学吸收天命本心说，他说：

> 乃天地生人之根柢，亘古今不变，不著一物，是谓中者，天下大本。人孰无心？只因随情逐物生心，非天地大中之本心，不得为事物之主。得为事物之主，必寻讨精详，辨其真而用之……此讨之之功，所以不可废也。
>
> 迸出原生本体。④

除此之外，他敬仰阳明良知学，说起良知学为“千古血脉”，高度地赞扬王阳明对明代学术的“大明”之功。⑤ 他自述道：

> 问阳明先生致良知之说，欣然欲往……而先生云逝。
>
> 故以良知为真心，即真心即是良知。良知是活机……古之豪杰都从此作根基……着实力将真心迸出……只在真实一念上辨别。⑥

他的“道具于心，必追见心之元真”与“性尽则心真，道之本也”⑦，与宋代禅

---

① ［明］唐枢：《木钟台集》亨卷《真谈》，第 483 页。
② ［明］唐枢：《木钟台集》亨卷《真谈》，第 481、485 页。
③ ［明］唐枢：《木钟台集》亨卷《景行馆论·论真心》，第 463 页。
④ ［明］唐枢：《木钟台集》亨卷《真谈》，第 479 页。
⑤ ［明］唐枢：《木钟台再集》利卷《国琛集》，第 699—700 页。
⑥ ［明］唐枢：《木钟台集》亨卷《真谈》，第 486、482 页。
⑦ ［明］唐枢：《木钟台集》亨卷《真谈》，第 486、485 页。

宗、吴与弼等明初诸儒真心说遥相呼应。① 吴与弼“毋以妄想戕真心”，强调工夫的纯粹性。② 唐枢认识到真心本自“天命”，人人均有“真心”，与王阳明的“良知”概念相当。③ 但是良知即工夫即本体，而其“真心”以“真性”为工夫归宿，在某些方面还是有所不同的。④ 黄宗羲虽然注意到唐枢讨真心工夫论体系的博大，并给予重视，但是，他似乎没有注意到唐枢学术归宿是以博学约礼为路子的“新性学”，这是他没有通读完《木钟台集》的原因，他只注意到《礼元剩语》等少数几部著作。

唐枢看到真心的本然性，但他也注意到后天私意、气习、安逸与交与之心会遮蔽、污染善良本心，故而他强调实力详讨工夫，恢复至善性体。他说心体着不得一物，功夫即是复得心之本体（即讨“真”心的过程⑤），使心保持“太虚之妙”“敬虚之极”，“完具天道”，故其“讨真心”是复其新性学本体的工夫论。⑥ 而黄宗羲说“真心即良知也，讨即致也，于王学尤近”，他认为“讨真心”与阳明“致良知”相近，容易让人误解。⑦ 须知唐枢的讨真心就是要防止阳明后学“致良知”之弊，可算是“致良知”的再下一层工夫，而不能与阳明“致良知”相提并论。“讨真心”是以“克除私欲”、“情欲”为标的，而阳明“致良知”显然要超越有无对待的更上一层工夫，以开发人心性情的自由流放与解放为目的。⑧ 阳明显然以为克制私

---

① 佛家讲真心讲得比较早。宗密（780—841）还作有真心图，其真心即精白之心，与妄想之心对待。真心是与妄心对待的概念，隋唐天台学说中已有清楚表述，宋初天台学者内部又反复予以争论；道教学者的真心说通过禅学而接受天台思想。全真道人心有“真心”、“真性”，即“元神”，是个人生命的内在元素。个体的身心修养需要修炼“真性”、“真心”。全真道教名“全真”，即保全“真性”，内修“真功”，实践“真行”，是为全真。可参考潘桂明：《智顗评传》，南京大学出版社 1996 年版。

② 吴康斋：《康斋集》卷十一《日录》，第 242 条，第 583 页。

③ ［明］唐枢：《木钟台再集》元卷《六咨言集》，第 603 页。他在《真谈》中还说“学问功夫说到良知处便无些子躲闪，良知是心体”，这说明他很赞同阳明心学。某些地方，他甚至说“真心即是良知”，详见《真谈》，第 482 页。寻讨真心即是寻讨“心之灵妙”、“元真”的过程。详见《真谈》，第 486 页。

④ ［明］唐枢：《木钟台集》亨卷《景行馆论·论功夫》第 466 页。在《景行馆论》，唐枢也注意到“功夫就是本体”，“寻得本体不走做，才是真功夫”。故在存天理、去人欲方面，他强调二者的合一与同时无间的下手。这样融本体与功夫一体的过程，他认为即是得阴阳之“中”，他说“阴阳得其中是本体功夫”。此“中”即是人刻苦上进，“精求”、“纯一”，辨真于精一之中，是为古今心学之奥。详见《真谈》，第 483 页。

⑤ ［明］唐枢：《木钟台集》亨卷《真谈》，第 482 页。

⑥ ［明］唐枢：《木钟台集》亨卷《景行馆论》，第 463 页。

⑦ ［明］黄宗羲：《明儒学案》卷四十《甘泉学案四》，第 948 页。

⑧ ［明］唐枢：《木钟台再集》元卷《六咨言集》，第 602 页。

欲此类低劣的工夫论难于以“致良知”相提并论。他的良知是“彻天彻底的精灵”,是超越善恶的。传统宋儒的工夫论在他眼里显然是拙劣的。在受邀天心书院时,唐枢公开批评良知学流传至今的问题,既缺乏“力致”、“精一”之功,流为“恣情无忌惮”、“昏昧”、“师心自用”、“浮情而空讲”、“机械作弄”、“积染”、“憧憧往来”等问题,导致“忽而不章”、“行不著”、“力不察”和“神不显”后果。[1] 所以他要恢复良知之流行无滞、天则昭然,坚决反对阳明后学不肯下苦功,告诫其“不以太易持说”,“不以太易持功”,重振阳明学真切有味之特点。[2] 阳明后学流传中,出现一批以“意见”、“杂糅”为代表的学者,“以识神自认为吾知之良”,学问不扎实,道德种子不纯,“恣荡情理,逐溺世情,文饰门面”,最后“违心自味”,“弄假成真”,对于这样的学术风气,唐枢是深感痛心的。[3] 他要讨真心,以真心良知“灵知之妙”,实下苦工,破“无明之蔽”,挽救阳明的良知学。为此他提出“慎”字诀,试图通过“慎思明辨”的问学过程,让王阳明的良知学落到实处。[4] 唐枢的“慎”字诀,涵盖“真”、“心”,“慎字从真从心,惟慎而真心现,失其本心只因不慎”[5],事实上说明其功夫论归宿要回到慎独学,这样开启许孚远、刘宗周慎独诚意学的大门。在洗心之法中,他特别强调“神以知来”、“智以藏往”的《易经》路子,这也是他在江西青原会讲中与阳明弟子邹守益、刘狮泉等反复争辩处。[6] 他提出“凝神合体”功夫论,严辩理欲关,走刻苦践履的路子,开启了许孚远的“凝神”功夫论。[7]

唐枢学术甚为庞大,诸家学说都能融会贯通。其真心说即是融合湛、王学术的代表。黄宗羲说唐枢的真心即虞廷之道心、阳明之良知。[8] 而讨真心则合工夫与本体一体,反身寻讨,去除物欲见闻对本心的遮蔽,恢复自然澄明心体,可纠阳明学直任灵明之弊。自湛若水承陈白沙认气为理,其门人唐枢认为天地万物是个“真生”的世界,太极元气,万物大同,宇宙生生贯通个体身心。唐枢也

---

① [明]唐枢:《木钟台再集》元卷《天心书院咨言》,第 606 页。
② [明]唐枢:《木钟台再集》元卷《天心书院咨言》,第 606—607 页。
③ [明]唐枢:《木钟台集》亨卷《真谈》,第 486 页。
④ [明]唐枢:《木钟台集》亨卷《真谈》,第 487 页。
⑤ [明]唐枢:《木钟台集再集》元卷《积承录》,第 575 页。
⑥ [明]唐枢:《木钟台集》利卷《辖圜窝杂著》,第 502 页。
⑦ [明]唐枢:《木钟台再集》元卷《天心书院咨言》,第 606 页。
⑧ [明]黄宗羲:《明儒学案》卷四十《甘泉学案》,第 948 页。

承“心之精神为圣”，类杨慈湖的心学思想。[①] 其真心学体系提倡真思实学，以真宰做真实事，实现真人，恢复真我。[②] 可见，唐枢针对学子不务实业、崇尚虚谈的学风，以“讨真心”的工夫论教法，是有实际意义的。另外，真心寻讨工夫论以转念为法，借用佛家认识论，具有佛学色彩。唐枢还把道家生生哲学体系组建其“真生”宇宙本体论，学术融合色彩浓厚。

当时理学界普遍具有一种浓厚的心学色彩。即便是那些唯理主义者，在心具万理、理契于心上，不敢持异见。16世纪明儒哲学史对真心说的发展，体现出援道入儒、纳气入理的学术创新，既是对唐枢心学思想的回应，也是对其“讨真心”思想的发展和创新。[③] 张后觉(1503—1578，号弘山，山东茌平人)创立“良学”体系。其中良是本体，“人能体此良字，自然本体灵明，日觉有益”[④]。他将良知二字拆开来讲，别具生面。其真心主要是指求儒家之道行伦理之心，宗教性气氛浓厚。他说：“为学只是要真心。心有不真，终日讲说，还是假的，不谓之问道。”[⑤]从真心问道的高度看，而“人与它事或伪为，独孝弟仍是真心……古之圣人做的事业光明俊伟，亦是此孝弟之真心发见”[⑥]，这样容易使真心学在日用生活中展开，让儒学世俗化得以可能。孟化鲤(1545—1597，号云浦，河南新安人)为北方王学后秀，师从王学巨子尤时熙(1503—1580)，得阳明良知学。[⑦] 其以生理为真心，与唐枢真心说相契，他说：“人之心即浩然之气，浩然者感而遂通，不学不虑，真心之所溢而流也……其易简……不求诸心……不本之集义，心非真

---

① [明]唐枢：《木钟台集》亨卷《景行馆论·论养》，第473页。

② [明]唐枢：《木钟台集》亨卷《真谈序》，第475页。

③ 明末后世学者多讲真心。胡居仁认为陈献章“认气为理”，说明陈献章的理带有道家的气息，其弟子和再传大多持真心说。而阳明后学也不例外，说明儒学内部三教合流的趋势。

④ [明]张后觉：《张弘山集》卷二《昌黎学道堂讲话》，《四库全书存目丛书》子部第91册，第165页。

⑤ [明]张后觉：《张弘山集》卷一《教言》，第148页。张后觉以教法著称，弟子众多，善于启发人。其高弟孟秋、赵维新均为儒家，留有著作。

⑥ [明]张后觉：《张弘山集》卷二《昌黎学道堂讲话》，第165页。

⑦ 孟化鲤之师尤时熙，字季美，洛阳人。时王阳明《传习录》始出，士大夫多力排之，时熙一见叹曰：“道不在是乎？向吾役志词章，末矣。”“已而以疾稍从事养生家。授元氏教谕，父丧除，改官章丘，一以致良知为教，两邑士亦知新建学……居常以不获师事守仁为恨，闻郎中刘魁得守仁之传，遂师事之。魁以直言锢诏狱，则书所疑，时时从狱中质问……念母老，乞终养归，遂不出，日以修己淑人为事，足未尝涉公府。斋中设守仁位，晨兴必焚香肃拜，来学者亦令民谒。晚年，病学者凭虚见而忽躬行，甚且越绳墨自恣，故其论议切于日用，不为空虚隐怪之谈。学者称西川先生。”

心，气非浩然，欲希天地我塞难矣。”①晚明王学巨子张信民（1562—1633，号抱初）的真心说与张后觉真心说一致，他说：“孝弟忠信，虽有四者，然总不过一真实之心。真心不失，遇亲便能孝，遇长便能弟，自尽便为忠，与人便为信。”②真心即真实之心，指本心内在的德性，具有真实性，为回归真实的世界提供理论上的可能，与唐枢心学相契。明中后期儒家三家合流，真性说多有流衍，与唐枢的讨真心不能没有关系。阳明后学就这一方向发挥性学，形成性本体论，尤其是钱德洪（1496—1574，号绪山）、王时槐（1522—1605，号塘南）的透性工夫论、赵维新的真性说，体现阳明后学儒佛合流的特点。

总之，唐枢的学术思想兼容并包，体系庞大，强调内心与外理的契合，以便对治万事万物，具有浓厚的实学色彩。“讨真心”则是实现其心性学的工夫论，其学术立场是传统程朱理学而非阳明心学的。由于唐枢“讨真心”思想令人耳目一新，在“讨真心”功夫论影响下，不少阳明后学坚持、发展和深化出“真心”、“真性”说，一直到明朝灭亡。唐枢“讨真心”有力地促进16世纪明代心学思想的发展，体现出新的性理之学的学术感召力。其“讨真心”说有助于良知学在新的环境下的传播。

二、许孚远的“念不落意”

许孚远（1535—1604），字孟中，号敬庵，浙江德清人。许孚远拜同里博学醇儒唐枢为师，往来师门多年，颇得唐枢“讨真心”功夫论精华。

16世纪末期中国官场风气、学术风气和社会风气已经不再是15世纪初的那样淳朴、单一化了，政治发展陷入困境，有志学者多有“转移士习、挽回运气”③、“挽回国势、转移人心”④的志向和心态。许孚远说：

---

① ［明］孟化鲤：《孟云浦先生集》，《四库全书存目丛书》集部第167册。也可参阅《孟云浦集》，孟昭德主编，中国文联出版社出版2007年版。孟云浦以教育著称，与顾宪成、邹元标、冯少墟、孟我疆、杨晋庵等人讲学，在新安建川上书院，门人弟子以新安吕维祺（1587—1641）、渑池张信民（1562—1633）为著，都有著作传世。

② ［明］张信民：《张抱初先生印正稿》，《四库全书存目丛书》子部第15册，第736页。

③ ［明］许孚远：《敬和堂集》卷五《简焦猗园丈》，日本内阁浅草文库版（十三卷本），台北中央图书馆藏，第85页。

④ ［明］许孚远：《敬和堂集》卷五《简李见罗年兄》，第59页。

> 近世文章日趋于巧便，议论日入于高玄，而行履多见其疏阔，事功鲜见其巍焕，其为关系不小。有世道之责者，能无虑乎？①
>
> 当世通患，在于风俗颓敝而不可为。②
>
> 即使大圣贤复出，未必能有济于事。③

他指明谋功利者多，禅学横行，假道学、伪君子大行其道，表达出对当时社会风气的担忧和无可奈何的心情。

（一）一念纯明

许孚远是16世纪后期中国的儒家巨擘。许孚远说："欺者，物之蔽；独者，知之体……即格即致即诚，完复在于一念，而廓清在于物欲。"④此语指出了许孚远学的归宿，就是通过一念诚意、摄念归真的道德修养论来实现慎独知体的至善天德境界。许孚远的老师是唐枢，而唐枢的同门洪觉山（即洪垣，1507—1593，字峻之，江西婺源人，湛若水嫡传弟子）的学术以觉悟为宗，通过不以躯体上起念实现神明心体的明觉状态，使心保持常寂常感的功用，而试图通过念头上的功夫来去除外物、外欲之累，这些与阳明心学的流行相关。

许孚远对自己从静坐沉思中涵养出来的学问颇为自信，他说：

> 与胡子论辩不以为然。及谪居山庐……兀坐沉思，恍然觉悟，知此心不可着于一物，澄然无物，性体始露，乃知圣门格物之训，真为深切而著明。⑤

这话说出了他的功夫路子，其实和静坐呈现至善性体密切相关，这是他的自得为己之学可贵之处。儒学以经世宰物为归宿，通过学习过程来凸显心的明觉（复本心），使心不为物欲所蔽，从而心具备对外物神奇的感知能力，这

---

① ［明］许孚远：《敬和堂集》卷五《简焦猗园文》，第85页。

② ［明］许孚远：《敬和堂集》卷三《简李及泉兵宪》，第21页。

③ ［明］许孚远：《敬和堂集》卷五《简管东溟文》，第80页。

④ ［明］许孚远：《大学述一卷答问一卷附大学古本一卷》，序言，台北中央图书馆藏善本（万历二十一年刊本），第1页。

⑤ ［明］许孚远：《大学述一卷答问一卷附大学古本一卷》，序言，第3页。

样的过程就是透性的过程，性体至善在外在事物得到展现、展开，表现为人类利用自身的智慧开物成务的创造过程。由于心体对性体的无限把握需要一个终极归宿即知止或者说规矩、极限，在许孚远看来，就是不断格物的过程，这个过程其实就是不断“一念几微”的功夫①，上契洪觉山的觉悟心法。许孚远在万历五年(1577)夏和里士友人在慈相寺听松堂所做《觉觉堂说》时指出：“夫觉者，人之性也……人之灵觉之性，盖无所不贯……无所不能通，而无所不能顺……觉性之所以为妙也……故学者，贵于觉之而已矣。”②他指出觉悟力对儒者功夫操守的重要性，凸显人的道德主体性，以达“清明”、“湛然”和“圆融洞达”的境界③，以区别于“掩非匿垢以欺己”的道家之学和“肆为幽冥恍惚之谈”的佛学④，并视之为“觉之贼”。洪觉山说：“从人欲上起念，便踏危机、凶机；从天理上起念，便踏安机、吉机。”⑤“理欲只是一念。”⑥可见在湛若水嫡传弟子的眼里，通过正念头明辨理欲之分来做体认天理的功夫，尤显迫切。湛若水与洪觉山工夫论的区别在于一个强调体认天理功夫的空间性，一个凸显功夫的时间性，即“随处体认”与“随时体认”的不同。因此，洪觉山的思想体系似乎融合王阳明、湛若水二人思想优势开创出一套强调在合适的时间审“几”的思想体系。而其同门的唐枢在功夫的整合上，与洪觉山一致，他的“讨真心”思想体系也是吸收王阳明、湛若水二人思想各自不同部分来挽救当时空疏的学风。许孚远的销铄尽“种种血气之私”⑦与湛若水的“消除习心”功夫相通，有暗合王阳明去除人心深处意的不善因子。在对天理的体认上，许孚远提出“随处熏蒸透彻”天理的观点⑧，其颇有自觉接洽湛若水、洪觉山“体认天理”一系功夫论的意图。

当时的学风，用许孚远自己的话说就是，异端、曲学与儒学名教并存，而异端崇尚“虚无寂灭”⑨，主要是指以“绝仁弃礼、剖斗折衡”的道教和“离弃人伦、幻

① ［明］许孚远：《大学述一卷答问一卷附大学古本一卷》之《大学述》，第 2 页。
② ［明］许孚远：《敬和堂集》卷十《觉觉堂说》，第 9—10 页。
③ ［明］许孚远：《敬和堂集》卷十《觉觉堂说》，第 10 页。
④ ［明］许孚远：《敬和堂集》卷十《觉觉堂说》，第 11 页。
⑤ ［明］洪垣：《洪觉山绪言》卷一，第 48 页。
⑥ ［明］洪垣：《洪觉山绪言》卷二，第 76 页。
⑦ ［明］许孚远：《敬和堂集》卷五《简李见罗年兄》，第 63 页。
⑧ ［明］许孚远：《敬和堂集》卷四《答苏紫溪参政》，第 30 页。
⑨ ［明］许孚远：《大学述一卷答问一卷附大学古本一卷》，序言，第 2 页。

化天地"的佛教[1]；曲学强调"权谋术数"[2]，直接导致社会核心精英阶层浮躁、不踏实的风气，都是对当时的读书人行为起着误导作用的。即便是"虚而实、寂而感"、"湛然虚明"的儒学体系自身之内[3]，也存在着各种不同的声音。以格物说为例，按许孚远的理解，到1593年（万历癸巳）就已存在着"凝支"派（"即物而穷理"）、"涉径"派（"于事事物物格其不正"）、"虚见"派（"格知物之本末"与"格无物之物"两个分支）、"格外物"派（以司马光为代表）、"格物欲"派（以胡庐山、耿定白、顾宪成等）。他自己试图以司马光、苏轼等人格物说为宗来统率当时的格物说。[4] 在许孚远看来，所谓的"格物"是指"格其物之累吾心而不安者"[5]，使心体获得自由活跃的轻松之境以便实现心主宰万物的明觉能力；"格物"功夫，与先儒的"洗心"、"克己"、"闲邪"一致，呈现至善真性的道德涵养过程。[6] 许孚远正是因为看到当时学风浮躁、混乱和无序，当时的学术界需要一种强有力的学术思想来规范当时学脉的流传，他提出"一念诚意"的"格物"工夫论，"格去物累"，恢复真性的"湛然"状态。[7]他还说"古人为学只在一念上用功，一念诚与不诚，得失存亡至切，故《大学》特提诚意为全经枢纽"[8]，并说"一念之微，迥然不昧"[9]，功夫容易上升到"知善知恶"的虚明之境。他说"意有真妄"，"知无不明"，因此提出"摄念归真"的心性口诀，消除妄意，保持内心的纯洁，实现心体的时时刻刻的"神明"功能。[10] 许孚远提出念"不落意"的诚意功夫，他说："念安得无，只反诸一诚，念念归真，便不落意。"[11]通过忠信笃敬的诚意功夫，"斩钉截铁"，"念念归真"，实现"诚体"的流行，这样诚意功夫便到家了。许孚远的"念念归真"就是要去除人心深处恶意的萌芽，消除意的不善成分，达到善念、真念头的目的，回应王阳明"有善有恶意之动"的难题，与湛若水的随处、随时"体认天理"的功夫实质上有暗合之处，都强调功夫过程中时时刻刻观照时间的连续性，以便实现功夫的连

① ［明］许孚远：《大学述一卷答问一卷附大学古本一卷》之《大学答问》，第8页。
② ［明］许孚远：《大学述一卷答问一卷附大学古本一卷》，序言，第2页。
③ ［明］许孚远：《大学述一卷答问一卷附大学古本一卷》之《大学答问》，第8—9页。
④ ［明］许孚远：《大学述一卷答问一卷附大学古本一卷》，序言，第2—3页。
⑤ ［明］许孚远：《大学述一卷答问一卷附大学古本一卷》之《大学答问》，第6页。
⑥⑦ ［明］许孚远：《大学述一卷答问一卷附大学古本一卷》之《大学述》，第5页。
⑧ ［明］许孚远：《大学述一卷答问一卷附大学古本一卷》之《大学述》，第7页。
⑨ ［明］许孚远：《大学述一卷答问一卷附大学古本一卷》之《大学述》，第8页。
⑩ ［明］许孚远：《大学述一卷答问一卷附大学古本一卷》之《大学述》，第4页。
⑪ ［明］许孚远：《大学述一卷答问一卷附大学古本一卷》之《大学答问》，第11页。

绵不绝，这与弗格森、梁漱溟的生命流行连绵说一致。所以，许孚远的“一念”、“摄念归真”诚明功夫就是要解决王阳明过于“依傍灵明知觉”的流弊[1]，使“致良知”落到实处、迈入真知真学的地步需要“诚意”功夫论护航，“格去物累以致此良知，而一归之诚意”[2]，使良知学回到“至善”之学的正途。

许孚远说“诚意功夫透的是一格物”，“格物真际”完全没有“血气心知”和“声色种种”困惑，其实就是“不挂一尘”的潇洒自由心态。[3] 诚意过程实际上相当于格物，而格物可以实现王阳明致良知学目的，归于诚意的致良知过程可以避免“空虚、疏略之病”[4]，扭转阳明后学流传中的禅学化等不足，如许孚远曾说：“近时学者多被禅学汩没，因援儒入墨，乱人趋向，其惑已久。”[5]王阳明本人由于通过生死历练、佛道参悟和多年的读书涵养开创良知学的新局面，打开16世纪早中期中国思想的新气象。但其后学鲜有王阳明本人的事功磨炼、知识格局和恢宏气度，因此在传播阳明学的过程中，多加进各自的生活历练、理解方法和知识积累，传播中的阳明后学已经不是那个随机而教、善于教人的良知学。阳明后学流传到16世纪末期已经算是“余毒无穷”了。许孚远总结当时流传的阳明后学的两种主要缺陷，一是势力比较大的“接着讲”这一派“以知解议论，其说渐长，其味渐薄，至使‘良知’二字若为赘疣，容易向人开口，不得矣”[6]，使良知学成为多余而无用的东西；还有人数较少的“维持”派，“自作主张，仍以意见为话柄相夺”[7]，此二派均使良知学流传背离王阳明本人的旨趣。应该说，湛若水、洪觉山、唐枢和许孚远都看到了阳明后学禅学化、实用性不足的困境，并试图通过以慎独诚意为中心的学术思想来遏制阳明后学流传之弊，通过回归理学传统资源，重视道德践履，“收敛向里为学”，“凝神养德”[8]，回归“真意”、“善意”。正是在与阳明后学交战中客观上哺育新的学问种子。最后，许孚远弟子刘宗周通过慎独学体系，尤其是诚意功夫论，对流毒无穷、过度禅学化的阳明末学进行总的清算，终结了阳明后学浙江地区的流传。[9]

---

①② [明]许孚远：《大学述一卷答问一卷附大学古本一卷》之《大学答问》，第7页。
③ [明]许孚远：《敬和堂集》卷四《简蔡见麓少宰》，第17页。
④ [明]许孚远：《大学述一卷答问一卷附大学古本一卷》之《大学答问》，第7页。
⑤ [明]许孚远：《敬和堂集》卷五《简耿楚侗先生》，第48页。
⑥⑦ [明]许孚远：《敬和堂集》卷五《简王敬所先生》，第46页。
⑧ [明]许孚远：《敬和堂集》卷五《启徐存斋老先生》、《简钱淡庵先生》，第45—46页。
⑨ 朱义禄：《论刘宗周的唯意志论：兼论阳明心学的终结》，《东方论坛》2000年第3期。

（二）念念归真

许孚远对自己的诚意之学甚为自信，从儒家学脉的高度来立论，他说："慎独一语是学者命脉上功夫，这独处打叠得净尽，与鬼神相通，更有何事。"①提出他要以慎独学开辟新的学术流派的声音。在阳明后学禅学派大行其道的16世纪末期，许孚远在学术坚守上客观上抬升了慎独学的地位和层次，他说：

> 独处未尝不知，知不足以尽独。《大学》、《中庸》但言慎独，"独"之一字最可玩味，此神明独存而为万事之主宰者也。于此不慎，一差千差，故程子曰"有天德，便可语王道"，其要只在慎独。②

可见，以"慎独"学为核心的学脉由于保养神明的觉悟能力和宰制万事万物的事功能力，可以抵御当时空虚浮夸的学风，可以培养第一流的真才实学的优秀人才。慎独功夫可以实现天德境界，许孚远说：

> 独之可畏也，能慎独而诚意才是有德，何者？念虑真纯，不愧屋漏，此天德也……只慎独诚意则心正身修，一起都了，而齐家治国平天下，将举而措之……自古圣贤，莫非此学。③

慎独到诚意地步才是真正的慎独，是真功夫，凸显"真纯"念头在功夫中的地位，人德在精白念头中实现与天德相通的可能。许孚远在自己的道德修养中，追求"小心翼翼、昭事上帝"与"终日乾乾、夕惕若"的"慎独样子"④。所谓独，其实就是一念至善、"一念明觉"⑤、"一念纯明"⑥、一念诚意的含义，即"与物无对之称"⑦，让念头保持"真笃"的状态⑧；慎独意味着"调理性情"的道德修

---

① ［明］许孚远：《大学述一卷答问一卷附大学古本一卷》之《大学答问》，第11页。
② ［明］许孚远：《大学述一卷答问一卷附大学古本一卷》之《大学答问》，第10页。
③ ［明］许孚远：《大学述一卷答问一卷附大学古本一卷》之《大学述》，第9—10页。
④ ［明］许孚远：《大学述一卷答问一卷附大学古本一卷》之《大学述》，第8页。
⑤ ［明］许孚远：《大学述一卷答问一卷附大学古本一卷》之《大学答问》，第3页。
⑥ ［明］许孚远：《大学述一卷答问一卷附大学古本一卷》之《大学述》，第22页。
⑦ ［明］许孚远：《大学述一卷答问一卷附大学古本一卷》之《大学述》，第8页。
⑧ ［明］许孚远：《大学述一卷答问一卷附大学古本一卷》之《大学答问》，第3页。

养过程[①],功夫主体借以此来完善自己的德性,涵养自己的学问,“遏欲存理”[②],变化气质。在内圣转向外王的过程中,“慎独即所以慎德”,“纯心要”,获得“冲虚淡泊、明镜止水”的心性境界,通过“理而使均”的治理方法,“治天下之道”便自然而然。[③]

在圣学治理天下公共事务的实践过程中,政府官员周旋于事事物物之间,“与物欲交病,而性为之蔽”,“复性”之学就是“怯蔽”,消融气质,廓清物欲,而《大学》《中庸》的慎独学正好是复性学的关键,故许孚远说:“圣贤教人,千言万语,总是这个脉络……但看慎独一言……舍此,则无所致其力也。”[④]为了对抗庸俗的社会风气,许孚远彰显慎独学的精神,要求门人实下功夫,来挽救世风,故他对钱青甫说:

> 但要识得独是何等面目?慎是何等功夫?切切实实向自己身中讨究下落,操存涵养,时刻不肯放过,方与此理有相干涉。[⑤]

通过慎独诚意的真实功夫,许孚远的思想体系与朱元璋的“精白一心,对越上天”和吴与弼的“精白一心,对越神明”相契合与一致,使得整个明朝思想史似乎转了个圆圈,终于又回到明初思想界的精一功夫阶段,但工夫论上更加精密、复杂、圆熟。而这样的一个时期,似乎标志着明朝走向了人治政治的末期,暗示着明朝政局不可挽回地要覆没了。

(三)凝神养德

许孚远曾说:

> 天然自有之谓性,效性而动之谓学。性者万物之一原,学者在人之能事。故曰天地之性人为贵,为其能学也。学然后可以尽性……高之沦于空虚,卑之

---

①② [明]许孚远:《大学述一卷答问一卷附大学古本一卷》之《大学述》,第14页。

③ [明]许孚远:《大学述一卷答问一卷附大学古本一卷》之《大学述》,第21—22页。

④ [明]许孚远:《大学述一卷答问一卷附大学古本一卷》之《大学答问》,第4—5页。

⑤ [明]许孚远:《敬和堂集》卷三《答钱青甫》,第36—37页。

局于器数，浸淫于声利，靡滥于词章……故学以尽性为极，以孔子为宗。①

他明确指出其学问归宿是孔子的复性之学（仁学），也就是所谓的程朱理学，回归道理无穷的外王之学，以区别于禅学化的阳明后学。他说"孔门学脉"以仁学为宗，仁就是本心所具"生理"，凸显克己复礼的修养功夫以达天德王道层面，天下归仁。② 在心性学上，他既不同意学友胡庐山的以灵觉为性的观点，认为此说"犹是未莹"③；也不同意挚友李材以灵觉为心的观点，认为此说"主张太过"④，暗示其心性学要回归孔孟学脉，以"灵觉"为提升心的明觉能力的方法，是功夫主体把握世界、开物成务的认识工具而已，既不是心也不是性。在许孚远看来，性体"是一个天命之体"，本善，无形气之杂，而心体"合灵与气"，有形气之杂，故有道心真心公心与人心妄心私心之别，"心者至虚而灵，天性存焉"。⑤ 性在心内，故需要功夫主体不断地做存心复性的磨炼，这些看法与程朱、吴与弼等人的心性观暗合。养性主要就是明德、止至善的为仁功夫。

功夫论上，许孚远强调躬行、体念的定性功夫，要求修养者在理欲、志气、动静、感应等关节点上修养天德，所谓"安以舒养"、"容静以肃"的实修实学，⑥以"勿忘勿助"为教法，强调凝道养神、主敬存心与事亲事君，显然是以实用仁学试图挽救当时的虚夸之风。⑦ 因此，他任陕西提学副使时（1585—1587）训诫关中诸生，要求学生务必"专务自治，时时反观内省，闲邪存诚"，务必以"悠游厌沃、日就月将"的态度"读书"、"蓄德"，做自己"性分内事"。⑧ 培养了以冯从吾（1556—1627，字仲好，号少墟，西安人）为代表的关学后辈，在明末有效地捍卫程朱理学的传播。许孚远在对复性之学的价值取向上与其老师唐枢一致，甚至在凝神、裕政层面上也一致。许孚远的凝神口诀"凝神于一物之微而得其至者"，"深造自得"。⑨ 凸显全养精神实现灵台清明无物的明觉状态，在处理公共

① [明]许孚远：《敬和堂集》卷十《原学篇》，其一，第1—2页。
② [明]许孚远：《敬和堂集》卷十《原学篇》，其二，第2—3页。
③④ [明]许孚远：《敬和堂集》卷五《与胡庐山先生论心性书》，第3页。
⑤ [明]许孚远：《敬和堂集》卷五《与胡庐山先生论心性书》，第1—2页。
⑥ [明]许孚远：《敬和堂集》卷十《原学篇》，其三，第3—4页。
⑦ [明]许孚远：《敬和堂集》卷十《关中示诸生》，第4—5页。
⑧ [明]许孚远：《敬和堂集》卷十《关中示诸生》，第7页。
⑨ [明]许孚远：《敬和堂集》卷十《养神说赠章元礼》，第15页。

事务之时通过定志、慎思的方法实现气充才达的效果。①许孚远常利用归山闲居时机保养精神,“时刻不忘检点……觉精神凝聚”,“凝养此心……令冲虚缜密,无有一毫英气发露”。② 这与吴与弼的“养元气”、陈白沙的“养端倪”并无二致,由凝神进而调养身心的心法是吴与弼、陈白沙、湛若水、唐枢一系学脉传承的标志。许孚远颇赞誉吴与弼的出处可鉴。③ 对陈白沙“元神灏气”说倾心,认为白沙心学得“禅之精者”,“近玄而不近禅”。④ 并以自己的慎独学、“凝神”口诀对接陈白沙“静中养出端倪”深造自得功夫,令我们感觉其醉心于白沙心学“参前倚衡”倾向。⑤

许孚远的“凝神”功夫论要求修养者专事“静修”,消除情识,呈现“独体”和“止体”,使内心完全安静下来。“凝神”是慎独通往致良知的口诀。⑥ 在给其弟弟许仲毅调养身体的信中,许孚远详细地道出了静心凝神、保养身体的方法,他说:

> 人只为情想扰动,精神汗漫而不收,一点火动郁积于中,便有疾病发作。今须著实看破,将种种情想,全身放下……惟是念头放得下,则欲火渐消,精神渐敛,读书作文,随其分量,只以平淡心为之,莫强思索,过于劳耗。平时坐作,要静定,莫涉浮杨,言语要简省,莫生枝蔓。⑦

由此可知,俨然是儒家慎独养身的规矩。通过放下念头,去除物欲、情想的意,实现善念在心,保持内心的清凉,以“念不落意”为遏欲存理的功夫正是许孚远学的秘密所在。许孚远对克治身心毛病颇有心得,他说:

> 调治要诀只一静字。凡事放得下是静,愤怒不作是静,撇得家累是静,谢得世俗应酬、置是非毁誉于度外是静,起居惟时、不自拘碍是静,不如意处不

① [明]许孚远:《敬和堂集》卷十《积学说赠卓樨成》,第18页。
② [明]许孚远:《敬和堂集》卷四《简吴行之书》、《答万从训》,第38、34页。
③ [明]许孚远:《敬和堂集》卷四《简邓潜谷丈》,第33页。
④ [明]许孚远:《敬和堂集》卷五《答沈实卿》,第37页。
⑤ [明]许孚远:《敬和堂集》卷五《答陆以建》,第28页。值得褒扬的是,许孚远对“胡陈之辨”也有调和的倾向,认为胡敬斋学术中正,不可以有见无见评价前贤。
⑥ [明]许孚远:《敬和堂集》卷三《答钱青甫》,第36—37页。
⑦ [明]许孚远:《敬和堂集》卷三《寄仲弟毅》,第41页。

> 生烦恼是静，病痛作苦时且自甘受、不求医药速效是静，心下常令空空荡荡、不著一毫思虑是静，有思虑动时视为邪祟、一觉而消之是静，持此一决，怯病不难。①

在他看来，需要通过内心的宁静来对抗浮躁的社会风气，以静凝神，保养心灵的纯洁。

可见，以阳明心学直接参悟心体不同的是，许孚远之学强调“厚积负道”、“周旋进反”，②其“学之准则”其实就是日积月累的传统理学家存养路子，其“勿忘勿助见真精”③之说，有回到康斋之学的读书路子倾向，但又扬弃了程朱的烦琐路数，吸收了一些心学甚至是禅宗的觉悟方法而已，如他有诗歌“静夜观心转法华”④、“顿觉万虑空”⑤等。

（四）独知之妙：许孚远对慎独学的回归

许孚远曾总结自己的学问归宿时说：

> 古今圣贤学问，总只在一念上功夫，不论动静闲忙难易繁简，学无往而不在，愈笃实愈精明，愈体验愈亲切，真有人不及知而已。独知之妙，此吾夫子所以学而不厌者。⑥

他明确指出其学问枢纽是以“一念”诚意为核心的慎独学，以体验“独知”为下手处。当时内圣外王都通达的真才实学型学者并不多见，许孚远经常时有感叹，他说：“今之学者，只觉浅陋空疏，视诸大儒气象迥不相及。”⑦正是担忧学脉不传，于是他竭力接洽传统慎独学来做收敛向里的学问，遏欲存理，恢复真性，试图复兴实用儒学。他说：

---

① ［明］许孚远：《敬和堂集》卷三《简钱惟凝》，第33页。
② ［明］许孚远：《敬和堂集》卷十《积学说赠卓檏成》，第17—18页。
③ ［明］许孚远：《敬和堂集》卷十三《壬午冬瞻谒孟庙携侣俊夫沈虚中》，第5页。
④ ［明］许孚远：《敬和堂集》卷十三《壬午仲冬宿杨庄纪事》，第19页。
⑤ ［明］许孚远：《敬和堂集》卷十三《甲午春秋玩月》，第37页。
⑥⑦ ［明］许孚远：《敬和堂集》卷三《简钱惟凝》，第31页。

> 鄙人论学大端……具在《原学》诸篇，真性在人，无不具足，只为血气所乘，物欲所蔽。千古圣贤，总在去欲存理，更无别法。但工夫无穷，不可容易放过。①

由此可见，他要回到先秦儒家那里寻找对抗俗学的武器，他的学问基石就是性善之学，其功夫论就是养性修养方法。

许孚远针对当时的学风提出真笃、纯明念头的慎独功夫，无疑是一剂清新剂。正是由于许孚远自身对纯明念头的坚持使得他自己在官场一路磕磕碰碰，四起四落，绝不同流合污，甚至连委屈自己的身份都不愿意，而在 16 世纪后期地域性党争与官方厌恶讲学的官风下，势必决定其自身的政治仕途命运尤其坎坷。如果不是两次中日战役，国危思将，精通海防的他才得以重用，许孚远的官场命运势必更加坎坷。另外，由于他对真笃念头的特别自信，也在一定程度上妨碍他对知识学习“无所不读”态度的缺失，使得他的圣学思想“内卷”，也直接导致其门人刘宗周慎独学的“迂阔”，在崇祯皇帝看来的“迂阔”直接导致明朝在军事火器技术革新上难以突破，自然难以挽救大明王朝的覆灭。许孚远说：“古人之学以养心而检身，读其所当读之书，考其所当考之物……具从根本上探究，未以诵读考索为急也。”②这是他教法，依此教法，则刘宗周的慎独学势必会走上更加精密的地步，或许就与“无所不读”、博学等程朱教法不一致。事实上，在阅读许孚远文集的过程中，他对程颢、程颐、朱子、湛若水、王阳明的格物致知之学都有意见，比如说二程致知学“不免骑墙之见”，说朱子、湛若水格物说“词旨汗漫”，说阳明之教“多沦于空虚疏略”；③甚至说朱子、阳明二人格物穷理说都“未尝照应理会经传义理”，有“字面牵和”的缺陷。④ 我们明显感觉到许孚远试图开宗立派、独树一帜，在学问“精一上”与道德操守、念头功夫上的笃定的坚守，他对意念“灵明透彻”、“精神归一”执着⑤，也仿佛与传统程朱理学，甚至与他的那个时代越走越远。

---

① ［明］许孚远：《敬和堂集》卷三《简寸宁宇别驾》，第 26 页。

② ［明］许孚远：《大学述一卷答问一卷附大学古本一卷》之《大学答问》，第 5 页。

③ ［明］许孚远：《大学述一卷答问一卷附大学古本一卷》之《大学答问》，第 7 页。

④⑤ ［明］许孚远：《大学述一卷答问一卷附大学古本一卷》之《大学答问》，第 10 页。

第五章 明中叶心学的高峰：王阳明

陈白沙与湛若水之后，明朝的心学思潮终于迎来了高峰，也即属于王阳明的时代。王阳明“致良知”之学的出现，一方面是因为明朝学者对于心、理关系等命题的辨析不断深化；另一方面则是因为王阳明本人的独特学术人格与学思历程，以及其友人与弟子之间的讲学、论辨。故而明朝思想史上最为辉煌的阳明心学的形成与发展，当是多重因素推动的结果，其背后还有多个带有传奇色彩的故事，多个反复思辨的问题，使得王阳明与其阳明心学自其创立之后，便吸引着一代又一代的学者，甚至波及海外，彰显出生生不息的思想魅力。

第一节　王阳明的生平与学思历程

王阳明(1472—1529)，原名守仁，字伯安，学者称阳明先生，浙江余姚人。

一、生平

王阳明出生在一个仕宦之家，父亲王华为成化十七年(1481)的状元，官至南京吏部尚书，因得罪刘瑾而退居乡里。王华教子甚严，也是王阳明成才的关键因素。

图 5-1　王阳明

幼时的王阳明，也多有传奇，比如他的母亲郑氏妊娠十四月方始分娩，当时他的祖母岑氏“梦神人衣绯玉云中鼓吹”，于是祖父竹轩公为他取名“云”，乡人指所生楼曰“瑞云楼”。也正是因为一“云”字，故而王阳明五岁不言：“一日与群儿嬉，有神僧过之，曰：‘好个孩儿，可惜道破。’竹轩公悟，更今名，即能言。”“云”本有言说的意思，故改命为“守仁”方才能说话。① 此后，在后人的记述之中，似乎有好几件事情，都可以看出早就蕴含了讲心学、成圣人的意思。比如 11 岁时的金山寺赋诗：

> 翁过金山寺，与客酒酣，拟赋诗，未成。先生从旁赋曰：“金山一点大如拳，打破维扬水底天。醉倚妙高台上月，玉箫吹彻洞龙眠。”客大惊异，复命赋蔽月山房诗，先生随口应曰：“山近月远觉月小，便道此山大于月；若有人眼大如天，还见山小月更阔。”②

① [明] 钱德洪：《年谱一》，载《王阳明全集》卷三十三，第 1220—1221 页。
② [明] 钱德洪：《年谱一》，载《王阳明全集》卷三十三，第 1221 页。

自幼聪慧的王阳明是否当年就赋得此二诗，似乎也有可能，此二诗用词简明，然而颇不流俗，因为诗的意境颇大，特别是第二首，将山、月的大小关系做了颇具理趣的阐述，在不同的参照物下，事物的大小是不同的。

成化十九年(1483)，王阳明12岁时与塾师问答：

> 尝问塾师曰："何为第一等事?"塾师曰："惟读书登第耳。"先生疑曰："登第恐未为第一等事，或读书学圣贤耳。"①

所以说王阳明与当时的一般士人不同，他从小就树立起"学圣贤"的志向，对于朱子学或佛老之学的去取，也都是以如何通达圣贤之路为契机的。当然，学做圣贤也颇不容易，于王阳明而言则经历过所谓的"五溺三变"，关于其为学经历，详见下文论述。

王阳明的科考之路，也经历了一些曲折。弘治五年(1492)，21岁的王阳明浙江乡试中举，然而弘治六年、九年，两次会试下第。直到弘治十二年(1499)28岁之时，第三次会试方才进士及第，被命观政工部，后授刑部主事。弘治十四年(1501)，被差前往淮甸审囚，为多个囚犯平反冤案。此时的王阳明依旧勤于读书，学做圣贤，以至于得了疾病：

> 日事案牍，夜归，必燃灯读《五经》及先秦、两汉书，为文字益工。龙山公恐过劳成疾，禁家人不许置灯书室。俟龙山公寝，复燃，必至夜分，因得呕血疾。②

白天的公事了结，夜晚又燃灯读书，经来史往，苦读不辍，以至于得了呕血之疾。此后几年，他便开始练习佛老的修养方法，不过并未沉溺"飘飘遐举"之类的状态太久，因避世而觉"未安"，于是再度复出而以儒学"用世"。关于这段经历，其弟子钱德洪说：

> 吾师阳明先生出，少有志于圣人之学。求之宋儒不得，穷思物理，卒遇危

---

① ［明］钱德洪：《年谱一》，载《王阳明全集》卷三十三，第1221页。
② ［明］黄绾：《阳明先生行状》，载《王阳明全集》卷三十八，第1407—1408页。

> 疾，乃筑室阳明洞天，为养生之术。静摄既久，恍若有悟，蝉脱尘坌，有飘飘遐举之意焉。然即之于心，若未安也，复出而用世。①

王阳明从年少之时起，有志于圣人之学，故而很早就开始钻研朱子之理学，然而一直未能融合于心，真正将理与心之隔阂打通，则是龙场悟道。

弘治十七年（1504），王阳明任山东乡试的主考官，此后改任兵部武选清吏司主事。到了正德元年（1506），因为宦官刘瑾专权，言官戴铣等人弹劾刘瑾而被逮下狱，王阳明奋起抗疏救之，被下诏狱，廷杖四十，既绝复苏，后谪放为贵州龙场驿丞。② 在监狱之中，王阳明效仿周文王被囚于羑里，开始演算《周易》，希望从中获得某种人生的启迪：

> 居囚亦何事？省愆惧安饱。瞑坐玩羲《易》，洗心见微奥。乃知先天翁，画画有至教。包蒙戒为寇，童牿事宜早；蹇蹇匪为节，虩虩未违道。《遁》四获我心，《蛊》上庸自保。俯仰天地间，触目俱浩浩；箪瓢有余乐，此意良非矫。幽哉阳明麓，可以忘吾老。③

与朱子在庆元党禁时占得《遁》卦相似，王阳明也在《遁》卦的卦辞之中得到了安慰。不过王阳明玩《易》却并未取号“遁翁”之类，只是说《遁》卦之四爻，也即“好遁，君子吉，小人否”一句深获其心，也就是说他自信为君子，终有获吉之时。再则，还有《蛊》卦之上爻，也即“不事王侯，高尚其事”一句也给了他求得自保的良策。人生在世，俯仰于天地之间，唯有远离政治中心的漩涡，洁身自好而已，于是王阳明放弃了得君行道的儒者理想，开始寻觅觉民行道之路。王阳明在狱中时，还作了多首短诗，其中说：

> 夜何其矣，靡星靡粲。岂无白日？寤寐永叹！
> 心之忧矣，匪家匪室。或其启矣，殒予匪恤！④

---

① ［明］钱德洪：《阳明先生年谱序》，载《王阳明全集》卷三十七《年谱附录二》，第 1357 页。
② ［明］钱德洪：《年谱一》，载《王阳明全集》卷三十三，第 1227 页。
③ ［明］王阳明：《王阳明全集》卷十九《读易》，第 675 页。
④ ［明］王阳明：《王阳明全集》卷十九《有室七章》，第 674 页。

对于自己以及国家的前途，当时的王阳明还是非常迷茫的，长夜漫漫，不知尽头。但他却并不甘心沉沦，心中忧戚悲叹。

正德二年(1507)，王阳明赴谪途中，还有刘瑾派人一路尾随而来，想要伺机暗杀。于是他便假托投钱塘江而死，并作“绝命诗”二首，其中说：“学道无闻岁月虚，天乎至此欲何如？”①由此可知，他虽然已经致力于圣贤之学，但还是没有体悟到自己的为学宗旨，故而感叹“学道无成”。王阳明游过钱塘江，又搭乘商船到舟山，再到福建武夷山等地，最后从鄱阳往南京、绍兴等地省亲，然后再赶赴贵州。正德三年(1508)春，王阳明终于到达贬谪之所，即贵州西北群山之中的龙场驿，然而当时刘瑾等人依旧把持朝政，故随时都有生命危险。王阳明“自计得失荣辱，皆能超脱。惟生死一念，尚觉未化”，于是作一石棺，日夜端居默坐，终于有一夜，“大悟格物致知之旨”。② 第二年，便开始在贵阳讲学，提出“知行合一”等学术宗旨。

正德五年(1510)，王阳明升任庐陵知县；六年，调任吏部主事，后升员外郎；八年，升吏部郎中，年末转升南京太仆寺少卿；八年十月，至滁州督马政；九年四月后调升南京鸿胪寺卿。这几年内，王阳明的官职调动频繁，门人弟子也越来越多：

> 滁山水佳胜，先生督马政，地僻官闲，日与门人遨游琅琊、酿泉间。月夕则环龙潭而坐者数百人，歌声振山谷。诸生随地请正，踊跃歌舞。旧学之士皆日来臻，于是从游之众自滁始。③

王阳明在滁州之时，因为职务清闲，故每日于门人游历山水，“随地请正”的除了滁之诸生，还有之前的旧学，故此时的“从游之众”当是其前期讲学的高峰。王阳明离开滁州之时，诸弟子“犹依依不舍，不能作别”。

正德十一年(1516)，王阳明升任都察院左佥都御史，巡抚南赣、汀、漳等地，他的军、政才华得以施展，在短短的七个月内便完成了平寇之功，又立社学、举乡约，赢得了百姓的爱戴。他还刻了《古本大学》与《朱子晚年定论》，在赣州一

---

① [明] 王阳明著，束景南、查明昊辑编：《王阳明全集补编·游海诗》，其二，上海古籍出版社 2016 年版，第 48 页。

② [明] 钱德洪：《年谱一》，载《王阳明全集》卷三十三，第 1228 页。

③ [明] 钱德洪：《年谱一》，载《王阳明全集》卷三十三，第 1236 页。

带的讲学也影响很大。王阳明对友人说：

> 破山中贼易，破心中贼难。区区翦除鼠窃，何足为异？若诸贤扫荡心腹之寇；以收廓清平定之功，此诚大丈夫不世之伟绩。①

也就是说，王阳明虽然立下了事功，却并不以为是大事，真正的大事还是成圣之业，如就其身前身后综合来看，也确实如此。

正德十四年(1519)，发生了宁王朱宸濠的叛乱。王阳明于赴闽途中听闻此事，当机立断，迅速起兵，生擒宁王，平定叛乱。正德皇帝南巡，王阳明因不肯听从阉党之言释囚鄱阳而被诬陷，门人冀元亨冤死狱中，自己也不得归乡省亲，只能滞留江西。此时也是他一生之中特别艰难的时刻，《年谱》中说：

> 中夜默坐，见水波拍岸，汩汩有声，思曰：以一身蒙谤，死即死耳，如老亲何？谓门人曰："此时若有一孔，可以窃父而逃，吾亦终身长往不悔矣。"②

天地之大，却逃无可逃，也正是在此"百死千难"之中，王阳明始揭"致良知"之教，正式提出了自己独特的成就圣贤的宗旨。正德十六年(1521)，正德皇帝北归不久病逝。嘉靖元年(1522)，王阳明升任南京兵部尚书，又封新建伯。后因服父丧而回乡，此时前来问学的弟子极多，其门人立阳明书院于绍兴城中。

嘉靖六年(1527)，王阳明受命征广西思恩、田州，力辞不允，只得于九月初八日出发。第二年二月，思、田平定，在从广西回归的途中，因疾病逝世于江西南安府青龙铺舟中，享年57岁。隆庆元年(1567)，赠新建侯，谥文成；万历十二年(1584)，入祀孔庙。王阳明的门人与挚友黄绾说：

> 公生而天资绝伦，读书过目成诵。少喜任侠，长好词章、仙释，既而以斯道为己任，以圣人为必可学而至。实心改过，以去己之疵；奋不顾身，以当天下之难。上欲以其学辅吾君，下以其学淑吾民，惓惓欲人同归于善，欲以仁覆天下苍生，人有宿怨深仇，皆置不较。虽处富贵，常有烟霞物表之思，视弃千金犹如

① ［明］王阳明：《王阳明全集》卷四《与杨仕德薛尚谦》，第168页。
② ［明］钱德洪：《年谱二》，载《王阳明全集》卷三十四，第1270页。

土芥。藜羹珍鼎，锦衣缊袍，大厦穷庐，视之如一，真所谓天生豪杰，挺然特立于世。求之近古，诚所未有也。①

这一段文字，是对其一生的极为简明的评价，王阳明虽也曾溺于“词章、仙释”，但一辈子用力还在儒家圣人之道，特别是欲人同善、仁覆天下之精神，立事功、处富贵而视如土芥，真正的圣贤豪杰。故而其人其学虽有争议，却依旧被认作中国历史上极少数“三不朽”的人物。所谓立言则有《传习录》等著述传世；立功则有平宁王之乱等功绩；立德则从祀孔庙就是证明，明代本朝获此殊荣的仅有四人，另三人分别为坚守朱学的薛瑄、胡居仁与转向心学的陈白沙。

二、五溺三变

王阳明为学曾有五溺、三变之说，所谓的“五溺”，来自王阳明的心学讲友湛若水所作的墓志铭，其中说：

初溺于任侠之习；再溺于骑射之习；三溺于辞章之习；四溺于神仙之习；五溺于佛氏之习。正德丙寅，始归正于圣贤之学。②

“三变”的说法，则有钱德洪与黄宗羲：

先生之学凡三变……少之时，驰骋于辞章；已而出入二氏；继乃居夷处困，豁然有得于圣贤之旨；是三变而至道也。③

先生之学，始泛滥于词章。继而遍读考亭之书，循序格物。顾物理、吾心终判为二，无所得入，于是出入佛、老者久之。及至居夷处困，动心忍性，因念圣人处此，更有何道？忽悟格物致知之旨，圣人之道，吾性自足，不假外求。其学凡三变而始得其门。④

① ［明］黄绾：《阳明先生行状》，载《王阳明全集》卷三十八，第1407—1408页。
② ［明］湛若水：《阳明先生墓志铭》，载《王阳明全集》卷三十八，第1401页。
③ ［明］钱德洪：《刻文录叙说》，载《王阳明全集》卷四十一，第1574页。
④ ［明］黄宗羲：《明儒学案》卷十《姚江学案》，第180页。

王阳明少年之时，曾经喜好武事，学过骑马、射箭与兵法，颇有任侠之气。然而就为学历程而言，综合来看则主要经过三个阶段：其一，泛滥于辞章，又遍读朱子之书；其二，读朱子而困惑，于是出入佛老；其三，回归孔孟圣贤之学，并悟得自家宗旨。

关于王阳明的任侠，主要是在少年之时。15 岁时，王阳明居京师，跟随其父出游居庸："先生出游居庸三关，即慨然有经略四方之志。询诸夷种落，悉闻备御策；逐胡儿骑射，胡人不敢犯。经月始返。"①至于平日，则自学兵法："每遇宾宴，尝聚果核列阵势为戏。""驭役夫以什伍法，休食以时，暇即驱演八阵图"。②这种纸上谈兵的研习，却为后来以军事取得赫赫事功奠定了基础。

说到王阳明的泛滥辞章，则有三条重要的记载。王阳明前两次会试不第，据说因其辞章上的才华外溢，"果为忌者所抑"③。在京之时，王阳明与当时的许多著名文人有所交往，与当时的文坛巨子李梦阳、何景明、顾璘、徐祯卿、边贡、乔宇等，"以才名争驰骋，学古诗文"。④ 返回浙江余姚之后，王阳明依旧寄情于诗文，"即归余姚，结诗社龙泉山寺"⑤，纵情于山水清幽，驰骋于歌诗文辞。由此可知，青年王阳明对辞章之学用功颇久，又影响颇广。

王阳明与佛老的因缘，最为著名的事件便是"铁柱宫趺坐"。弘治元年(1488)，王阳明 17 岁，从浙江前往江西迎亲，此时他的岳父诸养和任江西布政司参议。诸养和官署不远处，便是铁柱宫，完婚之日人家都忙，就新郎官空闲，于是便去了铁柱宫：

> 合卺之日，偶闲，行入铁柱宫，遇道士趺坐一榻，即而叩之，因闻养生之说，遂相与对坐忘归。诸公遣人追之，次早始还。⑥

王阳明向道士请教养生之道，道士趺坐，他便相对趺坐，以至于忘记了还有婚礼一事。到了第二日早晨，方才被诸养和派人找回。可见其每学一事，皆全

① ［明］钱德洪：《年谱一》，载《王阳明全集》卷三十三，第 1222 页。
② ［明］钱德洪：《年谱一》，载《王阳明全集》卷三十三，第 1224—1225 页。
③ ［明］钱德洪：《年谱一》，载《王阳明全集》卷三十三，第 1223 页。
④ ［明］黄绾：《阳明先生行状》，载《王阳明全集》卷三十八，第 1407 页。
⑤ ［明］钱德洪：《年谱一》，载《王阳明全集》卷三十三，第 1224 页。
⑥ ［明］钱德洪：《年谱一》，载《王阳明全集》卷三十三，第 1222 页。

身心去投入，对辞章之学如此，对朱子学、佛道之学也是如此。

此后使得王阳明再次沉溺于佛老之学，则与其钻研朱子学而发生困惑有关。弘治十一年(1498)，王阳明27岁时，再次热衷于养生：

> 先生自念辞章艺能不足以通至道，求师友于天下又不数遇，心持惶惑。一日，读晦翁《上光宗疏》，有曰："居敬持志，为读书之本；循序致精，为读书之法。"乃悔前日探讨虽博，而未尝循序以致精，宜无所得；又循其序，思得渐渍洽浃，然物理、吾心终若判而为二也。沉郁既久，旧疾复作，益委圣贤有分。偶闻道士谈养生，遂有遗世入山之意。①

王阳明发现钻研辞章之艺不能通至道、成圣人，又不得师友启发，于是钻研朱子之书。朱子除了讲为学应当居敬持志与循序致精，还讲格物穷理，使他感得如何去读书。然而朱子学的一个关键门径，也即如何格物致知，则还是一个问题。王阳明因为"格物"不得其法，"物理、吾心终若判而为二"，故而引发了当年"劳思致疾"，于是依旧转向佛老之学。

弘治十四年(1501)，王阳明30岁之时，曾游九华山，并作《游九华赋》，当时遇到一道一僧两个异人，给王阳明留下了深刻的印象。先遇到的是道士蔡蓬头：

> 是时道者蔡蓬头善谈仙，待以客礼，请问。蔡曰："尚未。"有顷，屏左右，引至后亭，再拜请问。蔡曰："尚未。"问至再三，蔡曰："汝后堂后亭礼虽隆，终不忘官相。"一笑而别。②

蔡蓬头善于谈论神仙之道，王阳明待以客礼、引至后亭等等"礼虽隆"，但蔡蓬头以为其"终不忘官相"，故而一笑而别，不与论道。后遇到的是修禅的异人，此人在险峻山岩之中的地藏洞，王阳明不畏艰险前去寻访：

> 闻地藏洞有异人，坐卧松毛，不火食，历岩险访之。正熟睡，先生坐傍抚其足。有顷醒，惊曰："路险何得至此！"因论最上乘，曰："周濂溪、程明道是儒家

---

① ［明］钱德洪：《年谱一》，载《王阳明全集》卷三十三，第1224页。
② ［明］钱德洪：《年谱一》，载《王阳明全集》卷三十三，第1225页。

两个好秀才。”后再至，其人已他移，故后有会心人远之叹。①

此僧人倒是比较随和，看到王阳明涉险境而来，佩服其求道之毅力，故而与其谈论最上乘的佛法。估计谈论得并不长久，最后说起周敦颐（濂溪）、程颢（明道）是儒家的两个好秀才，可见此僧人也认为王阳明尚未脱离儒学之境，故并不适合谈禅，等王阳明再次寻访则僧人特意“他移”，王阳明只留下一声“会心人远”的感叹，下九华山了。

下一年，也即弘治十五年（1502），31岁，“京中旧游，俱以才名相驰骋”，便感叹：“吾焉能以有限精神为无用之虚文也！”② 王阳明对辞章之学有所厌烦，又为了保养身体与精神，于是上疏请求养病，从京城回到了浙江老家。此时约有一年多，他都全心于“长生久视之道”：“养病归越，辟阳明书院，究极仙经密旨，静坐，为长生久视之道，久能预知。”③王阳明之所以探究道家的“仙经密旨”，则主要是为了养病，不过他依旧用功极深，渐渐能够“预知”后事。然而正当众人以为其得道之际，他却又放弃此类佛老之道，转而重新讲求儒家的“用世”之道了。这一过程，《年谱》有详细记载：

告病归越，筑室阳明洞中，行导引术。久之，遂先知。一日坐洞中，友人王思舆等四人来访，方出五云门，先生即命仆迎之，且历语其来迹。仆遇诸途，与语良合，众惊异，以为得道。久之悟曰：“此簸弄精神，非道也。”又屏去。已而静久，思离世远去，惟祖母岑与龙山公在念，因循未决。久之忽悟曰：“此念生于孩提，此念可去，是断灭种性矣。”明年，遂移疾钱塘西湖，复思用世。④

所谓“行导引术”而后“先知”，此事王阳明及其弟子后来少有提及，他自己也认为“簸弄精神”却并非正道，非儒者所当为。再说静坐的修养方法，使得他有“离世远去”之念，念头之强以至于只有对祖母、父亲的思念还在，于是王阳明再次反思自己的修养方法，忽然醒悟思亲之念原本不可去，去则“断灭种性”，也就是说儒家的人伦之说，在其心中更占有主导的地位，故而再次回归“用世”之

①② ［明］钱德洪：《年谱一》，载《王阳明全集》卷三十三，第1225页。
③ ［明］黄绾：《阳明先生行状》，载《王阳明全集》卷三十八，第1408页。
④ ［明］钱德洪：《年谱一》，载《王阳明全集》卷三十三，第1225—1226页。

道。其实王阳明在其32岁一年，有8个月住在杭州某寺，此后多年也常留居佛寺，或讲学，或休憩，故而佛老的影响依旧在，只是不再沉溺而已。

弘治十八年(1505)，当是王阳明为学生涯之中的关键一年，因为发生了两大重要事件：一是“门人始进”，二是与湛若水定交。关于后者详见下文，先说王阳明的早期讲学。其实当年的王阳明排斥佛老，并于圣贤之道有所体悟，虽不能提出自己独特的主旨，但已经有了初步的治学方向：

> 是年先生门人始进。学者溺于词章记诵，不复知有身心之学。先生首倡之，使人先立必为圣人之志，闻者渐觉兴起，有愿执贽及门者。至是专志授徒讲学。①

这一年开始，师从王阳明的学者开始增多，因为王阳明倡导“身心之学”，对于那些依旧沉溺于词章记诵之学者加以鼓舞，使得他们树立起圣人之志。所谓词章记诵之学，也就是为了科举考试而讲习八股时文、讲习章句训诂，虽可以吸引一些汲汲于功利的学者，但对那些真正有抱负的学者来说，还是多有欠缺的。故而尚未树立新宗旨的王阳明以学圣贤为倡导，便有学者愿意执贽于他了，这是王阳明讲学的开始，然而所讲之学尚不是心学。

王阳明真正开始体悟圣贤之道，则还是在贵州龙场做驿丞之时。此时的王阳明，既脱离了讲学的师友群体，又脱离了琳琅满目的书房，在偏僻、幽深的万山丛中，人烟稀疏，语言不通，于是只能自己以心去体证一些道理了，他说：

> 龙场居南夷万山中，书卷不可携，日坐石穴，默记旧所读书而录之。意有所得，辄为之训释。期有七月而《五经》之旨略遍，名之曰《臆说》。盖不必尽合于先贤，聊写其胸臆之见，而因以娱情养性焉耳。②

在这种几乎绝望的环境之中，人反而得到了久违的闲暇，无名利可追逐，无书册可杂览，于是为己之学慢慢经营，将记忆之中的《五经》默写并重新诠释，七

① ［明］钱德洪：《年谱一》，载《王阳明全集》卷三十三，第1226页。
② ［明］王阳明：《五经臆说序》，《王阳明全集》卷二十二，第876页。

个月方才将其中的要旨大略过了一遍，撰写了《五经臆说》。书中都是自己证悟的意见，不求合于先贤，也就是说此书纯粹为己，故后来并不流传开来。至于关键的一着，则颇有传奇色彩，所谓“中夜大悟”：

> 因念“圣人处此，更有何道？”忽中夜大悟格物致知之旨，寤寐中若有人语之者。不觉呼跃，从者皆惊。始知圣人之道，吾性自足，向之求理于事物者，误也。乃以默记《五经》之言证之，莫不吻合，因著《五经臆说》。①

所谓身处绝境，从小就立志圣贤的王阳明，其思维便转向“圣人处此，更有何道”，也就是说假如圣人处在我的位置，将会有什么样的想法呢？这一问题自问自答，便进入一种着魔的状态，仿佛有人在耳边说应该如何如何之类，其实这些话都在心里，都是自说自话而已。于是王阳明不由自主地欢呼跳跃起来，他的仆人都被惊醒了。王阳明思考的问题，其实也就是青年时代以来一直都在思考的“格物致知”。此时的他方才发觉，此前的“格竹”等都是在向外做工夫，求外在的事物之中的理，现在看来都是错的，搞错了方向便南辕北辙了。于是他便提出“心即理”之说，认为必须向内做工夫，求吾心之理，也就是说“圣人之道，吾性自足”。

三、王、湛论学

明代心学，从吴与弼处开始发端，但真正建立心学体系则是陈白沙，至王阳明则集其大成。王阳明与陈白沙有着多重的间接关系，他们共同讲求心学，但是二人在具体的心学工夫论上却有较多差异，所以导致晚明学人常说“阳明后来从不说起”陈白沙。②

王阳明年轻时，曾向吴与弼的另一弟子娄谅问学。王阳明 18 岁时，从江西

① ［明］钱德洪：《年谱一》，载《王阳明全集》卷三十三，第 1225—1226 页。

② 查铎、唐伯元、顾宪成、黄宗羲等都有类似的说法，但评价不一，大多认为晚年的王阳明对陈白沙的心学工夫、现实关怀都不太认同，故而较少提及。涉及此问题的论著极多，近期对此详细梳理则有黎业明的《王阳明何以不愿多提陈白沙——从湛若水与王阳明关系的角度考察》一文，载深圳大学文学院编《荔园论学集·哲学卷》，北京大学出版社 2013 年版，第 116—139 页。

岳父处回浙江，途径广信，特意拜谒娄谅，“语宋儒格物之学，谓圣人可学而至，遂深契之”①，也就是说娄谅对于王阳明从事性理之学当有启发。

王阳明与陈白沙的嫡传弟子湛若水则有更多的交往，虽然说阳明之学无师自学、得之于心，然而于陈、湛的关系却是不得不细说的。

弘治十八年(1505)前后，王阳明得与白沙心学的传人湛若水结识，当时王阳明34岁，湛若水40岁。王阳明倡“身心之学”，教人立“圣人之志”，“然师友之道久废，咸目以为立异好名，惟甘泉湛先生若水，时为翰林庶吉士，一见定交，共以倡明圣学为事”②。王阳明后来说：“守仁从宦三十年，未见此人。”湛若水亦说：“若水泛观于四方，未见此人。”③王阳明被贬贵州之时，湛若水曾赠诗九章，其一说：

> 天地我一体，宇宙本同家。与君心已通，别离何怨嗟。浮云去不停，游子路转赊。愿言崇明德，浩浩同无涯。④

王阳明答以八咏，其中说：

> 洙泗流浸微，伊洛仅如线。后来三四公，瑕瑜未相掩。嗟予不量力，跛鳖期致远。屡兴还屡仆，惴息几不免。道逢同心人，秉节倡予敢。力争毫厘间，万里或可勉。风波或相失，言之泪徒泫。⑤

当年的王阳明虽在北京，但早就与那些泛滥辞章的师友不再往来了，那些人一直以为他“立异好名”。只有时任翰林院庶吉士的湛若水，王阳明于他一见倾心，定交之后便以倡明孔孟圣学为共同事业。此时与湛若水的交谈具体如何，未见明确记载，当是互有影响，至于更多的影响则是在多年以后了。应该说湛若水在陈白沙那里学得的心学，也会对当时还深信朱子不疑并沉溺于佛老之

① [明]钱德洪：《年谱一》，载《王阳明全集》卷三十三，第1223页。
② [明]钱德洪：《年谱一》，载《王阳明全集》卷三十三，第1226页。
③ [明]湛若水：《阳明先生墓志铭》，载《王阳明全集》卷三十八，第1401页。
④ [明]湛若水：《甘泉文集》卷二十六《九章赠别并序》，资政堂同治五年刊本，第4页。
⑤ [明]王阳明：《王阳明全集》卷十九《阳明子南也其友湛元明歌九章以赠崔子钟和之以五诗于是阳明子作八咏以答之》，第678页。

学的王阳明有一定的启发。王阳明说：

> 某幼不问学，陷溺于邪僻者二十年，而始究心于老释。赖天之灵，因有所觉，始乃沿周程之说求之，而若有得焉……晚得友于甘泉湛子，而后吾之志益坚，毅然若不可遏，则予之资于甘泉多矣。①

湛若水年长六岁，且已经钻研白沙心学多年，故而当对王阳明有所启发，有助于其坚定圣人之学的志向。王阳明还说：

> 甘泉之学，务求自得者也。世未之能知其知者，且疑其为禅。诚禅也，吾犹未得而见。而况其所志，卓然若此。则如甘泉者，非圣人之徒欤？②

当时学者之间，往往以疑为禅学而互相攻击，陈白沙、湛若水的心学自然也不例外。湛若水的学术宗旨为"随处体认天理"，也属"务求自得者"，也是圣人之徒，王阳明对湛若水的学术显然是肯定的，而对那些疑其禅者则是不屑的。王阳明接着还说："吾与甘泉友，意之所在，不言而会；论之所及，不约而同。"由此可知，当年王、湛二人讲学之融洽。

但是到了正德十年(1515)，王、湛二人讨论《大学》之古本、改本以及格物之说，二人的看法已不能完全相同了。据阳明弟子的记载说："先生与甘泉先生论格物，甘泉持旧说。先生曰：'是求之乎外了。'甘泉曰：'若以格物理为外，是自小其心也。'"③这次面谈后的第二天，湛若水又有书信与王阳明，对自己的观点作进一步阐发，他说：

> 兄意只恐人舍心求之于外，故有是说。不肖则以为人心与天地万物为体。心体物而不遗，认得心体广大，则物不能外矣。故格物非在外也。④

王阳明担心学者谈格物则"舍心求之于外"，而湛若水却认为格物并非求

①② ［明］王阳明：《王阳明全集》卷七《别湛甘泉序》，第231页。
③ ［明］王阳明：《王阳明全集》卷三《传习录下》，第90页。
④ ［明］湛若水：《甘泉文集》卷七《与阳明鸿胪》，资政堂同治五年刊本，第1页。

外。因为在湛氏看来，人之心体广大，原本与天地万物为一体，心体万物而不遗，所以格物并非在外用功，这种思想在湛氏的《心性图说》等著作中都有详细的说明，应当对王阳明也有一定的影响。后来，湛若水对王阳明的《大学》古本之说表示有所认同，“新民”之“新”当恢复为“亲”，但是王阳明将“格物”的“格”解释为“正”等说法则依旧不认同。先看王阳明在于弟子论学时的说法：

又问：“甘泉近亦信用《大学》古本，谓格物犹言造道，又谓穷理如穷其巢穴之穷，以身至之也。故格物亦只是随处体认天理，似与先生之说渐同。”先生曰：“甘泉用功，所以转得来，当时与说亲民字不须改，他亦不信。今论格物亦近，但不须换‘物’字为‘理’字，只还‘物’字便是。”①

除了“亲民”之说，还有“格物”的问题，在湛若水看来依旧当为“随处体认天理”，心与物还是有着不同，故而做工夫当格物穷理。后来湛若水与王阳明还有多通书信讨论“格物”，比如王阳明在收到湛若水所著的《古大学测》与《中庸测》后回信说：

承示《学》、《庸》测，喜幸喜幸！中间极有发明处，但于鄙见尚大同小异耳。随处体认天理，是真实不诳语，鄙说初亦如是，及根究老兄命意发端处，却似有毫厘未协，然亦终当殊途同归也。修齐治平总是格物，但欲如此节节分疏，亦觉说话太多。且语意务为简古，比之本文反更深晦，读者愈难寻求，此中不无亦有心病？莫若明白浅易其词，略指路径，使人自思得之，更觉意味深长也。高明以为何如？致知之说，鄙见恐不可易，亦望老兄更一致意，便间示知之。②

王阳明认为自己与湛若水“大同小异”，对“随处体认天理”也评价为“真实不诳语”，然而就命、意的发端处却有“毫厘未协”，还有就《大学》诠释的关键处“格物致知”，王阳明说“鄙见恐不可易”，并请湛若水“更一致意”。再者，湛若水

① ［明］王阳明：《王阳明全集》卷三《传习录下》，第 91 页。
② ［明］王阳明：《王阳明全集》卷五《答甘泉》，第 181 页。

吸收了程朱理学的某些因素，故而有“节节分疏”的诠释特点，故王阳明就说其诠释比《大学》本文更晦涩，他认为诠释当求浅易，略指路径而使人自思自得，从这里可以看出王、湛二人治学风格上的差异。

于是湛若水又有一详细的回复，再论“格物”之旨：

> 盖兄之格物之说，有不敢信者四：自古圣贤之学，皆以天理为头脑、以知行为工夫，兄之训“格”为正、训“物”为念头之发，则下文诚意之意，即念头之发也，正心之正即格也，于文义不亦重复矣乎？其不可一也。又于上文知止能得为无承，于古本下节以修身说格致为无取，其不可二也。兄之格物训云“正念头也”，则念头之正否，亦未可据。如释老之虚无，则曰“应无所住而生其心”，“无诸相无根尘”，亦自以为正矣……则吾兄之训，徒正念头，其不可三也。①

湛若水的这一长信讨论的“格物”相关问题极多，其中指出王阳明“格物”之说“有不敢信者四”，这四者的核心问题就是反对将“格物”诠释为“正念头”。如“格物”即“正念头”，第一，与“正心”文义重复；第二，于上文的“知止”与下文的“修身”衔接不好；第三，如“格物”为“正念头”，也即心上做工夫，则缺乏客观的理据，就会与释老之学的虚无相似；第四，光讲“正念头”则只是偏重“尊德性”，则缺了“道问学”的工夫，他说：

> 若如兄之说，徒正念头，则孔子止曰“德之不修”可矣，而又曰“学之不讲”，何耶？止曰“默而识之”可矣，而又曰“学而不厌”，何耶？又曰“信而好古敏求者”，何耶？子思止曰“尊德性”可矣，而又曰“道问学”者，何耶？所讲、所学、所好、所求者，何耶？其不可四也。②

湛若水列举了孔子、子思之言，强调“尊德性”与“道问学”二者不可偏废。比如孔子说到自己所忧，则既说“德之不修”又说“学之不讲”；再者孔子说“默而识之”重在德性，而接着说的“学而不厌”则重在问学了，如此看来孔子之学原本

① ［明］湛若水：《甘泉文集》卷七《答阳明王都宪论格物》，第 25 页。
② ［明］湛若水：《甘泉文集》卷七《答阳明王都宪论格物》，第 26 页。

就是“尊德性”与“道问学”并重的了，至于子思之说则也是如此而已。接着，湛若水再度申明自己的“格物”说，认为其中“似有可采者五”，其中最为关键的则是“训格物为‘至其理’”，以及“尊德性”与“道问学”的并重，他说：

> 训格物为“至其理”，始虽自得，然稽之程子之书，为先得同然……以格物、兼知行，其于自古圣训，学、问、思、辨、笃行也，精一也，博约也，学古、好古、信古也，修德、讲学也，默识、学不厌也，尊德性、道问学也，始终条理也，知言养气也，千圣千贤之教为不谬，五也。①

湛若水训“格物”为“至其理”，也即“随处体认天理”，且是“兼知行、合内外”的，是学、问、思、辨、行合一的，也是“精一”与“博约”、“尊德性”与“道问学”合一的。至于所谓“随处”，他又说：“吾之所谓随处云者，随心、随意、随身、随家、随国、随天下，盖随其所寂所感时耳，一耳。寂则廓然太公，感则物来顺应，所寂所感不同，而皆不离于吾心中正之本体。”②也就是说，从“格物、致知”到“正心、诚意、修身、齐家、治国、平天下”，这八个条目，都是“随处”，无论所寂、所感有何不同，都当体认其中天理，如此做工夫也就不会偏离心之本体了。

王阳明此次给湛若水的回复，现已不可考，就其基本观点而言，则当与其给罗钦顺的书信之中所论“道问学”相似，也即认为“尊德性”为要，而“知行合一”则已经将“道问学”之“知”涵盖于“尊德性”之“行”。

有意思的是，湛若水在王阳明去世多年之后，又著有《圣学格物通》一百卷，该书进一步发挥其在与王阳明书信中所说的“格物”之学，并以“格物”贯通《大学》的三纲八目，此书后被献于嘉靖皇帝，当代表其在《大学》上的最后定论。

王、湛二人都认同《大学》之古本，他们之间最大的差别还是在于“格物”之旨，王学将“格物”等同于“正念头”、“正心”或“致良知”，并强调“知行合一”；湛学则认为“格物”也即“随处体认天理”，格物即“至其理”，三纲八目皆求其理，故而要“兼知行、合内外”，“尊德性”与“道问学”并重。

---

① [明]湛若水：《甘泉文集》卷七《答阳明王都宪论格物》，第26页。
② [明]湛若水：《甘泉文集》卷七《答阳明王都宪论格物》，第27页。

四、儒佛道之辨

王阳明曾经有过一段出入佛老的经历，上文已经述及，那么佛、道两家的思想对于王阳明来说，具体都有哪些影响？他在自己的学术成熟之后，又是如何看待佛、道的呢？这些问题还有必要再加说明。

先来看道家、道教与王阳明的关联。王阳明年轻时为了养病，曾习导引之术，甚至到了能“先知”的境地，然而后来却少有谈及，甚至中年以后友人再三询问对神仙之道的看法，他才勉强作答，其中说：

> 询及神仙有无，兼请其事，三至而不答，非不欲答也，无可答耳。昨令弟来，必欲得之。仆诚生八岁而即好其说，今已余三十年矣。齿渐摇动，发已有一二茎变化成白，目光仅盈尺，声闻函丈之外。又常经月卧病不出，药量骤进，此殆其效也。而相知者犹妄谓之能得其道，足下又妄听之而以见询。不得已，姑为足下妄言之。①

王阳明诚实以告，说自己8岁就喜好神仙之类的说法，到现在30年了，就养生而言则几乎没有什么大的效验，不到40便已头发变白，眼睛、耳朵也都不太好，经常卧病吃药，而相知老友以为自己得道，则实在是不知如何是好了。至于神仙之有无，王阳明接着说：

> 古有至人，淳德凝道，和于阴阳，调于四时，去世离俗，积精全神，游行天地之间，视听八远之外，若广成子之千五百岁而不衰，李伯阳历商、周之代，西度函谷，亦尝有之。若是而谓之曰无，疑于欺子矣。然则呼吸动静，与道为体，精骨完久，禀于受气之始，此殆天之所成，非人力可强也。若后世拔宅飞升，点化投夺之类，谲怪奇骇，是乃秘术曲技，尹文子所谓“幻”，释氏谓之“外道”者也。若是谓之曰有，亦疑于欺子矣……盖吾儒亦自有神仙之道，颜子三十二而卒，至今未亡也。足下能信之乎？后世上阳子之流，盖方外技术之士，未可以为

① ［明］王阳明：《王阳明全集》卷二十一《答人问神仙》，第805页。

> 道。若达磨、慧能之徒，则庶几近之矣，然而未易言也。

一方面，他说远古传说所谓"至人"，如广成子、李伯阳等活了上千岁，对于这些"淳德凝道"的人物，王阳明说"亦尝有之"，所持则是大概曾有的态度，还强调此乃天成而非人力可以勉强。另一方面，对于那些拔宅飞升、点化投夺之类"谲怪奇骇"的说法则直接否定，认为都是幻、外道。最后则又谈了儒家的"长生"理念，比如颜回虽只活了32岁但因成为道统传人而"至今未亡"，至于上阳子等道教术士则不足道，而达摩、慧能等佛教高僧则还值得肯定，然其道如何则不易言说。这么看来，王阳明其实还是认为神仙之道并不可取，真正值得信任的还是儒家圣人之学。

还有人问王阳明，是否应当从事道家的养生之术，培养所谓"真我"之类，他说：

> 大抵养德养身，只是一事。原静所谓"真我"者，果能戒谨不睹、恐惧不闻，而专志于是，则神住气住精住，而仙家所谓长生久视之说，亦在其中矣。神仙之学，与圣人异，然其造端托始，亦惟欲引人于道。①

在王阳明看来，养德与养生原本就是一回事，所以不必去谈什么"真我"，只要注意《中庸》所说的戒慎恐惧，专心致志于慎独修身，那么就能够实现"神住气住精住"，得到的结果则与道家所谓"长生久视"也都是一样的。到了晚年，王阳明还曾作以下的表示：

> 长生徒有慕，苦乏大药资。名山遍探历，悠悠鬓生丝。微躯一系念，去道日远而。中岁忽有觉，九还乃在兹。非炉亦非鼎，何"坎"复何"离"？本无终始究，宁有死生期。彼哉游方士，诡辞反增疑。纷然诸老翁，自传困多歧。乾坤由我在，安用他求为？千圣皆过影，良知乃吾师。②

他认为道教所谓长生之法徒有其名，自己照其法修行而去道日远，中年以

---

① ［明］王阳明：《王阳明全集》卷五《与陆原静》，第187页。
② ［明］王阳明：《王阳明全集》卷二十《长生》，第796页。

后幡然醒悟则回归儒学，并认为应当信得良知之学，天地乾坤都与我原本一体，故不用他求仙道，也不用迷信往圣。

再说王阳明与佛教的关系，则比道教更为紧密，其中特别突出的一点就是，在其语录与文集之中多有引用《法华经》《楞严经》《金刚经》与《六祖坛经》《传灯录》等多种佛教典籍。然而中年以后则已经出于佛禅，他曾回忆说：

> 吾亦自幼笃志二氏，自谓既有所得，谓儒者为不足学。其后居夷三载，见得圣人之学，若是其简易广大，始自叹悔错用了三十年气力。①

他说自己当年出入佛老二氏，自以为有所得，然而在龙场一悟，便真正见得儒家圣人之学的简易广大之后，就感叹自己错用了 30 年气力，故而对沉溺佛、道，多有后悔。王阳明还说：

> 佛氏不着相，其实着了相。吾儒着相，其实不着相……佛怕父子累，却逃了父子。怕君臣累，却逃了君臣。怕夫妇累，却逃了夫妇。都是为个君臣、父子、夫妇，着了相，便须逃避。如吾儒有个父子，还他以仁。有个君臣，还他以义。有个夫妇，还他以别。何曾着父子、君臣、夫妇的相？②

从这些话来看，王阳明对于佛教的批评，还是从父子、君臣、夫妇的人伦角度出发的，认为佛教看似不着相而其实着了相，因为佛教对于人伦采取的是逃避的态度。与之相关还有一个故事说：

> 有禅僧坐关三年，不语不视。先生喝之曰："这和尚终日口巴巴说甚么！终日眼睁睁看甚么！"僧惊起，即开视对语。先生问其家，对曰："有母在。"曰："起念否？"对曰："不能不起。"先生即指爱亲本性谕之，僧涕泣谢。明日问之，僧已去矣。③

① ［明］王阳明：《王阳明全集》卷一《传习录上》，第 36 页。
② ［明］王阳明：《王阳明全集》卷三《传习录下》，第 99 页。
③ ［明］钱德洪：《年谱一》，载《王阳明全集》卷三十三，第 1226 页。

当时虎跑寺中有一禅僧三年不语不视，王阳明一声大喝就将之惊起，然后对答之中说到的就是人伦问题，他认为爱亲是人的本性，故不可除去也不能除去，由此可知王阳明所持儒佛之辨的根本所在了。

至于王阳明晚年讲学虽也常用佛教的术语，但也只是用来说明佛与儒的区别，所用与佛教本身则已经有了极大的差别。这种意味其实是可以明辨的，比如著名的"明镜"之喻说：

> 圣人致知之功，至诚无息。其良知之体，皦如明镜，略无纤翳。妍媸之来，随物见形；而明镜曾无留染，所谓情顺万事而无情也。无所住而生其心，佛氏曾有是言，未为非也。明镜之应物，妍者妍，媸者媸，一照而皆真，即是生其心处。妍者妍，媸者媸，一过而不留，即是无所住处。①

此处所用的佛教术语来自《金刚经》与《坛经》，用"明镜"之不污染比喻良知本体，识得良知本体知真，则物来顺应、情顺万事，至诚而无碍；这就与不污染的明镜照物是一样的，照则一照皆真，过则一过不留。王阳明讲学常用到佛教，在《传习录》的卷中、卷下之中就更为明显。比如：

> 不思善不思恶时认本来面目，此佛氏为未识本来面目者设此方便。本来面目，即吾圣门所谓良知，今既认得良知明白，即已不消如此说矣。随物而格，是致知之功。即佛氏之常惺惺，亦是常存他本来面目耳。体段工夫，大略相似。但佛氏有个自私自利之心，所以便有不同耳。②
>
> 佛氏着在无善无恶上，便一切都不管；不可以治天下。圣人无善无恶，只是无有作好，无有作恶；不动于气，然遵王之道，会有其极，便自一循天理，便有个裁成辅相。③

这里就"无善无恶"论来区别佛教与儒家的圣人之学，认为佛教说无善无恶则逃避世俗的一切，怀有私心，不能以此治理天下，而儒家的也即良知本体的"无善无恶"，则不动于气，没有做好作恶之意，顺应于理，故可治理天下。

①② ［明］王阳明：《王阳明全集》卷二《传习录中·答陆原静书》，第 70 页。
③ ［明］王阳明：《王阳明全集》卷一《传习录上》，第 29 页。

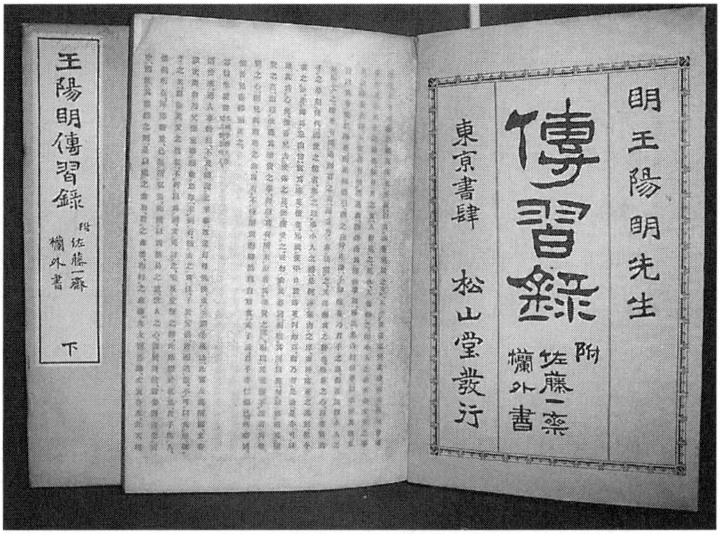

图 5－2　《传习录》日本松山堂版书影

在王阳明看来，与佛、道相比，儒家有着绝对的长处。王阳明在滁州的时候，有王嘉秀、萧惠二弟子前来就学，他们起初一好道、一好禅，后来则都归于儒学。王阳明有诗说：

> 王生兼养生，萧生颇慕禅。迢迢数千里，拜我滁山前。吾道既匪佛，吾学亦匪仙。坦然由简易，日用匪深玄。始闻半疑信，既乃心豁然。①

王、萧二生千里迢迢而来，一开始还对王阳明所讲的儒学半信半疑，后来就内心豁然了。相关记载《传习录》中也有多条，其一说：

> 王嘉秀问："佛以出离生死诱人入道。仙以长生久视诱人入道……仙佛到极处，与儒者略同。但有了上一截，遗了下一截，终不似圣人之全……今学者不必先排仙佛。且当笃志为圣人之学。圣人之学明，则仙佛自泯。不然，则此之所学，恐彼或有不屑。而反欲其俯就，不亦难乎？鄙见如此。先生以为何如？"先生曰："所论大略亦是。但谓上一截，下一截，亦是人见偏了如此。若论

① ［明］王阳明：《王阳明全集》卷二十《门人王嘉秀实夫萧琦子玉告归书此见别意兼寄声辰阳诸贤》，第 732 页。

圣人大中至正之道，彻上彻下，只是一贯。更有甚上一截，下一截?"①

由此可知，王嘉秀当时已经认为仙、佛二家就论道的极至之处，则与儒家大略相同，但不如儒家圣人之全，也就是说仙、佛只有上一截的本体之学而缺了下一截的工夫之学。就初学者而言则不必急着去排斥仙、佛，而要笃志去做圣人之学，待圣人之学明了之后求仙求佛之心自然泯灭了。对此王阳明说其所论"大略亦是"，还强调圣人之学为"大中至正之道"，故而彻上彻下都是一以贯之的，即本体即工夫的，故而不必分什么上一截、下一截。王阳明还说：

仙家说到虚，圣人岂能虚上加一毫实？佛氏说到无，圣人岂能无上加一毫有？但仙家说虚，从养生上来；佛氏说无，从出离生死苦海上来；却于本体上加却了这些子意思在，便不是他虚无的本色了，便于本体有障碍。②

在王阳明看来，道教求长生避死，佛教求超脱生死，二者所求虽然不同，但都未能真正脱离人生的爱与恶，在本体上便有了障碍，不如儒家的圣人之学"不着些子"意思，与天地万物为一体而得本体之真。

谈到阳明心学与佛、道关系，还有一个如何看待静坐的问题，也有必要说明。王阳明死后，钱德洪曾就此问题回答别人的询问：

问曰：闻师门禁学者静坐，虑学者偏静沦枯槁也，似也。今学者初入门，此心久濡俗习，沦浃肤髓。若不使求密室，耳目与物无所睹闻，澄思绝虑，深入玄漠；何时得见真面目乎？……答曰：师门未尝禁学者静坐，亦未尝立静坐法以入人。③

因为静坐容易有"喜静厌动，流如枯槁之病"，故王阳明晚年少提静坐，因此有人有此疑问，即是否禁止学者静坐？还有初学入门如何摆脱俗习、如何得见真面目？钱德洪就说，师门讲学，既没有禁止静坐，又没有提倡静坐。其实王阳

---

① ［明］王阳明：《王阳明全集》卷一《传习录上》，第 18 页。

② ［明］王阳明：《王阳明全集》卷三《传习录下》，第 106 页。

③ ［明］钱德洪：《年谱附录一》，载《王阳明全集》卷三十六，第 1340 页。

明自己也曾向弟子解释过儒、佛静坐的区别：

> 问："儒者到三更时分，扫荡胸中思虑，空空静静，与释氏之静只一般，两下皆不用。此时何所分别？"先生曰："动静只是一个。那三更时分空空静静的，只是存天理，即是如今应事接物的心。如今应事接物的心，亦是循此天理，便是那三更时分空空静静的心。故动静只是一个，分别不得。知得动静合一，释氏毫厘差处亦自莫掩矣。"①

就静坐，或是三更时分养"夜气"而言，如求个空空静静的状态则儒与佛是一样的，不同的就是儒家在空静之中也只是讲求存个天理，应事接物之时循天理与空静之时存天理其实都是一个心，都是一贯的工夫，故而不必分动静，更不可去求个虚寂、空无之类的境界，这也就是与佛家的毫厘之差别。

最后则再谈所谓"三教一门"王阳明本人的态度。早在嘉靖二年(1523)，王阳明答张元冲问时就说：

> 二氏之用，皆我之用，即吾尽性至命中，完养此身谓之仙；即吾尽性至命中，不染世累谓之佛。但后世儒者不见圣学之全，故与二氏成二见耳。②

这就将儒家的尽性至命之学本身看得最高，然后认为就修养身心而言儒、道类似，就不累世俗而言儒、佛类似，如这样来理解则佛、道也不必过于见外、排斥了。接着，王阳明又举了一个厅堂三间的比喻：

> 譬之厅堂三间共为一厅，儒者不知皆吾所用。见佛氏，则割左边一间与之；见老氏，则割右边一间与之；而己则自处中间，皆举一而百废也。圣人与天地民物同体；儒佛老庄，皆吾之用；是之谓大道。二氏自私其身，是之谓小道。

在他看来，圣人之学原本有着全体大用，只是后世的庸儒、俗儒不知都为自己所用，故而让佛家占据一部分，道家占据一部分，自己则只能固守中间一部分了。

---

① ［明］王阳明：《王阳明全集》卷三《传习录下》，第 98 页。
② ［明］钱德洪：《年谱三》，载《王阳明全集》卷三十五，第 1289 页。

事实上圣人原本就与天地民物同体，那么儒、佛、老庄都可以拿来为我所用，这才是学问的大道；反而佛、道二家则仍有自私的意思在，终究只是小道而已了。王阳明还说：

> 圣人之道，坦如大路。而世之儒者，妄开窦径；蹈荆棘，堕坑堑。究其为说，反出二氏之下。宜乎世之高明之士厌此而趋彼也！此岂二氏之罪哉？①
>
> 夫善学之，则虽老氏之说无益于天下，而亦可以无害于天下。不善学之，则虽吾夫子之道，而亦不能以无弊也。②
>
> 夫禅之学与圣人之学，皆求尽其心也，亦相去毫厘耳。③

综合这三条来看，王阳明虽然不主张排斥佛、道，甚至带有“三教合一”的某些意味，但他还是认为儒家与佛、道有着毫厘之差。然而作为儒者首先当善学圣人之学，如自家讲学出了纰漏“妄开窦径”，导致世人“厌此而趋彼”，则又何必去责怪于佛、道呢？

第二节　阳明心学的创立以及对程朱理学的回应

阳明心学作为一种某些方面与程朱理学决然相反的思想学说，其创立的过程必然与程朱理学有着密切的关联，主要在于如何回应程朱理学的学理，特别是“心”与“理”的关系，以及作为朱子理学体系核心的《大学》如何诠释，都是必须面对的大问题。

一、“心即理”说

王阳明“心即理”说提出之前，曾经有过相当长一段时间困惑于朱子学之中

① ［明］王阳明：《王阳明全集》卷七《朱子晚年定论序》，第 240 页。
② ［明］王阳明：《王阳明全集》卷二十二《山东乡试录策问》，第 861 页。
③ ［明］王阳明：《王阳明全集》卷七《重修山阴县学记》，第 257 页。

的“格物致知”，甚至因为“格竹”的实践不得其法而“劳思致疾”。《年谱》中说：

> 先生始侍龙山公于京师，遍求考亭遗书读之。一日，思先儒谓“众物必有表里精粗，一草一木，皆涵至理”，官署中多竹，即取竹格之。沉思其理不得，遂遇疾。先生自委圣贤有分，乃随世就辞章之学。①

王阳明很早就对朱子之书颇有研究，所谓“遍求”也当含有深信之意。朱子说“一草一木，亦涵至理”，然而此理如何格得，却并未明说。于是王阳明对竹沉思，不得其法而得病，感叹自己与圣贤无分，继续沉溺辞章之学。

等到在贵州龙场三年，方才恍然大悟，原本不需要去格尽天下之物，所谓“格物”即“正心”。因为“心即理”，故在心上讲求便可做到圣贤，便有大担当。王阳明后来编撰《朱子晚年定论》，表达自己对朱子学的理解，也与早年的“格竹”事件有关，可以说这是他治学路上的一大关键环节。

正确理解“心即理”说还有一个重要前提，即如何正确理解“心外无物”，阳明学之中则有“岩中花树”这一典故：

> 先生游南镇，一友指岩中花树问曰：“天下无心外之物，如此花树，在深山中自开自落，于我心亦何相关？”先生曰：“你未看此花时，此花与汝心同归于寂。你来看此花时，则此花颜色一时明白起来。便知此花不在你的心外。”②

心外无物，其实并未否定外在客观世界的存在，只是强调外在之物对于人的实际意义。也就是说外物如并未反映于人的意识之中，则对于人来说外物的存在与否并无实际意义，故而说“天下无心外之物”。

还需要正确理解什么是“心”？必须将血肉之心与主宰视听言动的道德之心区分看来，王阳明说：

---

① ［明］钱德洪：《年谱一》，载《王阳明全集》，第 1223 页。《年谱》将此条作为注文系于弘治五年 21 岁，据陈来先生考证，《年谱》虽系在此年然此年王阳明“在越”，“始侍龙山公于京师”则当指王阳明 11 岁至 17 岁随父寓京师时，也就是说格竹事件实际发生当在王阳明 18 岁之前；21 岁时“为宋儒格物之学”却未“格竹”。参见《有无之境》，三联书店 2009 年版，第 383 页。

② ［明］王阳明：《王阳明全集》卷三《传习录下》，第 107—108 页。

> 所谓汝心，亦不专是那一团血肉。若是那一团血肉，如今已死的人，那一团血肉还在，缘何不能视听言动？所谓汝心，却是那能视听言动的，这个便是性，便是天理。有这个性才能生，这性之生理，便谓之仁。这性之生理，发在目便会视，发在耳便会听，发在口便会言，发在四肢便会动，都只是那天理发生，以其主宰一身，故谓之心。这心之本体，原只是个天理，原无非礼，这个便是汝之真己。这个真己是躯壳的主宰。若无真己，便无躯壳。真是有之即生，无之即死。①

在王阳明看来，真正需要讲求的只是道德判断之心，也就是“性”、“天理”，人之心主宰目、耳、口、四肢，如心之本体原本纯是天理，便不会有非礼之举动，就是人之“真己”，人需要的是以“真己”来主宰躯壳，如无之则只是行尸走肉而已。

关于“心即理”说的具体内涵，《传习录》之中有王阳明与其门人兼妹婿徐爱的一段著名的问答：

> 爱问：“至善只求诸心，恐于天下事理有不能尽。”
>
> 先生曰：“心即理也。天下又有心外之事，心外之理乎？”
>
> 爱曰：“如事父之孝，事君之忠，交友之信，治民之仁，其间有许多理在，恐亦不可不察。”
>
> 先生叹曰：“此说之蔽久矣，岂一语所能悟？今姑就所问者言之：且如事父，不成去父上求个孝的理？事君，不成去君求个忠的理？交友、治民，不成去友上、民上求个信与仁的理？都只在此心，心即理也。此心无私欲之蔽，即是天理，不须外面添一分。以此纯乎天理之心，发之事父便是孝，发之事君便是忠，发之交友、治民便是信与仁。只在此心去人欲、存天理上用功便是。”②

当时徐爱认为《大学》所说的“至善”，如果仅仅向内而求于人心，则还有缺失。王阳明则从“心即理”说出发，认为天下原本就没有心外之事、心外之理，故而本不必去心外去讲求。徐爱再举如孝、忠、信、仁之理不可不察，似乎这些理

---

① ［明］王阳明：《王阳明全集》卷一《传习录上》，第 36 页。
② ［明］王阳明：《王阳明全集》卷一《传习录上》，第 2—3 页。标点有改动。

与父、君、友、民有关，故外在于人心。王阳明便说，如“事父之孝”，难道要去父亲身上求一个孝的理？其实理只在自己的心，如心中是纯粹的天理，表现在事父上就能够孝，表现在事君上就能够忠，表现在交友、治民上就能够信与仁，所以不必去人心之外讲求，而只在于自己的心上去做“去人欲、存天理”的工夫就是了。然而徐爱还有疑惑，再如事父，则又有《礼记·曲礼》所说“凡为人子之礼，冬温而夏凊，昏定而晨省”等许多外在的细节，又如何在心中讲求呢？于是他们继续对话：

爱曰：“闻先生如此说，爱已觉有省悟处。但旧说缠于胸中，尚有未脱然者。如事父一事，其间温凊定省之类有许多节目，不知亦须讲求否？”

先生曰：“如何不讲求？只是有个头脑，只是就此心去人欲、存天理上讲求。就如讲求冬温，也只是要尽此心之孝，恐怕有一毫人欲间杂；讲求夏凊，也只是要尽此心之孝，恐怕有一毫人欲间杂；只是讲求得此心。此心若无人欲，纯是天理，是个诚于孝亲的心，冬时自然思量父母的寒，便自要去求个温的道理；夏时自然思量父母的热，便自要去求个凊的道理。这都是那诚孝的心发出来的条件。却是须有这诚孝的心，然后有这条件发出来。”

王阳明指出，关键就是抓住一个头脑，也就是说必须在自己心中去做“去人欲、存天理”的工夫。只要心中无人欲而纯天理，诚心诚意，也就能在事亲之时想到冬天父母的寒，要去求个如何能温，等等，都是需要有诚孝之心在，方能在具体细节之中表现出来。简言之，人的一举一动，都来自心中的意向，也就是道德判断，故而修养的关键只在人心，而所谓“至善”也在人之心体，王阳明后来将之叫作“良知”。

王阳明的“心即理”说，真正关注的并不是客观事物如何，而是人心如何去处事。他还说：“物即事也，如意用于事亲，即事亲为一物。意用于治民，即治民为一物。意用于读书，即读书为一物。”①也就是说，诸如徐爱所问的事亲，或是治民、读书等都看作处事，其中都有吾心处之如何为善的问题，这也就道德实践的问题。王阳明还说：

① ［明］王阳明：《王阳明全集》卷二《传习录中·答顾东桥书》，第47页。

> 夫在物为理，处物为义，在性为善，因所指而异其名。实皆吾之心也，心外无物，心外无事，心外无理，心外无义，心外无善。吾心之处事物纯乎理，而无人伪之杂，谓之善，非在事物有定所之可求也……必曰事事物物求个至善，是离而二之也。①
>
> 夫物理不外于吾心，外吾心而求物理，无物理矣；遗物理而求吾心，吾心又何物邪？心之体，性也；性即理也。故有孝亲之心，即有孝之理，无孝亲之心，即无孝之理矣。有忠君之心，即有忠之理，无忠君之心，即无忠之理矣。理岂外于吾心邪？晦庵谓："人之所以为学者，心与理而已。心虽主乎一身，而实管乎天下之理，理虽散在万事，而实不外乎一人之心。"是其一分一合之间，而未免已启学者心理为二之弊。②

在他看来，物之理也即心之理、人心之善，人有善心而发为善行，处事则纯粹天理。因此，不必去事事物物上去求天理、至善，而是在人心之中去求如何处事，使之纯乎天理而无人伪之杂。心外无物（事），心外也无理（义、善），孝亲、忠君也只是在心中讲求，而心原本就有判断道德行为之是非的自决能力。王阳明还引了一句朱子的话，心是身的主宰，也是天下之理的主宰，理虽在事但不外乎心，这是王阳明认同的，然而朱子的说法还是有着区分心、理为二的弊病在。因此，他指出：

> 只为世人分心与理为二，故便有许多病痛……人却说他做得当理，只心有未纯，往往悦慕其所为，要来外面做得好看，却与心全不相干。
>
> 故我说个心即理，要使知心与理是一个，便来心上做功夫，不去袭义于外，便是王道之真，此我立言宗旨。③

这两句话已将王阳明的立言宗旨明确无疑，世人向外做工夫，将心与理分而为二，故而做得外面看起来好却与内心毫不相干，在道德实践上故而失败；要懂得心与理为一只能向内在心上做工夫，使得吾心处事能纯乎天理而无人欲。

---

① ［明］王阳明：《王阳明全集》卷四《与王纯甫》，其二，第 156 页。
② ［明］王阳明：《王阳明全集》卷二《传习录中·答顾东桥书》，第 42 页。
③ ［明］王阳明：《王阳明全集》卷三《传习录下》，第 121 页。

二、《大学古本旁注》与《朱子晚年定论》

如上所述，王阳明身处“后朱子时代”，面对朱子“心与理为二”的难题，以“心即理”说来加以解答，这就与朱子学拉开了距离，于是不得不对朱子学的“格物”说等关键问题给予自己的看法。他说：

> 夫析心与理为二，此告子义外之说。孟子之深辟也。务外遗内，博而寡要，吾子既已知之矣，是果何谓而然哉？谓之玩物丧志，尚犹以为不可欤。①

王阳明提出“心即理”说，也就意味着与朱子的理学有了明确的区别，这在《与顾东桥书》当中就十分明确，他认为朱子之“格物”有“析心与理为二”之嫌疑，就近于孟子“深辟”的告子“义外之说”，“务外遗内，博而寡要”这批评已经很重了，至于“玩物丧志”则更是将朱子“格物”说给彻底否定了。然而明中叶，还是一个“后朱子时代”，故而必须针对流行的朱子学做一个交代。最后终于在正德十三年（1518）刊刻了《大学古本旁注》与《朱子晚年定论》这两部书，向当时学界标明了自己异于朱子学的立场，于是引来的诸多讨伐之声。

其一便是《大学古本》及其争议。

《大学》原本为《大戴礼记》中的一篇，在宋代引起理学家的重视，程颐、朱子都认为《古本大学》有错简、漏简等问题。朱子《大学章句集注》做了三个不同于一般的经典诠释的工作：其一，将之重新分章断句，认为前七章为曾子所述孔子之言，为“经”，其余十章为门人所记曾子之意，也即曾子为“经”所作的“传”；其二，朱子相信“格物致知”一章的传亡轶不见，故而“窃取程子之意，以补之”，他本人将程颐的格物穷理之说加以发挥，补了“格物致知”传；其三，“大学之道，在明明德，在亲民”之中的“亲”字，朱子认为当作“新”，这就有改经之嫌疑了。

正德十三年（1518），王阳明讨贼归来，“专意于朋友，日与发明《大学》本旨，指示人道之方”。② 关于王阳明《大学古本》的核心思想，《年谱》中说：

---

① ［明］王阳明：《王阳明全集》卷二《传习录中·答顾东桥书》，第45页。
② ［明］钱德洪：《年谱一》，载《王阳明全集》卷三十三，第1253—1254页。

> 先生在龙场时，疑朱子《大学章句》非圣门本旨，手录古本，伏读精思，始信圣人之学本简易明白。其书止为一篇，原无经传之分。格致本于诚意，原无缺传可补。以诚意为主，而为致知格物之功，故不必增一敬字。以良知指示至善之本体，故不必假于见闻。至是录刻成书。①

王阳明是在自己反复琢磨《大学古本》多年以后，方才决心录刻成书的。他的核心观点有四：一是《大学》原本不分经、传；二是因为“格致”的工夫本于“诚意”，故《大学》并不缺失“格致”传；三是“致知格物”为“诚意”之功夫，故不必增加一个“敬”字；四是《大学》的“致知”为“致良知”，指向“至善之本体”，故不必如朱子“格物”说“假于见闻”。此外则还有“亲民”之辨，王阳明说：“‘亲民’犹《孟子》‘亲亲仁民’之谓……说‘亲民’，便是兼教养义。说‘新民’，便觉偏了。”②一则《大学》的古本原为“亲民”，一则与《孟子》等书的思想的关联，故而他的主张很有道理。此处重点讨论上面说到的第四点“致知”，王阳明曾说：

> 于事事物物上求至善，却是义外也。至善是心之本体。只是明明德到至精至一处便是，然亦未尝离却事物。本注所谓“尽夫天理之极，而无一毫人欲之私”者得之。③
>
> 若鄙人所谓致知格物者，致吾心之良知于事事物物也。吾心之良知，即所谓天理也……致吾心之良知者，致知也。事事物物皆得其理者，格物也。是合心与理而为一者也。④

王阳明早在《紫阳书院集序》之中，就已经指出朱子的格物说有着支离的弊病，而他自己的格物说则可以补朱子之缺失。朱子将“格物”解释为“即凡天下之物，莫不因其已知之理而益穷之”，最后实现“众物之表里精粗无不到，而吾心之全体大用无不明”，则还是将人心之本体的“至善”向外在的事事物物上去求，那么“心与理”无法合一，就是“义外”，就是“假于见闻”，这是搞错了方向。所以应该将“致知格物”解释为“致良知”，良知也即天理、至善，只有在心中讲求，方

① ［明］钱德洪：《年谱一》，载《王阳明全集》卷三十三，第1254页。
②③ ［明］王阳明：《王阳明全集》卷一《传习录上》，第2页。
④ ［明］王阳明：《王阳明全集》卷二《传习录中·答顾东桥书》，第45页。

能“心与理”合一，具体做工夫也就是“致吾心之良知于事事物物”使其“皆得其理”，这也就是格物。

至于为什么必须重新解释“格物”说，王阳明曾说：

> 先儒解“格物”为格天下之物，天下之物如何格得？且谓“一草一木，亦皆有理”，今如何去格？纵格得草木来，如何反来诚得自家意？我解“格”作“正”字义，“物”作“事”字义……致知在实事上格。如意在于为善，便就这件事上去为；意在于去恶，便就这件事上去不为。去恶固是格不正以归于正，为善则不善正了亦是格不正以归于正也。如此，则吾心良知无私欲蔽了，得以致其极，而意之所发，好善去恶无有不诚矣。诚意功夫实下手处在格物也。若如此格物，人人便做得。①

王阳明首先指出朱子将“格物”解释为“格天下之物”，还说“一草一木，亦皆有理”等等，则对于学者来说往往不知如何作工夫，即使作了工夫也不知如何“反身而诚”，这还说“心与理为二”的问题。王阳明以“正”解释“格”字，又以“事”解释“物”字，又强调“在实事上格”，也即在实际的应事接物之中求理之当、求为善去恶，换句话说就是“格不止以归于正”或“良知无私欲蔽了”，这样的“格物”说确实是“人人便做得”，确实解决了朱子“格物”说带来的困惑。

王阳明认为《大学》一书的主旨便是“诚意”，他在《大学古本序》之中说：

> 《大学》之要，诚意而已矣。诚意之功，格物而已矣。诚意之极，止至善而已矣。止至善之则，致知而已矣……然非即其事而格之，则亦无以致其知。故致知者，诚意之本也。格物者，致知之实也。物格则知致意诚，而有以复其本体，是之谓止至善。②

他一再强调“诚意之功，格物而已”，而“诚意”的目的，则是“止于至善”，而要明了“止于至善”的法则就还需要“致知”，即“致良知”。具体而言，则需要在事物之上的“格物”，致良知于事事物物，这是实现“诚意”的根本所在。

① ［明］王阳明：《王阳明全集》卷三《传习录下》，第119—120页。
② ［明］王阳明：《王阳明全集》卷七《大学古本序》，第242—243页。

因此“格物”也就是“诚意”的实下手处,“格物”也就是事事物物上的正其意念之善恶。

关于《大学古本》的意义所在,王阳明接着还说:

> 圣人惧人之求之于外也,而反复其辞。旧本析而圣人之意亡矣。是故不务于诚意而徒以格物者,谓之支;不事于格物而徒以诚意者,谓之虚;不本于致知而徒以格物诚意者,谓之妄。支与虚与妄,其于至善也远矣。合之以敬而益缀,补之以传而益离。吾惧学之日远于至善也,去分章而复旧本,傍为之什,以引其义。庶几复见圣人之心,而求之者有其要。

在他看来,圣人在古本(旧本)之中原本指点学者求之于内心,而改本则离析了古本的圣人之意,不讲诚意而只求格物则有支离之病,同样不讲格物而只求诚意或不讲致知而只求格物、诚意则有虚、妄之病,这些都是远离了至善之道。因此王阳明要恢复古本,去掉朱子等先儒的分章,以求“复见圣人之心”。

朱子的《四书章句集注》从元代开始一直都是科举考试的主要参考书,属于钦定的官方思想,故而王阳明大力提倡《古本大学》,在当时属于十分大胆的举动,虽然多有怀疑者,但也有如湛若水等学者,从将信将疑到确信无疑者不少,其思想史上的意义也是极大的。

其二,《朱子晚年定论》。关于此书,王阳明在其序中详细说明编撰的理由,先看其开篇:

> 洙、泗之传,至孟氏而息。千五百余年,濂溪、明道始复追寻其绪。自从辨析日详,然亦日就支离决裂,旋复湮晦。吾尝深求其故,大抵皆世儒之多言有以乱之。①

此处追溯儒学之道统,认为孔子之学传自孟子而息,然后就是宋儒周敦颐、程颢“始复追寻其绪”,这种道统说法与已略有不同,接着则说学术之辨析日详而“日就支离决裂”,以至于“湮晦”,虽未提及朱子而实指朱子,或者说自南宋以

① [明]王阳明:《王阳明全集》卷七《朱子晚年定论序》,第240—241页。下列引文,同此出处则不再注明。

来的朱陆之辨，以及朱子学成为正统，反而使得儒学支离、纷杂了。

接着，王阳明回顾自己的从学经历，先是"从事正学，而苦于众说之纷扰疲迩"，再是"茫无可入，因求诸老、释"，又是于孔子之教"依违往返，且信且疑"，虽然从学多年却依旧未寻到真正的门径。最后就是龙场悟道，他说：

> 谪官龙场，居夷处困，动心忍性之余，恍若有悟，体验探求，再更寒暑，证诸《六经》、四子，沛然若决江河而放诸海也……间尝以此语同志，而闻者竞相非议，自以为立异好奇；虽每痛反探抑，务自搜剔斑瑕，而愈益精明的确，洞然无复可疑。独于朱子之说有相牴牾，恒疚于心，切疑朱子之贤，而岂其于此尚有未察？

悟道以后的王阳明，先将体验证于"四书五经"，感觉"沛然若决江河而放诸海"；再与同志之友论辩，自觉也是"洞然无复可疑"。他唯一心存疑虑的便是"独于朱子之说有相牴牾"，那么是自己错了，还是朱子"尚有未察"？要解决疑虑只能反复于朱子之书，此时所谓"晚年定论"之说方才浮出水面，王阳明说：

> 及官留都，复取朱子之书而检求之，然后知其晚岁固已大悟旧说之非，痛悔极艾，至以为自诳诳人之罪，不可胜赎。世之所传《集注》、《或问》之类，乃其中年未定之说，自咎以为旧本之误，思改正而未及，而其诸《语类》之属，又其门人挟胜心以附己见，固于朱子平日之说，犹有大相缪戾者。而世之学者局于见闻，不过持循讲习于此，其于悟后之论，概乎其未有闻，则亦何怪乎予言之不信，而朱子之心无以自暴于后世也乎？

此处将朱子晚年之悔说得极为严重，"痛悔极艾，至以为自诳诳人之罪，不可胜赎"，这种说法虽有一定的依据，但大半还是王阳明的一己之感叹。他认为不可作为朱子定论的文献有二，一是《四书章句集注》与《四书或问》，都是"中年未定之说"，晚年还来不及改正；二是《朱子语类》，则是门人附己见的记录，故与朱子本人定论"犹有大相缪戾者"。后世的学者未曾细细思量何为定论，便只是讲习这些文献，这也就是学术纷杂的原因所在。王阳明认为自己已经探得朱子晚年定论，更喜己说"不缪于朱子"且又"先得我心之同然"，他说：

> 予既自幸其说之不缪于朱子，又喜朱子之先得我心之同然，且慨夫世之学者徒守朱子中年未定之说，而不复知求其晚岁既悟之论，竞相呶呶，以乱正学，不自知已入于异端。辄采录而裒集之，私以示夫同志。庶几无疑于说，而圣学之明可冀矣。

王阳明认为自己所得与朱子晚年定论相同，但又感慨后世学者满足于固守朱子的“中年未定之说”，而不去探求朱子“晚岁既悟之论”，甚至沿着错误的学说而入于异端。这也就是他编撰《朱子晚年定论》一书的原因所在。

王阳明的《朱子晚年定论》，从朱子写给弟子或友人的二十四通论学书信之中摘录出来，并加上元代的吴澄（草庐）关于朱子晚年思想与陆九渊相近之类的话，一同刊刻成书。王阳明说：“朱子之后，如真西山、许鲁斋、吴草庐亦皆有见于此，而草庐见之尤真，悔之尤切。”真德秀（西山）、许衡（鲁斋）与吴澄（草庐），都有朱、陆晚年思想相近之类的看法，而以吴澄为代表，列举这些则可以表明“吾道不孤”，以免再起争端，然而争端却是不得不起了。

总之，无论《古本大学》还是《朱子晚年定论》这两部书的刊刻，在当时就引起轩然大波，特别是后者更是使得朱陆异同的老问题的争论再度升级，此后的两百多年里热度一直不退，直到理学思潮为考据学思潮代替为止。[①] 至于当时学者如何怀疑，如何辩驳，则仅举罗钦顺一例来加以说明。

三、来自罗钦顺的挑战

罗钦顺（1465—1547），字允升，号整庵，江西泰和人。弘治进士，历任翰林院编修、南京国子司业、南京太常少卿、吏部尚书等职，晚年曾家居二十余年，潜心学问，著有《困知记》。罗钦顺的基本学术主张近于程朱理学，明确反对“心即理”，他说：“夫心者，人之神明；性者，人之生理。理之所在谓之心，心之所有谓之性，不可混而为一也。”[②]“此理在人则谓之性，在天则谓之命。心也者，人之神

---

① 余英时先生则提出内在理路说，认为理学之中的朱陆异同问题无法解决，方才引出考据学来。参见《论戴震与章学诚：清代中期学术思想史研究》，生活·读书·新知三联书店2000年版，第332—335页。

② ［明］罗钦顺：《困知记》卷上，中华书局2013年版，第1页。

明，而理之存主处也，岂可谓心即理，而以穷理为穷此心哉！”[①]罗钦顺遵循朱子的心性论，强调心与性的区别，性为心之理，故不可将心与性混一，也可以直接说心即理。不过就理气关系而言，他的说法与朱子的理本论有所不同，他较为重视气，强调“以理附气”。他说：

> 理果何物也哉？盖通天地、亘古今，无非一气而已。气本一也，而一动一静，一往一来，一阖一辟，一升一降，循环无已……有莫知其所以然而然，是即理也。初非别有一物，依于气而立，附于气以行也。[②]

他还说：“理须就气上认取，然认气为理便不是。”[③]在罗钦顺看来，通天地、亘古今无非只有一气，理是气之所以动静、往来、升降、循环的依据，故理依附于气，必须在气上去认取理，但也不可将理、气混同，或将气当作理。这种思想与曹端、薛瑄等明初学者有着一定的承继关系。罗钦顺的学术，除了在理气关系上对朱子学有所发展之外，还有一个引人注目之处便是对明中叶的心学有所反思，特别是与王阳明的论辩，对阳明心学的发展有着相当大的影响。

罗钦顺比王阳明年长 9 岁，当时已是讲程朱理学的名儒，且时任吏部侍郎，地位、声望可以说都比王阳明还高。罗钦顺赞赏王阳明的“天资绝出，而日新不已”[④]，也说其学术“恒妙于独得”[⑤]，如果仔细体会后一句话，则有明褒而暗贬的意味在了。

得到王阳明的《大学古本旁释》与《朱子晚年定论》二书后，罗钦顺在与王阳明的信中说：“见道固难，而体道尤难。道诚未易明，而学诚不可不讲。恐未可安于所见，而遂以为极则也。”[⑥]王阳明对此回复说：

> 世之学者稍能传习训诂，即皆自以为知学，不复有所谓讲学之求，可悲矣！

---

① ［明］罗钦顺：《困知记》附录《答允恕弟》，第 149 页。
② ［明］罗钦顺：《困知记》卷上，第 5—6 页。
③ ［明］罗钦顺：《困知记续》卷上，第 89 页。
④ ［明］罗钦顺：《困知记》附录《与王阳明书》，其一，第 144 页。
⑤ ［明］罗钦顺：《困知记》附录《与王阳明书》，其二，第 146 页。
⑥ ［明］罗钦顺：《困知记》附录《与王阳明书》，其一，第 145—146 页。

> 夫道必体而后见，非已见道而后加体道之功也。道必学而后明，非外讲学而复有所谓明道之事也。然世之讲学者有二：有讲之以身心者，有讲之以口耳者。讲之以口耳，揣摸测度，求之影响者也；讲之以身心，行著习察，实有诸己者也。①

罗钦顺说“未可安于所见”，有针对王阳明的意思，而王阳明说“传习训诂”与“讲之以口耳”则也有针对当时的朱子学者的意思。当然朱子学者也并不安于训诂，或讲习以口耳，而是口耳与身心并重，但也有学者如不能正确理解，则容易停留在口耳之上。而阳明学却是一开始就在身心上，所谓“体道之功”，以及“正心”为《大学》“格物致知”之工夫，也就是这个意思。

接下来，他们讨论的核心问题也就是《大学古本》与《朱子晚年定论》这两本书引发的问题。关于《大学古本》，罗钦顺说：

> 切详《大学古本》之复，盖以人之为学，但当求之于内，而程、朱格物之说，不免求之于外，圣人之意，殆不其然。于是遂去朱子之分章，而削其所补之传，直以支离目之，曾无所用。窃惟圣门设教，文行兼资。博学于文，厥有明训……文果内耶，外耶，是固无难辨者。凡程朱之所为说，有戾于此者乎？②

罗钦顺并未提及《大学》的版本问题，而是指出王阳明之所以复古本，是因为强调为学“当求之于内”，程、朱所诠释的《大学》改本则“不免求之于外”，故而舍去改本。在他看来孔子之教原本就有学资于外的一面，故而程、朱并未违背孔子。对此王阳明的辩驳道：

> 学岂有内外乎？《大学古本》乃孔门相传旧本耳，朱子疑其有所脱误而改正补缉之，在某则谓其本无脱误，悉从其旧而已矣。失在于过信孔子则有之，非故去朱子之分章而削其传也。夫学贵得之心，求之于心而非也，虽其言之出于孔子，不敢以为是也，而况其未及孔子者乎？求之于心而是也，虽其言之出于庸常，不敢以为非也，而况其出于孔子者乎？且旧本之传数千载矣，今读其

① ［明］王阳明：《王阳明全集》卷二《传习录中・答罗整庵少宰书》，第 75 页。
② ［明］罗钦顺：《困知记》附录《与王阳明书》，其一，第 141—142 页。

文词，即明白而可通，论其工夫，又易简而可入。亦何所按据而断其此段之必在于彼，彼段之必在于此，与此之如何而缺，彼之如何而补？而遂改正补缉之，无乃重于背朱而轻于叛孔已乎？①

此处王阳明的辩驳相当有力量，一是版本问题，《大学古本》原是孔门相传的旧本，朱子等人怀疑有所脱误，出于自己的理解，同样王阳明怀疑本无脱误，也是出于自己的理解，改本并无十足的证据则恢复古本也就无可厚非了。二是为学的态度，王阳明强调"学贵得之心"，也就是要自家用得着，无论孔子之言、朱子之言或庸常之言，至于朱子学者"重于背朱而轻于叛孔"，则更是毫无依据了。

罗、王二人讨论的关键点，则是为学的内外问题，上文已有涉及，接下来则开始真正展开辨析。罗钦顺在信中接着说：

如必以学不资于外求，但当反观内省以为务。则"正心诚意"四字亦何不尽之有？何必于入门之际，便困以"格物"一段功夫也？顾经既有此文，理当尊信，又不容不有以处之。②

在罗钦顺看来，王阳明对于"格者，正也"等对"格物致知"的诠释，过于看重"反观内省"，又将"格物"解释得与"正心诚意"意思相似，则又何必再就大学阶段的入门之际设置"格物"一段功夫呢？从《大学》的经文来看，"格物"不能理解为"正念头"。至于"学不资于外求"则容易导致"局于内而遗其外"的弊病了，罗钦顺还说："局于内而遗其外，禅学是已，凡禅学之至者，必自以为明心见性。"③这么说，有暗指王阳明的学说近于禅学的意味了。对此王阳明的辩驳说：

夫理无内外，性无内外，故学无内外。讲习讨论，未尝非内也；反观内省，未尝遗外也。夫谓学必资于外求，是以己性为有外也，是"义外"也，"用智"者也。谓反观内省为求之于内，是以己性为有内也，是有我也，自私者也。是皆

---

① ［明］王阳明：《王阳明全集》卷二《传习录中·答罗整庵少宰书》，第75—76页。
② ［明］罗钦顺：《困知记》附录《与王阳明书》，其一，第142页。
③ ［明］罗钦顺：《困知记》附录《与王阳明书》，其一，第143页。

不知性之无内外也。①

他认为所谓“反观内省”其实原本就不是“求之于内”，因为“理无内外”、“学无内外”，性也无内外，一定要说反观内省就是“求之于内”的话，那么就是将自己的“性”理解为内，这就狭隘了。反之，将学理解为“资于外求”也是狭隘了。

为什么要将格致诚正的工夫统合起来呢？王阳明接下来有进一步的阐发：

“格物”者，《大学》之实下手处……故格物者，格其心之物也，格其意之物了，格其知之物也。正心者，正其物之心也。诚意者，诚其物之意也。致知者，致其物之知也。此岂有内外彼此之分哉？

“理”一而已，以其理之凝聚而言，则谓之“性”；以其凝聚之主宰而言，则谓之“心”；以其主宰之发动而言，则谓之“意”；以其发动之明觉而言则谓之“知”；以其明觉之感应而言，则谓之“物”。故就物而言，谓之“格”；就知而言，谓之“致”；就意而言，谓之“诚”；就心而言，谓之“正”。正者，正此也；诚者，诚此也；致者，致此也；格者，格此也。皆所谓穷理以尽性也。②

正因为“格物”之“物”也就在心、意、知之中，正心、诚意、致知的对象也即此“物”，此“物”也即“事”，故而正心、诚意、致知、格物也就是“在事上磨”而已。也正是因为“心即理”故而“穷理以尽性”，“尽性”的工夫也即“穷理”的工夫，在“心”之上做工夫，也即“正心”而已。因为“心”本为“性”之主宰，这一说法，近于“心具众理”，然而王阳明真正强调的则是，心的发动为“意”，而发动之中具有的“明觉”则是“知”，也即“良知”，“知”又感应于“物”。因此，格致诚正的对象也即心的发动之中的“良知”所感应的事，“在事上磨”也即格物，也即致知、诚意、正心。

再看罗钦顺对《朱子晚年定论》的看法：

于其论学书三数十卷之内，摘此三十余条，其意皆主于向里者，以为得于既悟之余，而断共为定论。斯其所捍宜亦精矣，第不知所谓晚年者，断以何年

① ［明］王阳明：《王阳明全集》卷二《传习录中·答罗整庵少宰书》，第76页。
② ［明］王阳明：《王阳明全集》卷二《传习录中·答罗整庵少宰书》，第76—77页。

为定？羸躯病暑，未暇详考，偶考得何叔京氏卒于淳熙乙未，时朱子年方四十有六，尔后二年丁酉，而《论孟集注》、《或问》始成。今有取于答何书者四通，以为晚年定论，至于《集注》、《或问》则以为中年未定之说。窃恐考之欠详而立论之太果也。又所取《答黄直卿》一书，监本止云“此是向来差误”，别无“定本”二字，今所编刻增此二字尝别有据。而序中又变定字为旧字，却未详本字同所指否？朱子有《答吕东莱》一书，尝及定本之说，然非指《集注》、《或问》也。①

罗钦顺对《朱子晚年定论》一书的批评，说得非常有道理，从朱子几十卷的论学书信当中选摘 30 多条“主于向里者”，认为都是晚年定论，即使选得精当，也难以服众。再者，王阳明选摘的 30 多条，又有多处考据不当，特别是《答何叔京书》的年代问题，是一个明显的错误。此外朱子《答黄直卿书》原本无“定本”二字等，也是王阳明考据未妥。王阳明回复书信中，说得也很坦诚：

某为《朱子晚年定论》，盖亦不得已而然。中间年岁早晚诚有所未考，虽不必尽出于晚年，固多出于晚年者矣。然大意在委曲调停，以明此学为重。②

王阳明承认自己对朱子书信中的年岁早晚“有所未考”，只是所选摘者大多出于晚年，再说自己如此做法，也是不得已，为了让当时的朱子学者对自己的学说容易接受，故而“委曲调停”，如非“以明此学为重”则完全不必去向朱子折衷了。接着王阳明进一步表明自己对于朱子学说的态度：

平生于朱子之说，如神明蓍龟，一旦与之背驰，心诚有所未忍，故不得已而为此。“知我者，谓我心忧；不知我者，谓我何求”，盖不忍牴牾朱子者，其本心也，不得已而与之牴牾者，道固如是，不直则道不见也。执事所谓决与朱子异者，仆敢自欺其心哉？夫道，天下之公道也，学，天下之公学也，非朱子可得而私也，非孔子可得而私也……然则某今日之论，虽或于朱子异，未必非其所喜也。③

---

① ［明］罗钦顺：《困知记》附录《与王阳明书》其一，第 143—144 页。
②③ ［明］王阳明：《王阳明全集》卷二《传习录中·答罗整庵少宰书》，第 78 页。

王阳明说自己对于朱子之说奉若神明，无奈自己的学说与之背驰，心中“有所未忍”，故而想办法加以调停折衷，都是出于“不忍牴牾”的本心。至于为什么还是会有所“牴牾”，则还是因为自觉“道固如是”，不敢“自欺其心”，再说还有天下之公道、公学在，不是朱子可以私者，也不是孔子可以私者，关键在于道与学，是否能“得之心”，也即个人自用而得力而已。

关于自己的良苦用心，王阳明还在与罗钦顺的书信之中说：

> 孟子之时，天下尊信杨、墨，当不下于今日之崇尚朱说。而孟子独以一人呶呶于其间。噫。可哀矣！……呜呼！若某者，其尤不量其力，果见其身之危，莫之救以死也矣。夫众方嘻嘻之中，而独出涕嗟，若举世恬然以趋，而独疾首蹙额以为忧，此其非病狂丧心，殆必诚有大苦者隐于其中，而非天下之至仁，其孰能察之？①

天下之学者尊信的学术，并不见得是正学，如孟子之世独孟子一人呼吁儒门正学，而世人少有知者。当众人嘻嘻之中、举世恬然以趋而独出涕、疾首蹇额以为忧，则不是因为病狂丧心就是因为“诚有大苦者隐于其中”，而这其中的隐衷非天下至仁之人也是难以察识的。其实，明中叶之际，无论从政治出发而别有用心者，或是从学术出发、主张程朱理学而不认同心学者，对于王阳明的讲学表示怀疑者依旧极多，罗钦顺则属于后者之一。王阳明在与聂豹的书信中也说：

> 呜呼！今之人虽谓仆为病狂丧心之人，亦无不可矣。天下之人心皆吾之心也。天下之人犹有病狂者矣，吾安得而非病狂乎？犹有丧心者矣，吾安得而非丧心乎？②

为天下之人计，致良知之学不可不讲，即使世人以为自己“病狂丧心”，亦在所不辞，故而晚年的王阳明更加重视讲学。其弟子说：

---

① ［明］王阳明：《王阳明全集》卷二《传习录中·答罗整庵少宰书》，第77—78页。

② ［明］王阳明：《王阳明全集》卷二《传习录中·答聂文蔚》，第81页。

当时有称先师者曰："古之名世，或以文章，或以政事，或以气节，或以勋烈，而公克兼之，独除却讲学一节，即全人矣。"先师笑曰："某愿从事讲讲学一节。尽除却四者，亦无愧全人。"①

由此可知，在王阳明心目中，确实并不在意其事功之类，仅仅在意于以讲学教化世人，故而并不在意天下之人的看法。

不过也必须指出，王阳明对程朱理学回应的，无论是《大学古本》还是《朱子晚年定论》，其诠释方法类同与陆九渊的"六经皆我注脚"，而非考据或训诂的方法。也正因为如此，诚如秦家懿先生所言，他恢复《大学》的原来面貌，仅得到局部的成功，而他的融通自己与朱子思想的试度，却是以失败告终的。② 当然不论成败，都对明代中晚期乃至清代的思想界，引发了极大的震荡，造就了明清之际学术的丰富多彩。

第三节　阳明心学的发展以及教法之变

王阳明讲学，一直都重视学有宗旨，曾说："为学须得个头脑，工夫方有着落，纵未能无间，如舟之有舵。"③然而其讲学历程之中，亦有着变化，所谓"为教三变"，钱德洪说：

居贵阳时，首与学者为知行合一之说；自滁阳后多教学者静坐；江右以来，始单提致良知三字，直指本体，令学者言下有悟：是教亦三变也。④

在钱德洪看来，王阳明讲学的主旨前后三变，起初为"知行合一"，而后为

① ［明］邹守益：《阳明先生文录序》，载《王阳明全集》卷四十一，第1569页。
② 秦家懿：《王阳明》，生活·读书·新知三联书店2011年版，第85页。
③ ［明］王阳明：《王阳明全集》卷一《传习录上》，第30页。
④ ［明］钱德洪：《刻文录叙说》，载《王阳明全集》卷四十一，第1574页。

"静坐",最末为"致良知"。黄宗羲《明儒学案》所引王门另一高第王畿的说法,则略有不同:

> 一意本原,以默坐澄心为学的。有未发之中,始能有发而中节之和,视听言动,大率以收敛为主,发散是不得已。
>
> 江右以后,专提"致良知"三字,默不假坐,心不待澄,不习不虑,出之自有天则。盖良知即是未发之中,此知之前更无未发;良知即是中节之和,此知之后更无已发。此知自能收敛,不须更主于收敛;此知自能发散,不须更期于发散。收敛者,感之体,静而动也;发散者,寂之用,动而静也。知之真切笃实处即是行,行之明觉精察处即是知,无有二也。
>
> 居越以后,所操益熟,所得益化,时时知是知非,时时无是无非,开口即得本心,更无假借凑泊,如赤日当空而万象毕照。是学成之后又有此三变也。①

黄宗羲认为王阳明的三变:其一为默坐澄心,收敛为主,也即在静中体会喜怒哀乐的未发之中,未发工夫做好方有发而中节之和;其二为致良知,不提静坐、澄心之类,但良知即未发之中、中节之和,致良知则知行合一,收敛与发散的动静亦合一;其三,"时时知是知非,时时无是无非"等描述性说法的具体主旨指什么?有学者说此即"四句教",是王阳明晚年学问的归结与化境。② 综合钱、王二人,除了"主静"原本极为心学的重要工夫之外,王阳明提出的为学主旨则有"知行合一"、"致良知"、"四句教"三条,故下文重点分析此三者,附带解析其中演变之缘由。

一、"知行合一"

正德三年(1508),王阳明在贵州之时,提出的教学宗旨为"知行合一",当时是贵州的学政席书前来问学,然问的却是如何看待"朱陆异同之辨":

---

① [明]黄宗羲:《明儒学案》卷十《姚江学案》,第 180 页。

② 黄宗羲此处所引来自王畿的《滁阳会语》,而"无是无非"、"知是知非"也即"四句教"之中"无善无恶心之体"、"知善知恶是良知"的说法,参见陈来《有无之境》,第 372 页。

> 是年先生始论知行合一。始，席元山书提督学政，问朱陆同异之辨。先生不语朱陆之学，而告之以其所悟。书怀疑而去。明日复来，举知行本体证之《五经》、诸子，渐有省。往复数四，豁然大悟，谓："圣人之学复睹于今日；朱陆同异，各有得失，无事辩诘，求之吾性本自明也。"遂与毛宪副修葺书院，身率贵阳诸生，以所事师礼事之。①

此时王阳明刚刚体悟出自得之圣贤之道，故而不直接回答朱陆异同的问题，而是告知席书（1461—1527，字文同，号元山，四川遂宁人）"知行合一"的道理。席书开始有所怀疑，等多次往返受教，并将王阳明所说的知行之旨与《五经》以及两宋诸子的语录做比较，方才醒悟过来，原来王阳明指点的意思是，朱陆异同因为各有得失，故而不须多辩，为学只要坚守"知行合一"之旨，以求"吾性自明"。当时席书与提学副使毛科（字拙庵，浙江余姚人，成化十四年进士）一起在贵阳修葺文明书院，延请王阳明前来讲学，且带头行以拜师之礼，王阳明讲自己心学的开始即阐明"知行合一"之旨。

至于什么才是"知行合一"，则要看王阳明与徐爱的一段问答，对此作了非常简明的解释：

> 爱曰："如今人尽有知得父当孝、兄当弟者，却不能孝、不能弟，便是知与行分明是两件。"
>
> 先生曰："此已被私欲隔断，不是知行的本体了。未有知而不行者；知而不行，只是未知。圣贤教人知行，正是要复那本体，不是着你只恁地便罢。故《大学》指个真知行与人看，说'如好好色，如恶恶臭'。见好色属知，好好色属行。只见那好色时，已自好了；不是见了后，又立个心去好。闻恶臭属知，恶恶臭属行。只闻那恶臭时，已自恶了；不是闻了后，别立个心去恶。"②

徐爱认为世人多半知道应孝应悌，但不一定能孝能悌，那么知与行分明就是两件事了。王阳明回答，此种情形当是"知行的本体"，也即"心体"被私欲隔断，不是原来的样子了。故而真正的知必能行，真正的行也必能知，圣人之教也

---

① ［明］钱德洪：《年谱一》，载《王阳明全集》卷三十三，第1221页。

② ［明］王阳明：《王阳明全集》卷一《传习录上》，第3—4页。

就是要恢复知行的本体。他还用《大学》中的"如好好色，如恶恶臭"作比方，虽说"好色"属于知而"好好色"属于行，但人在见"好色"、"恶臭"之时，心中就已经有好、恶了，故而知与行本不可分。再说"知痛，必已自痛了方知痛"，这些说法都是以知觉经验来解释的，然而道德经验也一样：

> 就如称某人知孝，某人知弟。必是其人已曾行孝行弟，方可称他知孝知弟。不成只是晓得说些孝弟的话，便可称为知孝弟。①

这就将徐爱所说的知道应孝应悌、说些孝悌的话之类排除在"知"之外，真正的知孝悌则当已行孝悌。

王阳明曾多次强调知、行不可分作两件事，还说"知行原是两个字说一个功夫"②，那么知与行的区别究竟还有吗？王阳明说：

> 知是行的主意，行是知的功夫。知是行之始，行是知之成。若会得时，只说一个知，已自有行在；只说一个行，已自有知在。③
>
> 知之真切笃实处即是行，行之明觉精察处即是知。知行工夫本不可离，只为后世学者分作两截用功，失却知行本体，故有合一并进之说。④

在他看来，知是行的主意，也即主脑、主宰，又是行的开始；而行则是知的工夫、实践，又是知的完成。再者，知当实践得真切笃实方才是真知，而行又当主宰得明觉精察方才是真行，故而在王阳明那里强调知与行合一、并进，说知时行在、说行时知在，知行工夫不可分离，方才是真正的知行本体，故而知行合一，也即本体与工夫的合一。

在王阳明看来，大多数人之所以不能成就圣贤，不能履行其道德行为，其关键就是将知、行分作两件事去做，他说：

---

① ［明］王阳明：《王阳明全集》卷一《传习录上》，第 4 页。
② ［明］王阳明：《王阳明全集》卷六《答友人问》，第 209 页。
③ ［明］王阳明：《王阳明全集》卷一《传习录上》，第 4 页。
④ ［明］王阳明：《王阳明全集》卷二《传习录中·答顾东桥书》，第 42 页。

古人所以既说一个知又说一个行者，只为世间有一种人，懵懵懂懂的任意去做，全不解思惟省察，也只是个冥行妄作，所以必说个知，方才行得是；又有一种人，茫茫荡荡悬空去思索，全不肯着实躬行，也只是个揣摸影响，所以必说一个行，方才知得真。

今人却就将知、行分作两件事去做，以为必先知了，然后能行。我如今且去讲习讨论做知的工夫，待知得真了，方去做行的工夫，故遂终身不行，亦遂终身不知。①

知行分离，则知不是真知而是妄想，行不是笃行而是冥行。如一定要先知后行，则将会“终身不行”，同时也“终身不知”。所以为了针对知、行分离的现象，王阳明方才提出“知行合一”的立言宗旨：

今人学问只因知行分作两件，故有一念发动，虽是不善，然却未曾行，便不去禁止。我今说个知行合一，正要人晓得一念发动处，便即是行了。发动处有不善，就将这不善的念克倒了，须要彻根彻底，不使那一念不善潜伏在胸中。此便是我立言宗旨。②

在王阳明看来，讲求知行合一，故而人心一念发动之处，便已经是行了，其中如有不善之念，便须将知彻根彻底地克倒，不可使念头潜伏胸中；如还是以为知、行分作两件，一念发动出有不善，因为未曾实行，故而不去禁止，那么将来的道德行为就会出问题。也就是说一念发动之时，就已经是道德行为机制的开始，迁善改过的道德实践必须从一念处即开始。因此，王阳明如此树立宗旨，也都是从拯救世人、引人成圣成贤的良苦用心出发的。

王阳明针对顾麟(东桥)“举学问思辨以穷天下之理，而不及笃行”，专门就宋儒常说的《中庸》学、问、思、辨、行五者，作了一些阐发：

夫问思辨行，皆所以为学；未有学而不行者也。如言学孝，则必服劳奉养，躬行孝道，然后谓之学。岂徒悬空口耳讲说，而遂可谓之学孝乎？学射则必张

① ［明］王阳明：《王阳明全集》卷一《传习录上》，第 4 页。
② ［明］王阳明：《王阳明全集》卷三《传习录下》，第 96 页。

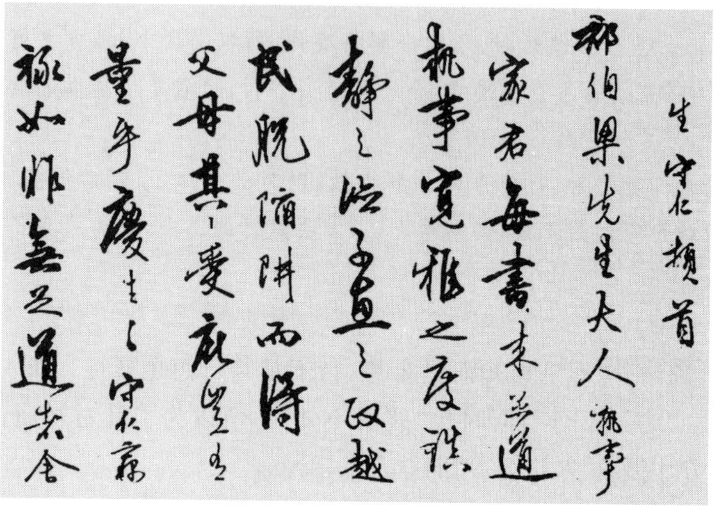

图 5－3　王阳明墨迹

> 弓挟矢，引满中的。学书则必伸纸执笔，操觚染翰。尽天下之学，无有不行而可言学者；则学之始固已即是行矣。笃者，敦实笃厚之意；已行矣，而敦笃其行，不息其功之谓尔。
>
> 盖学之不能以无疑，即有问；问即学也，即行也。又不能无疑，即有思；思即学也，即行也。又不能无疑，则有辨；辨即学也，即行也。辨既明矣，思既慎矣，问既审矣，学既能矣，又从而不息其功焉，斯谓之笃行。非谓学问思辨之后，而始措之于行也。是故以求能其事而言，谓之学；以求解其惑而言，谓之问；以求通其说而言，谓之思；以求精其察而言，谓之辨；以求履其实而言，谓之行。盖析其功而言，则有五；合其事而言，则一而已。此区区心理合一之体，知行并进之功，所以异于后世之说者，正在于是。①

在一般学者看来，学、问、思、辨都属于知，属于穷理，故与行不相关。王阳明则认为，问、思、辨、行四者都是学，而学则必当能行，故学即知行合一。举例说学孝，必须“服劳奉养”，真正躬行孝道方才真是学孝，悬空讲说则不是学孝，同样学射则必须张弓挟矢，学术则必须伸纸执笔，也就是说能行方可说是学，而学的开始就已经在行了。至于学与问、思、辨、行的关系，则是学有疑则有问、有

① ［明］王阳明：《王阳明全集》卷二《传习录中·答顾东桥书》，第 45—46 页。

思、有辨，问、思、辨既属于学又属于行，辨既明、思既慎、问既审、学既能，然后继续做工夫，也就是笃行，故而行不是在学、问、思、辨之后，而是在学、问、思、辨之始即已在行了。再说学、问、思、辨、行的区别，则分别在"能其事"、"解其惑"、"通其说"、"精其察"、"履其实"各有其凸显，就其功用而言则有五，就其事本身而言则原本就是一件事。

王阳明的"知行合一"之旨，其学说的基础则是"心理合一"，故而知行合一、并进。他说：

> 心一而已。以其全体恻怛而言，谓之仁。以其得宜而言，谓之义。以其条理而言，谓之理。不可外心以求仁，不可外心以求义。独可外心之求理乎？外心以求理，此知行之所以二也。求理于吾心，此圣门知行合一之教。①

因为"心即理"，求仁、求义必须在心上求，故也当在心上求理，仁、义、理原本就是一回事，如向外求理，就会导致知、行分为二。王阳明的"心即理"说强调人心的道德判断能力，而"知行合一"说则强调人心既有道德判断的能力，又有道德行为的能力，这两者本是一心所主宰。也就是说王阳明真正重视的是人的道德实践本身，是伦理学而非知识论。

二、"致良知"

王阳明在贵州讲"知行合一"之旨，当时学者"纷纷异同，罔知所入"，于是他便教学者静坐，"自悟性体"。② 当然并不是为静坐而静坐，他说："前在寺中所云静坐事，非欲坐禅入定。盖因吾辈平日为事物纷拏，未知为己。欲以此补小学收放心一段功夫耳。"③所谓静坐息虑，也就是孟子所说的收放逸之心，也就是宋儒所说的小学工夫。具体工夫其实就是内省："无事时将好色好货好名等私逐一追究搜查出来，定要拔去病根，永不复起，方始为快。如猫之捕鼠，一眼看着，

---

① ［明］王阳明：《王阳明全集》卷二《传习录中·答顾东桥书》，第 43 页。
② ［明］钱德洪：《年谱一》，载《王阳明全集》卷三十三，第 1230 页。
③ ［明］王阳明：《王阳明全集》卷四《与辰中诸生》，第 144 页。

一耳听着。才有一念萌动,即与克去。"①静坐为了省察内心,做"去人欲,存天理"的工夫,而不是去追求静中的"光景",故而与佛老还是有着很大不同的。

儒家讲圣人之教,推己及人,修齐治平,故而王阳明的教法也就从静坐转为致良知之教,强调静坐与事上磨炼的结合。他说:"良知明白,随你去静处体悟也好,随你去事上磨炼也好。良知本体,原是无动无静的。"②这也就说明了致良知的提法,则可避免学者喜静而厌动的弊病。良知本体,也即之前说的知行本体,知行合一、动静合一,故而良知本体无动无静,可以在静中体悟,也可以在事上磨炼。

致良知的提出,也经历了一个复杂的过程,所谓"百死千难",方才由此凝练之教法。钱德洪指出:

> 先生尝曰:"吾良知二字,自龙场已后,便已不出此意,只是点此二字不出,于学者言,费却多少辞说。今幸见出此意,一语之下,洞见全体,直是痛快,不觉手舞足蹈。学者闻之,亦省却多少寻讨功夫。学问头脑,至此已是说得十分下落,但恐学者不肯直下承当耳。"又曰:"某于良知之说,从百死千难中得来,非是容易见得到此。此本是学者究竟话头,可惜此理沦埋已久,学者苦于闻见障蔽,无入头处。不得已与人一口说尽,但恐学者得之容易,只把作一种光景玩弄,孤负此知耳。"③

由此可知,"致良知"的意思早在龙场悟道之时就有,然却点不出"良知"二字而枉费许多解说,等到"致良知"之旨一旦提出,则一方面的确自信此为圣学心传,洞见全体,直接明了;另一方面又担心与学者一口说尽,得之容易则只是作为一种光影玩弄了。他说:

> 若今日所讲良知之说,乃真是圣学之心传,但从此学圣人却无有不至者。惟恐吾侪尚有一善成名之意,未肯专心致志于此耳……凡工夫只要简易真切。愈真切愈简易,愈简易愈真切。④

---

① [明]王阳明:《王阳明全集》卷一《传习录上》,第16页。
② [明]王阳明:《王阳明全集》卷三《传习录下》,第105页。
③ [明]钱德洪:《刻文录叙说》,载《王阳明全集》卷四十一,第1575页。
④ [明]王阳明:《王阳明全集》卷四《寄安福诸同志书》,第223页。

正因为良知之说是圣学之心传，故而照此而学做圣人，便可“无有不至”。不过，王阳明还是担心有人仅仅喜好“一善之名”，却未肯专心去实地用功。王阳明后来还说，“我此良知二字，实千古圣圣相传的一点滴骨血”①，也即可以验证所谓的儒者，其所从事的是否是圣学之嫡传。换句话说，“致良知”之旨便是儒学唯一的工夫，故而此工夫真切、简易。

“致良知”的提出，与《孟子》《大学》都有密切的关系。“良知”一词，则直接来源于《孟子》中的“良知良能”：“人之所不学而能者，其良能也；所不虑而知者，其良知也。孩提之童，无不知爱其亲者；及其长也，无不知敬其兄也。”②王阳明将“良知”一词，与《大学》之中的“致知”结合起来便成了“致良知”，他说：

> “致知”云者，非若后儒所谓充广其知识之谓也。致吾心之良知焉耳。良知者，孟子所谓“是非之心，人皆有之”者也。是非之心，不待虑而知，不待学而能，是故谓之“良知”。③

这么看来，“致良知”在某种程度上则为“知行合一”之简明说法，良知非知识，故而《大学》之“格物致知”非“充广其知识”；良知即知是知非，不虑不学先天本具于人心，故而《大学》之“格物致知”即“致吾心之良知”。

王阳明的“致良知”之说，其所说的“良知”强调了三个方面的特点。第一，良知生而有之，不由见闻。孟子说“孩提之童，无不知爱其亲，无不知敬其兄”，因此王阳明认为良知当是“生而有之”，“虽盗贼亦自知不当为盗；唤他做贼，他还忸怩”④。不过良知虽然人人都有，但人与人之良知却又不一样。他说：

> 圣人之知，如青天之日；贤人如浮云天日；愚人如阴霾天日。虽有昏明不同，其能辨黑白则一。虽昏黑夜里，亦影影见得黑白，就是日之余光未尽处。困学功夫，亦只从这点明处精察去耳。⑤

① ［明］钱德洪：《年谱二》，载《王阳明全集》卷三十四，第1279页。
② ［宋］朱熹：《四书章句集注》之《孟子集注》卷十三《尽心上》，第353页。
③ ［明］王阳明：《王阳明全集》卷二十六《大学问》，第971页。
④ ［明］王阳明：《王阳明全集》卷三《传习录下》，第93页。
⑤ ［明］王阳明：《王阳明全集》卷三《传习录下》，第111页。

在天赋上，圣人与愚夫愚妇有着差别，但如能精察心中良知，则愚者也可入圣。然而王阳明与朱子的大不同，则在于如何“精察”，朱子重见闻、重读书，王阳明则强调良知“不滞”、“不离”于见闻，他在与欧阳德的书信中说：

良知不由见闻而有，而见闻莫非良知之用，故良知不滞于见闻，而亦不离于见闻。孔子云：“吾有知乎哉？无知也。”良知之外，别无知矣。故致良知是学问大头脑，是圣人教人第一义。今云专求之见闻之末，则是失却头脑，而已落于第二义矣。

近时同志中，盖已莫不知有致良知之说，然其功夫尚多鹘突者，正是欠此一问。大抵学问功夫，只要主意头脑是当。若主意头脑专以致良知为事，则凡多闻多见，莫非致良知之功。盖日用之间，见闻酬酢，虽千头万绪，莫非良知之发用流行，除却见闻酬酢，亦无良知可致矣。故只是一事。①

王阳明强调良知是学问的“大头脑”、“第一义”，故而不可专求“见闻之末”而落于“第二义”，这里有一个先后主次的分别；但从另一面说，他并不反对见闻，而是强调先把握“致良知”这个主意头脑，之后就有必要多闻多见了，日用之间千头万绪的“见闻酬酢”，都应当看作良知的发用流行，都可以做工夫，这也就是“在事上磨”。

第二，良知就是是非之心。王阳明对“良知”的解释，主要则是孟子四端之说中的“是非之心”，他说：

良知只是个是非之心，是非只是个好恶。只好恶，就尽了是非；只是非，就尽了万事万变。又曰：是非两字是个大规矩，巧处则存乎其人。②

尔那一点良知，是尔自家底准则。尔意念着处，他是便知是，非便知非，更瞒他一点不得。尔只不要欺他，实实落落依着他做去，善便存，恶便去。他这里何等稳当快乐！③

① ［明］王阳明：《王阳明全集》卷二《答欧阳崇一》，第 71 页。
② ［明］王阳明：《王阳明全集》卷三《传习录下》，第 111 页。
③ ［明］王阳明：《王阳明全集》卷三《传习录下》，第 92 页。

良知是自家的准则、大规矩，只要意念着实便能知是知非，便能有好有恶，做工夫的关键则是不自欺，依着良知实实落落去做，于万事万变之中存善去恶。王阳明也说："良知原是完完全全，是的还他是，非的还他非；是非只依着他，更无不是处。"人人心中自有一盏明灯，原本就是完完全全的，知是知非的，好好守护自能有所成就。

第三，良知的自知与独知。良知原本是人的自知，信的良知则可应万变，王阳明说：

> 孔子有鄙夫来问，未尝先有知识以应之，其心只空空而已。但叩他自知的是非两端，与之一剖决，鄙夫之心便已了然。鄙夫自知的是非，便是他本来天则。虽圣人聪明，如何可与增减得一毫？他只不能自信。夫子与之一剖决，便已竭尽无余了。若夫子与鄙夫言时，留得些子知识在，便是不能竭他的良知，道体即有二了。①

此处举了《论语》中的例子来说明，作为是非准则的良知人人都有，只是自知却不能自信，所以需要的不是事先的讲求知识，而是随时应事的剖决。他还说：

> 良知发用之思，自然明白简易，良知亦自能知得。若是私意安排之思，自是纷纭劳扰，良知亦自会分别得。盖思之是非邪正，良知无有不自知者。所以认贼作子，正为致知之学不明，不知在良知上体认之耳。②

人有良知，故思虑之是非邪正无不自知、无不分别，然而总有私意安排、纷纭劳扰，所谓"认贼作子"，听从了私意、恶念，不在良知上体认方才会出问题。因此王阳明对于良知自知与独知的辨析极为重要。关于"独知"还有三首诗：

> 良知即是独知时，此知之外更无知。谁人不有良知在，知得良知却是谁？

---

① ［明］王阳明：《王阳明全集》卷三《传习录下》，第112—113页。

② ［明］王阳明：《王阳明全集》卷二《传习录中·答欧阳崇一》，第72页。

知得良知却是谁，自家痛痒自家知，若将痛痒从人问，痛痒何须更问为？

无声无臭独知时，此是乾坤万有基。抛却自家无尽藏，沿门持钵效贫儿。①

朱子解释“独”时曾说：“人虽不知而己独知之，则是天下事无有著见明显而过于此者。”这一解释得到王阳明的认同，“良知”作为“独知”，他又强调人人都有、都当自信，还强调“良知”作为“无声无臭”的心之本体，与天地乾坤为一体，故除却此“独知”则什么都没有，不顾自家而问他人，则只是荒唐而已。

嘉靖三年(1524)中秋，王阳明居乡，与门人酒宴于天泉桥畔，当时作有《月夜二首》，其二说：

处处中秋此月明，不知何处亦群英。须怜绝学经千载，莫负男儿过一生。影响尚疑朱仲晦，支离羞作郑康成。铿然舍瑟春风里，点也虽狂得我情。②

从此诗可知王阳明晚年对于自己的讲学以及“致良知”之教愈加自信，所谓“绝学经千载”即指自《孟子》道出“良知”至阳明提出“致良知”，他希望世上男儿都能从事“致良知”之圣学。至于“影响尚疑朱仲晦”则是说对于朱子之理学，尚有疑惑之处在。最后一句讲到《论语》“吾与点也”，所谓狂者胸次，王阳明不顾毁誉、得失，真是“超狂人圣”者也。

三、“四句教”

关于“四句教”的记载，最早的版本当是《传习录》之下卷，其次则是《年谱》，这两种学界一般认为出自钱德洪之手，另有出自王畿(汝中)门人的《天泉证道纪》，他们的记载大同小异。故此处讨论便以《传习录》中记载为主，分段说明：

丁亥年九月，先生起复征思、田。将命行时，德洪与汝中论学。汝中举先生教言曰：“无善无恶是心之体，有善有恶是意之动，知善知恶是良知，为善去

① [明]王阳明：《王阳明全集》卷二十《答人问良知二首》、《咏良知四首示诸生》其四，第791、790页。

② [明]王阳明：《王阳明全集》卷二十《月夜二首》，第787页。

恶是格物。”德洪曰：“此意如何？”汝中曰：“此恐未是究竟话头。若说心体是无善无恶，意亦是无善无恶的意，知亦是无善无恶的知，物亦是无善无恶的物矣。若说意有善恶，毕竟心体还有善恶在。”德洪曰：“心体是‘天命之性’，原是无善无恶的。但人有习心，意念上见有善恶在，格、致、诚、正、修，此正是复那性体工夫。若原无善恶，工夫亦不消说矣。”①

钱、王二人都认同“四句教”为王阳明本人的教法，然而对此的理解却有差别。王畿认为这四句还“未是究竟”，因为如心体是无善无恶的，当推出意、知、物都是无善无恶的；如意是有善有恶的，则又当推出心体也是有善有恶的。钱德洪认为心体是说天命之性故而无善无恶，而人的习心则落在意念上，所以意、知、物这三者也就有善有恶了，人需要做的就是后天的格物致知等工夫去实现复归无善无恶的天命知性。他们二人相互不能说服对方，所以向王阳明请教：

是夕侍坐天泉桥，各举请正。先生曰：“我今将行，正要你们来讲破此意。二君之见正好相资为用，不可各执一边。我这里接人，原有此二种：利根之人，直从本源上悟入，人心本体原是明莹无滞的，原是个未发之中；利根之人一悟本体即是工夫，人己内外一齐俱透了。其次不免有习心在，本体受蔽，故且教在意念上实落为善、去恶。工夫熟后，渣滓去得尽时，本体亦明尽了。汝中之见，是我这里接利根人的；德洪之见，是我这里为其次立法的。二君相取为用，则中人上下皆可引入于道。若各执一边，眼前便有失人，便于道体各有未尽。”

王阳明认为钱、王二人的说法都有道理，正好相资为用，不可以各执一边。世上原本就有两种人，一是利根之人，可以从本源上去直接体悟心之本体的“明莹无滞”，也即无善无恶的未发之中，这种人“一悟本体即是工夫”，为人为己内外都可一起透彻证悟；另一则是普通人，总有一个习心在，故而本体受到遮蔽，只能教他们在意念上做实在的为善去恶的工夫，等到工夫精熟之后，本体上的渣滓去尽后心之本体自然就能明了。

接着他又再强调“四句教”的为学宗旨，以及修养方法的注意之处：

① ［明］王阳明：《王阳明全集》卷三《传习录下》，第117—118页。

> 既而曰:“已后与朋友讲学,切不可失了我的宗旨。无善无恶是心之体,有善有恶是意之动,知善知恶是良知,为善去恶是格物。只依我这话头随人指点,自没病痛。此原是彻上彻下工夫。利根之人世亦难遇,本体工夫一悟尽透,此颜子、明道所不敢承当,岂可轻易望人!人有习心,不教他在良知上实用为善、去恶工夫,只去悬空想个本体,一切事为俱不着实,不过养成一个虚寂。此个病痛不是小小,不可不早说破。”是日德洪、汝中俱有省。

王阳明说的“四句教”,其实希望传播出去的还是钱德洪所理解的那个样子,接待普通人的这个话头,方才能够没有病痛。至于接利根之人的这一层意思,有其弊病在,也就是说真正的能做到本体工夫一悟尽透的利根之人难遇,即便是颜回与程颢(明道)这样的人物也不敢自认是此一类,故而不敢有这样的期望。大多的普通人都有着习心,如果不教他们依着良知实在去做为善、去恶的工夫,而是让他们直接体悟本体、悬空冥想,日常应事接物全部着实,则只是养成了如佛道一般的虚寂,反而是病痛极大,故而此问题必须提前说个明白。

后来的阳明后学部分学者,所谓王学末流则多有随意发挥“无善无恶”之说,有将人性理解为无善无恶,甚至无所谓善恶之类的;也有直接去悟本体而流于虚寂枯槁的,诚如刘宗周所说的:“猖狂者参之以情识,而一是皆良;超洁者荡之以玄虚,而夷良于贼。”①这些都是讲良知之学,而不够踏实地做工夫的一种表现。事实上,王阳明所讲的“无善无恶”主于天理,曾说:“无善无恶者,理之静。有善有恶者,气之动。不动于气,即无善无恶,是谓至善。”②有善有恶的是气之动,也即人受到习心影响,又意动于气,故是有善有恶的状态,只有纯主于天理而不动于气,回归于心之本体,也即天命之性,方才能够无善无恶。

① [明]刘宗周:《刘宗周全集》第二册《证学杂解·解二十五》,第277页。
② [明]王阳明:《王阳明全集》卷一《传习录上》,第29页。

第六章　中晚明心学的多元发展：阳明后学

王阳明的弟子众多，黄宗羲《明儒学案》则依照地域，分设浙中、江右、南中、楚中、北方、粤闽六个王门学案，又另设泰州学案，这些一般都被认为是阳明后学的不同学派。现代的学者则有嵇文甫先生《晚明思想史论》依照思想特色而划分为左派与右派，得到日本的岛田虔次先生等学者的认同；20世纪70年代以来以冈田武彦先生为代表的日本学界，则重新划分为现成、修证、归寂三派，得到了广泛的认同。事实上，以地域与师承的不同来梳理则较为方便，故本章还是以《明儒学案》为主要参考，选择浙中王门、江右王门、泰州学派三大派系来展现阳明心学在“后王阳明时代”的多元发展。

第一节　浙中王门

浙中王门，早期有王阳明的妹夫徐爱。徐爱(1487—1517)，字曰仁，号横山，浙江余姚人。他在正德三年(1508)中进士之后，与王阳明同船回浙，记下途中二人论学的语录，也就是后来的《传习录》上卷的开头部分。可惜他后来早亡，故被称为王门之颜回，后来以学行而著称的浙中王门弟子，则有王畿、钱德洪、季本、黄绾、董澐、陆澄、顾应祥、徐用检、万表、张元忭、胡瀚等人。其中亲炙王阳明时间最久，且对阳明学贡献较大者，则是王畿与钱德洪。

一、王畿的先天正心之学与"四无"说

王畿(1498—1583)，字汝中，号龙溪，浙江山阴人，嘉靖十三年(1534)进士，授南京职方主事，后进南京武选郎中，因其学术思想为当时首辅夏言所恶而被黜。罢官后，来往江、浙、闽、越等地讲学40余年。据说王畿少年任侠，而不喜儒者之讲学，王阳明喜好其才，多方诱之方才心向儒学。嘉靖二年(1523)，王阳明居越讲学之时，王畿前来受学，故而王畿得以习闻王阳明晚年境界高阔之时的讲学宗旨，再加之他本性明敏、洒落无羁，故而其为学趋向于高明一路。当时浙中的王门弟子也认为他得到师门晚年宗旨，他自己也曾说："每期会，余未尝不与。众谬信，谓余得师门晚年宗说。凡有疑义，必归重于余，若为折衷者。"①王畿的著作，后人编为《龙溪全集》二十卷，今有吴震先生编校的《王畿集》。

图6-1　王畿

① ［明］王畿：《龙溪集》卷二十《中宪大夫都察院右佥都御史在庵王公墓表》，凤凰出版社2007年版，第637页。

王畿讲学，首先辨析何为先天、后天，①他说：

正心，先天之学也；诚意，后天之学也……吾人一切世情嗜欲皆从意生。心本至善，动于意始有不善。若能在先天心体上立根，则意所动自无不善，一切世情嗜欲自无所容，致知功夫自然易简省力，所谓“后天而奉天时”也。若在后天动意上立根，未免有世情嗜欲之杂，才落牵缠，便费斩截，致知功夫转觉繁难。欲复先天心体，便有许多费力处。②

王畿认为讲学先要分先天与后天，先天则心体原本至善，后天则受到世情嗜欲之影响故而动于意，便开始有善有不善。因此为学应当从先天心体上去立根，也即先要“正心”，心正之后意之所动也就“自无不善”，再做致知的工夫也就“易简省力”；如果相反，为学而从已动于意上去立根，也即“诚意”，则受到世情嗜欲的影响，落于牵缠，想要再恢复到先天心体上去也会比较繁难费力。类似的话，王畿在讲学之中也多有论及，他说：

夫学，一而已矣，而莫先于立志。惟其立志不真，故用功未免间断。用功不密，故所受之病未免于牵缠。是未可以他求也。诸君果欲此志之真，亦未可以虚见袭之，及以胜心求之，须从本原上彻底理会，将无始以来种种嗜好、种种贪着、种种奇特技能、种种凡心习态全体斩断，令干干净净从混沌中立根基，自此生天生地生大业，方为本来生生真命脉耳。此志既真，然后功夫方有商量处。③

王畿讲立志，不是说志于学，而是立得先天、本原之真，也即上文所说在先天心体上去立根，只有本原上理会得彻底了，方才能将后来的种种嗜好、贪着或是对于奇特技能的企求、凡心习态的胶扰等等全部斩断，使得心体变得干干净净，然后则可以去“生天生地生大业”、去实现经世济民的事业了。反之，不能在

① 以先天、后天之学来区分王、钱二人，参见张学智：《中国儒学史·明代卷》，北京大学出版社 2011 年版，第 196、210 页。

② ［明］王畿：《王畿集》卷一《三山丽泽录》，第 10 页。

③ ［明］王畿：《王畿集》卷二《斗山会语》，第 28 页。

本原上立志，如要用功则未免被间断，被各种病痛牵缠了。

先天之学，再就具体如何做工夫而言，王畿强调的是从“一念”入手，这也就是他所谓的“端本清源第一义”，也即为学宗要。他说：

> 吾人此生干当，无巧说，无多术，只从一念入微处讨生死，全体精神打并归一，看他起处，看他落处，精专凝定，不复知有其他。此念绵密，道力胜于业力，习气自无从而入，杂念自无从而生。此是端本澄源第一义，所谓宗要也。①

王畿认为千古圣学，也就是“一念入微”的发动处入手，唯此一着，不必再有巧说、多术。一念处的工夫如何进行得细微、绵密，看清楚其中的起处、落处，使其“精专凝定”，就能让后来的习气无法侵入、杂念无法生出。之所以强调“一念”入手，则是因为心之本体原是“空”，也即“无善无恶”的状态，王畿说：

> 人心无一物，原是空空之体。形生以后，被种种世情牵引填塞，始不能空。吾人欲复此空空之体，更无巧法，只在一念知处用力。一切世情，念头上有牵扯，放不下，皆谓之妄，皆是不善之动。②

形生，也即习气之生，人心就会被种种世情“牵引填塞”，不得空处便无法用力，便陷入虚妄。因此，必须把握住“一念知处用力”。王畿曾有书信写给其子，强调如何在“一念”之间做工夫。他说：

> 圣狂之分无他，只在一念克与妄之间而已。一念明定，便是缉熙之学。一念者，无念也，即念而离念也。故君子之学，以无念为宗。然此非见解所能臆测，气魄所能承当，须时时从一念入微归根反证，不作些子漏泄。动静二相，了然不生。有事时主宰常寂，自不至逐物；无事时主宰惺惺，自不至着空。时时习静，察识端倪，冷然自照，自然畅达，自然充周。③

---

① ［明］王畿：《王畿集》卷十一《答李渐庵》，第 271 页。

② ［明］王畿：《王畿集》卷三《九龙纪诲》，第 57 页。

③ ［明］王畿：《王畿集》卷十五《趋庭谩语付应斌儿》，第 440 页。

王畿认为，圣、狂之分，在于“一念”之间的克、妄之别。“一念”入微之处如能明而定，便能“缉熙”，也即始终光明磊落。“一念”，又当是“无念”，而实现“无念”则并非强禁绝念头不使生起，而是“即念而离念”，也即时时与无善无恶之本心为一，也即“归根反证”。应事接物之时，则“主宰常寂”，不让心去逐物；不去应事接物之时，则“主宰常惺惺”，不让心过于空落。这也就是时时要去“一念”处证悟，也即“习静”、“察识端倪”，实现心体的畅达、充实周流。进一步说，“一念”处的工夫也即《大学》所说的格致诚正：

> 千古圣学，只从一念灵明识取，只此便是入圣真脉路。当下保此一念灵明，便是学；以此触发感通，便是教。随事不昧此一念灵明，谓之格物；不欺此一念灵明，谓之诚意；一念廓然，无有一毫固必之私，谓之正心。直造先天羲皇，更无别路。此是易简直接根源，知此谓之知道，见此谓之见易。千圣之密藏也。①

“一念”处将工夫落实，也即识取“一念灵明”，此后即要保持“一念灵明”这就是“学”，由此感通就是“教”。具体而言，保持“一念灵明”随事之起落而不昧，也就是“格物”；意之起落而不自欺于“一念灵明”也就是“诚意”；心体之“一念灵明”廓然大公而无私也就是“正心”，格致诚正的工夫都可以打通，也就是在先天的“一念”处立根，故工夫原本易简直接，千圣密藏之易、道也就如此。

再说“一念灵明”，其实也就是“良知”，王畿曾说：“良知之能备万物之变，以其虚也。致虚则自无物欲之间，吾之良知自与万物相为流通，而无所凝滞。”②良知本体因为有其虚寂，故而能“备万物之变”，能与万物相互流通而无所滞碍。他还说：“良知是天然之灵窍，时时从天机运转，变化云为，自见天则。不须防检，不须穷索，何尝照管得？又何尝不照管得？”③他还强调了良知的先天“独知”：

> 夫独知者，非念动而后知也，乃是先天灵窍，不因念有，不随念迁，不与万物作对。譬之清净本地，不待洒扫而自然无尘者也。慎之云者，非是强制之

① ［明］王畿：《王畿集》卷十六《水西别言》，第451页。
② ［明］王畿：《王畿集》卷二《宛陵会语》，第44页。
③ ［明］王畿：《王畿集》卷三《过丰城答问》，第79页。

谓，只是兢业保护此灵窍，还他清净而已……悟得及时，虽日酬万变，可以澄然无一事矣。①

“良知”即为独知，且在一念发动之前故为先天，不因念而有、不随念而迁，故与外物无关，故也谈不上“照管”与否，也即“不须防检，不须穷索”。“慎独”工夫，也就是保护“天然之灵窍”，即良知的清净独知状态，也就是说在先天心体处立根，顺运天机，然后就能够做到“日酬万变”而若澄然无事一般。王畿进一步区分了先天的“良知”与后天的“意见”或“知识”：

夫无可无不可者，良知也；有可有不可者，意见也。良知变动周流，唯变所适；意见可为典要，即有方所……学者初间良知致不熟，未免用力执持，勉而后中，思而后得。到得功夫熟后，神变无方，不思不勉而自中道。②

夫良知与知识，争若毫厘，究实千里。同一知也，良知者不由学虑而得，德性之知，求诸己也；知识者，由学虑而得，闻见之知，资诸外也。③

在他看来，“良知”当是“无可无不可者”，也是“变动周流”的，属于不由学虑而得的“德性之知”；“意见”或“知识”则是“有可有不可者”，故可以立为定准、规矩，属于学虑而得的“闻见之知”。“良知”需要向内而求诸已，“知识”或“意见”则需要向外求于事为了。二者有毫厘、千里之别，显然王畿真正认同的便是直截证悟先天的良知本体。

王畿的门人曾详细记录王阳明晚年与钱德洪、王畿论学的“天泉证道”，题为《天泉证道纪》，该文被置于王畿全集的卷首，可见是理解其先天之学思想脉络的关键所在。此处所记与被收录于《传习录》下卷的钱德洪所记，有一些文字上的不同，比如下列这段：

阳明夫子之学，以良知为宗。每与门人论学，提四句为教法：“无善无恶心之体，有善有恶意之动，知善知恶是良知，为善去恶是格物。”学者循此用功，各

① ［明］王畿：《王畿集》卷十《答王鲤湖》，第 264 页。
② ［明］王畿：《王畿集》卷十一《与林益轩》，第 294 页。
③ ［明］王畿：《王畿集》卷二《书婺源同志会约》，第 39 页。

有所得。绪山钱子谓:"此是师门教人定本,一毫不可更易。"先生谓:"夫子立教随时,谓之权法,未可执定。体用显微,只是一机;心意知物,只是一事。若悟得心是无善无恶之心,意即是无善无恶之意,知即是无善无恶之知,物即是无善无恶之物。盖无心之心则藏密,无意之意则应圆,无知之知则体寂,无物之物则用神。天命之性,粹然至善,神感神应,其机自不容已,无善可名。恶固本无,善亦不可得而有也。是谓无善无恶。若有善有恶,则意动于物,非自性之流行,着于有也。自性流行者,动而无动;着于有者,动而动也。意是心之所发,若是有善有恶之意,则知与物一齐皆物一齐皆有,心亦不可谓之无矣。"①

其中称王阳明为阳明夫子,而先生则是指王畿本人,王阳明提出"四句教"后,钱、王二人的理解大有不同。钱德洪认为这四句便是"教人定本",故一个字都不可更易;王畿则认为这四句只是权法,不可固执理解,也就是说对待上根之人与中下之人尚有区别在。接着王畿便谈了自己的理解,也即"四无"之说。因为王阳明曾讲过《大学》所说的心、意、知、物原本就是一回事,故而推论出如果体悟到了心之体本是无善无恶,则可以得出无善无恶之意、无善无恶之知与物了。再者,何为"无善无恶"?他认为天命之性"粹然至善,神感神应",故而本无善可以名状,其中本来就无恶,善也本无可得而有,因此称之"无善无恶",其实则是至善。"无善无恶"是天机、自性的流行;"有善有恶"则是意念感应于物,故而"着于有"。如是"有善有恶"则不只是意、知、物当中有善有恶,心体也当是有善有恶了。王畿的这些解释,应该说与王阳明有所区别。当然,王阳明还是认为直接体证"四无",则对于上根之人来说,也是一种修养方法。《天泉证道纪》接着还说:

上根之人,悟得无善无恶心体,便从无处立根基,意与知物,皆从无生,一了百当,即本体便是工夫,易简直截,更无剩欠,顿悟之学也。中根以下之人,未尝悟得本体,未免在有善有恶上立根基,心与知物,皆从有生。须用为善去恶功夫,随处对治,使之渐渐入悟,从有以归于无,复还本体,及其成功一也。②

---

① [明]王畿:《王畿集》卷一《天泉证道纪》,第1页。
② [明]王畿:《王畿集》卷一《天泉证道纪》,第2页。

此处强调上根与中根以下两种人做工夫的一个区别，上根之人悟得了无善无恶的心之本体之后，就可以从“无”处立下根基，心、意、知、物都是“无”，即本体即工夫，易简直截，这就是顿悟之学；而中根以下之人则不能直接悟得本体，只能在“有善有恶”上立下根基，心、意、知、物都是“有”，必须做“为善去恶”的工夫，随时随处对治，渐渐进入对于“无善无恶”的本体的体悟，这么看来“无”还是一个根本、指归。这些记载，其中的思想应当还是王畿本人对王阳明的诠释。

王畿以及在他影响之下的浙中阳明后学，常被后人称为禅学，那么他本人对三教合一的问题如何看法？他曾著有《三教堂记》，其中说：

> 三教之说，其来尚矣。老氏曰虚，圣人之学亦曰虚；佛氏曰寂，圣人之学亦曰寂；孰从而辨之？世之儒者，不揭其本，类以二氏为异端，亦未为通论也……人受天地之中以生，均有恒性，初未尝以某为儒、某为老、某为佛而分授也。良知者，性之灵，以天地万物为一体，范围三教之枢。不徇典要，不涉思为。虚实相生而非无也，寂感相乘而非灭也，与百姓同其好恶，不离伦物感应，而圣功征也。学佛老者，苟能以复性为宗，不沦于幻妄，是即道释之儒也；为吾儒者，自私用智，不能普物而明宗，则亦儒之异端而已。毫厘之辨，其机甚微。吾儒之学明，二氏始有所证，须得其髓，非言思可得而测也。①

在王畿看来，佛、道与儒家的圣人之学都有讲求虚寂的一面，故而不可随便指摘论及虚寂便是佛、道之学。人禀赋天地之性而生，起初并未区分哪些属于儒学，哪些属于佛、道之学，而良知则本是人性之灵，以天地万物为一体，故而可以规范三教并成为其中枢纽。他还认为虚实相生、寂感相乘，原本就不是无或灭，故而不离人伦庶物之感应，因此学佛老的人如果能以复性为宗旨而不沦于虚幻、妄想，也就是“道释之儒”；而学儒的人如果自私用智而不能普照万物，也会成为儒门中的异端。王畿辨析三教，认为其中有共同的问题，比如都会论及虚寂，故而儒家也可以吸收佛、道的某些因素，然而儒家论及虚寂也当不离人伦、讲求复性，这也就是三教之中的“毫厘之辨”。

对于王畿的批判，最为激烈的还是刘宗周，他说：

---

① ［明］王畿：《王畿集》卷十七《三教堂记》，第486页。

> 四句教法，考之阳明集中，并不经见，其说乃出于龙溪。则阳明未定之见，平日间尝有是言，而未敢笔之于书，以滋学者之惑。至龙溪先生始云“四有之说，猥犯支离”，势必进之四无而后快。既无善恶，又何有心意知物？终必进之无心、无意、无知、无物而后元。如此则“致良知”着在何处？先生独悟其所谓无者，以为教外之别传，而实亦并无是无。有无不立，善恶双泯。任一点虚灵知觉之气纵横自在，头头明显，不离着于一处，几何而不蹈佛氏之坑堑也哉！①

刘宗周主要针对“四句教”，特别是“四无”说。他认为“四句教”除了王畿、钱德洪这两位弟子说起，在王阳明自己的文集之中则不见明说，故而推论此说的流传因为王畿，本属王阳明的“未定之见”。至于“四无”，则完全是王畿本人的观点，从无善恶到无心、无意、无知、无物，则“致良知”的工夫如何落到实处？没有做工夫的落实之处则所谓虚灵知觉之证悟，恐怕也就难免流于佛禅之道了。黄宗羲在《明儒学案》之中的评说则相对比较客观一些，他说：

> 夫良知既为知觉之流行，不落方所，不可典要，一着功夫，则未免有碍虚无之体，是不得不近于禅。流行即是主宰，悬崖撒手，茫无把柄，以心息相依为权法，是不得不近于老。虽云真性流行，自见天则，而于儒者之矩镬，未免有出入矣。然先生亲承阳明末命，其微言往往而在。象山之后不能无慈湖，文成之后不能无龙溪，以为学术之盛衰因之。慈湖决象山之澜，而先生疏河导源，于文成之学，固多所发明也。②

黄宗羲认为就讲求良知而从“知觉之流行”入手，如着于后天的功夫则未免有碍于良知的虚无本体，就有不得不近于佛的一面；从“流行即是主宰”入手，做心息相依的静坐功夫，所谓权法，就有不得不近于道的一面。而这两种进路，其实都是在直证良知本体，都与儒家的规矩有所出入。再就王畿的学术来说，则因为亲炙于晚年的王阳明，得闻其微言大义，再加以他本人也对师说多有发明，因此黄宗羲还是肯定其学术地位的。

---

① ［明］刘宗周：《师说》，载《明儒学案》卷首，第 8 页。

② ［明］黄宗羲：《明儒学案》卷十二《浙中王门学案二》，第 239 页。

二、钱德洪的后天诚意之学及其师门护持

钱德洪(1496—1574)，字洪甫，号绪山，浙江余姚人。嘉靖进士，后曾讲学浙中三十余年。钱德洪是在王阳明平定朱宸濠叛乱后归越省亲之时拜师受学的，属于浙中及门弟子之中较早的一批，故而对于王阳明中年前后的讲学宗旨也多有领悟。他的性情笃实而偏于沈潜，不喜先天一路，其为学主于后天诚意之学。钱德洪著作遗留不多，今有钱明先生搜集编校，收录于《徐爱　钱德洪　董澐集》。

早在天泉证道之时，钱德洪就曾发表他对于王阳明"四句教"的理解：

> 心体是天命之性，原是无善无恶的。但人有习心，意念上见有善恶在，格、致、诚、正、修，此正是复那性体工夫。若原无善恶，功夫亦不消说矣。①

他虽然认同良知本体是"无善无恶"的，但更强调人有习心，故而在意念上头有善有恶，为学就是要去做格致等复性的工夫。到了后来，他还曾对自己所认识的师门宗旨做了更为完整的论述。他说：

> 昔者吾师之立教也，揭诚意为《大学》之要，指致知格物为诚意之功。门弟子闻言之下，皆得入门用力之地。用功勤者，究极此知之体，使天则流行，纤翳无作，千感万应，而真体常寂，此诚意之极也。故诚意之功，自初学用之，即得入手；自圣人用之，精诣无尽。②

钱德洪认为其老师王阳明立教的关键在于以"诚意"为《大学》的关键，而"致知格物"则只是"诚意"的下手工夫。"诚意"也是初学入门至成就圣人的唯一工夫，而"诚意"至于极点，就自然能够天理流行、真体常寂。钱德洪接着说：

> 吾师既没，吾党病学者善恶之机生灭不已，乃于本体提揭过重，闻者遂谓

① ［明］王阳明：《王阳明全集》卷三《传习录下》，第117页。

② ［明］钱德洪：《钱德洪语录诗文辑佚》之《语录》，《徐爱　钱德洪　董澐集》，凤凰出版社2007年版，第123页。

> 诚意不足以尽道，必先有悟而意自不生；格物非所以言功，必先归寂而物自化。遂相与虚忆以求悟，而不切乎民彝物则之常；执体以求寂，而无有乎圆神活泼之机。希高凌节，影响谬戾，而吾师平易切实之旨，壅而弗宣。

在他看来，王阳明去世之后，后学之中便有人反对从后天的善恶生灭之意上做工夫，于是倡导必先证悟本体而后“意自不生”，于是便纷纷以为“诚意”不足以作为师门宗旨。导致的弊病便是对于日用伦常的忽视，陷入枯寂之学，失去“诚意”之学那种“圆神活泼”与“平易切实”了。钱德洪还说：

> 师云：“诚意之极，止至善而已矣。”是“止至善”也者，未尝离诚意而得也。言止则不必言寂，而寂在其中；言至善则不必言悟，而悟在其中。然皆必本于诚意焉。何也？盖心无体，心之上不可以言功也，应感起物而好恶焉，于是乎有精察克治之功。诚意之功极，则体自寂而应自顺，初学以至成德，彻始彻终，无二功也。是故不事诚意而求寂与悟，是不入门而思见宗庙百官也；知寂与悟而不示人以诚意之功，是欲人见宗庙百官而闭之门也。皆非融释于道者也。

他指出，王阳明早就说过，“诚意”之功可止于至善，故“诚意”本是彻始彻终的工夫，求本体之寂与至善也都在其中。因为心之本体原本不可直截做工夫，不可于本体上求寂求悟，只能是在后天生灭的意念之上去做“精察克治”的工夫。或者说，不求“诚意”而直截证悟本体，好比是不经过大门而想见宗庙百官，方法步骤全错了。可见钱德洪理解的阳明学宗旨，在于后天的诚意之学。

对于良知本体，钱德洪与王畿等人一样，认同良知的先天完具，“真体本来自足”。他说：

> 此心从无始中来，原是止的，虽千思万虑，只是天机自然，万感万应，原来本体常寂。只为吾人自有知识，便功利嗜好、技能闻见，一切意必固我，自作知见，自作憧扰，失却至善本体，始不得正。须将此等习心，一切放下，始信得本来自性原是如此。①

① ［明］黄宗羲：《明儒学案》卷十一《浙中王门学案一》，第 227 页。

钱德洪也认为良知也即心之本体，“从无始中来”，虽有千思万虑而万感万应，本体则依旧保持常寂，故而不消、也不得在本体上做工夫，唯一能做工夫的就是后天的“习心”上头，将后天见闻之知当中的“意必固我”，以及“自作知见，自作憧扰”等导致至善本体不正的一切都放下，方才能够恢复其本来。钱德洪对于良知本体的先天自足的进一步体认，还与其人生经历有一定关联。钱德洪曾因得罪权臣郭勋而被下狱，在此期间曾写信给同门：

> 亲蹈生死真境，身世尽空，独留一念荧魂。耿耿中夜，豁然若省，乃知上天为我设此法象，示我以本来真性不容丝发挂带。时一种姑容因循之念，常自以为不足害道，由今观之，一尘可以矇目，一指可以障天，诚可惧也。①
>
> 洪赋质鲁钝，向来习陋未除，误认意见为本体。意见习累，相为起灭。虽百倍惩克，而于此体终隔程途，无有洒然了彻之期，担搁岁月，浑不自知。上天为我悯念，设此危机，示我生死真境，始于此体豁然若有脱悟。乃知真性本来自足，不涉安排。征之于事，始觉无处可罢，始侥有才可竭。②

亲身经历生死一线之真境，对于人身、世事都看淡，唯独存留一念之魂，于是中夜反省，对本来真性的良知本体便有了更深的体悟，平时以为不足以害道的那些因循之念、向来陋习，以及误以为本体的“意见”，种种蒙蔽，一一去除，本来自足的良知豁然证悟。由此而知，钱德洪遭遇事变之后，对良知本体有了更真切的认识，然而仍不可说他便认同王畿直悟先天本体之学。

钱德洪晚年以编刊王阳明的著作、年谱为己任，主要贡献有二：其一，搜集各种已刊未刊的语录并加以校勘、删订，最后完成《传习录》的定本；其二，倡议并主持王阳明《年谱》的编撰，最后完成《阳明先生年谱》三卷。其他还有如王阳明口授的《大学问》，各种版本的王阳明著作的序跋等，都对于后人认识王阳明的学说，有着重要的意义。当然他个人对阳明学传播的看法，也特别值得注意，比如他在《阳明先生年谱序》之中就说：

---

① ［明］钱德洪：《钱德洪语录诗文辑佚》之《文录·狱中寄龙溪》，《徐爱　钱德洪　董澐集》，第152页。

② ［明］钱德洪：《钱德洪语录诗文辑佚》之《文录·与赵大洲书》，《徐爱　钱德洪　董澐集》，第159页。

> 师既没，吾党学未得正，各执所闻以立教，仪范隔而真意薄，微言隐而口说腾。且喜为新奇谲秘之说，凌躐超顿之见，而不知日远于伦物。甚者认知见为本体，乐疏简为超脱，隐机智于权宜，蔑礼教于任性。未及一传而淆言乱众，甚为吾党忧。迩年以来，亟图合并，以宣明师训，渐有合异统同之端，谓非良知昭晰，师言之尚足征乎？谱之作，所以征师言耳。①

由此可知，钱德洪之所以做编刊老师著作、年谱之类的工作，是因为看到当时王门弟子"各执所闻以立教"，而且多有"喜为新奇谲秘之说"，更有甚者认知见为良知本体，以及乐疏简、隐机智、蔑礼教等等，阳明学说方才一传便已经出现"淆言乱众"。作为师门的大弟子，承担起合并各种语录资料，作一可信之《年谱》也是义不容辞，他希望《年谱》可以作为后学引征老师言行的可靠依据。从钱德洪为了编撰此《年谱》而反复与罗洪先等人书信往来，以及王畿等人的序跋来看，此《年谱》还是折衷了王门的重要弟子的意见，故成为定本。再如他在《大学问跋》里头，也表示了对师门"各以己见立说"的不满，他说：

> 师既没，音容日远，吾党各以己见立说。学者稍见本体，即好为径超顿悟之说，无复有省身克己之功。谓一见本体，超圣可以跂足，视师门诚意格物、为善去恶之旨，皆相鄙以为第二义。简略事为，言行无顾，甚者荡灭礼教，犹自以为得圣门之最上乘。噫！亦已过矣。自便径约，而不知已沦入佛氏寂灭之教，莫之觉也。②

当时立异说的，主要就是认为"一见本体"便可入圣，此法径约、简略、高超、顿悟，故而以至于将师门的"诚意格物、为善去恶"的"致良知"之旨，鄙视为第二义。钱德洪则认为主顿悟则少了"省身克己之功"，容易导致"言行无顾"，甚至荡灭礼教，沦入佛教，故而感觉问题极大，这担心就是他一直坚持编刊王阳明遗著的原因所在。

当时主张顿悟的，就浙中而言则主要是王畿一路的王门弟子。钱德洪比王畿年纪略大，于是有过多次书信往来，表达自己的规劝之意。比如他曾转引另

---

① ［明］王阳明：《王阳明全集》卷三十七《年谱附录二》，第 1357 页。
② ［明］钱德洪：《大学问跋》，载《王阳明全集》卷二十六《续编一》，第 973 页。

一浙中同门黄绾(久庵)的意思而去信说：

> 久庵谓吾党于学，未免落空。初若未以为然，细自磨勘，始知自惧。日来论本体处，说得十分清脱，及征之行事，疏略处甚多，此便是学问落空处。譬之草木，生意在中，发在枝干上，自是可见。①

好论本体处，即便说得十分清脱，然而于日常行事却多有疏略，则还是学问有落空处，其言下之意便是当讲求"诚意"，接着钱德洪又在后一通书信中直接表达自己的看法：

> 吾心本与民物同体，此是位育之根。除却应酬更无本体，失却本体便无应酬。苟于应酬之中，随事随地不失此体，眼前大地何处非黄金？若厌却应酬，必欲去觅山中，养成一个枯寂，恐以黄金反混作顽铁矣。②

在他看来，心之本体与大地民物同体，故而不可忽视日常行事，不可忽视随事随地的应酬，如果不接应酬而去山中寻觅一个处所静坐，最后只能养成一个枯寂，那么为学业就落空了。与之类似，还有对归寂派聂豹的批判，钱德洪说：

> 先师曰"无善无恶心之体"，双江即谓："良知本无善恶，未发寂然之体也。养此，则物自格矣。今随其感物之际，而后加格物之功，是迷其体以索用，浊其源以澄流，功夫已落第二义。"论则善矣，殊不知未发寂然之体，未尝离家国天下之感而别有一物在其中也。即家国天下之感之中，而未发寂然者在焉耳。此格物为致知之实功，通寂感、体用而无间，尽性之学也。③

聂豹被后人称为归寂派，主要就是因为他强调保养"未发寂然之体"，归寂

①② [明]钱德洪：《钱德洪语录诗文辑佚》之《文录・复王龙溪》，《徐爱 钱德洪 董澐集》，第150—151页。

③ [明]钱德洪：《钱德洪语录诗文辑佚》之《文录・复周罗山》，《徐爱 钱德洪 董澐集》，第154页。

之后自能通感，通感之后自然能“格物”，故反对在感应事物之际用功。而钱德洪则认为未发之本体未尝离开已发，也即家国天下等具体事物之中的感应而独立存在，故而求一个未发，也当在已发的家国天下之感，如此方才是尽性之学。钱德洪在另一书信中也说到此问题：“未发之中竟从何处觅耶？离已发而求未发，必不可得。久之，则养成一种枯寂之病，认虚景为实得，拟知见为性真，诚可慨也。”①也就是说，他认为如果只求未发寂然之体，则本体必不可得，反而养成枯寂之病，玩弄光影而自以为有得。此外，钱德洪还在一书信中，谈及他本人屡经变故之后的醒悟，以及对王畿近来为学的看法，其中说：

> 龙溪学日平实，每于毁誉纷冗中，益见奋惕。弟向与意见不同，虽承先师遗命，相取为益，终与入异路，未见能浑接一体。归来屡经多故，不肖始能纯信本心，龙溪亦于事上肯自磨涤，自此正相当。能不出露头面，以道自任，而毁誉之言，亦从此入。旧习未化，时出时入，容或有之，然其大头放倒如群情所疑，非真信此心千古不二，其谁与辨之？②

由此书信来看，则钱、王二人原本意见不同，即便是他们的老师王阳明遗命要求“相取为益”，然而二人“终与入异路”。只是在分别经历一番变故之后，学术立场并不如之前那么对立了，钱德洪也能“纯信本心”；而王畿也能日渐平实，重视日常行事上的“磨涤”，虽然也存有“旧习未化”，做工夫或时有出入，至于如群情所疑的“大头放倒”之学，也即直截悟入本体这一主张则仍旧，只是这样的大问题除了真信良知之学者便不会与之辨了，当然辨也难有什么结果，因为形上一路的学问原本自有其意义在。

关于钱、王二人的学术得失，以及对于浙中阳明学发展的影响，刘宗周对王畿一直持有批评态度，而对钱德洪则评价极高：“学者欲求端于阳明子之教者，必自先生始。”③这么说，当是肯定其对师门的护持之功，因为他的努力而使得阳

① [明]钱德洪：《钱德洪语录诗文辑佚》之《文录·复何吉阳》，《徐爱　钱德洪　董澐集》，第155页。

② [明]钱德洪：《钱德洪语录诗文辑佚》之《文录·与张浮峰》，《徐爱　钱德洪　董澐集》，第153页。

③ [明]刘宗周：《刘宗周全集》第四册《钱绪山先生要语序》，浙江古籍出版社2007年版，第6页。

明之教得以传承有自，故钱德洪在王门弟子之中的地位还是极高的。黄宗羲《明儒学案》曾在评论钱德洪之时，做了比较。他说：

> 龙溪从见在悟其变动不居之本体，先生只于事上实心磨炼。故先生之彻悟不如龙溪，龙溪之修持不如先生。乃龙溪竟入于禅，而先生不失儒者矩镬，何也？龙溪悬崖撒手，非师门宗旨所可系缚，先生则把缆放船，虽无大得，亦无大失耳。①

钱德洪性情笃实，主张后天诚意工夫，就王阳明"四句教"而言则主张"四有"，重渐修，在事上的"实心磨炼"，于师门之学而言则属于谨守矩矱一路，虽无大得亦无大失。王龙溪天资高明，主张先天正心之学，以"四无"为核心，重顿悟，直截体证本体良知，于师门之学而言则多有创获，然亦有所偏离，甚至有近于禅学之嫌疑。钱德洪和王龙溪，两人恰是王阳明弟子的两种典型代表。至于"天泉证道"之时，王阳明之意本是要钱、王二人"相资为用，不可各执一边"，从后来浙中王学的发展来看，则还是分别偏执了，且是王畿主张先天正心之学影响更大一些。

第二节 江右王门

江右，也即江西，宋元以来文化发达之地。王阳明一生的军事、政治活动也大多在此，所谓"阳明一生精神俱在江右"②，故而江右王门弟子众多，在《明儒学案》中占了九个学案，黄宗羲说："姚江之学，唯江右得其传，东廓、念庵、两峰、双江其选也。再传而为塘南、思默，皆能推原阳明未尽之旨。是时越中流弊错出，挟师说以杜学者之口，而江右独能破之，阳明之道赖以不坠。"③江右王门学行著称者有邹守益、欧阳德、聂豹、罗洪先、刘文敏、刘邦采、陈九川、王时槐、刘元

① ［明］黄宗羲：《明儒学案》卷十一《浙中王门学案一》，第225页。
②③ ［明］黄宗羲：《明儒学案》卷十六《江右王门学案一》，第331页。

卿、万廷言、胡直、邹元标、宋仪望等人。这些学者虽然学术宗旨并不一致，但大多较为笃实，故黄宗羲说阳明之学唯有江右得其真传，而其中较有特色的则有主修证的邹守益、欧阳德与主归寂的聂豹、罗洪先。

一、邹守益、欧阳德的修证之学

（一）邹守益

邹守益(1491—1562)，字谦之，号东廓，江西安福人。正德进士，历任翰林院编修、广德州判官、太常少卿、南京国子祭酒等，后因直言落职，便从事讲学活动，其著作由门人编为《东廓邹先生文集》十二卷，今有董平先生编校的《邹守益集》。

王阳明去世后，后学们纷纷讲求如何致良知，邹守益的一个核心思想便是戒惧之学。他说："不睹不闻，是指良知本体；戒慎恐惧，所以致良知也。"①也就是说《中庸》中讲的"戒慎恐惧"，当是修证良知本体的根本方法。关于"良知"，邹守益说：

> 夫良知之教，乃从天命之性指其精明灵觉而言。《书》谓之"明命"，《易》谓之"明德"。恻隐、羞恶、辞让、是非，无往而非良知之运用，故戒慎恐惧以致中和，则可以位天地、育万物；而扩充四端，则可以保四海，如运诸掌……良知之明也，譬诸镜然，廓然精明，万象毕照，初无不足之患，所患者未能明耳。好问好察，以用中也；诵诗读书，以尚友也；前言往行，以畜德也。皆磨镜以求明之功也。及其明也，只是原初明也，非合天下古今之明而增益之也……博文格物，即戒惧扩充，一个功夫，非有二也。②

他认为，王阳明所说的"良知"也即形容天命之性的"精明灵觉"，然而要使得良知恢复其明觉，则需要用"戒慎恐惧"之工夫。戒慎恐惧做好了，就可以实现致中和、位育天地，扩充四端、保四海，也就是说这就是彻上彻下的工夫。良

① ［明］邹守益：《邹守益集》卷十《答曾弘之》，凤凰出版社2007年版，第522页。
② ［明］邹守益：《邹守益集》卷十《复夏太仆敦夫》，第493页。

知之明如镜，那么好问好察、诵诗读书、前言往行等等磨镜之功，以求其明，而这些也即“博文格物”、“戒慎恐惧”工夫的扩充。故而“戒慎恐惧”在邹守益那里是作为根本性的工夫的。邹守益还说：

> 戒慎恐惧之功，命名虽同，而血脉各异。戒惧于事，识事而不识念；戒惧于念，识念而不识本体。本体戒惧，不睹不闻，帝规帝矩，常虚常灵。则冲漠无朕，未应非先；万象森然，已应非后。念虑事为，一以贯之。是为全生全归，仁孝之极。①

“戒惧”工夫可以有多重具体的修养方法，可分别作用于事或念，然而不能直接作用于本体，“良知”本体是“不睹不闻”的，也是“常虚常灵”的，所谓“冲漠无朕”或“万象森然”之类形容未发、已发先后的说法也无法真正表述其本体，故而“戒惧”工夫只能是一以贯之，无论念虑、事为。他还说：

> 向来起灭之意，尚是就事上体认，非本体流行。吾心本体，精明灵觉，浩浩乎日月之常照，而渊渊乎江河之常流。其有所障蔽，有所滞碍，扫而决之，复见本体。古人所以造次于是，颠沛于是，正欲完此常照常明之体耳。②

如果只是停留在时起时灭的念虑上，那就只能就事为上有所体认，并不能真正把握良知本体。然而本体有所障蔽，则具体的念虑、事为也会有所滞碍，因此还是需要做“戒惧”工夫，去实现复性，复见本体之明，故戒惧就是复性。也就是说，保持本体之常明是最为根本的，然而本体无法直接证悟，故具体的工夫则还是在日用常行之中。因此他说：“良知精明处，自有天然一定之则。可遂则遂，不可遂则止；可效则效，不可效则止；可从则从，不可从则止。真是鸢飞鱼跃，天机活泼，初无妨碍，初无拣择。”③良知自有其运行之则，如同“鸢飞鱼跃”一般活泼，本无妨碍，也就无须拣择，工夫还是当求笃实。

“戒惧”工夫，具体如何去做？邹守益认为还是当结合于“礼仪三百，威仪三

① ［明］邹守益：《邹守益集》卷十五《录诸友聚讲语答两城郡公问学》，第 734 页。
② ［明］邹守益：《邹守益集》卷十《简君亮伯光诸友》，第 493 页。
③ ［明］邹守益：《邹守益集》卷十《答周顺之》，第 503 页。

千”等人伦日用之中。他说：

> 德性是天命之性。性字从心从生，这心之生理精明真纯，是发育峻极的根本。戒慎恐惧，养此生理，从君臣父子交接处周贯充出，无须臾亏损，便是礼仪三百，威仪三千。
>
> 古人发育峻极，只从三百三千充拓，不是悬空担当。三百三千，只从戒惧真体流出，不是枝节检点。①

在他看来，德性也即“天命之性”，也就是人心生生不息之理，要将此真性修养得“精明真纯”就必须“戒慎恐惧”。而此真性的具体流行发用，则在君臣、父子等人伦之礼当中，也即“礼仪三百，威仪三千”。邹守益还说：

> 从四时常行、百物常生处见太极，礼仪三百、威仪三千处见真性，方是一滚出来。若隐隐见得真性本体，而日用应酬凑泊不得，是有缝隙在。先师有云：“不离日用常行内，直造先天未画前。”了此，便是下学上达之旨。
>
> 圣门之学，只从日用、人伦、庶物兢兢理会自家真性，常令精明流行。从精明识得流行实际，三千三百，弥纶六合，便是博文；从流行识得精明主宰，无形无声，退藏于密，便是约礼。故亦临亦保，昭事上帝，不怨不尤，知我其天，初无二途辙。②

邹守益讲学，注重日用常行，故而主张从四时、百物之中见得天地太极之理，从“礼仪三百，威仪三千”之中见得人之真性，故而日用常行中的应事接物都不得“凑泊”，而当“兢兢”，也即“戒慎恐惧”。从精明真性去察识流行发用的实际，就是博文之学；从流行发用去察识精明真性的主宰，就是约礼之学。而这两个途辙原本是一回事，也即博约合一、体用不二。

（二）欧阳德

欧阳德（1496—1554），字崇一，号南野，江西泰和人。王阳明平定宁王之乱

① ［明］邹守益：《邹守益集》卷十五《龙华会语》，第731页。
② ［明］邹守益：《邹守益集》卷十五《冲玄录》，第742—743页。

后在赣州，欧阳德成为及门弟子。嘉靖二年(1523)进士，历任六安知州、刑部员外郎、南京鸿胪寺卿等，后官至礼部尚书兼翰林院学士。欧阳德喜好讲学，曾与徐阶、聂豹、程文德等人主持京师灵济宫讲会，与会学者多至千人，为几百年所未有。当时士人都知道口诵致良知之说，“而称南野门人者半天下”①。欧阳德的著作，有后人编的《欧阳南野先生文集》三十卷，今有陈永革先生编校的《欧阳德集》。

欧阳德为学，特别注意“格物”说，且恪守王阳明之宗旨。王阳明将《大学》“致知”诠释为“致良知”，而“良知”即“独知”，这些说法在欧阳德那里则又有了进一步的发展，他说：

> 阳明先师本《大学》格物致知为教。因后世学者以知识为知，以凡有声色貌象于天地间者为物，失却《大学》本旨。故为之说曰：致知是不欺其独知。独知之知，孟子所谓“良知”是也。物是身心上意之所用之事，如视听言动、喜怒哀乐之类，《诗》所谓“天生烝民，有物有则”，孟子所谓“万物皆备于我”是也。格物是就视听、喜怒诸事慎其独知而格之，必循其本然之则，至于其极，以自慊其知。②

《大学》所谓“格物致知”，朱子学讲求知识之知，外物的声色貌象等知识都当去讲求，这些说法在欧阳德看来都是失却了《大学》的本旨。而王阳明说“致知”之“知”，也即个人的“独知”，也即“良知”；而“格物”之“物”，则是修身、正心以及诚意的对象，也即人本身的应事接物之事物，与人的视听言动、喜怒哀乐相关，因此才要“慎其独”，才要以人的“独知”去“格”。这个“格物”也就成了“致良知”于事事物物，也即于应事接物之际遵循事物的本然之则，这也就是以“心即理”的立场，反对逐于外物，而回归于身心之事，并强调了良知即事物本然之则，也即天理。

罗钦顺反对王学“以良知为天理”之说，就“良知”与“天理”的关系，曾与欧阳德有过一番辩论。他在与欧阳德的信中说：

① [明]黄宗羲：《明儒学案》卷十七《江右王门学案二》，第358页。
② [明]欧阳德：《欧阳德集》卷四《答冯州守》，凤凰出版社2007年版，第153页。

> 今以良知为天理，即不知天地万物皆有此良知否乎？天之高也，未易骤窥，山河大地吾未见其有良知也。万物众多，未易遍举，草木金石吾未见其有良知也。求其良知而不得，安得不置之度外邪？殊不知万物之所得以为性者，无非纯粹精之理，虽顽然无知之物，而此理无一不具。不然，即不得谓之“各正”，即是天地间有无性之物矣。以此观之，良知之非天理，岂不明甚矣乎！①

在罗钦顺看来，山河大地未见其良知，草木金石也未见其良知，故不能说天地万物都有良知，良知也就不是天理。而天地万物之性，也即纯粹之理，而此理则万物无一不具，这也就是《周易》所谓“乾道变化，各正性命”。也就是说，良知只是人的道德之心，故与天地万物之理当是两回事。对此辩驳，欧阳德说：

> 教札谓有物必有则，故学必先于格物。今以良知为天理，乃欲致吾心之良知于事物，则道理全是人安排出，事物无复有本然之则矣。某窃意有耳目则有聪明之德，有父子则有孝慈之心。聪明之德，孝慈之心，所谓良知也，天然自有之则也。视听而不以私意蔽其聪明，是谓致良知于耳目之间；父子而不以私意夺其慈孝，是致良知于父子之间，是乃循其天然之则，所谓格物致知也……舍此则无所据，而不免于安排布置，非所谓不远人以为道者矣。②

王阳明讲“格物致知”也即“致吾心之良知于事事物物”，因此欧阳德反复强调良知即事物的“天然自有之则”，也即天理，如不以私意阻隔就必能遵循天然之则，比如耳目有聪明之德、父子有孝慈之心，都是因为有良知在且不被遮蔽，也即遵循了天然之则。这个遵循天然之则的过程，也即阳明学之所谓格物致知，这就与朱子学的格物致知完全是两回事了。在欧阳德看来，朱子学的格物所谓“物必有则”，讲求推究外物之则，“不免于安排布置”，也就远离了人之道。

关于欧阳德的“格物”之学，黄宗羲曾说：“双江与先生议论，虽未归一，双江之归寂，何尝枯槁，先生之格物，不堕支离，发明阳明宗旨，始无遗憾，两不相妨

① ［明］罗钦顺：《困知记》之《论学书信·答欧阳少司成崇一》，中华书局2013年版，第160页。

② ［明］欧阳德：《欧阳德集》卷一《答罗整庵先生寄〈困知记〉》，其二，第18—19页。

也。”①也就是说，欧阳德的“格物”与聂豹的“归寂”，都是在发明王阳明本人的宗旨，因此虽然欧阳德与聂豹二人的议论不能归一，但也是“两不相妨”的。至于说欧阳德“格物”不堕于支离，则是在强调“格物”而不离于良知之学，故不落于朱子学的支离之病。

二、聂豹、罗洪先的归寂之学

（一）聂豹

聂豹（1487—1563），字文蔚，号双江，吉州永丰人。正德年间进士，历仕华亭知县、苏州知府、陕西按察司副使、巡抚苏州右佥都御史、兵部侍郎、兵部尚书等。王阳明在越中之时，曾前往问学；王阳明征思田时，曾致书问学，即现收录于《传习录》中卷的《答聂文蔚》二通。其著作后人编为《双江聂先生文集》十四卷，今有吴可为先生编校的《聂豹集》。

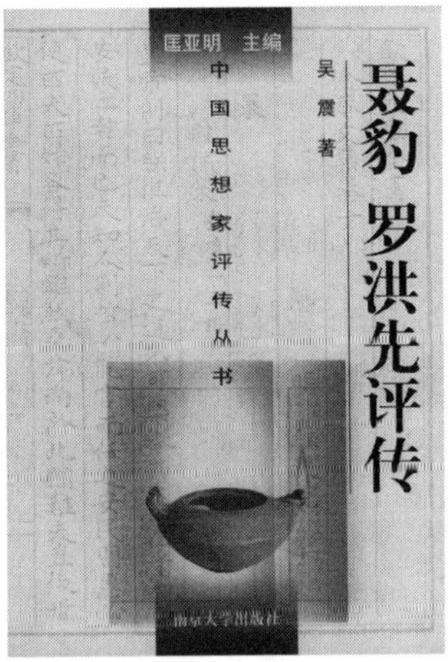

图 6－2　吴震著《聂豹、罗洪先评传》封面

归寂说的提出，是因为从本体来说，良知虽然寂感一如、体用不二，但致良知还当体认、回归于本寂之体。这还与聂豹在监狱中的一次神秘体验有关：“先生之学，狱中闲久静极，忽见此心真体，光明莹彻，万物皆备。”②突然对于寂然之静有了真切的体会之后，他便开始静坐，以求归寂通感。至于为什么必须归寂，聂豹说：

> 致良知者，只致养这个纯一未发的本体。本体复则万物备，所谓立天下之大本。先师云：“良知是未发之中，廓然大公的本体，便自能感而遂通，便自能物来顺应。”此是《传习录》中正法眼藏。而误以知觉为良知，无故为霸学张一赤帜，与边见外修何异？而自畔其师说远矣！③

---

① ［明］黄宗羲：《明儒学案》卷十七《江右王门学案二》，第 359 页。
② ［明］黄宗羲：《明儒学案》卷十七《江右王门学案二》，第 370 页。
③ ［明］聂豹：《聂豹集》卷十四《辩诚》，凤凰出版社 2007 年版，第 609 页。

因此，针对有学者提出的“心无定体”的说法，聂豹说：“心无定体之说，谓心不在内也。‘百体皆心也，万感皆心也’，亦尝以是说而求之，譬之追风逐电，瞬息万变，茫然无所措手，徒以乱吾之衷也。”①心之本体即感应外物之本原，如果无定体，则外物来时追逐于瞬息万变而茫然无所措手了，所以说心之本体必然是虚寂的定体。

既然良知本寂，那么应当如何去讲求呢？聂豹说：

> 窃谓良知本寂，感于物而后有知，知其发也。不可遂以知发为良知，而忘其发之所自也。心主乎内，应于外而后有外，外其影也。不可以其外应者为心，而遂求心于外也。故学问之道，自其主乎内之寂然者求之，使之寂而常定也，则感无不通，外无不该，动无不制，而天下之能事毕矣。②

聂豹认为良知本寂，感应于外物而产生的知，并非本来之良知；感应于外物的心，也并非心之本体。心体感应于外物，而产生影像；良知感应于外物，而形成已发。所以说学问之道，不能从外在去讲求，而当从主于内的寂然不动之本体去讲求，如果本寂的心体能够经常保持定的状态，也即“心有定体”，则感应于外物的时候也能应付自如，即“感无不通，外无不该”，则“天下之能事毕矣”。与此相关的，聂豹还说：

> 夫本原之地，要不外乎不睹不闻之寂体也。不睹不闻之寂体，若因感应变化而后有，即感应变化而致之是也。实则所以主宰乎感应变化，而感应变化乃吾寂体之标末耳。相寻于吾者无穷，而吾不能一其无穷者而真之于一，则吾寂然之体不几于憧憧矣乎？寂体不胜其憧憧，而后忿则奋矣，欲则流矣，善日以泯，过日以长，使惩之、窒之、迁之、改之，已不免义袭于外，其于涵养本原之功，疑若无所与也。③

在他看来，必须区分“本原之地”与“感应变化而后”二者，“本原之地”则是不睹

① ［明］聂豹：《聂豹集》卷八《答欧阳南野太史三首》，其三，第 247 页。
② ［明］聂豹：《聂豹集》卷八《答欧阳南野太史三首》，其二，第 240—241 页。
③ ［明］聂豹：《聂豹集》卷八《答欧阳南野太史三首》，其二，第 242 页。

不闻的寂体，“感应变化而后”则是寂体的“标末”，也就是说本与末必须先作分辨，而后方才做工夫。聂豹指出，感应变化之中则不可致其良知，因为此时的寂体早已“不胜其憧憧”，也即已不是本然之体，而是忿、欲的状态，善端泯灭、过恶滋长，此时即使去做惩忿窒欲、迁善改过的工夫，也不免“义袭于外”，几无效验。做工夫只能是“涵养本原”，也即在寂然之本体之上。再就具体而言，归寂又如何做工夫呢？聂豹说：

> 夫无时不寂、无时不感者，心之体也；感惟其时而主之以寂者，学问之功也。故谓寂感有二时者，非也。谓功夫无分于寂感，而不知归寂以主夫感者，又岂得为是哉！①

他认为本寂之心体“无时不寂、无时不感”，故而虽然说寂、感原本一体，但在感应之时还当将主导于归寂的工夫，以寂主感，归感于寂。他还说：“夫体得未发气象，便是识取本来面目。敬以持之，常存而不失，则自此而发者，自然中节，而感通之道备矣。”②也就是说，归寂工夫当体察未发之前气象，察识本来面目。持敬，就是使得寂然之心体存而不失。只有这样做工夫之后，方才能够在已发之时自然中节，自然感通。

聂豹从归寂的主旨出发，再来看他所理解的《大学》之旨，致知就在于求“虚灵本体”，故明确反对如钱德洪等人所说的后天诚意工夫，同时也反对朱子的格致之学。他说：

> 诚意之功，全在致知。致知云者，充满吾虚灵本体之量，而不以一毫意欲自蔽。是谓先天之体、未发之中，故自此而发者，感而遂通，一毫人力与不得。一毫人力不与，是意而无意也。今不养善根，而求好色之好；不拔恶根，而求恶臭之恶，可谓苟且徇外而为人也，而可谓之诚乎？……盖意者，随感出见，因应变迁，万起万灭，其端无穷，乃欲一一制之，以人力去其欺而反其慊，是使初学之士终身不复见定静安虑景界，劳而无功，只自疲以速化耳。③

① ［明］聂豹：《聂豹集》卷八《答东廓邹司成四首》，第 261 页。
② ［明］聂豹：《聂豹集》卷八《答欧阳南野太史三首》，第 247—248 页。
③ ［明］聂豹：《聂豹集》卷九《答钱绪山》，第 302 页。

他认为诚意也就是致知，也即致其“虚灵本体之知”，不使得私欲遮蔽本体，具体做工夫则还是当求“先天之体、未发之中”；如果相反，在后天、已发上做工夫，则是因为意欲随感而出现，“万起万灭，其端无穷”，人力无法一一克制，故只能是劳而无功。所以他所谓诚意也即致良知，于虚寂之中求得良知本体。他还说：

诚意之要，致知焉尽之也。知者，心之体，虚灵不昧即明德也。致者，充满其虚灵之本体，江汉濯之，秋阳暴之，可以合德天地，并明日月，而斯谓之致。致知即致中也，寂然不动，先天而天弗违者也。格物者，致知之功用，物各付物，感而遂通天下之故，何思何虑，后天而奉天时者也。如好好色而恶恶臭之类是也。此予之说也。格其不正以归于正，乃是阳明师为下学反正之渐，故为是不得已之辞。所谓不正者，亦指夫意之所及者言，非本体有所不正也。不善体者，往往赚入夫袭取窠臼，无故为伯学张一赤帜，此予之所忧也。①

致知即致心之本体，聂豹还强调“致知即致中”，也即“寂然不动”、“虚灵不昧”之本体，也即“明德”。而“格物”也即“致知”，至于王阳明所说的“格其不正以归于正”，在他看来则不是本体有所不正，而是“失意之所及者”，即上文所说的“意欲”之遮蔽，故归寂则当去蔽，“物各付物”，复归于虚寂之本体。聂豹还以归寂来诠释《周易》，他说乾卦的初爻“犹是人生而静的本体”，“潜龙”也即寂然之本体，而上面引文所述的乾卦“文言”之中说“先天而天弗违，后天而奉天时”，则诠释为先天与后天、体与用：

寂然不动，中涵太虚，先天也。千变万化皆由此出，可以与天地合德，日月合明，四时合序，鬼神合吉凶。故曰“天弗违”。触之而动，感而后应，后天也。何思何虑，遂通而顺应之，故曰“奉天时”，言一毫人力不与也。“性立天下之有，情效天下之动”，二语可并观。于此可想见飞龙在天，变化无为的气象。②

寂然不动之本体即先天之“天弗违”，感而遂通而能顺应即后天之“奉天时”，也只有寂然之体能够致得，方才能感而顺应，因为是寂然之体的自然展开，

---

① ［明］聂豹：《聂豹集》卷八《答亢子益问学》，第256页。
② ［明］聂豹：《聂豹集》卷十四《辩易》，第559—560页。

故“一毫人力不与”，也就是说已发、感通之际做不得工夫，工夫只能以归寂之旨求本体。

归寂说出来之后，在阳明后学之中引起了很大的争议，特别是在主张修证的学者看来，归寂而体证先天、未发，则将后天、已发的工夫视为第二义，也就与致良知之说有所偏离了。邹守益说：“夫乾乾不息于诚，所以致良知也。惩忿窒欲、迁善改过，皆致良知之条目也。若以惩窒之功为第二义，则所谓‘如好好色，如恶恶臭’、‘己百己千者’，皆为剩语矣。”①在他看来致良知的主要条目就是惩忿窒欲、迁善改过，如这些都被视为第二义，则不但与王阳明本人学说不符，还与《大学》、《中庸》的圣人之说也有不符。同样钱德洪也对聂豹提出质疑，他说：“吾心之斑垢驳杂，由人情事物之感而后有也。既由人情事物之感而后有，而今之致知也，则将于未涉人情事物之感之前，而先加致之之功，则夫所谓致之之功者，又将何所施耶？”②人心之杂必在人情事物之感而后才有，有了方才能做致良知的工夫，故在未曾涉及人情事物之前做“致之之功”则找不到真正的对象，其言下之意则是必将走入枯槁之境地，也就近于禅了。

事实上，聂豹提出归寂之旨，主要针对强调在后天、具体事为上用功，从而忽视了本体的那些阳明学者，他认为那些学者“架空立笼罩语，似切近而实渺茫，终日逐外而自以为得手也”③，反对逐外，也就会倾向于向内而求寂了。受到聂豹归寂说影响，而在此一路上进一步发展则又有罗洪先。

（二）罗洪先

罗洪先（1504—1564），字达夫，号念庵，江西吉水人。11 岁时，慨然仰慕乡贤罗伦（1450—1498，号一峰），即有志于圣学；15 岁时，听说王阳明讲学赣州，欲往而问学，因其父劝阻而未果，当时有薛侃所刻的《传习录》传出，“奔假手抄，玩读忘寝”④。22 岁中举，次年奉父命师事谷平李中；25 岁中进士，授翰林院修撰。第二年告归，初识王艮、聂双江。29 岁补原职，此时在京与欧阳德、王畿、钱德洪

① ［明］邹守益：《邹守益集》卷十《复聂双江文蔚》，第 494 页。
② 钱德洪：《钱德洪语录诗文辑佚》之《文录·答聂双江》，《徐爱　钱德洪　董澐集》，第 153 页。
③ ［明］聂豹：《聂豹集》卷八《寄刘两峰》，第 269 页。
④ ［明］胡直：《念庵罗先生行状》，载《罗洪先集》附录一，凤凰出版社 2007 年版，第 1377 页。

等人相与论学。后遭父丧，期间还参与了玉虚观、青原山等处的讲会活动。36岁起复，任左春坊左赞善，进京途中曾到南京，与湛若水、王畿、王艮等人相与论学，并撰有《冬游记》记述讲学语录。第二年初至京城，后因皇帝经常不临朝，与唐顺之等人共同上疏请皇太子来年元旦临朝，忤逆上意，被贬为民。于是或四处访学，或隐居山林，无意仕途。罗洪先因为少年即向往阳明之学，且研习数十年之久，故经钱德洪、王畿证明，被归入阳明弟子之列。邓以赞（1542—1599，号定宇）则说："阳明必为圣学无疑，然及门之士，概多矛盾。其私淑而有得者，莫如念庵。"这种说法也是当时的"定论"。[①] 故罗洪先虽未得拜于王阳明，却是当时公认的有得于阳明学者。罗洪先著作颇丰，后人编为《念庵罗先生文集》24卷，今有徐儒宗先生编校的《罗洪先集》。

图 6-3 《罗念庵稿》清康熙刻本书影

罗洪先之为学，被概括为"始致力于践履，中归摄于寂静，晚彻悟于仁体"[②]。在他40岁左右，聂豹倡归寂之学，当时只有罗洪先心契之，他认为聂豹所说"真是霹雳手段，许多英雄瞒昧，被他一口道着，如康庄大道，更无可疑"[③]，聂豹也说："予与

① [明]黄宗羲：《明儒学案》卷十八《江右王门学案三》，第388页。
② [明]黄宗羲：《明儒学案》卷十八《江右王门学案三》，第386页。
③ [明]黄宗羲：《明儒学案》卷十八《江右王门学案三》，第387页。

念庵子丽泽二十年，而论始合。”[①]转向归寂之学后，他针对王畿“良知非知觉之谓，然舍知觉无良知；良知即是主宰，而主宰渊寂，原无一物”的说法，去信说：

> 夫谓知觉即主宰，主宰即又渊寂，则是能渊寂亦即能主宰，能主宰亦即自能知觉矣，又何患于内外之二哉？……自弟受病言之，全在知觉，则所以救其病者，舍渊寂无消除法矣。夫本体与功夫，固当合一，原头与见在，终难尽同。弟平日持原头本体之见解，遂一任知觉之流行，而于见在功夫之持行，不识渊寂之归宿，是以终身转换，卒无所成。兄谓弟落在着到、管带，弟实有之，安敢隐讳？在弟之意，以为但恐未识渊寂耳。若真识得，愈加着到，愈无执著；愈加照管，愈无挂带。[②]

罗洪先还认为之前的病痛，在于以知觉为良知，故现在必须转向归寂之学，也即体认良知本体的渊寂状态。持守源头本体则一任知觉，持守见在功夫则当识渊寂，他认为如真正识得渊寂，就能够避免王畿所说的着到、挂带等弊病。

罗洪先还提出“收摄保聚”之说，他认为：

> 中无所主，而谓知本常明，恐未可也。知有未明，依此行之，而谓无乖戾于既发之后，能顺应于事物之来，恐未可也。故知善知恶之知，随出随泯，特一时之发见焉耳。一时之发见，未可尽指为本体，则自然之明觉，固当反求其根源。盖人生而静未有不善，不善者，动之妄也。主静以复之，道斯凝而不流矣。神发为知，良知者静而明也，妄动以杂之，几始失而难复矣。故必有收摄保聚之功，以为充达长养之地，而后定静安虑由此以出，必于家国天下感无不正，而未尝为物所动，乃可谓之格物。[③]

在他看来，内心之知未必能够常明，如依照未明之知去行，则应事接物难免无乖戾发生，所以说，“知善知恶是良知”，然而“一时之发见”还未刻指为本体，故而还要反求其根源。复归本体的方法，也即主静，良知“静而明”，“妄动以杂之”，因此做工夫必须要收摄保聚，而后才能感应于家国天下而“无不正”，这也

① ［明］聂豹：《聂豹集》卷三《刻夏游记序》，第 60 页。
② ［明］罗洪先：《罗洪先集》卷六《答王龙溪》，第 209 页。
③ ［明］罗洪先：《罗洪先集》卷三《甲寅夏游记》，第 81—82 页。

即“格物”之学。关于如何进行“收摄保聚”，他还说：

> 夫未发，非时也；寂无体，不可见也。见之谓仁，见之谓知，道之鲜也。余惧见寂之非寂也，是故自其发而不出位者言之，谓之寂；自其常寂而通微者言之，谓之发。盖原其能戒惧而无思为，非实有可指，得以示之人也。故收摄敛聚可以言静，而不可谓为寂然之体。喜怒哀乐可以言时，而不可谓无未发之中。何也？心无时亦无体；执见而后有可指也。①

未发之中的本体，原本即不可见，如感应而已发且能“思不出位”则当属“常寂而通微者”，但此“寂”也不可以说就是“寂然之体”，只是此“感”中之“寂”也即“已发”，其中原本包含了“未发之中”。因此罗洪先的“收摄敛聚”，工夫虽以主静、致虚为主，但还是动静、感寂为一体的。他还说：“良知之感，有动有静，要之致虚者其本也。本不虚则知不能良……故致虚者，乃所以致知也。”②良知之感应，原本有动有静，然而致虚为工夫之本，致虚也即致良知。

后来，罗洪先曾在山中静坐三个月，然后与阳明弟子蒋信（道林）书信中说：

> 当静极时，恍然觉吾此心虚寂无物，贯通无穷，如气之行空，无有止极。无内外可指、动静可分，上下四方，往古来今，浑成一片，所谓无在而无不在。吾之一身，乃其发窍，固非形质所能限也。是故纵吾之目，而天地不满于吾视；倾吾之耳，而天地不出于吾听；冥吾之心，而天地不逃于吾思。古人往矣，其精神所极，即吾之精神，未尝往也。否则，闻其行事而能憬然、愤然矣乎？四海远矣，其疾痛相关，即吾之疾痛，未尝远也。否则，闻其患难，而能恻然、衋然矣乎？
>
> 是故感于民而为仁焉，吾无分于民也；有分于吾与民，斯不仁矣。感于物而为爱焉，吾无分于物也；有分于吾与物，斯不爱矣。是乃得之于天者固然如是，而后可以配天地。故曰：仁者浑然与物同体。同体也者，谓在我者亦即在物，合吾与物而同为一体。则前所谓虚寂而能贯通，浑上下四方、往古来今、内外动静而一之者也。③

---

① ［明］罗洪先：《罗洪先集》卷十一《〈读困辨录抄〉序》，第475页。

② ［明］罗洪先：《罗洪先集》卷十一《〈困辨录〉后序》，第473页。

③ ［明］罗洪先：《罗洪先集》卷八《答蒋道林》，第298—299页。

这就是罗洪先所谓“静久大觉”，彻悟于仁体，他由工夫之静，而体会到心之虚寂如同“无物”，而此“无物”也即无所谓内外、动静，“无在而无不在”，此身与万物同为一体，与上下四方、往古来今都是一体的，故而能够感于亲，不分吾与民；感于物，不分吾与物，甚至感于古人之精神。这些说法，近于神秘体验，当于其晚年受道教思想影响有一定关系，然而其根本则尚在阳明学的矩矱之内，或者可以说是归寂一路的纵深发展。

聂豹与罗洪先二人的为学宗旨，总体而言则为归寂、主静，黄宗羲曾说：“阳明殁后，致良知一语，学者不深究其旨，多以情识承当，见诸行事，殊不得力。双江、念庵举未发以纠其弊，中流一壶，王学赖以不坠。”①聂豹与罗洪先走上归寂之学，当与他们不满于现成良知之说，以“情识”为良知有一定关联。罗洪先曾说：

> 世间那有现成良知？良知非万死工夫断不能生也，不是现成可得。今人误将良知作现成看，不知下致良知工夫，奔放驰逐，无有止息，茫荡一生，有何成就？谚云：“现钱易使”。此最善譬。今人治家，亦须常有生息，方免穷蹙。若无收敛静定之功，却说自有良知善应，即恐孔孟复生，亦不敢承当也。②

这里针对的是那些将良知看得太浅、太容易的阳明后学，故而强调致良知工夫必须笃实，“收敛静定之功”也即“收摄保聚”，如此做工夫就好比治家而讲求财产之生息，方才能够渐趋于良知之本体。罗洪先以及聂豹等归寂派的思想主张，对于阳明后学的弊病，当有一定的纠正之功。故而黄宗羲虽然也认为他们尚有“头上安头”③，也即于虚寂之功上有一些弊病在，但还是给予了高度的评价。

第三节　泰州学派

黄宗羲在《明儒学案》之中称“泰州学派”而非“泰州王门”，则认为泰州一系

① ［明］黄宗羲：《明儒学案》卷二十《江右王门学案五》，第 467 页。
② ［明］罗洪先：《罗洪先集》卷十六《松原志晤》，第 696—697 页。
③ ［明］黄宗羲：《明儒学案》卷二十《江右王门学案五》，第 467 页。

的学者与浙中、江右有所不同。然而学界大多在讨论泰州学派思想的时候，还是将其放在阳明后学之中。除了其创始人王艮师从于王阳明之外，其他一些学者也与阳明后学中的学者有着诸多的交往，故而将之归于阳明后学也无可厚非。此外，泰州学派还有许多值得注意的问题，比如虽称之泰州学派，但其中大多非泰州人；再者，泰州后学大多为布衣之士，喜特立独行，甚至行侠仗义；还有他们所关注之问题集中于百姓日用，与大多其他地域的阳明后学有所不同；亦多与阳明弟子不同。泰州学派学者众多，其中特别著名的则有王艮、颜钧、罗汝芳、焦竑、李贽等人。

一、王艮与泰州学派的创立

王艮（1483—1541），本名银，王阳明为其更名为艮，字汝止，号心斋，泰州安丰场人。王家世代为煮盐之灶丁，但他幼年曾入塾读书，后因家贫而辍学，跟随父亲行商。25 岁途经山东，拜谒孔子及颜、曾诸庙，遂有志于圣学，经常带着《孝经》《论语》等书，“逢人质义”，后又按礼经制古冠服，视听言动一遵古礼。

据说 29 岁那年，王艮曾作了一个“天坠压身”的怪梦：

> 先生一夕梦天坠压身，万人奔号求救。先生独奋臂托天而起，见日月列宿失序，又手自整布如故，万人欢舞拜谢。醒则汗溢如雨，顿觉心体洞彻，万物一体、宇宙在我之念，益真切不容已。自此行住语默，皆在觉中，题记壁间。先生梦后书“正德六年间，居仁三月半”于座右，时三月望夕，即先生悟入之始。①

梦见天坠，独立将天托起，并布列星宿，醒来则觉心体洞彻，于是有了万物一体、宇宙在我的念头，这是王艮早年治学的一个重大突破，也就是说对于圣学有了真切的体悟，于是便开始更加注意行住语默之间的修行，并记录下来。后来，王艮还作有《鳅鳝赋》，说有道人看见一口缸里有许多复压缠绕、奄奄若死的鳝鱼，忽然有一鳅鱼跃起，鳝鱼因鳅鱼而得以转身通气，恢复生意。鳅鱼的跳跃，不是为了鳝鱼的回报，而是出于自身的本性。目睹此情形，道人感叹：“吾与

① ［明］王艮：《王心斋全集》卷三《年谱》，江苏教育出版社 2001 年版，第 68 页。

同类并育于天地之间，得非若鳅鳝之同育于此缸乎？吾闻大丈夫以天地万物为一体，为天地立心，为生民立命，几不在兹乎？”①此文最后还说到风云雷雨交作，鳅鱼奋身化龙，再作雷雨倾满鳝鱼之缸，同归与长江大海。道人又作诗以明其志：“一旦春来不自由，遍行天下壮皇州，有朝物化天人和，麟凤归来尧舜秋。”此文有将鳅鱼比作自己，将鳝鱼比作万民之意在，则与“天坠压身”之梦异曲同工，“大丈夫以天地万物为一体”，必当与万民同归于善，王艮以此表明其圣人之志。

38时，王艮听说王阳明平定宁王之乱后在南昌讲学，于是以古人冠服相见，并与王阳明论学多日，经过几番往复，最后才心悦诚服，拜执弟子之礼。王阳明对其他弟子说：“吾擒宸濠，一无所动，今却为斯人动。”“此真学圣人者，疑即疑，信即信，一毫不苟，诸君莫及也。”②40岁时，自制蒲轮并书：“天下一个，万物一体，入山林求会隐逸，过市井启发愚蒙。遵圣道天地弗违，致良知鬼神莫测，欲同天下人为善，无此招摇做不通，知我者其惟此行乎？罪我者其惟此行乎？”③于是沿途讲学，直抵京师。王阳明嫌其意气太高、行事太奇，请当时在京弟子欧阳德等劝其南归，后来在越中协助王阳明教授四方来学。

嘉靖七年(1528)，王阳明去世之后，王艮在家乡泰州一带讲学，开门授徒，还曾多次参与阳明后学各地的讲会，所到之处多以王艮为主席。他的讲学，影响极大，且因为有着平民化的倾向，故弟子众多：“上自师保公卿，中及疆吏、司道、牧令，下逮士庶、樵陶、农吏，几无辈无之。考诸贤所出之地，几无省无之。”④

王艮的著作主要为讲学语录及少量诗文，其后人辑为《心斋先生全集》六卷，后又有族人将之与其子王襞、族弟王栋三人著作合编为《淮南王氏三贤全书》，今有陈祝生等点校的《王心斋全集》。

王艮有著名的“淮南格物”说，他对《大学》“格物”的诠释与王阳明不同，他所说的《大学》思想主旨为“安身”，也与王阳明有区别，但在后世却引起了众多的认同。王艮说：

---

① ［明］王艮：《王心斋全集》卷二《鳅鳝赋》，第55页。
② ［明］王艮：《王心斋全集》卷三《年谱》，第70页。
③ ［明］王艮：《王心斋全集》卷三《年谱》，第71页。
④ ［清］袁承业：《心斋先生弟子师承表序》，载［明］王士纬：《心斋先生学谱》之《著述考》，《王心斋全集》，第109页。

> 子谓诸生曰：惟《大学》乃孔门经理万世的一都完书，吃紧处惟在“止至善”及“格物致知”四字本旨，二千年来未有定论矣。某近理会得，却不用增一字解释，本义自足，验之《中庸》、《论》、《孟》、《周易》，洞然吻合，孔子精神命脉具此矣。①

此处表达了三点看法：其一，认为《大学》一书代表了孔子的精神命脉，也是孔门二千年来传承的关键，然而“未有定论”；其二，他认同王阳明的《大学》古本之说，认为不必增字解释而本义自足，且与《中庸》或《论语》等都是吻合的；其三，理解《大学》的关键在于“止至善”与“格物致知”二点。先看对“止至善”的诠释：

> “止至善”者，安身也。安身者，立天下之大本也。本治而末治，正己而物正，大人之学也。是故身也者，天下万物之本也；天地万物，末也。知身之为本，是以“明明德”而“亲民”也。身未安，本不立也，“本乱而末治者否矣”。本先乱，治末愈乱也。故《易》曰：“身安而天下国家可保也。”如此而学，如此而为大人也。不知安身，则“明明德”、“亲民”，却不曾立得天下国家的本，是故不能主宰天地，斡旋造化。
>
> 《大学》说个“止至善”，便只在“止至善”上发挥，“知止”知安身也，定、静、安、虑、得，安身而“止至善”也。②

《大学》讲“修身”为本，则“治国”与“平天下”为末，“修身”之后方能“齐家、治国、平天下”，故王艮转而推出“止至善，安身也”，“安身”也即“立天下之大本”，再加上《周易》所说的“身安而天下国家可保也”，也即是《论语》所说的“正己”而后“正物”。再者，“安身”为本，然后则能“明明德”与“亲民”，“安身”为本，然后则能“止至善”。王艮以“安身”为《大学》的主旨，则是从如何做修身工夫这一点来进行诠释的。

再看他对“格物致知”的诠释，也将之引入“安身”之学。先说什么是“物”：

---

① ［明］王艮：《王心斋全集》卷二《答问补遗》，第 33 页。
② ［明］王艮：《王心斋全集》卷一《答问补遗》，第 33 页。

“格物”之“物”，即“物有本末”之“物”，“其本乱而末治者否矣，其所厚者薄而其所薄者厚，未之有也”，此“格物”也。故即继之曰“此谓知本，此谓知之至也”。“行有不得者，皆反求诸己”。“反己”是“格物”的工夫，“其身正而天下归之”，“正己而物正”也。①

“格物”所说的“物”，就是“物有本末”的那个“物”，也即“身与天下国家”。万物一体，故王艮说“身与天下国家，一物也”，“一物”又有本、末之分。“格物”为本，也即“修身”或“安身”为本，也即此处所说“反己”、“正己”。还有“知本”之中的“本”，也就是“修身”或“安身”。再来看什么是“格”：

身与天下国家，一物也。唯一物，而有本末之谓。格，絜度也。絜度于本末之间，而知“本乱而末治者否矣”，此格物也。物格，知本也；知本，知之至也。故曰“自天子以至于庶人，一是皆以修身为本”也。修身，立本也；立本，安身也。

格，如“格式”之格，即后“絜矩”之谓。吾身是个“矩”，天下国家是个“方”，絜矩则知方之不正，由矩之不正也。是以只去正矩，却不在方上求。矩正则方正矣，方正则成格矣，故曰“格物”。吾身对上下、前后、左右是“物”，絜矩是“格”也。“其本乱而末治者否矣”一句，便见絜度“格”字之义。修身，立本也；立本，安身也。安身以安家而家齐，安身以安国而国治，安身以安天下而天下平也。故曰“修己以安人”，“修己以安百姓”，“修其身而天下平”。不知安身便去干天下国家事，是之谓失本也。②

“格物致知”是王艮谈得最多命题之一，其关键处还是“格”字，他认为“格”就是“格式”的“格”，也即“絜度”，指的是度量的意思。这么说，“格物”就是“絜矩”，物之方正与否，当用“矩”来“絜度”，故关键在于求“矩”本身之正；天下、国家是否能够平治，则当用“吾身”之是否“修”来“格”，故关键在于求“吾身”之修。“吾身”对于上下、前后、左右是“物”，也即对于“天下”与“国家”是“物”，以“身修”之如何来“絜度”“国治”与“天下平”，就是“格物”，这也就是推本及末的一个过程。“修身”为

① ［明］王艮：《王心斋全集》卷一《语录》，第 3 页。
② ［明］王艮：《王心斋全集》卷一《答问补遗》，第 34 页。

“立天下之大本”，王艮则将之表述为“安身”，“安身”即“立本”，推本及末，“安身”而后“安国”、“安天下”，也就是实现了从“修身”到“齐家”、“治国”、“平天下”。

“淮南格物”说，也即诠释《大学》而以“安身”为本，并以“安身”作为“格物”的工夫，以及“止至善”的根本，也即一切工夫落实于“安身”，“安身”贯通《大学》的三纲八目，这也就是“淮南格物”说的要旨，也是王艮“明哲保身”等思想的出发点。

王艮还经常讲良知之学，且凸显良知的现成性，他说：

> 只心有所向便是欲，有所见便是妄。既无所向又无所见，便是无极而太极。良知一点，分分明明，亭亭当当，不用安排思索。圣神之所以经纶变化而位育参赞者，皆本诸此也。①

此处所谓“无所向又无所见”，当是指良知作为心之本体的“无善无恶”，故而说“无极而太极”，良知本然无欲、无妄，同时良知又是分明的、亭当的，不用安排、不必思索，也就是良知的现成性。经纶变化以及位育、参赞天地，也是良知的功能，则是强调了良知与百姓日用的种种相关。王艮还说：

> 王子敬问庄敬持养功夫。曰：“道一而已矣。中也，良知也，性也，一也。识得此理，则现现成成，自自在在。即此不失，便是庄敬；即此常存，便是持养。真体不须防检。不识此理，庄敬未免着意，才着意便是私心。”②

天地之道一而已，在王艮看来，“良知”与“中”、“性”等都是一贯的，致良知，先要识得此中的一贯之理，良知本是现成的、自在的，就在百姓日用之中，故不必刻意求一个“庄敬”。同样讲良知现成，王艮与王畿一个不同的地方，便是对百姓日用即道的强调。王艮说：

> 圣人之道无异于百姓日用，凡有异者，皆谓之异端。

---

① ［明］王艮：《王心斋全集》卷二《与俞纯夫》，第 43 页。
② ［明］王艮：《王心斋全集》卷一《答问补遗》，第 38 页。

> 百姓日用条理处，即是圣人之条理处。圣人知，便不失；百姓不知，便会失。①
>
> 良知天性，往古来今，人人具足，人伦日用之间举措之耳。②

圣人之道即百姓日用之道，所谓道也即“条理处”，良知就是人的天性，故“人人具足”，只是圣人知而百姓不知，故而需要以讲学使得普通百姓懂得这个道，这一思想便是王艮之学走向平民化的出发点。

至于如何将百姓日用与良知之学的体悟结合起来，邹守益之孙邹德涵曾在其语录中记载了王艮的一次讲学：

> 往年有一友问心斋先生云：如何是无思而无不通？先生呼其仆，即应，命之取茶，即捧茶至。其友后问，先生曰：才此仆未尝尝先有期我呼他的心，我一呼之便应，这便是无思无不通。是友曰：此则满天下都是圣人了。先生曰：却是日用而不知。有时懒困着了，或作诈不应，便不是此时的心。阳明先生一日与门人讲大公顺应，不悟，忽同门人游田间，见耕者之妻送饭，其夫受之食，食毕与之持去。先生曰：这便是大公顺应。门人疑之，先生曰：他却是日用不知的，若有事恼起来，便失这心体。③

此处提及王艮与王阳明的例子，无论捧茶的仆人，或是送饭的耕者之妻，都有着顺应之心，故捧茶、送饭都自然而然，不假思索，无所期必。良知也就是如此现成、自在的，只是百姓“日用不知”，懒困了或是恼了便会失去良知心体，也就无法顺应得自然、亭当了。

王艮的“百姓日用即是道”，要求学者顺应良知作为人之心体的自然自在，从人伦日用的当下去体验，不必强做安排、思索。也就是说，王艮强调的是日常行为本身的自然合理性，且不认为人人都已经是圣人了，成圣必须在日用的当下去体验、去致知，故并不是取消道德的实践工夫，所以说王艮的思想，与后世所谓的“率性自然”、蔑视礼法、忽略工夫的思想还是决然不同的。

---

① ［明］王艮：《王心斋全集》卷一《语录》，第10页。

② ［明］王艮：《王心斋全集》卷二《答朱思斋明府》，第47页。

③ ［明］黄宗羲：《明儒学案》卷十六《江右王门学案一》，第352页。

与“百姓日用即是道”相关，王艮还倡导“乐学”。王艮师从王阳明之后，便以讲学为乐，他的一个重要的思想主旨便是“乐学”，讲学是为了求“乐”，讲圣人之学本身也即是“乐”，因为圣人之学本在日用之间，讲学而明之便是见得自家之“真乐”。王艮说：

> 日用间毫厘不察，便入于功利而不自知，盖功利陷溺人心久矣。须见得自家一个真乐，直与天地万物为一体，然后能宰万物而主经纶。所谓乐则天、天则神。①
>
> 天下之学，惟有圣人之学好学，不费些子气力，有无边快乐。若费些子气力，便不是圣人之学，便不乐。②

王艮还有著名的《乐学歌》：

> 人心本自乐，自将私欲缚。私欲一萌时，良知还自觉。一觉便消除，人心依旧乐。乐是乐此学，学是学此乐。不乐不是学，不学不是乐。乐便然后学，学便然后乐。乐是学，学是乐。于乎！天下之乐，何如此学！天下之学，何如此乐！③

结合起来看，王艮所说的“乐”，首先就是指心之本体，本体之“乐”则是与天地万物为一体的，故是最为根本的“乐”；其次，“乐”当是“安贫乐道”，也就是孔颜所说的“在陋巷”“箪食瓢饮”，故反对陷溺于功利，如有私欲萌动则当以良知之自觉去消除；最后，“乐”与“学”的关系，乐是乐于此学，学是学此之乐；乐后便想去学，学后便觉得乐。王阳明曾说：“乐是心之本体”，“良知本乐”，“乐”也即良知之自觉，活泼泼的状态，故王艮还说：“天性之体，本自活泼，鸢飞鱼跃，便是此体。”④良知之乐，与良知之自觉，当是王艮思想之中相互关联的两个重要方面。

---

① ［明］王艮：《王心斋全集》卷一《语录》，第19页。
② ［明］王艮：《王心斋全集》卷一《语录》，第5页。
③ ［明］王艮：《王心斋全集》卷二《诗文杂著》，第54页。
④ ［明］王艮：《王心斋全集》卷一《语录》，第19页。

刘宗周曾说："王门有心斋、龙溪，学皆尊悟，世称二王。心斋言悟虽超旷，不离师门宗旨。"①也就是说，与王畿之学近于禅学不同，王艮之学讲求现成良知，在百姓日用中的证悟，其学不离师门宗旨。王艮为了将良知学说向平民、下层宣传而有自己的发展，就其学术本身而言，则与王阳明尚不太远。黄宗羲则说：

> 阳明先生之学，有泰州、龙溪而风行天下，亦因泰州、龙溪而渐失其传。泰州、龙溪时时不满其师说，益启瞿昙之秘而归之师，盖跻阳明而为禅矣。然龙溪之后，力量无过于龙溪者，又得江右为之救正，故不至十分决裂。泰州之后，其人多能以赤手搏龙蛇，传至颜山农、何心隐一派，遂复非名教之所能羁络矣。②

他认为，阳明之学因为有泰州学派与浙中王门而风行天下，也因为他们而渐渐失去真传，浙中王门王畿之后少有力量大者，且有江右王门的救正，故而不至于离正道太远；泰州学派则在王艮之后，还有颜钧、何心隐等人，他们则逐渐远离了儒门正道。

在介绍颜钧、何心隐等人之前，先简要介绍一下王栋与王襞。

王栋（1503—1581），字隆吉，号一庵，为王艮族弟。王栋幼习举业，24 岁为郡庠生。当时，王阳明的弟子王臣（字公弼，号瑶湖）任泰州守，王栋师事之。同年，王艮任泰州安定书院教事，王栋又拜入王艮门下，成为受学最早的弟子之一，"受格物之旨，躬行实践，得家学之传"。56 岁，应岁贡，出任江西建昌府南城县训导，还曾应建昌府台使之邀，入主白鹿洞书院，又主持南昌正学书院的讲会、太平乡讲会。后因母亲亡故服丧，后起补山东泰安州训导，升任江西南丰教谕、深州学正等职。期间继续举行讲会活动，隆庆二年（1568），创立水东会、建义仓，并作《会学十规》，又有《一庵会语》刊刻行世。70 岁致仕归里，清贫如洗，悦乐自如，开门授徒，风动远近。万历四年（1576），受泰州守萧抑堂之聘，主持安定书院，朝夕与士民讲学。79 岁卒后，配享于其师的心斋精舍祠，里中人将王阳明、王艮、王栋合称"越中淮南三王夫子"。③ 王栋与王艮、王襞并称为"淮南王氏三贤"，他的著作仅有讲学语录，后人编为《王一庵先生遗集》，后被附入

① ［明］刘宗周：《师说》，载《明儒学案》卷首，第 9 页。
② ［明］黄宗羲：《明儒学案》卷三十二《泰州学案一》，第 703 页。
③ 《年谱纪略》，载《王心斋全集》附《明儒王一庵先生遗集》，第 142 页。

《淮南王氏三贤全书》，今人《王心斋全集》也同样附录。为其遗集作序的孙之益说：

> 心斋王先生倡道海滨，讲良知而首重孝弟，论格物而推本修身，从游者莫不服其教，而族弟一庵子尤信之笃、体之深。吾尝考一庵子之行，实能孝亲友弟；诵一庵子之言，不外诚意修身。其学深潜纯粹，其语亲切简明。其近炙安丰，远溯姚江，以寻源于洙泗，而成一代之大儒者。洵于心斋，称难兄弟哉！宜当时主讲席人有得师之庆也。

在当时学者看来，王栋之学得王艮之真传，甚至二人可称“难兄弟”，也即不相上下。王栋之学，大多承继于王艮，但在格物诚意之旨上，也有自己的发明。特别是《诚意问答》一篇，为李梃所记录，后来在刘宗周的弟子董玚、黄宗羲等人那里得到了回响，《明儒学案》将此文收录，并对王栋的“自心之主宰而言，谓之意”等说法给予高度评价，认为其与刘宗周“若合符节”。①

王襞(1511—1587)，字宗顺，号东厓，王艮次子。9岁随父至浙中，得以经常听闻王阳明以及阳明高弟的讲学。在浙中十年，方才归乡议婚，婚后半年又返回浙中，跟随王艮从事讲学活动。王襞受浙中阳明学的影响极大：“耳闻目见悉皆先辈型范，以薰蒸日久，德器日粹，年未及二十而丰仪修伟，神情朗豁，望之者俨知为有道气象也。”②王襞天资聪睿，当时士大夫期以科考，其父王艮则说：“吾愿其为学问中人也。”③王艮讲学于安丰时，四方来学都是王襞上下应酬。30岁时，王艮去世，于是王襞毅然以师道自任，继其父而讲学于东淘精舍。39岁，游学浙江，会讲于杭州钱王祠。44岁，罗汝芳任安徽宁国知府，聘其讲学于水西书院。46岁，讲学于福建建宁府，并拜谒朱子故庐。55岁，耿定向督学南畿，邀王襞会讲金陵。后二年，耿定向巡按泰州，建安定书院，并祭祀王艮。次年，聘主仪征书院讲席。62岁，蔡东台知苏州，聘王襞主讲，风动三吴。64岁，耿定向任南京户部尚书，又聘王襞会讲金陵，此时发明王艮的“格物”宗旨。关于王襞的讲学，焦竑在为其所写的墓志铭中说：

---

① ［明］黄宗羲：《明儒学案》卷三十二《泰州学案一》，第732页。

②③ ［明］王元鼎：《先生行状》，载《王心斋全集》附《明儒王东厓先生遗集》，第209页。

> 阳明公以理学主盟区宇，而泰州王心斋嗣起，其徒几中分鲁国，故海内言学者皆本两王公。心斋子东厓先生，推衍其说，学士云附景从，至今不绝。盖以学世其家，有以开天下而风异世，可谓盛已……心斋殁，先生望日隆，四方聘以主教者沓至。罗近溪守宛则迎之，蔡春台守苏则迎之，李文定迎之兴化，宋中丞迎之吉安，李计部迎之真州，董郡丞迎之建宁，余殆难悉数。归则随村大小，扁舟往来，歌声与林樾相激发，闻者以为舞雩咏归之风复出，至是风教彬彬盈宇内矣。①

由此可知，王襞一生以讲学为己任，且恪守家学，成为公认的王艮学说的传人。他在泰州一带的讲学，则积极向平民百姓之间传播良知之学，使得泰州之学在下层社会中得到广泛的传播，王襞作为布衣儒者的形象，在当时士大夫当中有广泛的影响。与其父相似，王襞的著作遗留甚少，后有门人辑录的语录等，编为《明儒王东厓先生遗集》二卷，附入《淮南王氏三贤全书》，今人《王心斋全集》也同样附录。

此外，受王艮父子影响的布衣儒者，较为著名的还有樵夫朱恕（字光信）、陶匠韩贞（1509—1585，号乐吾）、田夫夏廷美等人。

图 6-4　泰州崇儒祠、泰州学派纪念馆

① ［明］焦竑：《澹园集》卷三一《王东崖先生墓志铭》，第 494 页。

二、颜钧思想与实践的宗教色彩

颜钧(1504—1596),字子和,号山农,又号耕樵,江西吉安府永新县人。自幼就不喜科举之业。25岁,读到王阳明《传习录》,顿感"触目激心",于是自己尝试静坐七日闭关法。关于这段经历,他自己后来在《七日闭关开心孔昭》之中说:

> 二十四岁①,又际阳明传引良知心学,传自仲兄钟溪,笔示四句曰:"精神心思,凝聚融结,如猫捕鼠,如鸡覆卵。"耕樵触目激心,即如四语默坐澄心,自为七日闭关,自囚神思之无适,竟获天机先启,孔昭焕发,巧力有决沛江河之势,形气遂左右逢源之□。②

首次接触王阳明的《传习录》,是因为其二兄,曾任教谕、知县的颜钥(1498—1572,号钟溪)的影响,颜钥后来也曾参与颜钧的某些讲学活动。颜钧真正有体会的则是王阳明所讲的四句,具体见于颜钧《录阳明心斋二师传道要语》:"阳明夫子引人入门下手曰:各各凝聚自己精神心思,如猫捕鼠,如鸡覆卵。如此七日,不作声臭于言动之间,即为默识知及之功要,开心遂乐之先务也。"③陈来先生将其作为《传习录》之佚文,并说与王阳明的《示弟立志说》相近。④ 也就是说,在王阳明思想的启发下,颜钧闭关七日,获得了"天机先启,孔昭焕发"的神秘体验。此事后来罗汝芳又有生动的描述:

> 一夕,偶闻其兄举人颜钥传讲圣贤之学,忽胸中凝思七昼夜,即心孔豁然内通,烛然灵光,如抱红日。潜居山谷,昼夜清朗,历九余月,如顷刻间。及归,见母兄,论伦理道义,不啻江河沛决,邻族争听,感为涕泣。一时兴起,联会数

---

① 另据《颜钧集》卷二《明羑八卦引》的自述,则在25岁时。

② [明]颜钧:《颜均集》卷五《引发九条之旨·七日闭关开心孔昭》,中国社会科学出版社1996年版,第37页。

③ [明]颜钧:《颜钧集》卷五《录阳明心斋二师传道要语》,第42页。

④ 陈来:《中国近世思想史研究》下篇《王龙溪、邹东廓等集所见王阳明言行录佚文辑录》,商务印书馆2003年版,第668页。

百人，皆传引室家，无不改旧从新，遂名“三都萃和会”。①

经过凝思而忽然内心贯通，“烛然灵光，如抱红日”，而且除了这次的闭关七日，此后还有一个“潜居山谷”历时长达九个多月的过程。回去拜见母亲、兄长，论及儒家伦理道义便如同“江河沛决”，再去读《大学》《中庸》也觉贯通自如。于是便在家乡组织讲会“三都萃和会”，一时前来听讲的有数百人之多，并在颜钧及其母亲等人的宣讲与感召之下“改旧从新”。另据颜钧的自传说：“讲耕读正好作人，讲作人先要孝弟，讲起俗急修诱善，急回良心。”②所讲内容近于阳明心学与乡约之类，萃和会举行之后，对于当地的民风影响极大，在其自传中继续说：

> 会及半月，一乡老壮男妇，各生感激……会及一月，士农工商皆日出而作业，晚皆聚宿会堂，联榻究竟。会及两月，老者八九十岁，牧童十二三岁，各透心性灵巧，信口各自吟哦，为诗为歌，为颂为赞……直犹唐虞瑟僩喧赫震村谷，闾里为仁风也。

读此文字，似与王阳明在赣州的某些讲学活动有些相似，以良知之说来宣讲乡约，士农工商都有参与，且又有诗歌、讼赞，老少咸宜，故经过两个多月之后便在乡村之际有了唐虞三代之“仁风”。但不久之后，便因为颜钧母亲的逝世而中断了讲会活动，颜钧自传说：“匹夫力学年浅，未有师传……奈何苦执哀泣之死道，竟废一乡之生机。”颜钧虽能宣讲，但毕竟年轻，或缺乏其母亲的资历与组织能力，不能进一步维系萃和会。于是服丧期满之后，便离家出游四方，参与各地的讲会活动。在北京时，拜王艮的弟子徐樾(号波石，？—1551)为师；后在徐樾的引荐下，又拜王艮为师，成为泰州学派的正式弟子，于是称王阳明为“道祖”，称王艮为“业师”。③ 颜钧曾将王艮的《乐学歌》全文录入《录阳明心斋二师

① ［明］罗汝芳：《揭词》，载《颜均集》卷五《著回何敢死事》附录，第 44 页。
② ［明］颜钧：《颜钧集》卷三《自传》，第 24 页。
③ ［明］颜钧：《颜钧集》卷一《急救心火榜文》，第 1—2 页；［明］颜钧：《颜钧集》卷三《自传》，第 25 页。

传道要语》一文广为传播，并说："山农受传，而造有获，自成仁道"。[①] 他还说："越、淮崛起二王，豪义天纵，灵聪先得，此知此乐，唤人耳目，定士心志，而复日以阳为明造，时以心为斋明。上益神明，启师徒交震互发，驯造大成，错综理学之绪余，直合夫邹鲁一贯之道脉。""知是昭心之灵，乐是根心之生"。[②] 后来他又将"乐学"诠释为"放心"与"体仁"，这些学说成为颜钧思想的核心，传授于罗汝芳等人的也是这些思想。

37 岁，颜钧从泰州回江西，在南昌作《急救心火榜文》，并在同仁寺讲学，将泰州之学传道于江右，此时便有后来的著名弟子罗汝芳前来问学。次年，王艮病逝，颜钧又赶赴泰州祭于王艮祠，并聚众宣讲所得之"大中学庸"之学。此后颜钧辗转四方，继续讲学，以传播泰州之学为己任。曾受浙江总兵胡宗宪的礼聘，并参与征剿海寇之战。63 岁，至太平府讲学被逮，系狱于南京，两年之后方才由罗汝芳亲赴南京，撰写《揭词》并筹资，方才得以出狱，充军福建邵武。在邵武期间，曾受到抗倭名将俞大猷的关照，被聘为军师。不久之后便回乡讲学。

颜钧有着强烈的救世思想，他认为"今天下四十余年，上下征利，交肆搏激，刑罚灭法，溢入苛烈"，故而"天下大溺"，如何"急救"，在他的《急救心火榜文》中就列了六条：

> 一急救人心陷牿，生平不知存心养性，如百工技艺，如火益热，兢自相尚。
>
> 二急救人身奔驰，老死不知葆真完神，而千层嗜欲，若火始然，尽力恣好。
>
> 三急救人有亲长也，而火炉妻子，薄若秋云。
>
> 四急救人有君臣也，而烈焰刑法，缓民欲恶。
>
> 五急救入有朋友也，尚党同伐异，灭息信义。
>
> 六急救世有游民也，而诡行荒业，销铄形质。[③]

他又有《告天下同志书》，内容主要是为了召集同好，至南京会聚讲学以"丕正人心，翊赞王化"。其中说：

---

① ［明］颜钧：《颜钧集》卷五《录阳明心斋二师传道要语》，第 42 页。

② ［明］颜钧：《颜钧集》卷一《急救心火榜文》，第 1—2 页。

③ ［明］颜钧：《颜钧集》卷一《急救心火榜文》，第 3 页。

> 今之为计，须吾辈约会以后，倒洗肝肠，直肩要道，内而凝一，外而庄修，不驰眩于多学，不索隐于行怪。所谓依乎中庸，以神孔孟之教，至于无不持载，无不覆帱。凡有血气者，莫不被吾学而生化润泽之，又何不慊当路之怀，理斯民之口，显经纬之文，而锄大君之治者乎？①

他认为救世之计，在儒者"直肩要道"，将孔孟之教讲明再去影响民众，"凡有血气者，莫不被吾学而生化润泽之"，并得"当路之怀"。类似的还有《急救溺世方》："只要一仁天下之巨臣，能知有种闲储之银，散藏四方，三项去处，非官非人民非矿金所堪敌……聚塞帝庭，听国需用。边饷、中外臣工吏胥廪票、王侯百项给文，率皆取用于此无不足，因以诏蠲天下贡赋，三年免征，大苏民困乐有余。"②他认为只要有一位皇帝信赖的"巨臣"有力量聚敛财富，就能彻底解决种种社会问题，解决民食、民命、民欲、民性，"如此救溺，方为急务：如此济世，是为雷雨动满盈也"。这一救世之方，则比讲学更具理想色彩，不过重视民本，则是与当时大多士大夫有所区别的地方。颜钧表达其救世理想的还有《新城罢过金溪县宿疏山游记》《扬城同志会约》《道坛志规》《邱隅炉铸专造性命》等文。

对于《大学》与《中庸》，颜钧有着与众不同的理解，虽说传承自王艮，但是天下人以为怪诞的一些观点，则还是他本人的，后来对罗汝芳等又有一定的影响。他认为《大学》《中庸》"并出夫子手笔，非曾子、子思所撰也"，而且两篇名可以"中申错综曰：大中学庸，庸中学大"③，如此说法则还是因为其独特的理解，其弟子程学颜谈及听讲之感受：

> 颜初及门，听之亦曰：此老真怪也。自燕南旋，匆迎此老，同舟联榻，不下三旬日，朝夕听受，感悟隐思，渐次豁如，不觉自释其明辨，乃知此老竭力深造，自得贯彻，未为怪诞。

按照程学颜的记录，刚听此类说法，则以为此老真怪，后来朝夕听受则"渐次豁如"，于是知晓此老的"竭力深造"，故并不觉怪诞。程学颜的记录还说：

---

① ［明］颜钧：《颜钧集》卷一《告天下同志书》，第 6 页。
② ［明］颜钧：《颜钧集》卷六《耕樵问答·急救溺世方》，第 53—54 页。
③ ［明］程学颜：《衍述大学中庸之义》，载《颜钧集》附录，第 76—77 页。

故信此四字果尼父从心而身有，乃为笔刊……信使人人身有之，则皆大自我大，中自我中，学自我学，庸自我庸。纵横曲直，无往不达，又焉得而指为怪诞？

是故自我广远无外者，名为大；自我凝聚员神者，名为学；自我主宰无倚者，名为中；自我妙应无迹者，名为庸。合而存，存一神也……故曰大，曰中，曰学，曰庸，晰之虽有四名，用之井井如一。①

颜钧的诠释，是将大、学、中、庸四字本身作为此二书的宗旨所在，再分别做出自己的理解，确实也是自成一家的说法。他自己也说："辛巳腊月之望，重晰《大学》《中庸》，易知易能绪功，垂示及门多士。"②这些启发了许多儒者的思想，其实还是来自王阳明，也即将《大学》的三纲八目贯通为一思想的进一步发展。再如《大学》之"格物"，颜钧说：

今夫《大学》以修身为家、国、天下之本。身之中，涵以心、意、知、格，为时日运用之妙。是妙运也，皆心之自能在中也。此中几动森融日意，此意拟测贯通曰知，知中自出分寸矩节曰格。③

他认为"修身"为"家、国、天下"之本，而"格"字则为"自出分寸矩节"，则与王艮的"淮南格物"比较接近。颜钧还认为："《大学》《中庸》、大易六龙，三宗学教，乃夫子一生自操仁神为业……为神道设教以生心人师。"他将《大学》《中庸》与《周易》三者贯通起来了，他还说：

是故学乎其大也，则曰在明明德、在亲民、在止于至善、知在格物、心不在焉，如此而曰"五在"，昭揭其大以为学。庸乎其中也，则曰率性、曰修道、曰慎独、曰致中和，如此而晰"四绪"，绪扬其中为时庸。易乎其六龙也，则曰潜、见，曰惕、跃，曰飞、亢，如此而为时乘，即变适大、中之易，以神乎其学、庸精神者也。④

---

① ［明］程学颜：《衍述大学中庸之义》，载《颜钧集》附录，第 76—77 页。

②③ ［明］颜钧：《颜钧集》卷二《论大学中庸》，第 17 页。

④ ［明］颜钧：《颜钧集》卷二《论大学中庸大易》，第 18 页。标点有改动。

在颜钧看来，此三书里的核心思想有“五在”之学：在明明德、在亲民、在止于至善、知在格物、心不在焉；还有“四绪”之“时庸”：率性、修道、慎独、致中和；以及《周易》“乾卦”六个爻之“时乘”：潜、见、惕、跃、飞、亢，《周易》的精神与《大学》《中庸》的精神也是一贯的，将之一贯则可以使其运用更为圆神。

对于颜钧其人其学的评价，余英时先生认为其“化儒学为宗教”，是泰州学派史上一位划时代的人物，故不能放进宋明以来的理学或心学传统之中。① 吴震先生的看法则略有不同，他认为颜钧既是一位讲学活动家，又是一位宗教运动的实践者，他的思想最终归趋仍然未能摆脱儒家传统的价值观念，特别是对王阳明、王艮的心学抱有强烈的认同，而注重社会参与和宗教性的生命体验，也是泰州后学的一大特色。② 确实就其思想与实践来看，还是在泰州一系的范围之内，黄宗羲所谓“非名教之所能羁络”则还值得重新审定。

三、罗汝芳与阳明学的社会教化

罗汝芳（1515—1588），字惟德，号近溪，江西南城人。罗汝芳自幼好学，5 岁时，母亲授以《孝经》《小学》。15 岁，师从新城张玑（洵水），学举业，并接触《近思录》与《性理大全》，慨然有志于道学。18 岁前后，受到薛瑄“澄心”说的影响，开始立簿，日纪功过；又在临田寺，默坐澄心，久而成病，也即制欲、克念而得“心火”之症，故其父令读《传习录》，心病顿愈，这是他从程朱理学转向阳明心学的开始。③

22 岁，成为县学庠生。26 岁，至南昌应考，不第。此时颜钧在南昌举行讲会，并宣讲其《急救心火榜文》，罗汝芳与颜钧接谈之后，言下大悟，于是拜颜钧为师，早年的“心火”之症，至此痊愈。后来颜钧遭诬入狱，因罗汝芳贷百金相救而获释。29 岁考中乡试，次年又中会试，不参加殿试即归，然后在家优游，读书讲学。期间曾参加灵济宫的讲会，还与颜钧一起至泰州、如皋、江都、扬州等处讲学，并拜访聂豹、罗洪先、邹守益等人，这所谓“归学十年”是罗汝芳较为全面

① 余英时：《士与中国文化》，上海人民出版社 2003 年版，第 556—565 页。
② 吴震：《泰州学派研究》，中国人民大学出版 2009 年版，第 288—289 页。
③ 罗汝芳生平，参见方祖猷：《罗汝芳年谱》，载《罗汝芳集》附录，凤凰出版社 2007 年版；吴震：《罗汝芳评传》，南京大学出版社 2005 年版。

地接触阳明学，并形成其思想的关键期。

34岁，师从胡宗正学易，悟先天之旨。38岁，悟格物要旨。39岁，北上参加殿试，途经山东临清，忽患重病，遇到泰山丈人，指示其病在心而不在身，问答之下，执念潜消，血脉循轨。此年殿试中式，在北京期间，还与王敬所、何善山、何吉阳等讲学于灵济宫。此后，罗汝芳有长达17年的仕途生涯。先后任安徽太湖县令、刑部主事、安徽宁国府知府、山东东昌府知府、云南屯田副使、云南提学、云南布政司左参政等，后因为积极于讲学活动，引起张居正的不满，被疏劾致仕。

回乡之后，罗汝芳在从姑山房讲学，后来又四处访学。何心隐被囚时，曾卖田产而去相救。69岁，至吉安访王时槐，至安福访邹东廓之子邹善，又至永新为其师颜钧祝寿。70岁，罗汝芳的弟子在从姑山房为其庆寿，并举行讲会。后又至福建访武夷先生，又至南昌、南京等地，在南京曾讲学于永庆、兴善诸寺及鸡鸣山凭虚阁。还曾大会同志于芜湖、水西、宁国，又赴新城、建阳等地讲学。74岁，得病后依旧讲学不倦，一个多月后病逝家中。门人私谥为明德先生。

罗汝芳一生转益多师，故关于为学经历也有诸多不同的评说，其友人耿定向说：

> 余自嘉靖戊午获交近溪子于京邸，其时近溪子谈道直指当下性真，令人反身默识，绝不效世儒詹然训解文义，譬则韩、白用兵，直捣中坚，搴旗斩将，不为野战者。甲子以后，近溪子博综富蓄，所学益弘以肆。其时谈道两都间，为寓言以提激朋侪……今观《近溪子集》中，发明孔孟学脉甚的，指示孔孟路径甚明，粹然一轨于正，更无只字片言剿袭仙、释家语柄，而仙、释之奥窔精髓，故亦已包括其中矣。①

在耿定向那里，罗汝芳曾历经重默识、轻训解，到"博综富蓄"，最后致力于"发明孔孟学脉"这样一个过程，由剿袭仙释家语而"一轨于正"，其晚年学术则都是儒家正学了。就罗汝芳在阳明学脉络之中的地位而言，陶望龄的说法较早，且为后来者广泛认同。他说：

---

① ［明］耿定向：《读近溪罗子集》，载《罗汝芳集》附录，凤凰出版社2007年版，第934页。

新建之道，传之者为心斋、龙溪。心斋之徒最显盛，而龙溪晚出，尤寿考，益阐其说，学者称为二王先生。心斋数传至近溪，近溪与龙溪，一时并主讲席于江左右，学者又称二溪焉。友人有获侍二溪者，常言龙溪笔胜舌，近溪舌胜笔。①

王阳明（新建）的弟子之中，王艮（心斋）与王畿（龙溪）的后学最为显盛，故合称“二王”；王艮的再传则为罗汝芳（近溪），王畿讲学江左（浙中），罗汝芳讲学江右，故合称“二溪”，然王畿之长在于笔下之思辨文字，罗汝芳之长则在于舌上之讲论。黄宗羲也认同陶望龄的说法，并对罗汝芳的讲学给予了高度的评价：

论者谓龙溪笔胜舌，近溪舌胜笔。顾盼呿欠，微谈剧论，所触若春行雷动，虽素不识学之人，俄顷之间，能令其心地开明，道在眼前。一洗理学肤浅套括之气，当下便有受用，顾未有如先生者也。②

罗汝芳的讲学，最大的特点不在于演说技巧，而在于能够接引初学，没有之前理学家的“肤浅套括之气”，让学者“当下受用”，并觉“道在眼前”而归于圣学。

罗汝芳的讲学，最大的特色在于与地方治理的结合。他在担任太湖县令与宁国府知府期间，罗汝芳以立乡约、兴教化、明孝悌为事，“联合乡村，各兴讲会，清逋欠，修堂廨，建志学书院”。③ 万斯同对其治县曾有评说：“知太湖县，务以德化民。设讲堂，召诸生论文，公事多决于讲堂。”④特别是在宁国知府任上，罗汝芳举办的讲学活动较多，影响极大。他曾邀请王襞主持讲席，一时来学者甚众；迎王畿至宛陵讲学，郡邑士子以及老幼千余人前来听讲。嘉靖四十三年（1564），罗汝芳在宁国府六县举行声势浩大的“六邑大会”，此时耿定向任南畿督学，于是二人又联合在南京举行讲会。于是徽州、南京一代的讲学运动达到高潮，“教化大行，远迩向风”。⑤ 其弟子杨起元（1547—1599，字贞复）说：“接引友朋，随机开发者，亦不计其数。身所止处，辄弟子满座，而未尝以师席自居。

① ［明］陶望龄：《近溪先生语要序》，载《罗汝芳集》附录，第 959 页。
② ［明］黄宗羲：《明儒学案》卷三十四《泰州学案三》，第 762 页。
③⑤ ［明］杨起元：《罗近溪先生墓志铭》，载《罗汝芳集》附录，第 921 页。
④ ［清］万斯同：《罗汝芳传》，载《罗汝芳集》附录，第 874 页。

及门者数千人，直下承当者亦众。”[①]罗汝芳制定的《宁国府乡约训语》就将《圣谕》纳入其中；还将《太祖圣谕演训》与《大学》等儒家经典结合起来，并以通俗的语言将这六句加以阐发，并通过各门、各村的约长、约副等督促宣讲、施行：“不惟一身交享福利，其子孙亦久久昌炽。若或反道悖德，弗若于训，是乃梗化之顽民，小则不齿于乡，大则必罹于法，而身家亦不能保矣！”[②]

关于《大学》的主旨，罗汝芳将之归结为“求仁”，而“求仁”之内容则为“孝弟慈”三事，这一思想是其实现社会教化的理论依据。罗汝芳说：

> 孔门之学在于求仁，而《大学》便是孔门求仁全书也。盖仁者浑然与物同体，故大人联属家、国、天下以成其身。今看“明明德”而必曰“于天下”，则通天下皆在吾明德中也。……其本末先后，尚何患其不至善也哉！细玩首尾，只此一意，故此书一明，不唯学者可身游圣神堂奥，而天下万世真可使之物物各得其所也。大哉仁乎！斯其至矣。[③]

《大学》说“欲明明德于天下”，在罗汝芳看来也就是将修身而推至齐家、治国、平天下，因为“仁者浑然与物同体”，仁即“至善”，即“物物各得其所”。他还说：

> 呜呼！孔子一生求仁而曰：“中心安仁者，天下一人者也。”其心将以仁其身者，仁万世人人之身。而恐无凭据，故既竭心思，而继以先王之道。于是取夫《六经》之中至善之旨，集为《大学》一章，以为修齐治平规矩，所谓“格”也。其旨趣，自孟子以后知者甚少，宋有晦庵先生见得当求诸六经，而未专以孝弟慈为本；明有阳明先生见得当求诸良心，亦未先以古圣贤为法。芳自幼学即有所疑，久久乃稍有见，黾勉家庭已数十年，未敢著之于篇。惟居乡居官，常绎诵我高皇帝《圣谕》，衍为“乡约”，以作“会规”，而士民见闻，处处兴起者，辄觉响应。乃知《大学》之道在我朝果当大明，而高皇帝真是挺生圣神，承尧舜之统，契孔孟之传，而开太平于兹天下，万万世无疆者也。[④]

---

① ［明］杨起元：《罗近溪先生墓志铭》，载《罗汝芳集》附录，第 924 页。
② ［明］罗汝芳：《罗汝芳集》二《近溪罗先生乡约全书·宁国府乡约训语》，第 757 页。
③ ［明］罗汝芳：《罗汝芳集》一《近溪子集》卷礼，第 8 页。
④ ［明］罗汝芳：《罗汝芳集》一《近溪子集》卷礼，第 5 页。

罗汝芳将《大学》之道与明太祖的《圣谕》结合，衍说为治民的"乡约"与讲学的"会规"。此处说的《圣谕》，即洪武三十一年(1398)颁布的《教民榜》中的六句："孝顺父母，恭敬长上，和睦乡里，教训子孙，各安生理，勿作非为。"罗汝芳认为此《圣谕》的思想主旨与《大学》所讲的都是相通的，于是将明太祖纳入尧舜、孔孟的儒家道统谱系中来，甚至称之"圣神"。他还认为孔子之学关键就是"求仁"，故而取《六经》中的"至善"之旨而作《大学》，认为《大学》为孔子所作这一观点来自其师颜钧，对《大学》"格物"的理解则与王阳明、王艮、颜钧有一定的承继关系。罗汝芳说"格物"之"格"即"修齐治平规矩"，"物"即"本末始终"的与自身之"明德"同体之家、国、天下，故"格物"就是求"至善"。他还说：

> 岂止《四书》，虽尽括《五经》，同是格物一义。盖学人功夫不过是诚意、正心、修身、齐家、治国、平天下，而《四书》、《五经》是诚、正、修、齐、治、平之善之至者，圣人删述以为万世之格。《大学》则撮其尤简要者而约言之，所以谓之曰在格物也。今观其书，通贯只是孝弟慈，便人人亲亲长长而天下平。孟子谓"其道至迩，其事至易"，予亦敢谓其格至善也。①

罗汝芳还将《大学》的"格物"之义推全《四书》、《五经》，因为学者做功夫都在于《大学》之八条目，《大学》则是简要的"约言"，而其义即"格物"。再说"格物"之本末，罗汝芳认为朱子求诸《六经》、王阳明求诸良心，则都不够完善，他本人在居乡居官后方才明白，《大学》之本在"孝弟慈"，《大学》之法在"古圣贤"，当然还当包括明太祖。关于"孝弟慈"，罗汝芳说：

> 此个孝弟慈，原人人不虑而自知，人人不学而自能，亦天下万世人人不约而自同者也。今只以所自知者而为知，以所自能者而为能，则其为父子兄弟足法，而人自法之，便叫做"明明德于天下"，又叫做"人人亲其亲、长其长，而天下平也"。此三件事，从造化中流出，从母胎中带来，遍天遍地，亘古亘今。今试看此时薄海内外，风俗气候，万万不齐，而家家户户，谁不是以此三件事过日子也。②

① ［明］罗汝芳：《罗汝芳集》—《近溪子集》卷礼，第22页。
② ［明］罗汝芳：《罗汝芳集》—《近溪子集》卷御，第108—109页。

“孝弟慈”也即“良知”，故是不虑、不学的，天下万世不约而同的，不但是家庭内部的人伦法则，还可以外化为社会治理的法则。罗汝芳还说：“今只为民上者，实见得此孝、弟、慈三事，是古今第一件大道、第一件善缘、第一件大功德，在吾身可以报答天地父母生育之恩，在天下可以救活万物万民万世之命。现现成成，而不劳分毫做作……岂不可并于唐虞三代而无难也哉！”①“孝弟慈”三事，便是“以德为政”的“机括”，由此入手便可以由内而外，由伦理而政治。如追溯此思想渊源，则当是王阳明良知学说的世俗化与社会化了。

四、焦竑的三教道一说与李贽的童心说

焦竑与李贽，可谓生死之交，且都与泰州学派的心学有一定的关联，然又自成一格，故放在最后介绍。

（一）焦竑

焦竑（1540—1619），字弱侯，号漪园，又号澹园，江苏南京人。焦竑自幼聪慧好学，16岁入应天府学；20岁读苏轼、苏辙《易》《老》诸解。23岁时，耿定向（1524—1596，号天台）以监察御史督学南畿时，开讲王阳明、王艮之学，这是焦竑第一次受阳明学的影响。26岁时，赴京会试，下第而归，此时王畿在南京讲学，焦竑得以再次感受阳明学。次年，耿定向在南京清凉山建崇正书院，并选十四郡士子读书其中，焦竑被指定为众生之长，负责为四方来学指示大意。焦竑一生，受耿定向的影响最深。故在其师耿定向去世之后，他撰有祭文、行状、祠记等文，祭文中说：“圣远学废，障蔽支离。爰及姚江，乃剖其篱。我师崛起，阐发靡遗。仁风义雨，霑洒一时。翳我留都，首被其教。如仆而兴，在寐斯觉。雾尽天开，云披日耀。”②他对耿定向弘扬阳明学之功评价极高，同时还追溯了对自己的知遇之恩。

35岁时，王畿受耿定向之聘主持南京讲会，焦竑也得以亲临王畿之讲学。王畿去世后，焦竑还作有《王东厓先生墓志铭》。47岁时，罗汝芳至南京，与杨起

① ［明］罗汝芳：《罗汝芳集》—《近溪子集》卷书，第152页。
② ［明］焦竑：《祭耿天台尊师》，《澹园集》，中华书局1999年版，第566页。

元等人共同讲学，焦竑正式拜于其门下。焦竑受到罗汝芳的影响也较多，并对其传承王阳明、王艮一系学脉，也评价极高，他说：

> 国朝之学，至阳明先生深切著明，为一时之盛。是时法席大行，海内莫逾于心斋先生。传心斋之学者，几与其师中分鲁国，而惟德罗先生衍其余绪，则可谓横发直指，无复余蕴矣。先生尝屡至留都，最后岭南杨贞复从禀学焉。两先生珠联璧合，相讲于一堂，以为金陵倡。盖当支离困敝之余，直指本心以示之，学者霍然如梏得脱，客得归，始信圣人必可为，而阳明非欺我也。所谓功施于人者非欤?①

在焦竑看来，阳明学的传承主要是从王阳明到王艮（心斋），再到罗汝芳（惟德），且是罗汝芳才充分发挥其中“余蕴”的，而罗汝芳与其弟子杨起元（贞复）在南京的讲学则影响很大，以“直指本心”之学破除“支离困敝”，使得包括焦竑自己在内的学者霍然而醒，方才真正信任圣人可为。

焦竑在经历多次下第之后，终于在50岁时状元及第，授翰林院修撰。53岁，任会同试考官；55岁，任皇长子讲官，后任国史馆纂修官。58岁，钦点顺天乡试副主考，因所取士试卷语涉险诞，贬为福建福宁州同知。次年上任不久，被吏部考核评为浮躁并处降俸，于是辞官回到南京，从此不再出仕，一心于读书、讲学、著述。著有《古城答问》《崇正堂答问》等讲学语录，以及《澹园集》《易筌》《老子翼》《庄子翼》《焦氏笔乘》《焦弱侯问答》《国朝献征录》《国史经籍志》等。

焦竑的学术，当时学者就对其评价极高，如其弟子陈懿典谓：“先生之学，以知性为要领，而不废博综。”②另一弟子徐光启则说：“以道德经术标表海内，巨儒宿学，北面人宗。”③可见他的学术主要是在性理之、经史两个方面。《明史》中则说：“竑博极群书，自经史至稗官杂说，无不淹贯。善为古文，典正顺雅，卓然名家……讲学以汝芳为宗，而善定向兄弟及李贽，时颇以禅学讥之。”④焦竑的博雅当是一时公认的，而其讲学活动则近于罗汝芳与耿定向，并于李贽友善，且有流

---

① ［明］焦竑：《澹园集》卷二十《罗杨二先生祠堂记》，第245页。
② ［明］陈懿典：《尊师澹园先生集序》，载《澹园集》附编二，第1214页。
③ ［明］徐光启：《尊师澹园焦先生续集序》，载《澹园集》附编二，第1219页。
④ ［清］张廷玉：《明史》卷二百八十八《文苑四》，第7393页。

于禅学的倾向。

所谓“禅学”，其实当是指焦竑的三教道一之说，他的这一思想当源自王阳明，同时又与晚明的三教合一思潮有关。因为其本人的学术出入于儒、道、佛三家，故看法也颇为典型。焦竑曾说：“圣人之教不同也，至于修道以复性，则一而已。”①在他看来，中西之三教都有圣人出焉，三教之所谓“道”本是一回事，都指向“复性”，只是如何修道的所谓“教”不同。换言之，目标一致，而实现之方法、途径有所区别。他还说：

> 道一也，达者契之，众人宗之。在中国者曰孔孟、老庄，其至自西域者曰释氏。由此推之，八荒之表，万古之上，莫不有先达者为之师，非止此数人而已。昧者见迹而不见道，往往瓜分之而又株守之。我圣祖独禀全智，大阐儒风，而玄宗、释部，并隶礼官，若无少轩轾焉者。尝疑而深求之，取其书而研味之。始也读《首楞严》，而意儒逊于佛；既读《阿含》，而意佛等于儒；最后读《华严》而悟，乃知无佛无儒，无小无大，能小能大，能佛能儒，而圣祖之为意，渊哉广矣！②

就圣人而言，中国有孔孟、老庄，西域有释迦牟尼，如再推而广之，则还有其他“先达”之圣人，此处当有所指，也即耶稣·基督，因为焦竑所处的南京，当时已经有天主教传教士活动，他也曾与利玛窦有所交往。焦竑又以华严宗真如之性一味平等的思想来看三教，强调教异而道同，故而瓜分、株守则为“昧者”，他说自己读了《华严经》之后，便体悟到“无佛无儒”、“能佛能儒”，各个宗教之间并无高下之分。此处提及“圣祖”是指明太祖，他认为明朝开国时儒、道、佛三教同尊的国策，实在是“渊哉广矣”。因此，焦竑还说：

> 道是吾自有之物，只烦宣尼与瞿昙道破耳！非圣人一道，佛又一道也。大抵为儒、佛辨者，如童子与邻人之子，各诧其家之月，曰：尔月不如我之月也。不知家有尔我，天无二月。③

① ［明］焦竑：《澹园集》卷十六《刻大方广佛华严经序》，第182页。
② ［明］焦竑：《澹园集》卷十七《赠吴礼部序》，第195页。
③ ［明］焦竑：《澹园集》卷四十九《明德堂答问》，第745页。

"道"为自身所有之物，只是孔子、释迦将如何修道之教法加以阐明而已，但就"道"本身而言则并不是孔、孟等儒家圣人有一个道，释迦牟尼佛又有一个道。因此焦竑认为，之前那些分辨儒、佛异同者，好比两个邻家之童子在说自家的月亮比人家的更圆一般可笑了。

针对传统的儒者说佛、道二家沦于虚寂、空无等观点，焦竑也做了辨析。他说：

> 孔孟非不言无也，无即寓于有。而孔孟也者，姑因世之所明者引之，所谓"下学而上达"也。彼老庄者生其时，见夫为孔孟之学者局于有，而达焉者之寡也，以为必通乎无，而后可以用孔孟之有。于焉取其略者而详之，以庶几乎助孔孟之所不及。①

在他看来，孔子、孟子也并非不说"无"，只是将"无"寓于"有"，故而有"下学而上达"之修道途径。老子、庄子则与孔子、孟子差不多同时，他们看到孔孟之学局限于有，以至于通达者少，故而"取其略者而详之"，倡导"有"通于"无"之说。与之相似则焦竑还说：

> 夫道，一而已。以其无思无为谓之寂，以其不可睹闻谓之虚，以其无欲谓之静，以其知周万物而不过谓之觉，皆儒之妙理也。自儒学失传，往往束于形器见闻，而不知其陋。一闻语上者，顾以为异说而咻之……今之谓儒佛辨者，大率类此。故学者与其拒之，莫若其兼存之，节取所长而不昭其敝。②

三教道一，故而寂、虚、静、觉之类看似佛、道的特色，或者说"语上"的思想，其实儒学之中也曾有，焦竑认为原始儒学中的"不闻不睹"或"无欲故静"之类也就是"语上"者，只是后来儒学中的此类形上之学有所失传，以至于后儒一见"语上"之说便以为是"异说"，纷纷将之归为佛、道。因此焦竑强调，与其将佛、道拒之门外，不如兼而存之、取长补短。综合上述，如果将焦竑的三教道一之说与王阳明的"厅堂三间"之喻仔细对比，那么就会发现其基本的主张还是极为相近的。

---

① ［明］焦竑：《澹园集》卷十四《庄子翼序》，第 138 页。
② ［明］焦竑：《澹园集》卷二十三《经籍志论·子部·释家》，第 312 页。

还有一点必须说明，焦竑虽然希望三教能够取长补短，但还是以儒家为根本的，他曾说：

> 仁、孝、敬、慈、信，是学者安顿至善处。悟后之人安身立命，得此归宿，方是好结果。近世一种谈无碍禅者，一知半解，自谓透脱，至其立身行己，一无可观，毕竟何益？此正小人而无忌惮者！①

在焦竑的心里，儒家特色的仁、孝等思想方才是学者的“安顿至善处”，是“安身立命”的归宿，因此那些“谈无碍禅”而一知半解的学者，于儒、佛之际未曾“透脱”，“立身行己，一无可观”，则谈禅何益？沦为无所忌惮的小人而已。

（二）李贽

李贽（1527—1602），原姓林，名载贽，后改姓李，又因避穆宗之讳而改名贽；字宏甫，号卓吾、温陵居士，泉州晋江人。他出生在一个信仰伊斯兰教的商人家庭，先祖曾出洋经商，而父亲为塾师。嘉靖三十一年（1552）举人，曾任共城知县、南京国子监博士、南京刑部员外郎、云南姚安知府。54 岁之后，辞官隐居于湖北麻城著述讲学。万历三十年（1602），以“敢倡乱道，惑世诬民”的罪名被逮，下狱不久便以剃刀自刎而死。李贽著有《焚书》《续焚书》《藏书》等，今有张建业先生主编的《李贽文集》。

图 6－5　李贽

在晚明的思想界，李贽与焦竑的交游，颇为重要，而此二人对于儒、佛的态度也颇为接近。隆庆四年（1570），李贽 31 岁时，改任南京刑部员外郎，开始与焦竑往来，“气味相投，相交莫逆”。② 万历五年（1577），李贽调任云南姚安知府，焦竑作诗相送：“相知今古难，千秋一嘉遇。而我狂简姿，得蒙英达顾。肝胆一以披，形迹非所骛。婉婉四载余，昕夕长欢

① ［明］焦竑：《澹园集》卷四十八《古城答问》，第 736 页。

② 李剑雄：《焦竑年谱（简编）》，载《澹园集》附编四，第 1281—1311 页。

聚。”①万历九年(1581)，李贽离云南至湖北黄安，焦竑又有诗文赠答。次年，焦父80岁，李贽作有寿序。万历十一(1583)年，焦竑会试又下第，李贽劝其“了悟性命之学”。万历二十六年(1598)，李贽与焦竑同舟回南京，李贽住焦竑家附近的永庆寺，二人经常与杨起元等论学。次年，焦竑辞官回南京不久，李贽也从黄安回永庆寺，二人一起读《易》，此时利玛窦在南京，与焦、李二人曾有会面。万历三十年(1602)，李贽以“敢倡乱道，惑世诬民”之罪被逮至北京，后自杀于狱中，焦竑闻讯顿感悲愤，以未能援手相助为憾。李、焦二人相交35年，文章道谊，至深至切。李贽在给焦父的寿序之中，就说到二人之互为知己：

> 余至京师，即闻白下有焦弱侯其人矣。又三年，始识侯。既而徙官留都，始与侯朝夕促膝，穷诣彼此实际。夫不诣则已，诣则必尔，乃为冥契也。故宏甫之学虽无所授，其得之弱侯者亦甚有力……故世之为不朽故以交于侯者，非一宏甫也，然唯宏甫为深知侯，故弱侯亦自以宏甫为知己。②

李贽去世之后，焦竑作文说：“灯火残更，尚想诗书之讨论；林泉清昼，犹疑杖履之追游。痛逝者之如斯，伤谮人之已甚。”③其后，致力于整理刊行李贽著作，并为之作序。焦竑在《李氏藏书序》中说：

> 卓吾先生隐矣，而其人物之高、著述之富，如珠玉然，山晖川媚，有不得而自掩抑者，盖声名赫赫盈海内矣……先生高迈肃洁，如泰华崇岩，不可昵近。听其言泠泠然，尘土俱尽，而寔本人情、切物理，一一当实不虚。盖一被其容接，未有不爽然自失者也。④

对于李贽著作被禁毁的情形，焦竑说：“宏甫快口直肠，目空一世，愤激过甚，不顾人有忤者……乃卒以笔舌杀身，诛求者竟以其所著付之烈焰，抑何虐也！岂遂成其谶乎！”⑤焦竑认为李贽虽有“快口直肠”而不顾忤逆于人之处，但至于“以笔

① ［明］焦竑：《澹园集》卷三十六《送李比部》，第588页。
② ［明］李贽：《寿焦太史尊翁后渠公八秩华诞序》，载《澹园集》附编三，第1244—1245页。
③ ［明］焦竑：《澹园集》附编一《焦弱侯荐李卓吾疏》，第1183页。
④ ［明］焦竑：《澹园集》附编一《李氏藏书序》，第1180页。
⑤ ［明］焦竑：《澹园集》附编一《李氏焚书序》，第1181—1182页。

舌杀身”，以及所著“付之烈焰”则还是太过了，为这样的结果，时时感叹惋惜。

《明儒学案》没有收录李贽，事实上他与阳明学者关系密切。李贽曾问学于王襞，也曾说“心斋之子东厓公，贽之师”①，他还与罗汝芳交往密切，作有《罗近溪先生告文》，故一般将其归入泰州学派；又因为他还有《阳明先生道学钞》与《龙溪王先生文录钞》，故也有学者认为他只是可以归入泛称的阳明后学。但他又受到伊斯兰教、佛教的影响，离经叛道，特立独行，对儒学多有批判，故其思想归属多有争议。②然而从其学术来看，受阳明学的影响很深，却又在某些方面越过了阳明学乃至儒学的矩矱。黄宗羲在《明儒学案》中，收录了焦竑以及其他李贽的师友，却没有收录李贽，当是与同时代诸多学者一样，将其视为“狂禅”之异端而置之不理。

李贽最为典型的思想，莫过于“童心说”，从他对于“童心”的界说来看，与王阳明的“良知说”有一定的关联。李贽说：

> 夫童心者，绝假纯真，最初一念之本心也。若失却童心，便失却真心；失却真心，便失却真人。人而非真，全不复有初矣。童子者，人之初也；童心者，心之初也。夫心之初曷可失也，然童心胡然而遽失也？盖方其始也，有闻见从耳目而入，而以为主于其内而童心失。其长也，有道理从闻见而入，而以为主于其内而童心失。其久也，道理闻见日以益多，则所知所觉日以益广，于是焉又知美名之可好也，而务欲以扬之而童心失；知不美之名之可丑也，而务欲以掩之而童心失。③

童心即真心，也即人之最初一念之本心，这么说显然与“良知说”有承继关系。童心为何会丢失？李贽认为有从耳目进入的闻见是关键，闻见带来了道理，道理则会“主于其内”，于是童心失去。为什么道理闻见会导致童心之失呢？在李贽看来，道理闻见得“日以益多”则知觉益广，知觉益广则“知美名之可好”，于是有“欲扬”美名之心起，故童心尽失了。李贽还说：

---

① ［明］李贽：《李贽文集》第一卷《续焚书卷三〈读史汇·储瓘〉》，社会科学文献出版社2000年版，第443页。

② 吴震先生作有《李贽与泰州学派》，对李贽的师承做了详细考辨，认为李贽除了对泰州诸子有赞美，还对王畿有无以复加的称赞，然而与这些人都没有正式的师承关系，李贽是超出当时任何学派的特立独行的思想家，参见《泰州学派研究》，第30—38页。

③ ［明］李贽：《李贽文集》第一卷《焚书》卷三《童心说》，第92—93页。

夫既以闻见道理为心矣，则所言者皆闻见道理之言，非童心自出之言也。言虽工，于我何与，岂非以假人言假言，而事假事文假文乎？盖其人既假，则无所不假矣。

心中都是闻见道理，则所说之言、所行之事，都非真心，都是假事假文了。失却童心的病根在于道理闻见，而“夫道理闻见，皆自多读书识义理而来也”，因此李贽反对读书，也反对多著书。他说：“夫学者既以多读书识义理障其童心矣，圣人又何用多著书立言以障学人为邪?”于是李贽认为《六经》等儒家经典，也不必读，他继续说：

夫《六经》、《语》、《孟》，非其史官过为褒崇之词，则其臣子极为赞美之语。又不然，则其迂阔门徒、懵懂弟子记忆师说，有头无尾，得后遗前，随其所见，笔之于书。后学不察，便谓出自圣人之口也，决定目之为经矣。孰知其大半非圣人之言乎？纵出自圣人，要亦有为而发，不过因病发药，随时处方，以救此一等懵懂弟子、迂阔门徒云耳。药医假病，方难定执，是岂可遽以为万世之至论乎？然则《六经》、《语》、《孟》，乃道学之口实，假人之渊薮也，断断乎其不可以语于童心之言明矣。呜呼！吾又安得真正大圣人童心未曾失者而与之一言文哉！

《六经》或《论语》《孟子》等在李贽看来都或史官、臣子的记录，或“迂阔门徒”、“懵懂弟子”的记录，都有着“有头无尾，得后遗前”等弊病，故大半非圣人之言；冉者，即为圣人之言，其原本为“因病发药，随时处方”，故不可作为“万世之至论”。因此，经典也沦为“道学之口实，假人之渊薮”，即使不算“假文”，也不可与“童心之言”同日而语。因此，李贽期待的真正大圣人，当是童心未曾失去者，然而世上难有。王阳明论及良知，说良知不由闻见，然又强调良知即天理。李贽的童心，有着“无善无恶”的状态，但几乎彻底摒弃闻见道理，一任自然之童心，则还是与“良知说”有着明显的区别。

依照童心，如何判定是非呢？王阳明曾说：“学，天下之公学也，非朱子可得而私也，非孔子可得而私也。”①李贽则有类似的说法：

① ［明］王阳明：《王阳明全集》卷二《传习录中·答罗整庵少宰书》，第78页。

> 人之是非，初无定质，人之是非人也，亦无定论。无定质，则此是彼非并育而不相害。无定论，则是此非彼，亦并行而不相悖矣……夫是非之争也，如岁时然，昼夜更迭，不相一也。昨日是而今日非矣，今日非而后日又是矣。虽使孔子复生于今，又不知作如何非是也，而可遽以定本行罚赏哉？①

这么看来，是非因人，故无定质、定论，“并育而不相害”、“并行而不相悖”，昨是今非、今是昨非，即使孔子复生也不知当如何。李贽还说：“夫天生一人，自有一人之用，不待取给于孔子而后足也。若必待取足于孔子，则千古以前无孔子，终不得为人乎？”②孔子之前本无孔子，“孔子未尝教人之学孔子”，天生一人就有一人之用，故而不必以孔子之是非为是非。再来对比王阳明，李贽与之似是而非，因为王阳明还认为天下有一个“公学”在，良知本为是非之心，且心与理合一，故良知虽在个人，但与他人有相同的理在。

由此可知，具有浓厚心学色彩的李贽，其思想实际上早已逸出心学的矩矱，甚至也已逸出儒学的矩矱了。这一点从某种意义上，则也证明了阳明学运动给明朝思想界带来了极大的生机活力。

---

① ［明］李贽：《李贽文集》第二卷《藏书》卷首《藏书世纪列传总目前论》，第 7 页。
② ［明］李贽：《李贽文集》第一卷《焚书》卷一《答耿中丞》，第 15 页。

第七章 晚明心学向理学的回归：东林学派

因为王阳明及其弟子们的讲学活动辐射极广，故王阳明去世之后的明朝思想界，进入一个“后王阳明时代”。当然程朱一系的学者自王阳明在日，比如罗钦顺便已对阳明心学有所批驳；后来则还有许孚远与周汝登的论战，以及陈建《学蔀通辨》对王阳明的极力批判，然而并未引起学者的广泛影响，一直到晚明时期东林学派的出现，顾宪成与高攀龙开始倡导“由王返朱”的同时，也对阳明学或阳明后学之中的某些问题加以辨析，方才产生了较为深远的影响，至于清初则“由王返朱”思潮越演越烈起来了。

第一节　东林学派与“由王返朱”思潮的兴起

一、晚明思潮的背景

所谓晚明，并未有一个严格的断代，大约从万历朝后期开始，到天启、崇祯，甚至包括弘光、隆武、永历等朝的南明时期。在这几十年中，中国的内忧外患接连不断。长城之内，土地兼并日益严重，贫富分化日益剧烈，阶级矛盾日益尖锐，市民暴动与农民起义风起云涌，最终由农民起义而兴起的明朝，又由农民起义而灭亡。长城之外，民族矛盾也日趋突出，在与后金（清）的连年征战中，明朝消耗了大量军费，越打越衰弱；后金（清）却是越打越强盛，最终能够轻易与明朝抗衡，明亡之际又以“剿灭流寇”名义入主中原。不过在清初的顺治与康熙年间，因为剃发与服制更改等造成种种文化冲突，从而引发的反清起义一波未平一波又起，另外还有三藩之乱、台湾之割据等，可以说战乱纷纭始终成为晚明清初最主要的历史背景。

晚明时期，江南等地区的经济高度发达，再加之政治与文化的专制有所缓解，以江南市镇为中心的市民文化迅速发展起来，思想界则因为阳明学思潮的影响，也变得瑰丽多彩，所谓思想的解放、个性的解放，当是时代的政治、经济、文化共同作用的结果。不过这种思想与文化的丰富性，却受到了明清鼎革的冲击而发生转变。到了清初则又开始新的政治与文化专制，从顺治到康熙都奉行“崇儒重道”的政策，尊崇孔子和推崇程朱理学、排斥陆王心学，渐渐使得思想界复归于沉寂。

再说明代士大夫所面临的政治环境，一般认为不如宋代远甚。明人早就指出：“古之为士者，以登仕为荣，以罢职为辱。今之为士者，以溷迹无闻为福，以受玷不录为幸，以屯田工役为必获之罪，以鞭笞捶楚为寻常之辱。”①但是，这一

① ［清］张廷玉：《明史》卷一三九《叶伯巨传》，中华书局1986年版，第3991页。

状况到了晚明却渐渐有了改观，特别是自东林学派兴起之后，敢于一试“刀锯鼎镬”的士大夫越来越多。诚如万历朝的内阁首辅沈一贯所说：

> 往时私议朝政者不过街头巷尾，口喃耳语而已。今则通衢闹市唱词说书之辈，公然编成套数，抵掌剧谈，略无顾忌。所言皆朝廷种种失政，多人无不乐听者。启奸雄之心，开叛逆之路。此非一人口舌便能耸动，盖缘众怀怨愤喜于听闻耳。①

市民阶层对于朝政的议论，社会舆论的泛滥，体现当时从庙堂至民间的普遍心态。至于东林书院的著名对联“风声雨声读书声声声入耳，家事国事天下事事事关心”则更是体现了时代的精神风貌。

图 7－1　东林书院依庸堂

再说所谓东林党人干预朝政，早在万历三十九年(1611)，就有给事中朱一桂、御史徐兆魁先后上疏：“惟是东林一脉，人言颇多不满，或谓其把持有司，其遥执朝政。”对于东林的来龙去脉，他们也掌握的颇为清楚：

---

① ［明］沈一贯：《敬事草》卷三《请修明政事收拾人心揭帖》，明刊本(崇祯十年孙承宗序)，第 26 页。

> 盖无锡县有东林书院，宋儒杨时祠也，顾宪成自谪官归，会林居诸臣讲学于此，未几其徒日众，挟制有司，凭凌乡曲，门逐如市矣……东林所至郡县，一喜一怒，足系诸有司祸福。凡东林讲学所至，主从百余，该县必先设厨传戒，执事馆毂程席之需，非二百金上下不能办。会讲中必集以时事，讲毕立刊传布远近，各邑行事有与之左者，必速改图，其令乃得安。①

确实东林书院的讲学，不只是谈经论道，其讲学在时政上的主张，必然与当时的政治生活有着紧密的关联。东林师友、弟子为官者众多，故而不期而然地成为一个举足轻重的士大夫政治团体，虽不尽同于传统的朋党。而东林所面对的，则不只是魏忠贤以及阉党，还有楚、浙、昆党之类，等到顾宪成去世之后，又几乎被一网打尽，《明史》中说：

> 凡救三才者，争辛亥京察者，卫国本者，发韩敬科场弊者，请行勘熊廷弼者，抗论张差梃击者，最后争移官、红丸者，忤魏忠贤者，率指目为东林，抨击无虚日。借魏忠贤毒焰，一网尽去之。杀戮禁锢，善类为一空。崇祯立，始渐收用。而朋党势已成，小人卒大炽，祸中于国，迄明亡而后已。②

东林党人在天启朝的悲剧，直到崇祯朝方才有所缓解，然而党争之势却依旧炽热，虽然已经不再是东林，但东林之后又有号称“小东林”的复社等等，一直到南明的灭亡，士大夫之中的所谓戾气、相互之间的倾轧，依旧不减当年。

当然，士大夫阶层之中，袖手旁观、空谈心性的也大有人在。顾宪成就说：

> 官辇毂，念头不在君父上；官封疆，念头不在百姓上。至于水间林下，三三两两，相与讲求性命，切磨德义，念头不在世道上，即有他美，君子不齿也。③

在他看来，此辈人物即使于性命、德义之讲求，也有所成就，但不落实于君

---

① 《明神宗实录》卷四百八十二，上海书店影印本1990年版，第62册，第9081页。
② ［清］张廷玉：《明史》卷二百三十一《列传第一百十九》，第6033页。
③ ［明］顾宪成：《顾文端公遗书·小心斋札记》卷十一，光绪三年刊本，第3页。

父、百姓的实事、实行上头，那也是空的，必为“君子不齿”。到头来也只是“习成妇女态……临危一死报君王”[①]而已。

二、“由王返朱”思潮的兴起及其与东林之关系

自宋以降，程朱、陆王之争时隐时现，贯穿了宋、元、明、清四朝，成为中国学术发展过程之中的一条主线。南宋有朱子、陆九渊鹅湖之会与太极无极之辩。到了明代就有了程敏政(1445—1499)《道一编》、王阳明《朱子晚年定论》与罗钦顺(1465—1547)《困知记》、陈建《学蔀通辨》之间的各种辩驳。到了晚明清初则因为学术与政治的深度纠缠等因素，而使问题更显复杂。朱、王两派理论与实践的得失，在相当长的一段时间里都是学界最为重要议题。

明代中后期王阳明的心学风行，成为儒学中的显学，《明史》就说：“宗守仁者曰姚江之学，别立宗旨，显与朱子背驰，门徒遍天下，流传逾百年，其教大行，其弊滋甚。嘉、隆而后，笃信程、朱，不迁异说者，无复几人矣。”[②]阳明学思潮的覆盖确实是无孔不入的，生活在晚明的张履祥就指出：“百余年来，承阳明气习，程、朱之书不行于世，而王、陆则家有其书，士人挟册，便已沦浃其耳目，师友之论，复锢其心思，遂以先入之言为主。”[③]甚至到了清康熙初年间，士人依旧沉溺于阳明学说，如与张履祥同被清朝推尊为程朱理学大儒的陆陇其也曾回忆道：“少时闻阳明之名，而窃诵其言，亦尝不胜高山景行之思，而以宋儒为不足学。”[④]再说中晚明的朱子学，其中辟王学最为著名的当是陈建的《学蔀通辨》，此书被张履祥称为“救时之书也，亦放龙蛇、驱虎豹之意”[⑤]，该书所辨的王学之非也极为全面，只是像这样的声音还是被淹没在王学的洪流之中，直到康熙朝方才发挥较大的影响力。由此可知，中晚明至清初，都可以称之为“后王阳明时代”，几乎无一士人不受到王阳明思想的影响。

到了晚明则发生了理学内部的转型，其主流方向就是“由王返朱”，晚明的

---

① [清]颜元：《习斋四存编》之《存学编》卷一《学辨一》，上海古籍出版社2000年版，第90页。

② [清]张廷玉：《明史》卷二八二《儒林一》，第7222页。

③ [明]张履祥：《杨园先生全集》卷四十一《备忘三》，第1143页。

④ [清]陆陇其：《三鱼堂文集》卷八《周云虬先生四书集义序》，第6页。

⑤ [明]张履祥：《杨园先生全集》卷四十《备忘二》，第1094页。

东林、蕺山两大学派都有“尊朱辟王”之举，然而还不够彻底。到了清初则“由王返朱”逐渐形成大趋势。梁启超说：“从顺治元年到康熙二十年约三四十年间，完全是前明遗老支配学界。他们所努力者，对于王学实行革命。”“王学反动，其第一步则返于程朱。”①后来“尊朱辟王”一派渐趋主流，最终王学式微而朱学重新成为学术正统。在“由王返朱”的同时，还有考据学的兴起，据余英时先生等人的研究，则考据也是为了解决程朱陆王之异同而发展起来的，故而晚明清初的思想学术之辨析，也是乾嘉时期蔚为大观的考据学的滥觞。他说：

> 六百年的宋、明理学传统在清代并没有忽然失踪，而是逐渐地溶化在经史考证之中了。由于“尊德性”的程、朱和陆、王都已改换成了“道问学”的外貌，以致后来研究学术思想史的人已经分辨不出它们的本来面目了。②

他甚至认为考据学是理学自身发展的内在需要，程朱、陆王的义理之争“无可避免地要逼出考证之学来”，这也就是所谓内在理路说。无论其所论内在的原因与外在的原因相比，所起的作用大小如何，但就“由王返朱”的思潮在当时重要性而言，则显得更值得注意了。

钱穆先生在《清儒学案序》中也指出晚明清初的学术趋势是“由王返朱”，认为从明末东林学派开始，他说：

> 当明之末叶，王学发展已臻顶点，东林继起，骎骎有由王返朱之势。晚明诸老，无南无朔，莫不有闻于东林之传响而起者。故其为学，或向朱，或向王，或调和折衷于斯二者，要皆先之以兼听而并观，博学而明辨，故其运思广而取精宏，固已胜夫南宋以来之仅知有朱，与晚明以来仅知有王矣。抑且孤臣孽子，操心危而虑患深，其所躬修之践履，有异夫宋明平世之践履。其所想望之治平，亦非宋明平世之治平。故其所讲所学，有辨之益精，可以为理学旧公案作最后之论定者；有探之益深，可以自超于理学旧习套而另辟一崭新之蹊径者。不治晚明诸遗老之书，将无以知宋明理学之归趋。③

① 梁启超：《中国近三百年学术史》，天津古籍出版社 2003 年版，第 18、110 页。

② 余英时：《论戴震与章学诚：清代中期学术思想史研究》，第 353 页。

③ 钱穆：《中国学术思想史论丛》卷八，第 357—358 页。

这里他指出由王返朱的趋势是从明末东林学派开始，并且有向朱、向王、调和折衷三种情况。他还指出明清之际遗民的学术“运思广而取精宏”、“躬修之践履”、“想望之治平”远远超越了宋、明，遗民学者不但对理学做了最后之论定，而且已经可以超越于理学而另辟蹊径，这里说的蹊径也就是后来的考据之学。

再看东林书院的讲学，东林讲学一般认为既是明中叶的王门讲学在晚明的一种回响，也是对张居正拒斥讲学的一种反弹，所以其中有了学术与政治的两种因素。钱穆先生认为：“东林讲学大体，厥有两端：一在矫挽王学之末流。一在抨弹政治之现状。”①黄宗羲说：

> 东林讲学者，不过数人耳，其为讲院，亦不过一郡之内耳……乃言国本者谓之东林，争科场者谓之东林，攻逆奄者谓之东林，以至言夺情奸相讨贼，凡一议之正，一人之不随流俗者，无不谓之东林。若似乎东林标榜遍于域中，延于数世……熹宗之时，龟鼎将移，其以血肉撑拒，没虞渊而取坠日者，东林也。毅宗之变，攀龙髯而蓐蝼蚁者，属之东林乎？属之攻东林者乎？数十年来，勇者燔妻子，弱者埋土室，忠义之盛，度越前代，犹是东林之流风余韵也。一党师友，冷风热血，洗涤乾坤，无智之徒，窃窃然从而议之，可悲也夫！②

很清楚，黄宗羲明确区分了东林学派与东林党，东林学派是以顾宪成、高攀龙为代表在东林书院讲学的学者；东林党则范围更广，无论延续的时代与地域都要广阔许多。黄宗羲已经说明，东林党“遍于域中，延于数世”，东林党的形成并不是因为同乡关系或座主、门生的关系，而是因为“一议之正，一人之不随流俗”即被视为“东林党”，是言“天下之公”、“天下之理”的君子组成的“公党”。所谓“一堂师友”，其中少部分是一同讲学的师弟子，即东林学派；更多的还是正人君子声气相求的友人，即东林党。东林党之意义在于政治，而东林学派的讲学则除了政治之抨弹，还有学术之辨析。

但是，东林之学脉却出自王学，顾宪成师从南中王门的薛应旂（号方山，1500—1575），故而东林也是自王学而返朱学。出于对王学的不满，东林学派也

① 钱穆：《中国近三百年学术史》第一章《引论》，第 10 页。
② ［明］黄宗羲：《明儒学案》卷六十一《东林学案一》，第 1375 页。

提倡程朱，但是其程朱之学并不纯正。张履祥说："东林诸公，表章程朱之学，然与程朱毕竟不同。盖其人门便从'静悟'二字用功，于圣门博文约礼、文行忠信、人孝出弟、守先待后之意，往往不合。"①在张履祥等人看来，东林学派虽然披上了朱学的外衣，但是内在还是王学，因为仍旧讲"静悟"而不去践履笃实，或者说东林之朱学夹杂着禅学，故而学术不正。陆陇其也说：

> 泾阳、景逸起而救之，痛言王氏之弊，使天下学者复寻程、朱之遗规，向之邪说诐行为之稍变。然至于本源之际，所谓阳尊而阴篡之者，犹未能尽绝之也。②
>
> 窃尝谓有明诸儒，不特龙豁、绪山、心斋、东廓、念庵、近溪，显树姚江之帜，以与紫阳相角。即泾阳、景逸亦未能脱姚江之藩篱，谓其尊朱子则可，谓其朱子之正脉则未也。③

在他看来，顾宪成、高攀龙为首的东林学派虽然批判王学，但还是不够彻底，甚至有"阳尊而阴篡"的嫌疑。所以，即便他们与王畿、钱德洪、王艮、邹守益等王门学者不同，又能够把天下学者的注意力重新引导到程、朱之学上来，但也不能算作程朱理学的正脉。因此如张履祥、陆陇其等人，坚持在晚明清初另竖起"辟土学"的大旗，走起与东林学派不一样的新路来了。那么东林的学术究竟如何？他们对于朱、王二家的态度具体又是怎样的呢？

第二节　顾宪成：东林学派的创立以及朱子学的转向

一、顾宪成生平与东林学派的创立

顾宪成（1550—1612），字叔时，号泾阳，江苏无锡人，因创办东林书院而被

① ［明］张履祥：《杨园先生全集》卷四十一《备忘三》，第 1136 页。
② ［清］陆陇其：《三鱼堂文集》卷一《学术辨》，第 2 页。
③ ［清］陆陇其：《三鱼堂文集》卷五《答嘉善李子乔》，第 2 页。

图 7－2　顾宪成

学者尊称“东林先生”。后来东林党争爆发，被魏忠贤阉党削官。崇祯初年获得平反，赠吏部右侍郎，谥号端文。著有《小心斋札记》18 卷，《虞山商语》《东林商语》《经正堂商语》《志矩堂商语》《仁文商语》《南岳商语》以及《当下绎》《东林会约》等，后来汇编为《顾端文公遗书》。

顾宪成自幼好学，6 岁进私塾读书，常夜读达旦，曾在自己所居陋室的墙壁上题了两句话：“读得孔书才是乐，纵居颜巷不为贫。”《论语・述而》：“饭疏食，饮水，曲肱而枕之，乐亦在其中矣。不义而富且贵，于我如浮云。”①孔颜之乐是儒生们所追求的理想，可见他自小就有追求孔颜乐处这种圣人精神境界的自觉。顾宪成师承张淇，后又师从张淇的老师薛应旂，《明儒学案》中说：

> 年十五六，从张原洛读书。原洛授书不拘传注，直据其所自得者为说，先生听之，辄有会。讲《论语》至“问禘”章，先生曰：“惜或人欠却一问，夫子不知禘之说，何以知知其说之于天下乎?”讲《孟子》至“养心莫善于寡欲”，先生曰：“寡欲莫善于养心。”原洛曰：“举子业不足以竟子之学，何问道于方山薛先生乎?”方山见之大喜，授以考亭《渊源录》曰：“洙泗以下，姚江以上，萃于是矣。”②

张淇(原洛)曾私淑王阳明，受王阳明的影响，“授书不拘传注，直据其所自得者为说”，在张淇的影响下，顾宪成初步领会阳明心学重自得、求养心的妙处；经张淇的介绍，顾宪成又问学于薛应旂(方山)，然薛却传授其朱子所编的《伊洛渊源录》，并说“洙泗以下，姚江以上，萃于是矣”，也就是说薛的主张当是由阳明心学而上溯宋儒之学。由此可知，顾宪成所受之学，已经是阳明学和朱子学兼而有之的了，这样的求学经历，造就了其调和朱、王之学的心胸和视域，为其日后的为学之路奠定了基础。

---

① ［宋］朱熹：《四书章句集注》之《论语集注》卷四《述而》，第 97 页。
② ［明］黄宗羲：《明儒学案》卷五十八《东林学案一》，第 1376 页。

顾宪成一生仕途坎坷，与黑暗的时局有关，亦与其耿直的性情相关。万历四年(1576)，顾宪成举乡试第一。万历八年(1580)，赴京会试，中二甲第二名，赐进士出身，授户部广东司主事。万历十年(1582)六月，“大学士张居正病，朝士群为之祷，宪成不可。同官代之署名，宪成手削去之”①。张居正权倾一时，群臣皆不敢开罪，而顾宪成竟如此不畏权势，所幸张居正不久便离世，未对他产生太大影响。张居正去世后，万历皇帝独揽大权，又因独宠郑妃而想立郑妃之子为太子，又怕朝臣反对，故而迟迟不立长子为太子。顾宪成上疏力谏皇帝远离内宠和小人，别私为公，万历皇帝大怒，顾宪成被削进士籍。万历二十年(1592)，又因“举公廉寡欲天下推官第一”，升吏部考功司主事。次年，“建储”事复出，万历皇帝依旧不愿立长子为太子，想了一招“封王待嫡”的做法，即把三个儿子都封王，等皇后生儿子再立皇后之子为太子，或他日再“有嫡立嫡，无嫡立长”，此举遭到许多清流的反对，顾宪成亦在其中。是时内阁为求自保，不敢忤逆皇帝，内阁与清流已成对立之势，顾宪成有一次与朝臣争议：

> 娄江谓先生曰：“近有怪事知之乎?”先生曰：“何也?”曰：“内阁所是，外论必以为非；内阁所非，外论必以为是。”先生曰：“外间亦有怪事。”娄江曰：“何也?”曰：“外论所是，内阁必以为非；外论所非，内阁必以为是。”②

顾宪成这种不畏权贵、刚直独立的政治姿态，正是其日后成为“东林”领袖之前奏。此后，他又上疏《君相同志惜才远佞疏》，又被降职。万历二十二年(1594)，因首辅王锡爵引退，需推举新的首辅，顾宪成等推举皇帝所厌的王家屏，被革职为民。自此以后，顾宪成退居林野，把精力投入讲学著书之中，逐渐形成日后名震朝野的东林学派。黄宗羲《明儒学案》有详细的记载：

> 戊戌，始会吴中同志于二泉。甲辰，东林书院成，大会四方之士，一依《白鹿洞规》。其他闻风而起者，毗陵有经正堂，金沙有志矩堂，荆溪有明道书院，

① ［清］张廷玉：《明史》卷二百三十一《列传第一百十九》，第6029页。
② ［明］黄宗羲：《明儒学案》卷五十八《东林学案一》，第1377页。

> 虞山有文学书院，皆捧珠盘，请先生莅焉。先生论学，与世为体……故会中亦多裁量人物，訾议国政，亦冀执政者而药之也。天下君子以清议归于东林，庙堂亦有畏忌。①

东林学派与东林书院关系颇大，顾宪成重新修复东林书院，且依此创立东林学派。东林书院位于江苏省无锡，创建于北宋政和元年(1111)，原是北宋理学家杨龟山侨居之寓所及长期讲学的地方，因亦名龟山书院，历经宋、元、明，久已倾颓。万历三十二年(1604)，顾宪成等人重新修复并在此聚众讲学。明末讲学风气昌盛，顾宪成乃是个中翘楚。“先生论学，与世为体”。晚明黑暗的时局让顾宪成等这样的有志之士不得不走出书斋，关心天下事：“故会中亦多裁量人物，訾议国政，亦冀执政者而药之也。”这种讲学与议政相结合的方式，吸引了大批士人学者，“天下君子以清议归于东林，庙堂亦有畏忌”。最后以致东林学派与东林党难解难分，东林背负上了“党祸”、“亡国”之名，黄宗羲说：

> 今天下之言东林者，以其党祸与国运终始，小人既资为口实，以为亡国由于东林，称之为两党，即有知之者，亦言东林非不为君子，然不无过激，且依附者之不纯为君子也，终是东汉党锢中人物。嗟乎！此寱语也……然则东林岂真有名目哉？亦小人者加之名目而已矣。论者以东林为清议所宗，祸之招也。子言之：“君子之道，辟则坊与。”清议者天下之坊也。②

东林果真是“东汉党锢中人物”，“亡国由于东林”吗？黄宗羲断乎否定了。然则，“东林为清议所宗，祸之招也”。亦如本章第一节所述，黄宗羲明确区分了东林学派与东林党。概而言之，东林学派与东林党既非完全一致，亦非毫无关系。无论如何，东林学派虽居水边林下，仍志在世道，以国家兴亡为重，这点无不深深打上了其兴建者顾宪成的烙印。

顾宪成去世之后，东林讲学的后继者高攀龙为其撰写《行状》，其中说：

> 自孟子以来得文公，千四百年间一大折衷也。自文公以来得先生，又四百

① ［明］黄宗羲：《明儒学案》卷五十八《东林学案一》，第1377页。
② ［明］黄宗羲：《明儒学案》卷五十八《东林学案一》，第1375页。

年间一大折衷也。先生自甲午以来，见理愈微，见事愈卓，充养愈粹，应物愈密，从善如流，徙义如鹜，殆几于无我矣。①

高攀龙给予了顾宪成极高的评价，孟子以后1400年而有朱子（文公），朱子而后400年有顾宪成，则都是儒学史上不世出的人物；还认为顾宪成晚年无论对天理的体证，或是应事接物的细密，以及从善、徙义的谨严，都达到了儒者的高峰。再说顾宪成的为人，他性情高洁，疾恶如仇，耿直敢言，高攀龙在《行状》中说：

先生于世，无所嗜好。食取果腹，衣取蔽体，居取坐卧，不知其他。四壁不垩，庭草不除，帷帐不饰，一几一榻，敝砚秃笔，终日俨然，冥坐读书，四方酬答而已。忧时如疾痛，好善如饥渴。无所不坦易，至关纲常者，毅然执之不移；无所不浑厚，至关邪正者，井然辨之。②

在晚明的儒者之中，顾宪成的“忧时”与“乐善”，以及衣食、起居都直追孔颜，堪称表率。顾宪成之为学，于阳明学、朱子学皆深有所得，而时代所赋予的使命则是纠王学末流之弊，他对当时讲学的流弊多有批判，其中较重要的乃是他的“无善无恶”辨。

二、“无善无恶”辨

世之大思想家往往因时而起，因时而发，顾宪成所生活的时候，阳明后学之中有发展为狂禅的一路，对学术人心和社会伦常的破坏颇大，顾宪成因时而起，多有批驳。顾宪成对阳明学及其后学的批判，最集中地表现为对“无善无恶”说的批驳。据《明史》本传记载：“宪成姿性绝人，幼即有志圣学。暨削籍里居，益覃精研究，力辟王阳明‘无善无恶心之体’之说。”③“无善无恶”与王阳明晚年的

---

① ［明］高攀龙：《高子遗书》卷十一《南京光禄寺少卿泾阳顾先生行状》，《高子遗书高子遗书未刻稿》，第357页。

② ［明］高攀龙：《高子遗书》卷十一《南京光禄寺少卿泾阳顾先生行状》，《高子遗书高子遗书未刻稿》，第356页。

③ ［清］张廷玉：《明史》卷二百三十一《列传第一百十九》，第6032页。

四句教相关:“无善无恶心之体,有善有恶意之动,知善知恶是良知,为善去恶是格物。”《传习录》中记载如下:

> 丁亥年九月,先生起复征思、田。将命行时,德洪与汝中论学。汝中举先生教言曰“无善无恶是心之体,有善有恶是意之动,知善知恶是良知,为善去恶是格物”。德洪曰:“此意如何?”汝中曰:“此恐未是究竟话头。若说心体是无善、无恶,意亦是无善、无恶的意,知亦是无善、无恶的知,物亦是无善、无恶的物矣。若说意有善、恶,毕竟心体还有善、恶在。”德洪曰:“心体是‘天命之性’,原是无善、无恶的。但人有习心,意念上见有善恶在,格、致、诚、正、修,此正是复那性体工夫。若原无善恶,工夫亦不消说矣。”是夕侍坐天泉桥,各举请正。先生曰:“我今将行,正要你们来讲破此意。二君之见正好相资为用,不可各执一边。我这里接人,原有此二种:利根之人,直从本源上悟入,人心本体原是明莹无滞的,原是个未发之中;利根之人一悟本体即是工夫,人己内外一齐俱透了。其次不免有习心在,本体受蔽,故且教在意念上实落为善、去恶。工夫熟后,渣滓去得尽时,本体亦明尽了。汝中之见,是我这里接利根人的;德洪之见,是我这里为其次立法的。二君相取为用,则中人上下皆可引入于道。若各执一边,眼前便有失人,便于道体各有未尽。”既而曰:“已后与朋友讲学,切不可失了我的宗旨。无善无恶是心之体,有善有恶是意之动,知善知恶是良知,为善去恶是格物。只依我这话头随人指点,自没病痛。此原是彻上彻下工夫。利根之人世亦难遇,本体工夫一悟尽透,此颜子、明道所不敢承当,岂可轻易望人!人有习心,不教他在良知上实用为善、去恶工夫,只去悬空想个本体,一切事为俱不著实,不过养成一个虚寂。此个病痛不是小小,不可不早说破。”是日德洪、汝中俱有省。①

这段历史,后人常名之为“天泉证道”。此次证道,王阳明之意,本是要其弟子钱德洪和王畿(汝中)“相资为用,不可各执一边”。钱德洪性情笃实,重视后天诚意工夫,而王畿则主张先天正心之学,后来又提出心、意、知、物“四无”之说,不注重后天工夫。所以说,钱德洪和王畿两人,恰是王阳明弟子的两种典型

① [明]王阳明:《王阳明全集》卷三《传习录下》,第117—118页。

代表。王阳明欲讲破自己学术之意，因人施教。他认为王畿之见，乃是接利根人的："利根之人直从本源上悟入，人心本体原是明莹无滞的，原是个未发之中；利根之人一悟本体即是工夫，人己内外一齐俱透了。"其实王阳明亦事先点明，"利根之人世亦难遇"，"此颜子、明道所不敢承当，岂可轻易望人"，也就是说即便是颜回、程颢都不敢自认是利根之人，故而不敢轻易让学者去从事本源之证悟。再说，若非利根人，因为人有习心，如果不教他在良知上实用为善去恶的工夫，而是"悬空想个本体，一切事为俱不著实"，那么也就只会养成一个虚寂，这中间的病痛则"不是小小"，因此王阳明将接待利根之人的为学之方所存在的弊病早早说破了。然而事实上，当时还有众多的王学末流存在，尤其是王畿等浙中王门与泰州学派，将此"无善无恶"发挥至极致，其中自然也就存在不少问题了。

王阳明之后，"四句教"历来是思想家们聚讼的焦点，在万历年间，更是激起了一场激烈的思想论争，包括两次较大的思想论辩，其中第二次论辩发生于万历二十五年(1597)之后，顾宪成和高攀龙皆参与其中，坚持"无善无恶"者以阳明后学的管志道等人为主。管志道(1536—1608)，字登之，号东溟，江苏太仓人，隆庆五年(1571)进士，官南京兵部主事，因上疏被劾，调改刑部、广东按察佥事，名益重而从者益众。顾宪成曾与管志道有书信往来，反复论辩"无善无恶"的问题。顾宪成说：

> 管东溟曰："凡说之不正，而久流于世者，必其投小人之私心，而又可以附于君子之大道者也。"愚窃谓惟无善无恶四字当之。何者？见以为心之本体，原是无善无恶也，合下便成一个空；见以为无善无恶，只是心之不着于有也，究竟且成一个混。空则一切解脱，无复挂碍，高明者入而悦之，于是将有如所云：以仁义为桎梏，以礼法为土苴，以日用为缘尘，以操持为把捉，以随事省察为逐境，以讼悔迁改为轮回，以下学上达为落阶级，以砥节砺行、独立不惧为意气用事者矣。混则一切含糊，无复拣择，圆融者便而趋之，于是将有如所云：以任情为率性，以随俗袭非为中庸，以阉然媚世为万物一体，以枉寻直尺为舍其身济天下，以委曲迁就为无可无不可，以猖狂无忌为不好名，以临难苟免为圣人无死地，以顽钝无耻为不动心者矣。由前之说，何善非恶？由后之说，何恶非善？是故欲就而诘之，彼其所占之地步甚高，上之可以附君子之大道，欲置而不问，

彼其所握之机缄甚活，下之可以投小人之私心，即孔、孟复作，其亦奈之何哉？此之谓以学术杀天下万世。①

顾宪成对“无善无恶”痛加斥责，认为它“投小人之私心，而又可以附于君子之大道”，至于为什么会既投合小人之私心，又附和君子之大道，则其中的根本原因在于两个字：空、混。一方面，“空则一切解脱，无复挂碍，高明者入而悦之”，喜好高明一路的学者认同“无善无恶”，导致的弊病则是以仁义为桎梏、以礼法为土苴、以日用为缘尘、以操持为把捉、以随事省察为逐境、以讼悔迁改为轮回、以下学上达为落阶级、以砥节砺行独立不惧为意气用事者，也就是说放弃儒家，特别是程朱一系的谨严工夫而一心求空了。仁义礼法原是儒家之本，乃是其维持世道人心之利器，今弃之如土苴，这种狂狷正是诸如李贽这样的王学末流所引为正理的。另一方面，“混则一切含糊，无复拣择，圆融者便而趋之”，导致的弊病则是以任情为率性、以随俗袭非为中庸、以阉然媚世为万物一体、以枉寻直尺为舍其身济天下、以委曲迁就为无可无不可、以猖狂无忌为不好名、以临难苟安为圣人无死地、以顽钝无耻为不动心者，也就是说放弃程、朱所言的天理、人欲的分辨，将工夫一味混同了。这里所说的混与空，其实是一回事，是如影随形的两种偏执。当时学者认为李贽即是空、混的典型，他晚年所作的自赞“其性偏急，其色矜高，其词鄙俗，其心狂痴，其行率易”，顾宪成就曾大加批驳，他在于高攀龙的书信里说：“李卓吾大抵是人之非、非人之是，又以成败为是非而已。学术到此，真是涂炭，惟有仰屋窃叹而已！如何如何！”②他认为正是如李贽这样的王学末流所持守的学术，善恶不分，是非泯灭，以至于生灵涂炭，其乱未已。再者，“空”多是儒者指责佛氏之言，顾宪成亦把“无善无恶”说成源自佛氏大意：

或问佛氏大意，曰：“三藏十二部，五千四百八十卷，一言以蔽之曰：‘无善无恶。’试阅七佛偈，便自可见。”曰：“永嘉《证道歌》谓：‘弃有而着无，如舍溺而投火。’恐佛氏未必以无为宗也。”曰：“此只就‘无善无恶’四字翻弄到底，非有别义也。弃有，以有为恶也；着无，以无为恶也：是犹有善有恶也。无亦不着，

---

① ［明］顾宪成：《顾文端公遗书·小心斋札记》卷十八，光绪三年刊本，第3页；另见《证性编》卷三《罪言上》，第9页，二处文字稍有不同。

② ［明］顾宪成：《顾文端公遗书·泾皋藏稿》卷五《柬高景逸书》，第41页。

有亦不弃，则无善无恶矣。自此以往，节节推去，扫之又扫，直扫得没些子剩，都是这个意思。”①

在他看来，佛教的那些经典可以用“无善无恶”来概况，或者说“以无为宗”，甚至主张对于善、恶二者都持不弃不着的态度，扫之又扫而归于空、无罢了。

佛氏常被人指为“空”、“无”，而事实上很多儒者都与佛氏有着千丝万缕之关联，即使是朱子、王阳明这样的大儒，亦都曾出入佛老，其后来的学说，不能不说对佛老多有借鉴。坚持“四无说”的阳明后学更是大多出入佛老，多有融合。顾宪成自己也曾说：

> 余弱冠时好言禅，久之，意颇厌而不言；又久之，耻而不言；至于今，乃畏而不言。罗近溪于此最深，及见其子读《大慧语录》，辄呵之。即管东溟亦曰：“吾与子弟并未曾与语及此。”吾儒以理为性，释氏以觉为性。语理则无不同，自人而禽兽，而草木，而瓦石，一也。虽欲二之，而不可得也。语觉则有不同矣。是故瓦石未尝无觉，然而定异乎草木之觉；草木未尝无觉，然而定异乎禽兽之觉；禽兽未尝无觉，然而定异乎人之觉。虽欲一之，而不可得也。今将以无不同者为性乎？以有不同者为性乎？②

顾宪成认为，儒、释的分别在于“以理为性”与“以觉为性”，论理，则人与禽兽、草木、瓦石都是一理而已，不可二之；论觉，则瓦石、草木、禽兽与人之觉有大不同，不可一之。这么说来，“以觉为性”则是“以有不同者为性”，其实是不能成立的，所以说佛家论性其实质则是混同了。顾宪成由佛禅而回归于儒学，对于“无善无恶”与“以觉为性”等问题的辨析，其关键就是反对其中的空无与混同。再说顾宪成对于佛禅的态度，从好言之，到厌而不言，再到耻而不言，至于今则畏而不言，这亦与程朱等大儒为学之路相仿。程朱亦尝出入佛老，然一旦转入儒学，极知佛老之害，便开始辟佛，《近思录》中单独列《异端》一卷，排攻佛老之非，王阳明出入佛老后，也是对他的弟子说他用错了功二十年，然明末之时，依然有许多儒生被佛老所吸引，顾宪成等东林士人专力辟之，此后蕺山学派的开

① ［明］黄宗羲：《明儒学案》卷五十八《东林学案一》，第1387—1388页。
② ［明］黄宗羲：《明儒学案》卷五十八《东林学案一》，第1379页。

创者刘宗周亦说："王守仁之学，良知也。无善无恶，其弊也必为佛老，顽钝而无耻……佛老之害，自宪成而救。"①刘宗周特别肯定顾宪成辨析"无善无恶"的意义，认为是晚明学术得以拯救的关键。

事实上，"无善无恶"之辨析并不自王阳明及明末学者始，而是在孟子和告子处，即已经有过激烈的争辩：

> 告子曰："性犹湍水也，决诸东方则东流，决诸西方则西流。人性之无分于善不善也，犹水之无分于东西也。"孟子曰："水信无分于东西，无分于上下乎？人性之善也，犹水之就下也。人无有不善，水无有不下。今夫水，博而跃之，可使过颡，激而行之，可使在山。是岂水之性哉？其势则然也。人之可使为不善，其性亦犹是也。"②

告子认为人性不可分善恶，后人则引申为"无善无恶"，而孟子主张人性本善。儒家的许多主张皆是源于这种认定，朱子构建起理学体系时，亦认为："盖自天降生民，则既莫不与之以仁义礼智之性矣。"③朱子为了回答人世和人性为何依然有恶的问题，接下来就说："然其气质之禀或不能齐，是以不能皆有以知其性之所有而全之也。"引入了"气质之性"的范畴："一有聪明睿智能尽其性者出于其间，则天必命之以为亿兆之君师，使之治而教之，以复其性。"所以，程朱理学坚信人性之善，变化气质、复性如初则可以实现道德教化。朱子还说：

> 心之虚灵知觉，一而已矣，而以为有人心道心之异者，则以其或生于形气之私，或原于性命之正，而所以为知觉者不同。是以或危殆而不安，或微妙而难见耳。人莫不有是形，故虽上智不能无人心。亦莫不有是性，故虽下愚不能无道心。二者杂于方寸之间，而不知所以治之，则危者愈危，微者愈微，而天理之公，卒无以胜夫人欲之私矣。一则守其本心之正而不离，从事于斯，无少间断，必使道心常为一身之主，而人心每听命焉，则危者安，微者著，而动静之为，

---

① ［明］刘宗周：《刘宗周全集》第三册《修正学疏》，第 20 页。

② ［宋］朱熹：《四书章句集注》之《孟子集注》卷十一《告子章句上》，第 325 页。

③ ［宋］朱熹：《四书章句集注》之《大学章句序》，第 1 页。

自无过不及之差矣。①

朱子认为因为“形气之私”与“性命之正”，故而区分人心、道心，且二者杂于任何人之心，无论上智与下愚，故任何人都需要做存天理之公而去人欲之私，从而使得“道心常为一身之主”。在朱子这里理与气、人心与道心、圣人与常人，皆历历有序，教化因此可能，人心之秩序也得以合于宇宙之秩序，性与天理能相互通融。而明朝学者多好心性之论，少有论“气”者，王阳明认为“心即理”，取消人心、道心之分别，又言“无善无恶心之体”，难免开启了不同理解的可能性，因此顾宪成以“无善无恶”为关键的辨析，就救治晚明阳明后学所导致的某些弊病而言，还是有其时代意义的，这其中也体现了他的为学从佛学、阳明心学而转向程朱理学的努力。

黄宗羲对顾宪成批驳“无善无恶”在学术史上的地位，也有所总结：

先生深虑近世学者，乐趋便易，冒认自然，故于不思不勉，当下即是，皆令究其源头，果是性命上透得来否？勘其关头，果是境界上打得过否？而于阳明无善无恶一语，辨难不遗余力，以为坏天下教法，自斯言始。按阳明先生教言：“无善无恶心之体，有善有恶意之动，知善知恶是良知，为善去恶是格物。”其所谓无善无恶者，无善念恶念耳，非谓性无善无恶也。有善有恶之意，以念为意也；知善知恶，非意动于善恶，从而分别之。为知好善恶恶，天命自然，炯然不昧者，知也，即性也。阳明于此，加一良字，正言性善也。为善去恶，所谓有不善未尝不知，知之未尝复行也。良知是本体，天之道也；格物是工夫，人之道也。盖上二句浅言之，下二句深言之，心意知物只是一事。今错会阳明之立论，将谓心之无善无恶是性，由是而发之为有善恶之意，由是而有分别其善恶之知，由是而有为善去恶之格物，层层自内而之外，使善恶相为对待，无善无恶一语，不能自别于告子矣。阳明每言：“至善是心之本体。”又曰：“至善只是尽乎天理之极，而无一毫人欲之私。”又曰：“良知即天理。”其言天理二字，不一而足，乃复以性无善无不善，自堕其说乎？且既以无善无恶为性体，则知善知恶之知，流为粗几，阳明何以又言良知是未发之中乎？是故心无善念、无恶念，而不昧善恶之知，未尝不在此至善也。钱启新曰：“无善无恶之说，近时为顾叔

① ［宋］朱熹：《四书章句集注》之《中庸章句序》，第 14 页。

时、顾季时、冯仲好明白排决不已，不至蔓延为害。”当时之议阳明者，以此为大节目。岂知与阳明绝无干涉。呜呼！《天泉证道》，龙溪之累阳明多矣。①

黄宗羲深知顾宪成对王阳明无善无恶“辨难不遗余力”的出发点，乃是“深虑近世学者，乐趋便易，冒认自然”，因而产生不思不勉、当下即是等工夫论，顾宪成的辨析引导学者究其源头，真是用心良苦。黄宗羲之学承继刘宗周而来，对于阳明心学的得失有着更高一层的认识，所以他指出“所谓无善无恶者，无善念恶念耳，非谓性无善无恶也”，“今错会阳明之立论，将谓心之无善无恶是性”，也就是说顾宪成以及其他晚明学者的批驳“无善无恶”，其实并非王阳明的本来意思。再从另一面立论，王阳明常说“至善是心之本体”、“至善只是尽乎天理之极，而无一毫人欲之私”、“良知即天理”，所以黄宗羲认为王阳明之“无善无恶”并不同于佛教或告子所言的性之无善无恶，王阳明说的“无善无恶”乃是“至善”，因叹曰：“天泉证道，龙溪之累阳明多矣。”在黄宗羲看来，还是王畿（龙溪）对王阳明的阐释偏离了王阳明的正理，不加分别地批评则累及了王阳明本人。

黄宗羲又曾在别处说：“先生（管志道）之无善无恶，即释氏之所谓空也。后来顾泾阳、冯少墟皆以无善无恶一言，排摘阳明，岂知与阳明绝无干与！故学阳明者，与议阳明者，均失阳明立言之旨，可谓之茧丝牛毛乎！”②黄宗羲认为，管志道等人说的无善无恶确实就是佛教所说的空，顾宪成、冯从吾（少墟）等人辩驳无善无恶有功，却找错了源头，换句话说就是顾宪成等人所批评的是王畿与管志道的“无善无恶”之说，其实与王阳明并无干系。应该说黄宗羲的这些重新衡定，还是非常有必要的。

三、朱子学的转向

顾宪成 14 岁时曾说：“凡读书，不论何书，要在立意处探讨，不然即六经皆糟粕也。”③是时他的思想深受王阳明影响，王阳明有言：“夫学贵得之心，求之于心而非也，虽其言之出于孔子，不敢以为是也，而况其未及孔子者乎？求之于心

① ［明］黄宗羲：《明儒学案》卷五十八《东林学案一》，第 1378—1379 页。
② ［明］黄宗羲：《明儒学案》卷三十六《泰州学案五》，第 854 页。
③ ［明］顾枢初编，顾贞观补订：《顾端文公年谱》卷二，载《顾文端公遗书》，第 4 页。

而是也，虽其言之出于庸常，不敢以为非也，而况其出于孔子者乎？”[①]这种读书求立意、求得之于心，“不然即六经皆糟粕”的思想，在明末是一种极为普遍的风潮，尤其在王学末流诸如李贽等人那里，更是发挥到了极端。顾宪成年轻之时，也难免受此风潮影响，而在其后的年岁中，却又对这种思想做了颠覆性的转变。在他制订的《东林会约》“四要”之第三条“尊经”其中如是说：

> 尊经云何？经，常道也。孔子表章六籍，程朱表章四书，凡以昭往示来，维世教，觉人心，为天下留此常道也。譬诸日月焉，照耀万古恒于斯；譬诸雨露焉，润泽万古恒于斯。学者诚能读一字便体一字，读一句便体一句，心与之神明，身与之印证，日就月将，循循不已，其为才高意广之流欤，必有以抑其飞扬之气，敛然思俯而就，不淫于荡矣。其为笃信谨守之流欤，必有以开其拘曲之见，俾耸然思仰而企，不局于支矣。此岂非穷理尽性，曲成不遗，贤愚高下，并受其益者耶？若厌其平淡，别生新奇以见超，是曰穿凿。或畏其方严，文之圆转以自便，是曰矫诬。又或寻行数墨，习而不知其味，是曰玩物。或胶柱鼓瑟，泥而不知其变，是曰执方。至乃枵腹师心，目空千古，见子路曰“何必读书然后为学”，则亦从而和之，曰“何必读书然后为学”；见象山曰“六经注我，我注六经”，则从而和之，曰“六经注我，我注六经”。呜呼！审若是，孔子大圣一腔苦心，程、朱大儒穷年毕力，都付诸东流已矣！然则承学将安所持，循乎异端曲说，纷纷藉藉，将安所取正乎？其亦何所不至哉！[②]

王学发展到明末，其末流者渐流于狂禅，视圣贤与平民一，专注个人心性休悟，不注重读经，甚至非薄圣贤与经典，“或厌其平淡，别生新奇以见超”、“或畏其方严，文之圆转以自便”、“又或寻行数墨，习而不知其味”、“或胶柱鼓瑟，泥而不知其变”，这些行径在顾宪成看来分别是穿凿、矫诬、玩物、执方而已。孔子删述六经，垂为后世经纬；程朱因时而起，承孔孟之道学，皆是不外乎尊经重道，而明末之儒生尤其是王学末流，却流域“枵腹高心，目空于古”，见到“何必读书然后为学”、“六经注我，我注六经”之类的话，不问其缘由便已大喜，结果就是孔子大圣的一腔苦心，程朱大儒的穷年毕力，都付诸东流了。顾宪成当此学风，极欲

① ［明］王阳明：《王阳明全集》卷二《传习录中·答罗整庵少宰书》，第 75—76 页。

② ［明］顾宪成：《顾文端公遗书·东林会约》，第 10 页。

纠之。从“要在立意处探讨，不然即六经皆糟粕”，到旗帜鲜明地表彰“尊经”，极言经之“常道”的地位，我们可看出顾宪成一生思想之变化脉络，从受王阳明影响，到转向笃实之学风，转向程朱之学。他对朱子的格致论，深有体察：

> 朱子之释格物，其义甚精，语物则本诸“帝降之衷，民秉之彝”，夫子之所谓“性与天道”，子思之所谓“天命”，孟子之所谓“仁义”，程子之所谓“天然自有之中”，张子之所谓“万物一原”。语格则约之以四言：“或考之事为之著，或察之念虑之微，或求之文字之中，或索之讲论之际。”盖谓“内外精粗，无非是物，不容妄有拣择于其间”。又谓“人之入门，各各不同，须如此收得尽耳。”议者独执“一草一木，亦不可不理会”两言，病其支离，则过矣。惟危惟微，惟精惟一，是从念虑事为上格；无稽之言勿听，勿询之谋勿庸，是就文字讲论上格。即圣人亦不能外是四者。朱子所云，固彻上彻下语也。①

王门学者之反对朱子格致说，大体是病其支离，也就是顾宪成指出的“独执‘一草一木，亦不可不理会’两言”，这不只是“过矣”，而是误人误己多矣。因此，顾宪成要重新诠释朱子的格物之说。他认为朱子之格物的“物”，既是不可不理会的一草一木，亦是“帝降之衷，民秉之彝”，正如朱子在《大学章句序》中所说：“而其所以为教，则又皆本之人君躬行心得之余，不待求之民生日用彝伦之外。”因而并非支离的一草一木，而是本于实实在在的日用伦常。同时，格物之物亦是孔子的“性与天道”、子思的“天命”、孟子“仁义”、二程的“天然自有之中”、张载的“万物一原”等等，顾宪成把“物”与“性”、“天命”、“仁义”等等儒家的最高范畴结合起来，上升到了新的高度，也就是说格物的指向已经不是外物而是内在的心性本身。再说格物之格，也就是事为、念虑的考察与文字、讲论的求索等等，也是内外并重的。他的这种诠释不能不说深有苦心，将“物”提升到心性的范畴，重在内外的结合，从而也开启了融合阳明心学与程朱理学的可能。顾宪成说：

> 朱子揭格物，不善用者流而拘矣；阳明以良知破之，所以虚其实也。阳明

① ［明］黄宗羲：《明儒学案》卷五十八《东林学案一》，第1385页。

> 揭致知，不善用者流而为荡矣；见罗以修身收之，所以实其虚也。皆大有功于世教。然而三言原并立于《大学》一篇之中也。是故以之发明则可，以之相弁髦则不可；以之相补救则可，以之相排摒则不可。①

顾宪成认为，朱子之格物、阳明之良知，不善用者皆会导致拘束、放荡的弊端，还有李材（见罗）的修身，这些学说的本身都是大有功于世教的，特别是朱、王二者更应相互补救，而非相排互摒。顾宪成进一步总结说：

> 朱子平，阳明高；朱子精实，阳明开大；朱子即修即悟，阳明即悟即修。以此言之，两先生所以"考之事为之著，察之念虑之微，求之文字之中，索之讲论之际"者，委有不同处，要其至于道则均焉。②

在他看来，朱子和阳明之学术各有特色，朱子平而精实，阳明高而开大，至于即修即悟与即悟即修，则是先后与侧重的关系，再看对事为、念虑、文字、讲论等的先后与侧重也似有不同，而实则殊途同归。顾宪成历经许多年的求学体悟，悟到了朱子和阳明最终旨趣的归同，不再以非此即彼的视域来看待当时颇成对立之势的朱、王之争，在当时应该说也是有功于学林的。

顾宪成生活于明末思想大变革之时，其调和朱王的转向影响了一大批思想家，其中也包括后来和他齐名的高攀龙。

第三节　高攀龙：朱王之间的辨析与调和

一、生平

高攀龙（1562—1626），字存之，号景逸，江苏无锡人。万历十七年（1589）进

① ［明］顾宪成：《顾文端公遗书·小心斋札记》卷十一，第10—11页。
② ［明］顾宪成：《顾文端公遗书·小心斋札记》卷七，第13页。

士，不久后遇父丧，归家守孝。万历二十年(1592)服阙，任行人司行人。此时职务比较清闲，于是高攀龙得以大量阅读行人司中的丰富藏书，并深研程朱著作，曾亲手抄录山西大儒薛瑄的《读书录》，赞赏其“一字不可轻与人，一言不可轻许人，一笑不可轻假人”的处世态度。是时，四川佥事张世则上疏，说自己读《大学》古本有得，并说“程朱之学不能诚意，坏宋一代之风俗”，认为朱子专尚务博故造成学风的萎靡以至于宋亡，于是呈上自己所著《大学古本初义》，欲施行天下，一改章句之旧。高攀龙极力反对，上疏驳其荒谬：

> 臣有深忧焉，自世庙以前，虽有训诂词章之习，而天下多实学。自穆庙以来，率多玲珑虚幻之谈，而弊不知所终。笑宋儒之拙，而规矩绳墨脱落无存；以顿悟为工，而巧变圆融不可方物。故今高明之士，半已为佛老之徒，然犹知儒之为尊，必藉假儒文释，援释入儒者。内有秉彝之良，外有惟皇之制也，而其隐衷真志，则皆借孔孟为文饰，与程朱为仇敌矣。故今日对病之药，正在扶持程朱之学，深严二氏之防，而后孔孟之学明。①

他认为隆庆(穆庙、穆宗)朝以来多有玲珑虚幻之谈、不讲规矩专尚顿悟者，更有所谓高明之士流为佛老之徒，且“援释入儒”而对儒学做了破坏，故流弊极大；而程朱之学乃是孔子之教，居敬穷理便是博文约礼，因此强调不行扶持程朱之学而严辟佛、老二氏。经过高攀龙的辩驳，张世则的这本书未得刊行，此事件当是高攀龙主张“由王返朱”的开端。然而此时的明王朝日益衰败，万历皇帝消极怠政，朝中则党派纷争、宦官横行，致使朝政混乱而国力日衰。于是高攀龙上了一道《今日第一要务疏》，提出必须改变明王朝岌岌可危的形势，首先必须正本，也即端正“人君之心”；其次则要“除刑戮”、“举朝讲”、“用谏臣”、“发内帑”，以革新政治。

第二年，王锡爵出任首辅，为泄私愤而排除异己，吏部尚书孙铣、吏部右侍郎赵用贤被讦去职，高攀龙上疏参劾王锡爵，被贬为广东揭阳添注典史，在赴任七个月后以事假归家，不久又遭遇亲人病故，于是决心不再出仕。在漆湖之畔建造一座“水居”，取名“可楼”，作为自己读书静坐的场所。在此期间，高攀龙编

① [明]高攀龙：《高子遗书》卷七《崇正学辟异说疏》，《高子遗书高子遗书未刻稿》，第124—125页。

撰了《朱子节要》，并与主张止修学说的李材论辩修身格物之说，并取释老之书加以研读，探究儒家与释老之间的异同。他曾说："释氏与圣人所争毫发。其精微处吾儒具有之，总不出无极二字；弊病处先儒具言之，总不出无理二字。"①由此可知，高攀龙认为释老之学的精微之处儒家已经具备，而其弊病则先儒们也已经阐明，释老之弊无非虚无而已。当然，事实上高攀龙在释老之中也吸收了不少东西，比如认为主静工夫是儒家与释老所共，就静坐方法而言则他又向释老处学了不少。除在其水居刻苦钻研学术之外，高攀龙还参与东林书院，以及常熟虞山书院、毗陵经正堂、嘉禾天心书院等处的讲学活动。万历三十二年（1604），高攀龙协助罢官在家的顾宪成发起重建东林书院；万历四十年（1612）顾宪成去世后，东林书院便由高攀龙主持，直至书院被拆毁为止。高攀龙所讲程朱"居敬穷理"，以及"复性"之旨，与顾宪成所讲"性善"之旨相合，人称"顾高"。

天启元年（1621），优游林下已 28 年的高攀龙被重新起用，任光禄寺丞；第二年升少卿署寺事。是时孙慎行以红丸案指责前任首辅方从哲，高攀龙也引

图 7－3　东林旧迹牌坊

① ［明］黄宗羲：《明儒学案》卷五十八《东林学案一》，第 1401 页。

《春秋》典故归罪于方从哲。不久高攀龙转任大理寺右少卿、太仆卿，擢刑部右侍郎。此时魏忠贤乱政，并以东林党的名目指责朝中清流，高攀龙说："今日之事，未能用倒仓之法，唯有上下和衷，少杀其毒耳。"①他主张悄悄化解争端，不可过于急迫。天启四年(1624)，高攀龙升左都御史，上疏纠劾御史崔呈秀贪赃枉法。崔呈秀与魏广微等阉党合谋，借会推晋抚一事排除异己，于是高攀龙等东林人士被排斥殆尽。天启五年(1625)，《三朝要典》成，又因为移宫一案，高攀龙被削职为民，东林书院也被拆毁了。

下一年，崔呈秀将高攀龙之名列入诬陷周起元吞没赃款一案，又以"东林邪党"之名逮捕高攀龙等 7 人。三月十七日，高攀龙听闻缇骑将至，夜半写下遗疏后，自沉池中。遗疏中说："臣虽削夺，旧系大臣，大臣受辱则辱国。故北向叩头，从屈平之遗则。君恩未报，结愿来生。"②又在与其弟子华凤超说："仆得从李元礼、范孟博游矣，一生学力，到此亦得少力。心如太虚，本无生死，何幻质之足恋乎?"③遗疏所谓"从屈平遗则"，也即效仿屈原而自沉，虽受辱而不忘君恩；而书信之中又将自己比附于东汉党人李膺(字元礼，110—169)、范滂(字孟博，137—169)之死，不负友人。"心如太虚"，则接近于张载、王阳明。高攀龙曾说："胸中何曾有一物来? 人心一片太虚，是广运处。此体一显即显，无渐次可待，彻此则为明心。一点至善，是真宰处。"④至于"本无生死"与"何幻质之恋"，将人生看作虚幻，则还是带有一点佛学思想了。其一生最后关头的考验，虽不免也掺杂一些佛学的成分，但总体而言还是表现出一代大儒的精神气概，故他的死对明亡之际的刘宗周等儒者也有着激励作用。

崇祯初年，魏忠贤以及阉党伏诛，高攀龙得以平反，赠太子少保、兵部尚书，谥忠宪，并赐祭葬、荫子，东林书院也有学者主持修复。高攀龙的著述，主要有讲学语录、书信、奏疏、诗文等，由其弟子陈龙正汇编为《高子遗书》12 卷，另有《高子遗书未刻稿》《高忠宪公诗集》等。

---

① [明] 黄宗羲：《明儒学案》卷五十八《东林学案一》，第 1399 页。

② [明] 高攀龙：《高子遗书》卷七《遗疏》，《高子遗书高子遗书未刻稿》，第 146 页。

③ [明] 高攀龙：《高子遗书》卷八下《临终与华凤超》，《高子遗书高子遗书未刻稿》，第 221 页。

④ [明] 高攀龙：《高子遗书》卷八上《复钱渐庵》，《高子遗书高子遗书未刻稿》，第 173 页。

二、"统一三教"辨

如果说顾宪成对阳明学及其后学的批驳主要集中于"无善无恶"，那么高攀龙则主要侧重于"统一三教"的辨析，他在与阳明后学管志道（东溟）的信中如是说：

> 窃窥先生大旨，要在统一三教，所以统一三教，为欲度尽众生。此是先生愿力，其他种种法门，皆由此起用。盖先生实见得毗卢性海本共一家，而三教圣人原无二性，分吾儒、分二氏总是妄生分别，反使大道自限藩篱。故拈出群龙无首，破道统之说，使素王不得独擅其尊；拈出敦化川流，示遮那全体，见儒教不过三流之一，创遡太极于无极之旨，欲学者从此悟虚空法界之体。
>
> 盖先生于佛氏之学，可谓精诣其体而大其用者矣！然于圣人之道，终有不合。攀龙自奉教以来，虚参实体久矣，决不敢以口耳之间，求异于长者，但微细体勘儒释源头，相似而实非。佛氏浑沦空体，真彷佛太极，而实非圣人之太极；得无所得，真彷佛中庸，而实非圣人之中庸。此处最难下语，最未易信，除是尽置佛学，反求诸六经，切证诸日用，另开眼界，另作思维，自然见之，见则不独路径敻殊，直是源流各别……然而窥先生之意，实以一切圣贤皆是逆流，菩萨本无三教，惟是一乘耳。故攀龙谓先生之学，全体大用总归佛门。而后之信先生者，必以牟尼之旨；疑先生者，必以仲尼之道。龙谬承先生之教，使推敲其说，以决千古疑信。①

在高攀龙看来，管东溟论学的大旨在于"统一三教"，也就是认为儒、释、道三教原本就是一家，三教所论之性"原无二性"，而儒者分别二氏则"反使大道自限藩篱"，这些说法的本意是为了"度尽众生"，出发点不可谓不善，然而无论如何解说，却都"于圣人之道，终有不合"。高攀龙强调，"微细体勘儒释源头，相似而实非"，三教的本源看来相似而实际不同。当然想要解释清楚也实非易事，比如佛家说"空体"与儒家说"太极"实际大不同；佛家说"得无所得"与儒家说"中

---

① ［明］高攀龙：《高子遗书》卷八《与管东溟二》，《高子遗书高子遗书未刻稿》，第167—169页。

庸”也大不同，其中的种种为学路径的不同，沉溺其中者“最难下语，最未易信”，故而必须要放下佛经，反求儒家六经，再体证于日用伦常，在眼界、思维上都跳出“统一三教”的窠臼，方才能够醒悟。再往深处思索，管东溟之所以扯你于“统一三教”之说，实则是未能真正用心于儒学，反而“全体大用，总归佛门”。这么说来，高攀龙对于阳明后学的批判，对于“统一三教”的辨析，实则还是在辟佛。

理学家之辟佛，由来已久。魏晋以来佛教大行，在这几百年内，儒家竟至沉寂。隋唐大治，社会趋于安定，儒家学说再度引起知识人的重视。韩愈力排佛释，开启了士人阶层对佛释的反攻。至宋代则有周敦颐、程颢、程颐、张载、邵雍五子，同时并出，力排佛老，且吸收道家和佛家的一些思想资源而归本于孔孟，建立了作为新儒学的理学思想体系，从而恢复了儒学的最高权威。南宋时期的朱子，则综合周、张、二程等人的学说而集理学之大成，至南宋末年理学逐渐成为学术之正统。朱子本人虽在年轻时也曾出入其中，但在其理学成熟之后便开始也辨析其中是非，并著有《杂学辨》等，对佛老之学多有批判。

正因为佛老之心性体系精微深广，故而吸引了许多儒者，从韩愈到程、朱等宋儒，再至明儒，力辟佛老都是题中之意。顾宪成力辨“无善无恶”，高攀龙力辨“统一三教”，皆是因时而发，或者说他们批判阳明心学的一个重要着力点，也就是心学本有走向佛老的可能性。高攀龙又说：

> 佛氏最忌分别是非，如何纪纲得世界？纪纲世界只是非两字。圣人因物之是而是之，因物之非而非之，我不与也，此所以开物成务。①

佛氏近于“无善无恶”，又最忌分别是非，然而人世的纪纲伦常原本就是讲求是非两字，都说空说无而不去分别是否，则如何能够对世俗社会加以规范？如何实现开物成务的治世理想？显然高攀龙的忧虑，还是有一定的道理的，就治世之道而言则儒家与佛老二氏还是有着极大的区别的。

三、程朱和陆王之间的调和

程朱理学在明代基本上都处于官方的正统地位，既为科举考试的标准，也

① ［明］高攀龙：《高子遗书》卷一《语》，《高子遗书高子遗书未刻稿》，第26页。

为统治者和士大夫所重视和发挥。但是，程朱理学本身的一些特性及当时明朝政治环境的极大改变，让它日益僵化，甚至沦为朱子曾经力辟的“词章记诵之习”，仅为科考功名和统治御民所用。朱子等宋儒孜孜以求的“致君行道”，在明朝尤其是明中叶以后的政治环境之中也日渐显得难能实现，有担当而敢于仗义执言的士大夫们轻辄被廷杖，动则丢官弃职，乃至于性命难保。王阳明正是在这样的政治环境中，历经龙场悟道，其文化担当的中心，从宋儒的“致君行道”转换为觉民行道，将易陷于支离琐碎的程朱理学，转换为简易便行的致良知之学，“尊德性”与“道问学”并重，转换为尤重“尊德性”。这些转变，在某些方面确实有助于补助程朱理学之支离，让学问从君子士大夫普及到庶民百姓，乃至贩夫走卒。然而阳明之学本身亦有丰富的层次和内涵，在其流传发展的过程中，也会日益简化乃至偏狭，乃至于王学末流，流于狂禅。当此之际，明末一批有学之士因时而起，欲补益学风，其中尤推顾宪成与高攀龙，尤其在高攀龙这里，学问更趋精深而笃实。

高攀龙面对明末王学末流之流于狂禅，极推程朱之学，尤其是朱子的格致论：

> 朱子曰：“欲诚意者，必先格致，然后理明心一，所发自然真实，不然则正念方萌而私意随起，亦非力之所能制也。”又曰：“知有不至，即其不至之处恶必藏焉，以为自欺之主。”又曰：“格致比治平，则格致事似小，然打不透病痛，却大无进步处，治平规模虽大，然纵有未尽，病痛却小。”皆至到之言也。①

朱子非常注重格物致知，认为格致是诚意的前提，王阳明则讥朱子格致之说陷于支离，故极推诚意为《大学》要旨。高攀龙认为绝不能弃格致不顾而直接求诚意及其后的修身，因为格致工夫到位，方才能够理明、心一，方才能够端正念虑，虽然事小却也是治国平天下的根本所在。因此他重新强调朱子的格致说，又引程子之言后说：“‘不知格物而欲意诚心正身修，未有能中于理者’。古今学者之病大率在此。”②高攀龙指出，明末之学风轻狂，大抵病痛就在于此，也即忽视人伦日用之中的格致工夫。但是，如果仔细考察则会发现，高攀龙这里

①② ［明］高攀龙：《高子遗书》卷一《语》，《高子遗书高子遗书未刻稿》，第18页。

的格致工夫，已不再仅仅是二程和朱子原本的内涵，而是经历了王阳明心学的熔铸之后的高氏“格致”学。在整个明朝的中后期，学者皆好讲心性之学，故而对于程、朱那种一事一物之间的格物穷理的积累工夫，已渐趋陌生，而在高攀龙这里，他的格致之说则已经是融合了理学与心学的相关因素，赋予了格致新的内涵。他说：

学必由格物而入。有物必有则，则者，至善也。穷至事物之理，穷至于至善处也。

人心之灵，莫不有知，良知也，因其已知而益穷之，至乎其极，致良知也。①

朱子曰“致知、格物，只是一事”，格物以理言也，致知以心言也，由此观之可见物之格即知之至，而心与理一矣。今人说着物，便以为外物。不知不穷其理，物是外物；物穷其理，理即是心，故魏庄渠曰“物格则无物”此语味也。②

其实朱子所谓格致，所格的都是外界的具体实物之理，朱子的《格物致知补传》中说：“盖人心之灵莫不有知，而天下之物莫不有理，惟于理有未穷，故其知有不尽也。是以大学始教，必使学者即凡天下之物，莫不因其已知之理而益穷之，以求至乎其极。至于用力之久，而一旦豁然贯通焉，则众物之表里精粗无不到，而吾心之全体大用无不明矣。”③通过格天下之物，用力之久而豁然贯通，则谓格致，而高攀龙却说“人心之灵，莫不有知”之中说的“知”即指“良知”，“因其已知而益穷之，至乎其极”的修养工夫即指“致良知”，那么朱子的“格致”也就变成了王阳明的“致良知”。再者，“格物以理言也，致知以心言也”，高攀龙将“格物”与“致知”分作内外、心理两面来理解；“物之格即知之至，而心与理一矣”、“物穷其理，理即是心”，那么在高攀龙这里，“心与理一”、“理即是心”，“格物”与“致知”统合为一种工夫，而其统合的基础实际上是王阳明的“心即理”。换句话说，在朱子那里的最高范畴“理”和在王阳明那里的最高范畴“心”重新成为同一范畴，他将程朱的“格物致知”与王阳明的“致良知”在内涵上已经统合为一了，从而格物即格理，而格理即格心，那么心的工夫是什么呢？高攀龙说：

① ［明］高攀龙：《高子遗书》卷一《语》，《高子遗书高子遗书未刻稿》，第 18 页。
② ［明］高攀龙：《高子遗书》卷一《语》，《高子遗书高子遗书未刻稿》，第 19 页。
③ ［宋］朱熹：《四书章句集注》之《大学章句》，第 7 页。

学有无穷工夫，心之一字乃大总括，心有无穷工夫，敬之一字乃大总括。

千圣万贤只一敬字做成。性不可言，圣人以仁义礼智言之，心不可言，圣人以敬言之。①

朱子立主敬三法，伊川整齐严肃，上蔡常惺惺，和靖其心收敛、不容一物，言敬者总不出此。然常惺惺、其心收敛，一着意便不是，盖此心神明难犯手势，惟整齐严肃有妙存焉，未尝不惺惺，未尝不收敛，内外卓然，绝不犯手也。②

程朱理学极重主敬工夫，高攀龙对程朱理学有所回归，故而非常注重"敬"字，认为"敬"为心体工夫的核心、总括。他还指出朱子所谓"主敬"工夫，其实融合了程颐的"整齐严肃"、谢良佐（上蔡）的"常惺惺"、尹焞（和靖）的"其心收敛"三法，在此三法之中高攀龙特别重视"整齐严肃"，认为可以包含另外二法，这一"主敬"的工夫学说，也就与他融汇儒与释老的静坐工夫论是一致的。高攀龙对"敬"之体悟与修持，却经历了一个颇为艰难的过程，他曾在自序中说：

吾年二十有五，闻令公李元冲与顾泾阳先生讲学，始志于学。以为圣人所以为圣人者，必有做处，未知其方。看《大学或问》，见朱子说"入道之要，莫如敬"，故专用力于肃恭收敛。持心方寸间，但觉气郁身拘，大不自在；及放下，又散漫如故，无可奈何。久之，忽思程子谓心要在腔子，不知腔子何所指？果在方寸间否耶？觅注释不得，忽于《小学》中见其解曰：腔子犹言身子耳。大喜！以为心不专在方寸，浑身是心也，顿自轻松快活。③

高攀龙跟随顾宪成一起讲学东林，方才对于圣人之道有了更为真切的体悟，但对于朱子所说的"敬"的工夫的实践，却又有一番探究的过程。先是将敬理解为"持心方寸间"，后从《小学》的注解中体悟"浑身是心"，方才猛然醒悟。再进一步，高攀龙对"心"的理解又从"浑身是心"发展到"天地之心"。他接着说：

朱子曰"满腔子是恻隐之心"，是就人身上指出此理充塞处，最为亲切。朱

① ［明］高攀龙：《高子遗书》卷一《语》，《高子遗书高子遗书未刻稿》，第 19 页。
② ［明］高攀龙：《高子遗书》卷一《语》，《高子遗书高子遗书未刻稿》，第 20 页。
③ ［明］高攀龙：《高子遗书》卷三《困学记》，《高子遗书高子遗书未刻稿》，第 40 页。

子发明程子之言，亦最亲切矣。盖天地之心，充塞于人身者，为恻隐之心；人心充塞于天地者，即天地之心。人身一小腔子，天地即大腔子也。①

高攀龙从悟到“浑身是心”，再悟到“天地之心”，其实以及将程朱理学与陆王心学相互融会贯通了。陆九渊曾说：“宇宙便是吾心，吾心便是宇宙。”②王阳明说：“夫人者，天地之心。天地万物，本吾一体者也。”③故而高攀龙对“心”的诠释，这也正开启了其调和程朱、陆王的为学格局，再看他所说“心不可言，圣人以敬言之”，其所谓“敬”必然也就与“静”在为学工夫上有所统合，也即成为理学与心学调和的心性修养工夫了。

台湾学者古清美先生说：“景逸之学于朱、王之间，绝难断定必属一家，而朱学与王学的调和折衷在景逸身上最可见其痕迹，故景逸实可谓是沟通和折衷朱王二家最典型的代表。”④确实深究高攀龙晚年的学术思想，他对程、朱所讲的居敬穷理以及本体与工夫的并重，又与陆、王心学的某些思想有所融汇，呈现出调和的局面。总体而言，高攀龙学问阔大而精深，与顾宪成一样，在明末之学术思想大变革之际，倡导“由王返朱”而补益世道学风，其功实大。

---

① ［明］高攀龙：《高子遗书》卷一《语》，《高子遗书高子遗书未刻稿》，第 21 页。

② ［宋］陆九渊：《陆九渊集》卷三十六《年谱》，中华书局 1980 年版，第 483 页。

③ ［明］王阳明：《王阳明全集》卷二《传习录中·答聂文蔚》，第 80 页。

④ 古清美：《慧庵存稿二——顾泾阳、高景逸思想之比较研究》，台湾大安出版社 2004 年版，第 318 页。

第八章 晚明心学与理学的调和与转型：刘宗周与蕺山学派

刘宗周在晚明，就政治派系而言则属东林一系，但就学术宗旨而言则与顾宪成、高攀龙大不相同。同样生活在“后王阳明时代”，刘宗周的为学必然深受王阳明的影响，为了“救正”阳明后学的流弊，刘宗周提出慎独之学，将“慎独”作为统合一切工夫的工夫；又倡导证人改过之说，他的《人谱》提出了一整套严谨、细密、可操作的践履工夫，这是蕺山学自晚明清初以来影响最大的一个方面。刘宗周殉节之后，蕺山学派开始分化，他的三大弟子张履祥（1611—1674）、陈确（1604—1677）、黄宗羲对明亡清兴各自有着不同的反思，因而对老师刘宗周的思想学术各自有着不同的取舍，张履祥选择“尊朱辟王”，陈确选择批判宋儒之学，而黄宗羲则倡导“一本万殊”学说以及走向经史之学，则对刘宗周做了更为全面的承继与发展。

第一节 刘宗周的生平以及讲学影响

一、生平

刘宗周(1578—1645)，字起东，号念台，学者称蕺山先生，浙江绍兴山阴人。刘宗周为遗腹子，母娠五月而父卒，故而自幼家道中落，跟随其母居于外祖父家，外祖父便是其启蒙老师。17 岁时又师从鲁念彬学习科举之业，20 岁中举，24 岁成为进士。

图 8-1 刘宗周

出仕为官，以图谋一番大作为，也是刘宗周一生的梦想。他曾说："臣束发受学，窃从遗经，慨慕古先哲王之化，辄欲见之行事。"①刘宗周"通籍四十五年，立朝仅四年"②，从 24 岁考中进士，一直到明亡殉节，前后共 45 年，在万历、天启、崇祯、弘光四朝都曾出仕，然而真正在朝为官的日子却极少。究其原因主要有两方面：一是其政治主张与当时的皇帝、宰辅不合，还曾因顶撞皇帝而三次被革职为民；一是因为自身的体弱多病，也曾特意辞官休养。

顺治二年(1645)六月初，清军攻陷南京，福王政权灭亡。六月十三日，杭城失守，潞王请降，于是他就开始绝食，"前后绝食两旬，勺水不入口者十有三日"。③ 关于绝食殉节与图谋恢复之间的选择，刘宗周曾说："先帝之变，宜死；南京失守，宜死；今监国纳降，又宜死。不死尚俟何日？世岂有偷生御史大夫耶？"④刘宗周的殉节，一般认为是"殉明"，但从根本上说则当是"殉节"，殉的是"道义"，"食人之食者，死人之事"，为国而死当是臣子的"分"内之事，这种道义感也是儒家的传统。

① [明] 刘宗周：《刘宗周全集》第三册《敬循使职咨陈王政之要恳祈圣明端本教家推恩起化以裨宗藩以保万世治安疏》，第 17 页。

② [明] 黄宗羲：《黄宗羲全集》第一册《子刘子行状》卷下，第 258 页。

③④ [明] 刘汋：《蕺山刘子年谱》，六十八岁条，载《刘宗周全集》第六册，第 169—172 页。

二、讲学影响

刘宗周从38岁开始正式讲学，一直到54岁证人社创立之前，都可以算作其讲学的早期阶段。越中“证人社”的创立，标志着刘宗周后期讲学的开始，此时他的讲学便倡导“慎独”之教了。然而“证人社”原是刘宗周与陶奭龄的合作，因为对“证人”之旨的不同理解不久便产生了分歧，陶奭龄坚持“白马别会”，二人分别讲会，最终形成了明清之际浙东最为重要的两大心学学派：蕺山学派与姚江书院派。

刘宗周前期讲学，集中在两次辞官回乡之时，也可以分为两个阶段。第一阶段：万历四十三年(1615)至四十五年(1617)。第二阶段，天启五年(1625)至六年(1626)。这两个阶段时间都不长，但是已经有了初步的影响。此处需要说明的是，早在他30岁之时就曾授徒，不过当时所教授的乃是举子业而非道学，所以还不能算是真正意义上的讲学。刘宗周真正开始讲学在万历四十三年(1615)、38岁之时，“教授于朱氏之解吟轩”。此时蕺山之侧的讲学盛况，其子刘汋说：

> 先是，壬子，先生北发，陈尧年率先执贽问道于门下。及给假归，望益隆起，国人无不信先生为真儒。于是尧年复率诸生二十余人纳贽北面，讲授予解吟轩。先生谓：“德行，本也；时艺，末也。”教学者先行谊后文章，本经之外，兼举一经，旁阅子、史、性理诸书，有暇则令习礼歌诗……设教一以严肃为主，盛暑未尝去冠服，有荡简者则摈诸门墙之外，大约规模视丁未更宏阔云。朔望考课毕，或尚论古今人物，或商榷坐下工夫，间一命酒，登蕺山之巅，歌古诗，二三子和之，声振山谷，油然而归。①

刘宗周正式讲学，陈尧年等二十多人纳贽拜师，讲学内容则以道学为主，即德行为本、时艺为末。讲学的规模也颇为“宏阔”。而且还有“尚论古今人物”的东林讲学气息；至于饮酒、登山、歌诗，等等，可知刘宗周的讲学并非一味俨然，

① [明]刘汋：《蕺山刘子年谱》，三十八岁条，载《刘宗周全集》第六册，第70—71页。

反有“舞雩浴沂”之意，与王阳明之讲学也颇有几分相似之处。

第二年，讲学于陈氏石家池，著“酒、色、财、气”《学戒四箴》以示学者。其中说：“善则相传，过则相规。值月轮掌，美恶必书于册，闻过不举者罚之，轻重与犯者同科，仍责首座生提领，无忽。”①可见这个讲学团体已经开始重视改过，当是后来的证人改过之学的先导。值得注意的是，此时刘宗周还主张将“美恶”都记录，与《功过格》有点类似，而后来的《人谱》则只讲改过、只记过错。第三年三月，转移到绍兴城外的韩山草堂，讲《论语》，并著有《论语学案》。此后几年离乡为官而讲学中断。

天启五年(1625)，被革职为民，开始前期讲学的第二阶段。从夏至冬，最终辍讲是因为高攀龙劝其韬晦。关于这次讲学，刘汋说：

> 逆阉大兴钩党之狱，缇骑四出，削籍遍天下。先生曰：“天地晦冥，人心灭息，吾辈惟有讲学明伦，庶几留民彝于一线乎?”会诸生相继请，遂于五月朔会讲于解吟轩。先生痛言：世道之祸酿于人心，而人心之恶以不学而进。今日理会此事，正欲明人心本然之善，他日不至凶于尔国，害于尔家。座中皆有省。每会，令学者收敛身心，使根柢凝定，为入道之基……于是有慎独之说焉。②

由此可知，天启五年(1625)的讲学持续时间较长，并且已经揭示“慎独”之说。

到了天启六年(1626)发生了著名的“七君子事件”，魏忠贤大肆逮捕东林党人，高攀龙、黄尊素(1584—1626)、周起元(1571—1626)、缪昌期(1562—1626)、周顺昌(1584—1626)、周宗建(1582—1627)、李应昇(1593—1626)七人被逮。其中高攀龙与黄尊素都是刘宗周的重要友人，三月十七日，高攀龙自沉而死；闰六月，黄尊素死于监狱之中。在这种风声鹤唳的气氛之中，无法讲学，刘宗周“携汋课读于韩山草堂，专用慎独之功……每日晨，取有明诸儒文集、传记考订之”，期间偶有弟子问学：“秋日，诸生十余辈挐舟来谒，座中问孔孟大旨。先生告以求仁之说……”③讲学不多，则编著较多，完成了《孔孟合璧》《吃紧三关》，开

① ［明］刘宗周：《刘宗周全集》第四册《学戒四箴》，第344页。
② ［明］刘汋：《蕺山刘子年谱》，四十八岁条，载《刘宗周全集》第六册，第80页。
③ ［明］刘汋：《蕺山刘子年谱》，四十九岁条，载《刘宗周全集》第六册，第82—83页。

始编撰而未完成的有《五子连珠》、《皇明道统录》等。该年还有一件重要事情就是黄尊素命黄宗羲等三子师事刘宗周。黄尊素被逮，至郡城绍兴，“刘念台先生饯之于萧寺，忠端公命公从之游”①。当时黄宗羲17岁，兵荒马乱之际估计听讲机会不多，他正式参与刘门讲会已是刘宗周讲学的后期。

崇祯四年(1631)，刘宗周与陶奭龄(号石梁，1571—1640)共举“证人社”于陶文简公(即陶望龄，号石篑，1562—1609)祠，“证人社”讲会即“证人会”。讲会地点除陶文简公祠外还有古小学、阳明祠等处。刘汋说：

> 海内自邹南皋、冯少墟、高景逸三先生卒后，士大夫争以讲学为讳。此道不绝如线，惟先生岿然灵光，久而弥信。家居之暇，门人谋所以寿斯道者。先生于三月三日率同志大会于石篑先生祠，缙绅学士可二百余人，同主事者为石梁先生。石梁，石篑先生之介弟也。初登讲席，先生首谓学者曰：“此学不讲久矣。文成指出良知二字，直为后人拔去自暴自弃病根。今日开口第一义，须信我辈人人是个人，人便是圣人之人，圣人人人可做。于此信得及，方是良知眼孔。”因以“证人”名其社。②

邹元标(号南皋，1551—1624)、冯从吾讲学于首善书院，高攀龙讲学于东林书院。天启五年(1625)，七月诏毁首善书院；八月诏毁天下东林讲学书院。此后，刘宗周愤而起讲学于越中，此次公开讲学，刘宗周阐明王阳明的“良知”之学与“证人”之旨的关系。

在讲会进行的过程中，刘、陶二人以及他们的弟子之间时有诘难。刘、陶二人虽然都认同“证人”之旨，但在如何“证人”这一问题上，却有很大的差异：一则曰“坐下”，刘宗周修正王学而“专揭慎独之旨”；一则曰“自家”，陶奭龄则坚持王学原旨而“专揭良知为指归”。③“坐下”与“自家”之争，也就是“证人”工夫论的分歧，就是导致后来“别会”的主要原因。讲会进行到第三个月，刘、陶的学术分歧越来越严重。崇祯四年(1631)六月，陶奭龄就提议“别会”。崇祯五年(1632)二月，陶奭龄带着他的学生，另立讲会于“白马岩居”即“白马山房”，这就是“白

① [清]黄炳垕：《黄梨洲先生年谱》，十七岁条，载《黄宗羲全集》第十二册，第20页。
② [明]刘汋：《蕺山刘子年谱》，五十四岁条，载《刘宗周全集》第六册，第101页。
③ 《证人社语录》，载《刘宗周全集》第二册，第552页。

马别会”；刘宗周则继续讲学于阳明祠与古小学。这是“证人社”分裂的初期，“白马别会”只是作为“证人社”活动的一支，二处的讲学并无大的冲突。刘宗周则表现得更为主动，不时过往于白马岩居参与讲会，虽然刘宗周与陶门师弟子之间关于学术宗旨等问题往来论辩不断。

对于刘、陶之间的分歧，刘宗周一直认为救正阳明学之弊病，必须在讲学之中慢慢进行，所以不能将分歧看得太重。于是，忠实于刘宗周的那些弟子要求将刘门与陶门分别得更加清楚一些。崇祯十一年(1638)十二月，刘门弟子就正式提出“及门”，即重新拜师另立门户：“时王业洵偕毓蓍十七生及门，先生固辞不受。”[①]王业洵、王毓蓍、张应鳌、黄宗羲等提出别会，为了安抚弟子的情绪，刘宗周写信给这些弟子：

> 吾乡陶石梁子，雅为吾党推重，特其入门不免借途于释氏，一时从游之士多以禅起家，卒难骤返于正，亦其弊也。仆与石梁持论，每有异同，或至水穷山尽之日，将有废然而返者，未可知也。夫以阳明先生之明睿，而回环出入于二氏者二十年，及已觉其非，而犹恨旧习之缠绕，卒难摆脱，且又若干年，况后之君子乎？吾辈于此姑且从容商订，时取其有益于坐下者，而韦弦配之，且徐用涵育熏陶之法，以听其自化，安知无阳明先生其人出焉。计不出此，而骤立分别之见，至以异端摈同侪，不亦绝人已甚乎？[②]

刘宗周始终坚持一贯的主张，即首先接受陶奭龄等越中讲学的士人大多喜好王学、难免借途于禅佛这一事实，然后通过讲学论辩将儒释之异同渐次发明，“从容商订”，“徐用涵育熏陶之法”，从而使得人心渐醒而归于正学。并且举了王阳明本人“出入二氏”的例子来说明对于普通士人不能“以异端摈同侪”，不可“绝人”太过。刘宗周的思路，是基于晚明儒释道三教合一思潮的盛行，想要使得儒释分辨，先要接受儒释混杂，为了接引学者，就不得不立足于这个现实。

崇祯十二年(1639)九月，陶奭龄的友人与弟子沈国模(字求如，1575—1656)、管宗圣(字霞标，1578—1641)、史孝咸(字子虚，1582—1659)、史孝复(字

---

① ［明］刘汋：《蕺山刘子年谱》，六十一岁条，载《刘宗周全集》第六册，第125页。

② ［明］刘宗周：《刘宗周全集》第三册《答王生士美》，第351—352页。

图 8－2　绍兴蕺山书院

子复，？—1644）“四先生”创“义学”于余姚半霖：“以义学为始基，如古小学意”，“使姚江一灯，炳然千古”①，“义学”的创立，虽然也说明了与“证人社”即“古小学”的关系，但也标明其宗旨为传承王阳明的姚江之学，而不是刘宗周的慎独之教。“义学”创立之时，刘宗周、陶奭龄等人也有参与；“义学”后来更名“姚江书院”，也是史孝咸征求了刘宗周的意见。② 无论“白马岩居”之时，或是“义学”之时，刘宗周其实与陶奭龄及其友人、弟子之间始终保持着亦师亦友的关系。“姚江书院”的讲学，尊奉王阳明、周汝登、陶奭龄一系的浙中王学传统，后来形成了明清之际浙东重要的心学学派——姚江书院派。③

崇祯十三年（1640）正月，陶奭龄卒，刘宗周在越中证人书院继续讲学，一直到顺治二年（1645）清军入浙，刘宗周殉节。

总之，由越中的“证人社”的讲会活动，最后形成了两大学派：刘宗周及其弟子形成了蕺山学派；陶奭龄及其友人、弟子形成了姚江书院派。两派之间最大的差别就是对王学、禅学的不同态度，刘宗周一系对王学有所改造并带有朱学的因素，而陶奭龄一系则坚持王畿、周汝登以来浙中王学的特色并带有禅学的因素。

---

①② ［明］董玚：《沈聘君传》，《中国历代书院志》第九辑，第 298 页。

③ 参见钱茂伟：《姚江书院派研究》，第 43—45、57—60 页。

第二节　蕺山学的学术渊源

关于刘宗周蕺山学的学术渊源，他的儿子刘汋说："上承濂、洛，下贯朱、王。"[①]确实周敦颐、二程、朱子、王阳明，都对刘宗周学术思想的形成，起到了至关重要的作用。当然，分析蕺山学的学术渊源，刘宗周临终之前反思学术，曾有一段较为系统的论述：

> 嗟乎！人心之晦也，我思先觉。其人者曰孔氏……又千余载，濂溪乃倡"无极"之说……则吾道之一觉也。嗣后辨说日繁，支离转甚，浸流而为词章训诂，于是阳明子起而救之以"良知"。一时唤醒沈迷，如长夜之旦，则吾道之又一觉也。今天下争言良知矣，及其弊也，猖狂者参之以情识，而一是皆良；超洁者荡之以玄虚，而夷良于贼，亦用知者之过也。[②]

孔子、孟子之后，刘宗周特别欣赏周敦颐的"无极"、王阳明的"良知"，认为这些都是道学史上的"一觉"，即在理论上的突破性成就。但是王门后学说"良知"却流于"情识"或"玄虚"，所以刘宗周决心重新讲学，恢复儒学的本来面目。刘宗周的学术主要渊源于明儒，特别是终身师从的许孚远，以及批判继承的王阳明，但是他又努力超越于明代，对于宋儒周敦颐、朱子的学术的承继也同样重要，他从蕺山学建构的需要出发，围绕具体问题与先儒进行有着一定深度与高度的巅峰对话。

一、与许孚远以及朱子学

许孚远是唐枢的弟子，由唐枢则可再上溯湛若水以及陈献章。对于这一系

① ［明］刘汋：《蕺山刘子年谱》序，载《刘宗周全集》第六册，第51页。
② ［明］刘宗周：《刘宗周全集》第二册《证学杂解·解二十五》，第277页。

的师承关系，刘门弟子黄宗羲非常重视，他说："蕺山子刘子以清苦严毅，疏通千圣之旨，其传出于德清许司马敬庵，敬庵师吴兴唐比部一庵，一庵师事南海湛太宰甘泉，甘泉则白沙陈文恭之弟子也。"①刘宗周对陈献章的学术较为倾心，对湛若水也是评价甚高。通过许孚远，刘宗周间接受到了湛若水的影响，湛若水的学术虽然也属于心学的范围，但是比王阳明更强调天理，其主旨为"随处体认天理"，曾说："儒者在察天理……圣人以天地万物为体，即以身在天地万物内，何等廓然大公，焉得一毫私意，凡私皆从一身上起念。"②刘宗周还与许孚远另外的两个弟子冯从吾(1556—1627)、丁元荐(1563—1628)也有交往。

许孚远越到晚年在学术上就越倾向于朱子学，对于王学良知现成的观点很不赞同，在任建昌县令时，与郡人罗汝芳(1515—1588)讲学不合。后来在南京任南都大理寺少卿，和周汝登(字继元，别号海门，1547—1629)有过一次有名的辩论，周汝登发明"天泉证道"之旨，许孚远作《九谛》相辩难，指出："窃恐《天泉会语》画蛇添足，非以尊文成，反以病文成。"对"无善无恶"大加批驳；周汝登作《九解》以回应。③ 关于许孚远与周汝登这两位浙籍学者，刘宗周曾说："仆平生服膺许师者也，于周师之言，望门而不敢入焉。"④

万历三十一年(1603)，刘宗周26岁时，通过浙江杭州人陈植槐的引见，到浙江德清师从许孚远。刘宗周问学于许孚远共有两次，关于第一次问学的情况，刘汋有详细的记述：

> 先生问为学之要，许先生告以"存天理，遏人欲"，遂执贽北面师事之。请为太夫人传。许先生载笔而书，终以敬身之孝勖先生曰："使念念不忘母氏艰苦，谨身节欲，一切世味不入于心，即胸次洒落光明，古人德业不难成。传所谓求忠臣于孝子之门，乃刘子所以报母氏于无穷也。"先生终身守之不敢失。⑤

这一次刘宗周在德清许孚远家呆了一月有余，之后对于"存天理，遏人欲"

① [明]黄宗羲：《蕺山同志考序》，《黄宗羲全集》第十一册，第58页。
② [明]黄宗羲：《明儒学案》卷三十七《甘泉学案一》，第892页。
③ [明]黄宗羲：《明儒学案》卷三十六《泰州学案五》，第861—868页。
④ [明]刘宗周：《刘宗周全集》第三册《与履思十》，第320页。
⑤ [明]刘汋：《蕺山刘子年谱》，二十六岁条，载《刘宗周全集》第六册，第61—62页。

的师说，终身守之而不敢失。刘宗周请许孚远为其母作传，在传文之中，许孚远发挥的也是天理人欲之辨的思想，不能忘却母亲的艰苦，所以要“谨身节欲，一切世味不入于心”，最终实现的就是内圣，修身功夫达到“胸次洒落光明”的境界；而且内圣是外王的根本，即“求忠臣于孝子之门”。德业之成，圣贤之学，其进路即是“敬”，从念虑之微、私意之起处入手，刘宗周后来以《人谱》为主的学术，也是沿着许孚远晚年的道路在前进，所以说一月问学、终身守之，是符合事实的。

万历三十二年(1604)春三月，刘宗周第二次问学许孚远。这一年刘宗周赴京谒选，特意再过德清，拜别许孚远。二人相与论学：“许先生论为学不在虚知，要归实践，因追溯平生酒色财气分数消长，以自考功力之进退。先生得之猛省。”[①]经过这次论学让刘宗周“猛省”的是，进一步做好“天理人欲之辨”，看自己在酒色财气诸方面的分数消长、功力进退，这样就不会沦为阳明后学留恋光景、流于玄虚而荡的地步。刘宗周两次拜谒许孚远，都有重大收获，可惜这年七月许孚远就逝世了。

师事许孚远，对于刘宗周一生有重大的影响。许孚远晚年转向朱学，在刘宗周师事许孚远之时，其学术已经转向，所以刘汋在《年谱》中说许孚远“学宗紫阳，敦笃真儒也”[②]。拜师许孚远之后，刘宗周对于圣学，即宋明理学产生了真正的信仰，决心从事于心性之学。如何出离于阳明后学泛滥的浙东，找到自己的治学路径。全祖望曾说：“念台之学，本于敬庵，敬庵出于甘泉，甘泉出于白沙，白沙出于康斋，其门户盖与阳明殊。世之混而为一者，非也。”[③]

《明儒学案》的《师说》，也即刘宗周所编的《皇明道统录》的断语部分。[④]《师说》将许孚远放在最后，与《明儒学案》黄宗羲将刘宗周放在最后一样，都是表示对于老师的特别尊重。其中说：

---

① ［明］刘汋：《蕺山刘子年谱》，二十七岁条，载《刘宗周全集》第六册，第62—63页。

② ［明］刘汋：《蕺山刘子年谱》，二十六岁条，载《刘宗周全集》第六册，第61页。对于刘汋此断语，有许多学者不认同，甚至认为刘汋完全不知许孚远的学术传承而闹了笑话。其实，要从刘汋当时的看法与用意来理解，这话是从许孚远晚年，即刘宗周师从之时的学术特征来评价，刘汋不可能不知道许孚远曾师从唐枢，再传湛若水之学这一学术经历。

③ ［清］全祖望：《全祖望集汇校集注》之《鲒埼亭集》外编卷五十《蕺山讲堂策问》，第1851页。

④ 关于《师说》与《皇明道统录》，参见陈祖武《清儒学术拾零》之《明儒学案杂识》，湖南人民出版社2002年版，第30页。

> 余尝亲受业许师，见师端凝敦大，言动兢兢，俨然儒矩。其密缮身心，纤悉不肯放过，于天理人欲之辨，三致意焉。尝深夜与门人弟辈杳然静坐，辄追数平生酒色财气、分数消长以自证，其所学笃实如此。①

他认为许孚远的气象为“端凝敦大，言动兢兢，俨然儒矩”，这种气象在之后的刘宗周本人身上也有所体现。许孚远学术的宗旨为“天理人欲之辨”，如果从其晚期学术面貌来看则基本符合。而且，刘宗周自己从老师的论学中感觉得力的也是关于酒、色、财、气的警戒，后来发展出“证人改过”的学术路径与许孚远之教有重大关系。

再说刘宗周本人对朱子的看法。刘宗周曾系统梳理宋明理学史，他对朱子等先儒的看法主要体现在《五子连珠》《圣学宗要》等著述之中。《五子连珠》辑录有周敦颐十则、程颢十三则、程颐十七则、张载十五则以及朱子二十则。刘宗周对“五子”有一个总的看法：

> 昔人谓周子至精，程子至正，而予谓纯公尤至醇云。若张子可谓敦笃矣，朱子几于大矣。论地位，濂溪尽高；论学术，晦翁卓立天下之矩；然以言乎学以求仁，则五子如一辙。②

这“五子”中，刘宗周最为推崇的是周敦颐与朱子，周子是理学的开创者，在整个宋明理学发展史上地位最高；但是就学术成就而言，则是朱子最大。《五子连珠》选录朱子有二十则，数量上最多，这二十则选自于《朱子语类》，而且主要集中于工夫论方面。在《五子连珠》的最后刘宗周说：“紫阳之学，切近精实，亦复展开充拓去。循累而进，居然孔子下学上达法门。”③他认为朱子之学切近、循累，将孔子“下学上达”加以展开，重在具体的工夫与践履，所以才能“卓立天下之矩”。

《圣学宗要》的编撰主旨则与《五子连珠》有所不同，其目的是统合朱、王，收录有王阳明《良知答问》与《拔本塞源论》，因为其“合于阳明子之与程、朱相发明者”；《圣学宗要》还收录有周敦颐《太极图》与《图说》、张载《西铭》与《东铭》、程

---

① ［明］刘宗周：《师说》，载《明儒学案》卷首，第 13 页。
② ［明］刘宗周：《刘宗周全集》第二册《五子连珠》，第 190 页。
③ ［明］刘宗周：《刘宗周全集》第二册《五子连珠》，第 190 页。

颢《识仁说》与《定性说》、朱子《中和》四说。《圣学宗要》在朱子《中和》四说的每一说之后都有一条按语，这些按语后来被黄宗羲收录于《宋元学案》的《晦翁学案》之中。[①] 其中第一说后刘宗周就说“说得大意已是”，第二、三说“端的”、“最为谛当”等等非常认可。第四说后有大段的按语，其中说：“合而观之，第一书言道体也，第二书言性体也，第三书合性于心言工夫也，第四书言工夫之究竟处也。见解一层进一层，工夫一节换一节。孔、孟而后，几曾见小心穷理如朱子者！”“愚按朱子之学本之李延平，由罗豫章而杨龟山，而程子，而周子……朱子不轻信师传，而必远寻伊洛以折衷之，而后有以要其至，乃所为善学濂溪者。”[②] 刘宗周对朱子《中和》四说做了自己的处理并重新诠释。[③] 认为朱子通过二程等人而寻绎其源头至周敦颐那里，这才很好地处理了“静”与“敬”的关系，所以说朱子才是真正善学周敦颐。

刘宗周对于朱子，不只是一般的推崇，而是比晚明的大多理学家更多、更深地回归于朱子之学，甚至还有以朱子自比的可能。这有一个事例，刘宗周 68 岁之时，曾梦见朱子，并将此梦与弟子张应鳌(1591—约 1681)讲起：

> 先生早觉，谓张应鳌曰：“比夜梦朱文公来此。”应鳌曰：“先生固文公后身，窃谓先生学问精切入微处当轶文公而上之。”[④]

这里张应鳌的回答不免有点“阿其所好”，刘宗周应该不是真的以朱子自比，但一定认为此事可以作为自己学力精进的象征。刘宗周颇具朱子之气象，还有倪元璐(1593—1644)曾对绍兴士大夫们说：“刘念台，今之朱元晦也。”[⑤]

---

① [明] 黄宗羲、[清] 全祖望：《宋元学案》卷四十八《晦翁学案上》，中华书局 1986 年版，第 1506—1507 页。

② [明] 刘宗周：《刘宗周全集》第二册《圣学宗要》，第 240—244 页。

③ 钱穆先生指出刘宗周此处“随处皆可商榷”，概括钱先生所论则主要问题有四：混合《中和说》与《旧说》为一、颠倒次第、漫加删节、妄肆曲解。《朱子新学案》第二册，九州出版社 2011 年版，第 251—252 页。

④ [明] 刘汋：《蕺山刘子年谱》附卷《刘谱录遗》，载《刘宗周全集》第六册，第 192 页。

⑤ [明] 刘汋：《蕺山刘子年谱》附卷《刘子年谱录遗》，载《刘宗周全集》第六册，第 181—182 页。此事全祖望也有记述，其中还说倪氏每见学者辄语之曰：“勿坐失此大儒”，推原证人之学得倪氏始光，倪氏遣其弟倪元瓒(号朗斋)从事证人之社等，《明太保倪文正公祠堂碑铭》，《鲒埼亭集》卷第二十四，《全祖望集汇校集注》，上海古籍出版社 2000 年版，第 441 页。

朱子与刘宗周，都是一生向道的大儒，在学术上竭力于疑难之辨析，“自始至终都在‘自信’与‘自疑’的紧张心理状态下进行”[①]。而且，二人都特别重视疑难众多的《大学》一书，朱子临终还在修改《大学·诚意章》；刘宗周也是如此，“宗周读书至晚年，终不能释然于《大学》也”。[②] 当然，刘宗周的理学并没有彻底回归朱子，只是在反复调整以求更好地统合程朱与陆王。

二、与高攀龙以及东林学派

黄宗羲说：“今日之学者，大概以高、刘二先生，并称为大儒，可以无疑矣。”[③]刘宗周与高攀龙的交游从万历四十年(1612)至天启六年(1626)，十多年之中一直保持交往，二人惺惺相惜。高攀龙是刘宗周一生之中最为重要的友人，在“德”与“业”，人格与学术两方面都对刘宗周有着深远的影响。尽管如此，他们的思想却不尽相同，其中牵涉到宋明理学之中的朱王之辨与儒释之辨这两个重要问题，以及东林学派与蕺山学派两者之间的学术关联。

万历四十年(1612)，35 岁的刘宗周起程北上复职，特意过梁溪拜谒高攀龙，自此二人之间通书往来，论道不止。[④] 因为刘宗周的早期文稿基本遗失，所以无法考证二人之间通信的具体情况，但在高攀龙的集子中还保存有多通书信，其中有三通，讨论的问题则有“所以居方寸者”、“格物”与“穷理”、“佛儒之辨”[⑤]。由此可知，高攀龙对于刘宗周在学术上也有较大的影响。

高攀龙对刘宗周的人品特别推崇，曾在《答刘石间中丞》中说：“浙之贤者……山阴刘念台……清风凛凛。”[⑥]高攀龙认为刘宗周是当时浙江士人的表率。对于刘宗周的学术，高攀龙也多有肯定，还曾约请刘宗周至东林讲学，在与刘宗周的书信中说：“当今师道不立，故人才不成，道丈则真人师矣！能过东林，

---

① 余英时：《朱熹的思维世界》(增订版)序，载《史学研究经验谈》，上海文艺出版社 2010 年版，第 182 页。

② ［明］刘宗周：《刘宗周全集》第一册《大学古文参疑》，第 624 页。

③ ［明］黄宗羲：《明儒学案》卷六十二《蕺山学案序》，第 1509 页。

④ ［明］刘汋：《蕺山刘子年谱》，三十五岁条，载《刘宗周全集》第六册，第 66 页。

⑤ ［明］高攀龙：《高忠宪公诗集等》之《高子文集》卷五上，凤凰出版社 2012 年版，第 250—251 页。

⑥ ［明］高攀龙：《高子遗书高子遗书未刻稿》之《高子遗书》卷八下《答刘石间中丞》，凤凰出版社 2011 年版，第 189 页。

使锡士一沾化雨否？”①

天启五年（1625），东林人士杨涟、左光斗、刘宗周友人魏大中等被阉党所杀。刘宗周极为悲痛，作《吊六子赋》，其中流露出一同赴死以殉道义之意。这时高攀龙去信说：

> 向得丈所寄王侍御书，当此时，侍御有此心，是于漫天杀局欲一转生机，真仁人也……杜门谢客，正是此时道理。彼欲杀时，岂杜门所能逃？然即死是尽道而死，非立岩墙而死也。况吾辈一室之中，自有千秋之业，天假良缘，安得当面蹉过？大抵现前道理极平常，不可著一分怕死意思，以害世教；不可著一分不怕死意思，以害世事。想丈于极痛愤时，未之思也。②

这也就是刘宗周后来所概括“吾辈有一毫逃死之心，故害道；有一毫求死之心，亦害道”。贪生怕死固然违反道义，一味“不怕死”亦然违反道义。道义所在，真正到了当死之时，也不能横竖只求一死而不负责任，高攀龙的见识就比一般的儒者更深一层。天启六年（1626），高攀龙自沉而死。高攀龙的殉节及其学术与政治活动，都对刘宗周的影响很大。

高攀龙与刘宗周，在思想上的相同之处主要表现在两个方面：其 ，“出处”与“名节”的观念；其二，学术上的回归朱子学。不过，就第二点而言，二人同中有异，然而他们更大的异处不在于朱王之辨，而在于儒释之辨。

关于“出处”问题，在面对晚明乱世之时，高攀龙说：

> 世事虽甚乱，吾辈正可乘此绝无滋味之时，作绝有滋味之事。何者？身无世道之责矣。可谢一切纷扰之累矣。萧然一身，取资何几。两间甚廓，可以自容。千古甚长，何以不愧。滋味宁有穷乎？③

高攀龙认为，世道虽乱，但这乱世正好就是对儒者的磨炼，而且乱世则无法

---

① ［明］高攀龙：《高子遗书高子遗书未刻稿》之《高子遗书未刻稿·与刘念台》，第 439 页。
② ［明］高攀龙：《高子遗书高子遗书未刻稿》之《高子遗书》卷八下《答刘念台》，第 219—220 页。
③ ［明］高攀龙：《高子遗书高子遗书未刻稿》之《高子遗书》卷八下《与李次见侍御》，第 220 页。

行儒家外王之道,“谢一切纷扰之累”,正好可以用来做内圣之功。刘宗周在《与徐亮生大参》之中说:“与其雷同附和,侥幸一切之功名,无宁守正违时,少留国命人心于万古。”①功名诚是可贵,而道义更是根本,乱世而无可作为则隐居,做好自己的修身,同时也可以全力从事于学术,这种取舍态度高、刘可谓一途。更有甚者,高攀龙与刘宗周都特别看重“名节”,后来都选择了殉节。高攀龙说:“古人何故最重名节?只为自家本色,原来冰清玉洁,着不得些子污秽。才着些子污秽,自家便不安。此不安之心,正是原来本色,所谓道也。”②高攀龙对名节的看法,其实与对出处的态度一样,认为真正的儒者就应该保持操守上的“冰清玉洁”,容不得半点污秽。刘宗周一生在名节上的践行也与此相似,所以他才会被推为:“千秋间气,一代完人。世曰麒麟凤凰,学者泰山北斗。”③刘宗周最后选择殉节,其中也有高攀龙的影响。

再看学术上,东林与蕺山两大学派,都致力于从王学转向朱学。作为东林学派核心人物的高攀龙,与王学末流的空谈心性不同,他的治学已经开始特别重视经典文本的研究了,而且也像朱子那样,关注的焦点正是《大学》。这一学术取径,后来在蕺山学派的刘宗周与陈确等人那里有了新的发展,但是他们对于《大学》的篇章次序以及释义却不尽相同。高攀龙提出自己的“格物”说,认为知止的工夫应基于格物。随后,完成了他的《大学》改本,这个改本刘宗周也曾认真研究过,但并未赞同高攀龙的观点。高攀龙又以其“格物”说重新诠释《大学》的义理架构,先后写了《古本大学题辞》《大学首章约义》《大学首章广义》等文章,并加上了两篇附录,④为他自己重新诠释《大学》之义理的新说提供支持。高攀龙的《大学》改本,刘宗周也曾认真研究过,但并未赞同其观点。刘宗周在《大学古文参疑》的《序》中说:“古本、石本皆疑案也,程本、朱本、高本皆疑案也。”⑤可见高攀龙的改本并未能帮助刘宗周解决心中的疑虑,反而使《大学》的

① [明]刘宗周:《刘宗周全集》第三册《与徐亮生大参》,第455页。
② [明]高攀龙:《高子遗书未刻稿》之《高子遗书》卷三《示学者》,第44页。
③ [明]刘汋:《蕺山刘子年谱》附卷《刘子年谱录遗》,载《刘宗周全集》第六册,第181页。
④ [明]高攀龙:《高子遗书未刻稿》之《高子遗书》卷三,第38—38页。附录之一为《附录先儒复大学古本及论格致未尝缺传》,摘录了方希古(方孝孺)、蔡虚斋(蔡清)、王阳明、湛甘泉(湛若水)、蒋道林(蒋信)、罗念庵(罗洪先)、罗近溪(罗汝芳)、李见罗(李材),对于研究晚明的《大学》学很有价值。
⑤ [明]刘宗周:《刘宗周全集》第一册《大学古文参疑》,第608页。

疑案倍增而已。或许出于对死去的友人的尊重，刘宗周本人并无直接对高攀龙的批评文字。关于高、刘学术之异同，黄宗羲说：

> 当《高子遗书》初出之时，羲侍先师于舟中，自禾水至省下，尽日翻阅。先师时摘其阑入释氏者以示羲。后读先师《论学书》，有答韩位云："古之有朱子，今之有忠宪先生，皆半杂禅门。"①

可见高、刘二人的学术，更大的差异还是儒释之辨。刘宗周其实是认为高攀龙还是有"阑入释氏"、"半杂禅门"之嫌疑的。

在高攀龙与刘宗周二人十多年的交游之中，高攀龙对于刘宗周在人格与学术两方面都有着深远的影响。但是，他们的思想却是同中有异，也正好说明了东林学派与蕺山学派之间的承继与发展，无论刘宗周还是其弟子黄宗羲，都在努力试图摆脱王学与佛学的羁绊，走出一条新的学术之路。

此处结合上述相关的讨论，补充说明刘宗周与"东林"之关系。关于东林学派，黄宗羲《东林学案》收录17人，其中与刘宗周相关的有顾宪成、高攀龙、刘永澄、黄尊素、吴钟峦、陈龙正等人，其中顾宪成是刘宗周特别推崇的前辈学者；高攀龙、刘永澄、黄尊素都是他的重要友人；吴钟峦、陈龙正二人因为曾在刘宗周讲学之时听讲而被人视为刘门弟子。关于东林党人的著录则有多种，如：《东林党人榜》，凡三百有九人；《东林点将录》，凡一百有八人；《东林同志录》，凡三百一十九人。刘宗周被收录《东林党人榜》、《东林点将录》、《盗柄东林夥》、崔呈秀《朋党录》、陈鼎《东林列传》以及许献、高廷珍《东林书院志》，所以我们认为刘宗周可以算是东林党的代表人物之一。② 因此，蕺山学派与东林学派，虽然有一定的关联，但学术思想还是有着很大差异的两大学派。刘宗周虽受到高攀龙等东林友人的影响，但就其学术渊源、学术性格、学术影响等诸多方面来看，与顾宪

---

① ［明］黄宗羲：《明儒学案》卷六十二《蕺山学案序》，第1509页。此处，黄宗羲引述刘宗周"答韩位"说："古之有朱子，今之有忠宪先生，皆半杂禅门。"但在《刘宗周全集》之中的《答韩参夫》的原文却说："古之有慈湖，今之有忠宪先生，皆半杂禅门，故其说往往支离或深奥，又向何处开攻禅之口乎？"参见《刘宗周全集》第三册《答韩参夫》，第360页。刘氏本来是说杨简与高攀龙"半杂禅门"，未提及朱子。这个差错当是黄宗羲编撰《明儒学案》所误。

② 参见小野和子：《明季党社考》，上海古籍出版社2006年版，第401页。

成、高攀龙等东林学者同少而异多。所以说刘宗周属于东林党人而非东林学派中人。

三、“于阳明之学凡三变”

刘宗周身处浙中，必然受到阳明学的熏习，在师事许孚远之后又梳理了整个宋明理学的发展历史，对于阳明学的利弊得失也就看得更加清楚了，最后在对阳明学加以“辨难”的过程之中，一步步建构他的蕺山学。刘宗周之子刘汋曾说：

> 先生于阳明之学凡三变，始疑之，中信之，终而辨难不遗余力。始疑之，疑其近禅也。中信之，信其为圣学也。终而辨难不遗余力，谓其言良知，以《孟子》合《大学》，专在念起念灭用工夫，而于知止一关全未勘入，失之粗且浅也。夫惟有所疑，然后有所信，夫惟信之笃，故其辨之切。而世之竟以玄渺称阳明者，乌足以知阳明也与！①

刘宗周对于阳明之学，从“疑”到“信”，再到“辨难”，其实是一个螺旋上升的过程。“辨难”是因为对阳明学有了深入认识，才能指出其中的得与失。因此，刘宗周是晚明少数真正懂得王阳明的学者。

刘宗周“早年不喜象山、阳明之学”②，相关的文献有所遗失，故具体情形不可考，现在保存下来的是刘宗周 36 岁之时的看法。万历四十一年(1613)，他在与友人陆以建的书信中说：

> 象山、阳明之学皆直信本心以证圣，不喜谈克己功夫，则更不用学、问、思、辨之事矣……象山、阳明授受终是有上截无下截，其旨险痛绝人，与龙溪四无之说相似，苟即其说而一再传，终必弊矣。观于慈湖、龙溪可见，何况后之人乎？③

---

① ［明］刘汋：《蕺山刘子年谱》，六十六岁条，载《刘宗周全集》第六册，第 147 页。
② ［明］刘汋：《蕺山刘子年谱》，二十六岁条，载《刘宗周全集》第六册，第 62 页。
③ ［明］刘宗周：《刘宗周全集》第三册《与陆以建二》，第 301 页。

刘宗周将象山、阳明一起评价，指出他们“直信本心”、“不喜克己功夫”等，这样的学问的毛病是“有上截无下截”，所以在教示后人上容易产生弊病。并且认为陆、王的再传弟子杨简(1141—1225)、王畿二人那里就弊病环生，这就说明了陆、王之学本来就有问题。他的这些看法，虽说也有道理但还显得笼统，可见当时对阳明学并没有深入钻研，还停留在表面。

直到天启六年(1626)刘宗周50岁时，在韩山草堂“半日静坐，半日读书”，进入到了对阳明学“始信不疑”的第二个阶段。这一时期他正在编撰《皇明道统录》，系统研读《阳明文集》并为之重编次第收录《皇明道统录》之中。① 当时他对王阳明的评价：

> 先生承绝学于辞章训诂之后，一反求诸心，而得其所性之觉，曰“良知”。因示人以求端用力之要，曰“致良知”。良知为知，见知不囿于闻见；致良知为行，见行不滞于方隅。即知即行，即心即物，即静即动，即体即用，即工夫即本体，即上即下，无之不一。以求学者支离眩骛、务华而绝根之病……特其急于明道，往往将向上一机轻于指点，启后学躐等之弊有之。天假之年，尽融其高明卓绝之见而底于实地，安知不更有晚年定论出于其间？而先生且遂以优入圣域，则范围朱、陆而进退之，有不待言矣。②

这里对“良知”、“致良知”都做了深刻的分析，并且认为良知之学“即知即行，即心即物，即静即动，即体即用，即工夫即本体，即上即下，无之不一”，这也就是刘宗周以自己统合性的学说来理解王阳明了。刘宗周在对王阳明肯定的同时已经有所批评，认为王阳明因为“急于明道”，“往往将向上一机轻于指点”，最后就导致了后学的种种弊病。这其实也就是后来说的阳明学“法”本无病而“教”则有病。刘宗周有些怀疑天泉证道，认为是“未定之见”，王畿提出的“四无说”与“致良知”之说也有矛盾之处。“直把良知作佛性看”等，则是说王畿之学已经流于禅学了。③ 后来刘宗周编撰《阳明传信录》，在其中的“王畿录”之后，对王畿的“四无说”提出了批评：

---

① ［明］刘汋：《蕺山刘子年谱》，五十岁条，载《刘宗周全集》第六册，第85页。

② ［明］刘宗周：《师说》，载《明儒学案》卷首，第7页。

③ ［明］刘宗周：《师说》，载《明儒学案》卷首，第8—9页。

> 先生每言:“至善是心之本体。”又曰:“至善只是尽乎天理之极,而无一毫人欲之私。”又曰:“良知即天理。”《录》中言天理二字,不一而足。有时说“无善无恶者理之静”,亦未曾径说“无善无恶是心体”。若心体果是无善无恶,则有善有恶之意又从何处来?知善知恶之知又从何处来?为善去恶之功又从何处来?无乃语语绝流断港?……蒙因为龙溪易一字,曰“心是有善无恶之心,则意亦是有善无恶之意,知亦是有善无恶之知,物亦是有善无恶之物”,不知先生首肯否?①

刘宗周认为,王阳明既说“至善”也说“天理”,特别是“天理”二字在《传习录》中“不一而足”,王阳明本人并没有明确说过“无善无恶是心体”之类的话。如果心体“无善无恶”,那么“有善有恶”的“意”、“知善知恶”的“知”、“为善去恶”的“功”,都是“从何处来”?所以说“四无”说“语语绝流断港”在刘宗周看来,完全是因为王畿要传布他的“四无”说而故意编造了“天泉证道”一说,以至于后人误解了王阳明。所以,刘宗周要将“四无”说改一个字,将“无善无恶”都改为“有善无恶”。刘宗周在给王朝式的信中说:“然学阳明之学者,意不止于阳明也。读龙溪、近溪之书,时时不满其师说,而益启瞿昙之秘,举而归之师,渐跻阳明于禅矣。则生于二溪之后者,又可知矣。”②晚明学阳明的学者往往不满于王阳明本人的学说,转而去学罗汝芳与王畿的学说,刘宗周认为正是“二溪”将阳明学引向了禅学化的道路。

崇祯十二年(1638),刘宗周62岁时在《重刻王阳明先生传习录序》一文中,依旧高度评价阳明学:“良知之教如日中天。昔人谓‘天不生仲尼,万古如长夜’,然使三千年而后,不复生先生,又谁与取日虞渊、洗光咸池乎!”另外,还进一步说明了阳明学在学术史上的意义:

> 孔、孟既殁,心学不传,浸淫而为佛、老、荀、杨之说,虽经程、朱诸大儒讲明救正,不遗余力,而其后复束于训诂,转入支离,往往析心与理而二之。求道愈难而去道愈远,圣学途为绝德。于是先生特本程、朱之说而求之,以直接孔、孟之传,曰“致良知”,可谓良工苦心。自此人皆知吾之心即圣人之心、吾心之知

① [明]刘宗周:《刘宗周全集》第五册《阳明传信录三》,第91—92页。
② [明]刘宗周:《刘宗周全集》第三册《答王金如三》,第345—346页。

即圣人之无不知，而作圣之功，初非有加于此心、此知之毫末也。则先生恢复本心之功，岂在孟子道性善后与？①

刘宗周认为孔子、孟子之后“心学不传”，一直到程、朱“讲明救正”，其后又“束于训诂，转入支离”，“析心与理而二之”，而阳明学则是“特本程、朱之说而求之，以直接孔、孟之传”。刘宗周对王阳明在学术史上意义的阐发，已经是他个人对宋明理学发展的重新诠释，建立在他自己的统合性的学术理论之上。

在接下来的几年里，刘宗周进入对阳明学“辨难不遗余力”的新阶段，一方面是进一步指出王阳明本人学说上的漏洞，另一方面是继续批评王畿的“四无”说，后者则是更为重要的。崇祯十三年(1639)，刘宗周在与弟子的信中说：

然则阳明之学，谓其失之粗且浅、不见道则有之，未可病其为禅也。阳明而禅，何以处豫章、延平乎？只为后人将“无善无恶”四字，播弄得天花乱坠，一顿扯入禅乘，于其平日所谓“良知即天理”，“良知即至善”等处全然抹杀，安得不起后世之惑乎？阳明不幸而有龙溪，犹之象山不幸而有慈湖，皆斯文之扼也。②

他指出王阳明本人还不算是禅，只是因为王畿的“无善无恶”之说才将阳明学“扯入禅乘”，以至于将王阳明说“天理”、“至善”等处“全然抹杀”，导致了晚明学术的种种弊病。后来，刘宗周66岁前后还说：“王门倡无善无恶之说，终于至善二字有碍。”③

刘宗周在批评王阳明学说的漏洞以及王门后学的弊病的同时，也经常引述王阳明的观点来为他自己作证明。这主要表现在两点上：一为肯定《大学》之道“诚意”的重要性；另一为“独知”与“慎独”的关系。刘宗周说：

阳明虽说致良知，而吃紧在“《大学》之道，诚意而已矣”一语。故曰：“明善是诚身工夫，惟精是惟一工夫，道问学是尊德性工夫，博文是约礼工夫，格物是

① ［明］刘宗周：《刘宗周全集》第四册《重刻王阳明先生传习录序》，第29—30页。
② ［明］刘宗周：《刘宗周全集》第三册《答韩参夫》，第359—360页。
③ ［明］刘宗周：《刘宗周全集》第二册《学言下》，第439页。

> 诚意工夫。”此可窥其主脑所在处。后人便以良知为主脑，终是顾奴失主。①
>
> 王阳明的“大学之道，诚意而已矣”与“格物是诚意工夫”这二句，刘宗周特别推崇，认为这是王阳明看重“诚意”工夫的表现。刘宗周认为“诚意”才是阳明学的“主脑”，后人认为“良知”是阳明学“主脑”则是看错了。

刘宗周更为看重的还是从王阳明关于“独知”的说法，那里可以生发“慎独”相关的思想。早在天启七年(1627)的《皇明道统录》之中，刘宗周就说：“先生之言曰‘良知即是独知时’本非玄妙，后人强作玄妙观，故近禅，殊非先生本旨。”②到了崇祯四年(1630)，他又在证人社的讲会中指出：

> 孔门约其旨曰“慎独”，而阳明先生曰“良知只是独知时”，可谓先后一揆。慎独一着，即是致良知，是故可与知人，可与知天，即人即天，即本体即工夫。③

这里就更明确将王阳明讲“独知”拉入了他自己的“慎独”学。这一年刘宗周还在《中庸首章说》中提及王阳明的这句诗，并说“可谓心学独窥一源”④。

在晚年的刘宗周那里，通过对王阳明所说的“独”做进一步阐发，已经将阳明学重新诠释，变成走向蕺山学的一个途径，而这个途径本来是不需要的，只有面对秦弘祐这样的本来喜好阳明学的学者也需要接引一下。值得注意的是，刘宗周引王阳明的诗有一字之差。王阳明《答人问良知二首》一诗原文是“良知即是独知时”⑤，刘宗周天启年间的文本中没有错，到了崇祯年间的文本里，却都变成了“良知只是独知时”，其中的原因到底是出于笔误还是有意为之？“即是”与“只是”所传达的对于“独”的重视程度，则有很大的差别。

总之，刘宗周对阳明学的看法在50岁前后就已经基本定型了，后面的十多年里虽然对王阳明与王畿的思想进行了“辨难”，但是对王阳明“致良知”说的“信”，即对王阳明在学术史上传承“心学”的关键作用一直都是充分肯定

---

① [明]刘宗周：《刘宗周全集》第二册《学言中》，第428页。
② [明]刘宗周：《师说》，载《明儒学案》卷首，第7页。
③ [明]刘宗周：《刘宗周全集》第二册《会约书后》，第498页。
④ [明]刘宗周：《刘宗周全集》第二册《中庸首章说》，第301页。
⑤ [明]王阳明：《王阳明全集》卷二十《答人问良知二首》，上海古籍出版社1992年版，第791页。

的，只是在肯定的同时指出王阳明在解释《大学》的“意”上有问题，而更大的问题则是在王门后学王畿的“四无”说。刘宗周对阳明学的批评主要就是容易流于禅学，后来刘汋以及张履祥、吴蕃昌等转向朱学的弟子，受到了他对阳明学弊病过于担忧的影响。另外，刘宗周十分欣赏王阳明肯定《大学》之道“诚意”的重要性以及“良知即是独知时”的提法，则因为这两点可以纳入他自己的诚意慎独之学。

第三节　蕺山学的统合性与《人谱》的证人之旨

刘宗周曾说：“学者只有工夫可说，其本体处直是着不得一语，才着一语，便是工夫边事。然言工夫，而本体在其中矣。”①关于本体与工夫的统合一体，刘宗周在王阳明的基础上又有新的发展，在他看来本体与工夫是打通的，而本体无法讨论，要讨论的只是工夫，工夫着实之后本体就在其中。“慎独”是刘宗周蕺山学的主旨，作为统合一切工夫的工夫，“慎独”与“敬”、“静”、“诚意”之间也就统合起来了。晚年的刘宗周编撰了《人谱》一书，倡导证人改过之学，使得“慎独”工夫更具可操作性。《人谱》对明清之际的士人的道德实践，有着极大的影响。

一、“慎独”与“敬”“静”以及“诚意”

关于刘宗周的为学宗旨，他自己并未总结，弟子却有不同的总结。其中，刘汋认为“诚意”其一生学术之“归本”：

> 先君子学圣人之诚者也。始致力于主敬，中操功于慎独，而晚归本于诚意。诚由敬入，诚之者人之道也。意也者，至善栖真之地，物在此，知亦在此。

---

① ［明］刘宗周：《刘宗周全集》第三册《答履思二》，第309页。

> 意诚则止于至善，物格而知至矣。意诚而后心完其心焉，而后人完其人焉。是故可以扶皇纲，植人纪，参天地而为三才也。①

黄宗羲则说：

> 先生宗旨为"慎独"。始从主敬入门，中年专用慎独工夫。慎则敬，敬则诚。晚年愈精微、愈平实，本体只是些子，工夫只是些子。仍不分此为本体，彼为工夫。②

一般认为黄宗羲是真正懂得蕺山之学的，他认为刘宗周的为学宗旨为"慎独"，而且"慎独"也是"敬"与"诚"的工夫所在。"慎独"统合本体与工夫，最后又落实于工夫之中，"慎独"才是刘门统合、一贯的工夫，黄宗羲的说法应该符合蕺山学的本然。

刘宗周正式提出"慎独"之旨是在48岁时，到了57岁才将慎独工夫疏通为千圣学脉。天启五年(1625)，刘宗周48岁讲学于解吟轩，"于是有慎独之说"。慎独之学的重要性，其实从提出此宗旨的背景就可以看出来。刘汋说："先生痛言世道之祸，酿于人心，而人心之恶，以不学而进。今日理会此事，正欲明人心本然之善，他日不至凶于尔国，害于尔家。"③"慎独"可以看作是刘宗周为救世拯人所提出的学问主张。

再看刘宗周的"慎独"之学，也经历了一个漫长的发展过程。④ 因为刘宗周早期著述大多遗失，故现存史料中，论及"慎独"最早即在刘宗周36岁时：

> 圣学要旨摄入在克己，即《大》《中》之旨摄入在慎独，更不说知、说行。周子"学圣有要"一段，亦最简截。与克己慎独之说相印证，此千古相传心法也。⑤

---

① [明]刘汋：《蕺山刘子年谱》，六十八岁条，载《刘宗周全集》第六册，第173页。
② [明]黄宗羲：《黄宗羲全集》第一册《子刘子行状》卷下，第250页。
③ [明]刘汋：《蕺山刘子年谱》，四十八岁条，载《刘宗周全集》第六册，第80—81页。
④ 关于"慎独"的发展过程的讨论，参见廖俊裕《道德实践与历史性——关于蕺山学的讨论》，第59页。本节对此有所参考。
⑤ [明]刘宗周：《刘宗周全集》第三册《与陆以建年友一》，第298页。

从此条可知，他很早就认为《大学》《中庸》的主旨在于“慎独”，而这两种也是蕺山学体系建构最为关键的文本。再看他40岁左右的《论语学案》，其中也常提“慎独”，十分重视“慎独”对于道德生成的重要性，作为入门工夫，比“克己复礼”更为重要。与此观点相似的还有42岁：“绝恶必务尽，拔本塞源之谓也。此为慎独之君子能之。”①到了43岁，刘宗周已经确立了“慎独”作为“圣学”最根本的宗旨：

> 圣学之要，只在慎独。独者，静之神、动之机也。动而无妄，曰静，慎之至也。是谓主静立极。
>
> 圣人原不曾动些子，学圣者宜如何？曰：“慎独。”②

47岁时提出“慎独”乃先圣传心的宗旨：

> 圣人之道即圣人之心是已……是心也，仲尼传之子思子，以作《中庸》，则曰：“君子戒慎乎其所不睹，恐惧乎其所不闻。”而约之曰“慎独”，遂为后世传心的旨。③

到了52岁，刘宗周著《大学古记约义》，将“慎独”与“知止”、“格物”等结合起来加以论说，并且提出：“《大学》之道，一言以蔽之曰：慎独而已矣。”④之后，刘宗周54岁时在所作的《独箴》中说：“圣学本心，惟心本天。维玄维默，体乎太虚。因所不见，是名曰‘独’。”⑤这已经说明了“独”的本体意义。是年还著有《中庸首章说》，其中指出：“独之外，别无本体；慎独之外，别无工夫，此所以为《中庸》之道也。”并且以“慎独”将“人心与道心”、“义理之性与气质之性”、“静存与动察”、“工夫与本体”等“一之”。⑥ 到此时慎独之学已经趋于成熟，在刘宗周论心性本体之中已经实现了一以贯之。

---

① ［明］刘宗周：《刘宗周全集》第一册《曾子章句·立事第一》，第567页。
② ［明］刘宗周：《刘宗周全集》第二册《学言上》，第361、364页。
③ ［明］刘宗周：《刘宗周全集》第四册《重刻尹和靖先生文集序》，第6页。
④ ［明］刘宗周：《刘宗周全集》第一册《大学古记约义》，第650页。
⑤ ［明］刘宗周：《刘宗周全集》第四册《独箴》，第345页。
⑥ ［明］刘宗周：《刘宗周全集》第二册《中庸首章说》，第300—302页。

刘宗周57岁讲学于“证人社”，已经“专揭慎独之旨教学者”①。他到此时才对自己的“慎独之旨”感到满意，将“慎独”作为“立教”之根本，而且认为并无太多后遗症。

所以说，52岁至57岁，则是刘宗周的蕺山学体系进一步完善的重要时期。杜维明先生说：“宗周于崇祯二年有《大学古记约义》；崇祯四年有《中庸首章说》《独箴》；崇祯五年有《第一义》等说九篇；至崇祯七年辑撰《圣学宗要》《人谱》，其间复有许多与门人、同道的论学书等，而慎独却如一根红线贯穿其中。”②总括刘宗周晚年的重要著述，其思想体系的核心，还是“慎独”。

刘宗周标出“慎独之旨”，其一是结合经典文本来加以论证，这是最关键的方面，具体见下面的讨论。其二则是结合宋明先儒语录来加以论证，这主要体现在《五子连珠》与《圣学宗要》等著述的编撰理念之中。一句话：“‘慎独’二字最为居要，即《太极图说》之张本也。乃知圣贤千言万语，说本体说功夫，总不离‘慎独’二字。”③还有，在刘宗周50岁时编著的《皇明道统录》，此书后来成为《明儒学案》卷首的《师说》，其中就有以“慎独”融摄朱子与阳明之处：“其于工夫，似有分合之不同，然详二先生所最吃紧处，皆不越慎独一关。”④还有上文也已说到，他在论及王阳明时，也强调了关涉“独体”问题的“良知即是独知时”一句的重要性。

再看刘宗周将他的“慎独之旨”统合于经典文本的诠释，这主要集中于《大学》与《中庸》，这两个文本也纠结其一生。即在刘宗周看来，慎独是学问第一义，《大学》《中庸》都是以慎独为其一贯之学。他说：

> 《大学》言心到极至处，便是尽性之功，故其要归之慎独。《中庸》言性到极至处，只是尽心之功，故其要亦归之慎独。独，一也。形而上者谓之性，形而下者谓之心。⑤
>
> 慎独是学问第一义。言慎独而身、心、意、知、家、国、天下一齐俱到。故在

① ［明］刘汋：《蕺山刘子年谱》，五十四岁条，载《刘宗周全集》第六册，第101页。

② 杜维明、东方朔：《杜维明学术专题访谈录——宗周哲学之精神与儒家文化之未来》，第312页。该书对慎独说提出的过程，也有讨论。

③ ［明］刘宗周：《刘宗周全集》第二册《圣学宗要》，第258页。

④ ［明］刘宗周：《师说》，载《明儒学案》卷首，第7页。

⑤ ［明］刘宗周：《刘宗周全集》第二册《学言上》，第389—390页。

《大学》为格物下手处；在《中庸》为上达天德统宗，彻上彻下之道也。①

《大学》之道，慎独而已矣；《中庸》之道，慎独而已矣；《论》、《孟》、《六经》之道，慎独而已矣。慎独，而天下之能事毕矣。②

刘宗周以“慎独之旨”统合《大学》全书，他说：

隐微之地，是名曰独，其为何物乎？本无一物之中而物物具焉，此至善之所统会也。致知在格物，格此而已。独者物之本，而慎独者格之始事也……自闻自见者，自知者也。吾求之自焉，使此心常知、常定、常静、常安、常虑而常得，慎之至也。慎则无所不慎矣，始求之好恶之机，得吾诚焉，所以慎之于意也；因求之喜、怒、哀、乐之发，得吾正焉，所以慎之于心也；又求之亲爱、贱恶、畏敬、哀矜、敖惰之所之，得吾修焉，所以慎之于身也；又求之孝、弟、慈，得吾齐焉，所以慎之于家也；又求之事君、事长、使众，得吾治焉，所以慎之于国也；又求之民好、民恶，明明德于天下焉，所以慎之于天下也。而实天下而本于国，本于家，本于身，本于心，本于意，本于知，合于物，乃所以为慎独也。慎独也者，人以为诚意之功，而不知即格致之功也，人以为格致之功，而不知即明明德于天下递先之功也。《大学》之道，一言以蔽之，曰慎独而已矣。③

刘宗周后来还说：“《大学》是一贯底血脉，不是循序底工夫。今人以循序求《大学》，故谓格致之后，另有诚意工夫；诚意之后，另有正心工夫。岂正心之后，又有修齐治平工夫邪？”④“格物”的开始即“慎独”，然后“致知”、“诚意”、“正心”、“修身”、“齐家”、“治国”、“平天下”，这些都是“慎独”工夫的推衍，甚至“知、定、静、安、虑、得”、“明明德于天下”都要从慎独的工夫开始。“格物”之物即“独”，“独”又解释为“本无一物之中而物物具焉”、“至善之所统会”，也就是“万物一体”。总之，“慎独”为《大学》之教一以贯之的工夫。

刘宗周又以“慎独之旨”统合《中庸》，他说：

① ［明］刘宗周：《刘宗周全集》第二册《学言上》，第396—397页。
② ［明］刘宗周：《刘宗周全集》第四册《读大学》，第418页。
③ ［明］刘宗周：《刘宗周全集》第一册《大学古记约义》，第649—650页。
④ ［明］刘宗周：《刘宗周全集》第二册《学言下》，第452页。

> 《中庸》言喜怒哀乐，专指四德言，非以七情言也。喜，仁之德也；怒，义之德也；乐，礼之德也；哀，智之德也。而其所谓中，即信之德也。一心耳，而气机流行之际，自其盎然而起也谓之喜，于所性为仁，于心为恻隐之心，于天道则元者善之长也，而于时为春。自其油然而畅也谓之乐，于所性为礼，于心为辞让之心，于天道则亨者嘉之会也，而于时为夏。自其肃然而敛也谓之怒，于所性为义，于心为羞恶之心，于天道则利者义之合也，而于时为秋。自其寂然而止也谓之哀，于所性为智，于心为是非之心，于天道则贞者事之干也，而于时为冬。乃四时之气所以循环而不穷者，独赖有中气存乎其间，而发之即谓之太和元气，是以谓之中，谓之和，于所性为信。于心为真实无妄之心，于天道为干元亨利贞，而于时为四季。故自喜怒哀乐之存诸中而言，谓之中，不必其未发之前别有气象也。即天道之元亨利贞，运于于穆者是也。自喜怒哀乐之发于外而言，谓之和，不必其已发之时又有气象也。即天道之元亨利贞，呈于化育者是也。惟存发总是一机，故中和浑是一性。如内有阳舒之心，为喜为乐，外即有阳舒之色，动作态度，无不阳舒者。内有阴惨之心，为怒为哀，外即有阴惨之色，动作态度，无不阴惨者。推之一动一静，一语一默，莫不皆然。此独体之妙，所以即隐即见，即微即显，而慎独之学，即中和即位育，此千圣学脉也。自喜怒哀乐之说不明于后世，而性学晦矣。千载以下，特为拈出。①

在此，刘宗周指出了“独体之妙”，即“气”在春夏秋冬四时之中的生成发展，因为“人以天地万物为一体”、“盈天地间一气”，所以“气机”之流行，会有喜、乐、怒、哀四德，仁、礼、义、智四性，恻隐、辞让、羞恶、是非四心，以及元亨利贞天道随春、夏、秋、冬四时之流行等。四时之“气”循环不已，因为还有“中气”，即“太和元气”，表现为性即“信”，表现为心即“真实无妄”等。在这期间要把握的就是“独体之妙”，如何来把握呢？就是要用“慎独之学”。

本体的“独体”不可多说，当与工夫的“慎独”统合理解，只有“慎独”的工夫，才是心性修养的一以贯之的核心，不可“劈成两下”。所以刘宗周说：“从来学问只有一个工夫，凡分内分外，分动分静，说有说无，劈成两下，总属支离。”②这条语录在刘汋的《年谱》特别摘录，并加按语说：

---

① ［明］刘宗周：《刘宗周全集》第二册《学言中》，第414—416页。
② ［明］刘汋：《蕺山刘子年谱》，六十六岁条，载《刘宗周全集》第六册，第147—148页。

先儒言道分析者，至先生悉统而一之。先儒心与性对，先生曰“性者心之性”；性与情对，先生曰：“情者性之情”；心统性情，先生曰：“心之性情。”分人欲为人心，天理为道心，先生曰：“心只有人心，道心者，人心之所以为心”。分性为气质、义理，先生曰：“性只有气质，义理者气质之所以为性”；未发为静，已发为动，先生曰：“存发只是一机，动静只是一理。”推之存心、致知、闻见、德性之知，莫不归之于一。①

刘宗周认为“从来学问只有一个工夫”，工夫不能二分为内外、动静、有无，等等，这个工夫在他那里也就是指“慎独”。他也反对性情、人心道心、气质义理、未发已发等等的两分，从心性修养来说，都应该“归之于一”，即“慎独之旨”。

再看“慎独”与“敬”。“主敬”对于刘宗周的治学生涯来说，确实是一个入门的工夫，上文关于许孚远传授刘宗周学术时也已提及。许孚远号“敬庵”，他的主旨为“存天理，遏人欲”，而入门的工夫却是“主敬”。成就圣学必须从“敬”入，整齐严肃，也就是注意念虑之微、私意之起处。另外，万历四十年(1612)，刘宗周35岁时，曾拜谒高攀龙，当时向其问学的三通书信之一即为“论儒释异同与主敬之功”，可知当时刘宗周对于“主敬”的关注。从治学之路来看，“主敬”对于蕺山学的建构具有十分重要的地位。

由许孚远上溯到宋儒，刘宗周认为“敬”是圣学自始至终的要旨，是“千圣相传”，“敬”是从尧、舜到孔、孟再到二程与朱子乃至明儒都特别重视的心法。他说：

一向放失在外，一旦反求，欲从腔子内觅归根，又是将心觅心，唯有一敬焉为操存之法。随处流行，随处静定，无有动静、显微、前后、巨细之岐，是千圣相传心法也。在尧、舜谓之兢兢，在禹谓之祗台……在孔门谓之敬修，在孟子谓之勿忘勿助，在程门谓之居敬穷理，朱子得统于二程，惓惓以主敬授学者，至明儒相传，往往多得之敬。康斋传之敬斋，皆一以敬字做成……②

敬之一字，自是千圣相传心法，至圣门只是个慎独而已。其后伊洛遂以为

① ［明］刘汋：《蕺山刘子年谱》，六十六岁条，载《刘宗周全集》第六册，第148页。

② ［明］刘宗周：《刘宗周全集》第二册《学言上》，第376页。

单提口诀,朱子承之,发挥更无余蕴。儒门榜样,于斯为至。①

刘宗周《人谱》的《证人要旨》“凛闲居以体独”一条,就强调“敬肆之分”是“证人第一义”,也就是说证人工夫就在于“敬”。他所编撰的《圣学吃紧三关》第一关即“敬肆关”,所选的语录都是围绕朱子“主敬”的工夫而展开的论述。到了《人谱》还是以“敬肆之分”作为证人的第一义,“闲居”、“独处”之中如何以“敬”而证悟此心,是证悟“慎独之旨”的关键。刘宗周临终之际也曾说:“为学之要,一诚尽之矣。而主敬其功也,敬则诚,诚则天。”②黄宗羲也说:“慎则敬,敬则诚。”③由此可见,“敬”是刘宗周慎独学一个入门的根本工夫。

“慎独”与“静”。先来看“敬”与“静”之关系。刘宗周说:“主静,敬也。若言主敬,便赘此主字。”④这就明言“主静”即是“敬”。“敬”虽然可以包含“静”,但是单言“敬”也会有弊端,所以刘宗周说:“吾儒专言‘敬’字亦有弊”⑤,这是在《吃紧三关》一书的第三关《迷悟关》中就已经说明。讨论“敬”与“静”,还涉及如何看待“静坐”这个关键的问题。刘宗周撰有《静坐》诗四首与《静坐说》,在其治学之中“静坐”也是常用的方法之一。刘宗周早在 34 岁就开始使用“静坐”的方法,49 岁在韩山草堂之时“半日静坐、半日读书”,“久之勿忘勿助,渐见浩然天地气象,平生严毅之意,一旦销融”⑥。系统地讨论“静坐”则是刘宗周 52 岁时,写了四首《静坐》诗,从中我们可以知道刘宗周那一时期的态度,也可以知道他静坐所达到的境界。诗曰:

学圣工夫静里真,只教打坐苦难亲。知他心放如豚子,合与家还作主人。隐隐得来方有事,轻轻递入转无身。若于此际窥消息,宇宙全收一体春。

万法论心总未真,精神一点个中亲。不求离坎还丹诀,且问乾坤成位人。亘古生生为此息,只今惺惺亦非身。请观声臭俱无处,毕竟谁尸造化春?

有物希夷气象真,多从血肉认非亲。闲来拂拭尘中镜,觉后方呈梦里人。

① [明]刘宗周:《刘宗周全集》第二册《圣学吃紧三关》,第 213 页。
② [明]刘汋:《蕺山刘子年谱》,六十八岁条,载《刘宗周全集》第六册,第 170 页。
③ [明]黄宗羲:《黄宗羲全集》第一册《子刘子行状》卷下,第 250 页。
④ [明]刘宗周:《刘宗周全集》第二册《学言下》,第 434 页。
⑤ [明]刘宗周:《刘宗周全集》第二册《圣学吃紧三关》,第 218 页。
⑥ [明]刘汋:《蕺山刘子年谱》,四十九岁条,载《刘宗周全集》第六册,第 82 页。

呼吸一元通帝座，往来三复得吾身。憧憧思虑成何用？月过中秋花又春。

圣学相传自有真，春陵一派洛中亲。惟将敬字包终始，恰与几先辨鬼神。黑浪岂随初乘佛？嵩山应悟再来身。凭君决取希贤志，口诀虽然不度春。①

从这四首诗来看，刘宗周的"静坐"有三点与禅门不同：其一，"静坐"是为了成圣成贤，是圣学工夫，不是一味耽于主静而荡灭人伦，而是为了有助于日用伦常之中更好地"应事接物"；其二，"静坐"是为了体悟独体，"若于此际窥消息"、"请观声臭俱无处"等都是在说以"静坐"来"体独"；其三，"静坐"与"主敬"始终是结合的，"只今惺惺亦非身"、"惟将敬字包终始"，一直有一种"常惺惺"的状态，关注于"何思何虑"。

刘宗周55岁时，又作《静坐说》，在方法上不再拘泥于"随息"，已经有了自己的独特主张，他说：

人生终日扰扰也，一着归根复命处，乃在向晦时，即天地万物不外此理，于此可悟学问宗旨只是主静也。此处工夫最难下手，姑为学者设方便法，且教之静坐。日用之间，除应事接物外，苟有余刻，且静坐。坐间本无一切事，即以无事付之。既无一切事，亦无一切心，无心之心，正是本心。瞥起则放下，沾滞则扫除，只与之常惺惺可也。此时伎俩，不合眼、不掩耳、不趺跏、不数息、不参话头。只在寻常日用中，有时倦则起，有时感则应，行住坐卧，都作坐观，食息起居，都作静会。昔人所为"勿忘勿助间，未尝致纤毫之力"，此其真消息也。故程子每见人静坐，便叹其善学。善学云者，只是求放心亲切工夫。从此入门，即从此究竟，非徒小小方便而已。会得时，立地圣域；不会得时，终身只是狂驰子，更无别法可入。不会静坐，且学坐而已，学坐不成，更论甚学？坐如尸，坐时习。学者且从整齐严肃入，渐进于自然。②

在《静坐说》之中，刘宗周将自己独特的静坐主张进一步表述明晰了。其一，"静坐"只是人伦日用"主敬"的辅助工夫，所以说"日用之间，除应事接物外，苟有余刻，且静坐"。其二，"静坐"是为了体悟"独体"，"既无一切事，亦无一切

① ［明］刘宗周：《刘宗周全集》第四册《静坐》(四首)，第528页。
② ［明］刘宗周：《刘宗周全集》第二册《静坐说》，第305—306页。

心，无心之心，正是本心”，体悟本心之后，实现“常惺惺”，实现“勿忘勿助”。其三，名为“静坐”，却完全不拘泥于“静坐”这一姿态本身，“不合眼、不掩耳、不趺跏、不数息、不参话头”，“有时倦则起，有时感则应，行住坐卧，都作坐观，食息起居，都作静会”，刘宗周这种方便法子的“静坐”，只是为了达到“勿忘勿助间，未尝致纤毫之力”的效果，这也就避免了一味主静而产生的弊病。因此，刘宗周关于“静坐”的看法在《静坐说》已经成熟，57 岁时作《人谱》，从语气上看对“静坐”有助于“省过”、“改过”，有助于“应事接物”等都更为肯定，虽然在“静坐”的方法上有一些规定，但基本的主张并未变化。

但是，刘宗周很早就注意到“静坐”的教法容易出问题，所以他后来在《人谱》之中，将《静坐法》更名为《讼过法》，将《证人要旨》中的“主静坐以体独”更名为“凛闲居以体独”，尽量避免直接用“静坐”或“主静”字样。[①] 据刘汋《年谱》记载，刘宗周 50 岁时：“先生自春徂夏，无事率终日静坐，有事则随感而应。每事过，自审此中不作将迎否？不作将迎而独体渊然自如否？盖自是专归涵养一路矣。”[②]静坐容易发生的问题有二：一是“喜静厌动，流入枯槁”，另一是“玄解妙觉”。所以，刘宗周并非一味静坐，而是无事的时候静坐，有事的时候“随感而应”，而且在事过之后的静坐之中，对于自己的“应事接物”进行一番反省，省察自己是否起念于私心而有了将迎，是否保持独体之“溥博如天，渊泉如渊”的状态。对于“静坐”法之中的儒释之辨，也是刘宗周一直注意的。他说：“吾儒学问在事物上磨练，不向事物上做工夫，总然面壁九年，终无些子得力。此儒、释之分也。”[③]儒释之辨，就是看“静坐”是否为了“应事接物”，他还说：“静中工夫，须在应事接物处不差，方是真得力。”[④]这两句话其实差不多，反对一味“求静”，讲求“主静”之后更好地“应事接物”。刘宗周对朱子所说的“涵养须主敬”等思想有所发展，明显更接近于程朱一系的“主敬”理念之下的“主静”观，而与陆王一系的“主静”观拉开了差距。“静坐”只是“敬”的辅助，“静坐”的主要目的是为了“体独”，是“慎独”工夫的一个重要方法。

---

① 刘宗周关于静坐与主静的区分，廖俊裕先生也有考证，参见《道德实践与历史性——关于蕺山学的讨论》，第 64—65 页。

② ［明］刘汋：《蕺山刘子年谱》，五十岁条，载《刘宗周全集》第六册，第 85 页。

③ ［明］刘宗周：《刘宗周全集》第二册《会录》，第 535 页。

④ ［明］刘宗周：《刘宗周全集》第二册《会录》，第 518 页。

上文已经说明，我们认为刘宗周学术的主旨为“慎独”，但是刘汋却提出刘宗周59岁之后：“始以《大学》诚意、《中庸》已未发之说示学者……自此专举立诚之旨，即慎独姑置第二义矣。”①这一说法，上文已经说明黄宗羲并不认同，近代以来的许多研究刘宗周思想的学者并不赞同。② 应该说，“诚意”说只是刘宗周慎独之学的一个发展阶段，作为其学术体系之中的一个重要组成部分，而“慎独”才是他统合性学术体系的唯一宗旨。关于“诚意”与“慎独”之关系，刘宗周也有多次说明：

> 《大学》之道，诚意而已矣。诚意之功，慎独而已矣。意也者，至善归宿之地，其为物不二，故曰“独”，其为物不二，而生物也不测，所谓物有本末也。格此之谓“格物”，致此之谓“知本”，知此之谓“知至”。故格物致知总为诚意而设，非诚意之先又有所谓格致之功也。必言诚意先致知，正示人以知止之法，欲其止于至善也。“意”外无善，“独”外无善也。故诚意者，《大学》之专义也。前此不必在致知，后此不必在于正心也；亦《大学》之完义也，后此无正心之功，并无修齐治平之功也。③

在刘宗周看来，“意”即“意根”，也即“独”或“独体”，“为物不二而生物不测”，这也就是上文所述的“万物一体”之物。因此，《大学》之中的“格物致知”是为“诚意”而设的，“格致”与“诚意”或“慎独”其实都是一种工夫，甚至“格致”与“诚意”、“正心”都可以统合为一种工夫，即“诚意”或“慎独”。所以他说“非诚意之先又有所谓格致之功也”、“故诚意者，《大学》之专义也，前此不必在致知，后此不必在于正心也”、“后此无正心之功，并无修齐治平之功也”。在《读大学》一文最后，刘宗周又说：“《大学》之道，‘慎独’而已矣；《中庸》之道，‘慎独’而已矣……‘慎独’而天下之能事毕矣。”可见，蕺山学唯一宗旨还是“慎独”，“诚意”

---

① ［明］刘汋：《蕺山刘子年谱》，五十九岁条，载《刘宗周全集》第六册，第117—118页。

② 廖俊裕先生指出，刘汋此说没有完全正确，前半段是对的，后句“专举立诚之旨，即慎独姑置第二义矣”，可能只是为了突显蕺山晚期立“诚意”之说的不同。见《道德实践与历史性——关于蕺山学的讨论》，第67页。东方朔先生指出刘汋的说法，将慎独与诚意两者分得太开，蕺山诚意说未尝离开慎独而言，而慎独在蕺山总是总摄一切工夫之工夫，至蕺山65岁答叶润山问“诚意”，仍标明“慎独之功必于斯为至”，诚意即慎独，两者一而二，二而一。见东方朔：《刘蕺山哲学研究》，上海人民出版社1997年版，第260页。

③ ［明］刘宗周：《刘宗周全集》第四册《读大学》，第417页。

其实是“慎独”统合的一种工夫，只在诠释《大学》时为了方便才会较多使用“诚意”，此外一般都使用“慎独”。

二、《人谱》与证人改过之学

《人谱》是刘宗周晚年最为重要的学术著述，也是他在当时及后世最有影响的学术著述。蕺山学中以《人谱》为中心的证人改过之学，证人与改过互为表里，使得刘宗周慎独学在实践层面更为完善。

关于《人谱》的编撰过程，黄宗羲曾说：“袁了凡《功过册》盛行，因而有仿为《迁改格》者，善与过对举。先生曰：‘此意最害道。有过，非过也，过而不改，是谓过矣；有善，非善也，有意为善，亦过也。此处路头不清，未有不入于邪者。’作《人谱》。”[①]在黄宗羲看来，刘宗周作《人谱》是对《功过格》“有意为善”的反正，是以儒家思想重新诠释的改过之学。《人谱》始作于崇祯七年(1633)，也就是举证人社讲会的三年之后；然后崇祯十年(1636)重订，最后改订于顺治二年(1645)，一直到刘宗周去世之前都在修订此书。[②] 刘宗周对于《人谱》可谓字斟句酌，他的著作轻易不加刊刻，但是《人谱》却在生前就刊刻了两次，可见希望此书广为传布。

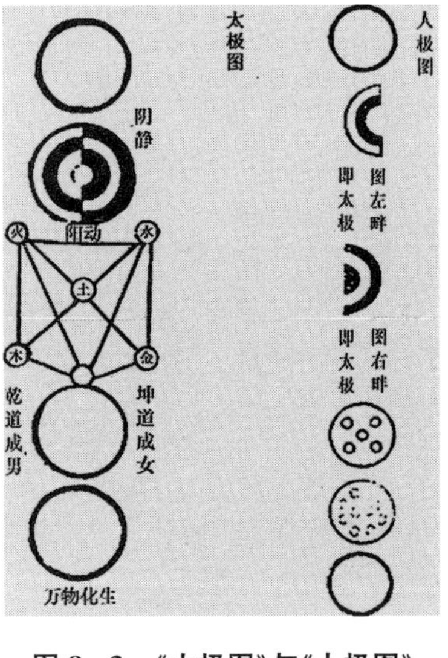

图 8－3　《太极图》与《人极图》

刘宗周的《人谱》一书包含《人谱正篇》《人谱续篇二》与《人谱续篇三》。《人谱正篇》分为《人极图》与《人极图说》两部分；《人谱续篇》之一即《证人要旨》；《人谱续篇》之二分为《纪过格》《讼过法》以及三篇《改过说》。

首先来对比一下周敦颐的《太极图》与刘宗周的《人极图》。

① [明]黄宗羲：《黄宗羲全集》第一册《子刘子行状》卷下，第 255 页。

② 关于《人谱》的改定过程，还有《初本证人小谱序》可以说明，《刘宗周全集》第四册，第 23—24 页。

第一图“无极太极”不变；《太极图》第二图，则分为左右两部分，即《人极图》的第二图“静而无静”与第三图“动而无静”；《太极图》第三图金、木、水、火、土五行，改为《人极图》第四图“五行攸叙”，“乾道成男”与“坤道成女”被略去；《太极图》中的“万物化生”改为《人极图》第五图“物物太极”与《人极图》第六图“其要无咎”。比较两图，一重变化，一重过程，且《人极图》更为简略。

刘宗周在《人极图说》中说：

> 无善而至善，心之体也。继之者善也，成之者性也。由是而之焉，达于天下者，道也。放勋曰：“父子有亲，君臣有义，夫妇有别，长幼有序，朋友有信。”此五者，五性之所以着也。五性既着，万化出焉。万化既行，万性正矣。万性，一性也。性，一至善也。至善本无善也。无善之真，分为二五，散为万善……积善积不善，人禽之路也。知其不善，以改于善。始于有善，终于无不善。其道至善，其要无咎。所以尽人之学也。①

刘宗周将周敦颐《太极图》推演成为《人极图》，又参考了周敦颐的《太极图说》而推演成为《人极图说》，以人性之善的发展历程来解释《人极图》，其中的核心思想就是刘宗周的证人改过之学。“无善而至善”发展自“无极而太极”，心之体就是至善的；“继之者善也，成之者性也”，由至善之性生发成为“五性”，也即“五伦”的根本也是至善的；“五性既着，万化出焉”，万化之中的“万性”也应当是“正”的，所以“万性”与“一性”是统一的，都是至善的。这也就是说“至善本无善”，“无善之真，分为二五，散为万善”。善与不善之分，也就是人禽之分，证人之道，也就是“知其不善，以改于善。始于有善，终于无不善”，学者也就是要明了“无善而至善”的证人之道，“尽人之学”就是要学于此，所以说“其道至善，其要无咎”。

《证人要旨》也是进一步解释《人极图》，将其展开成为证人成圣历程的六个阶段，分别为：凛闲居以体独、卜动念以知几、谨威仪以定命、敦大伦以凝道、备百行以考旋、迁善改过以作圣。

第一，“凛闲居以体独”，对应《人极图》第一图“无极太极”，刘宗周说：

---

① ［明］刘宗周：《刘宗周全集》第二册《人谱正篇·人极图说》，第3—4页。

> 学以学为人，则必证其所以为人。证其所以为人，证其所以为心而已。自昔孔门相传心法，一则曰慎独，再则曰慎独。夫人心有独体焉，即天命之性，而率性之道所从出也。慎独而中和位育，天下之能事毕矣。然独体甚微，安所容慎？惟有一独处之时可为下手法。而在小人，仍谓之“闲居，为不善，无所不至”，至念及掩着无益之时，而已不觉其爽然自失矣。君子曰：“闲居之地可惧也，而转可图也。”吾姑即闲居以证此心。此时一念未起，无善可着，更何不善可为？止有一真无妄在不睹不闻之地，无所容吾自欺也，吾亦与之“毋自欺”而已。则虽一善不立之中，而已具有浑然至善之极。君子所为必慎其独也。夫一闲居耳，小人得之为万恶渊薮，而君子善反之，即是证性之路。盖敬肆之分也。敬肆之分，人禽之辨也。此证人第一义也。静坐是闲中吃紧一事，其次则读书。朱子曰：“每日取半日静坐，半日读书。如是行之一二年，不患无长进。”①

“无极太极”，也即《人极图说》中的“无善而至善，心之体也”。“体独”，是“学为人”的第一步，“证其所有为人”，从“证其所以为心”开始。在刘宗周看来修养心性，唯一的工夫就是“慎独”。“慎独”也就是以人心之中的“独体”来体悟至善的“天命之性”状态。“独体”的体证，在“闲居”、“独处”之时最可下手，“一念未起”之时也就无所谓善、不善，“一真无妄”，也就是“无善而至善”。这样的状态君子应该“慎独”而“毋自欺”，将其作为“证性之路”，也就是“体独”，而小人往往在闲居之时为“万恶渊薮”，人禽之辨就在于此。他还指出“闲居体独”的修养工夫主要有二，一为静坐，一为读书。从此第一步开始，接下来的步骤也都是结合了对“独体”的体证，所以说《人谱》全面贯彻了刘宗周的“慎独之旨”。

第二，“卜动念以知几”，对应《人极图》第二图“动而无动”，刘宗周说：

> 独体本无动静，而动念其端倪也。动而生阳，七情著焉。念如其初，则情返乎性。动无不善，动亦静也。转一念而不善随之，动而动矣。② 是以君子有“慎动”之学。七情之动不胜穷，而约之为累心之物，则嗜欲忿懥居其大者。《损》

① ［明］刘宗周：《刘宗周全集》第二册《人谱续篇一·证人要旨》，第 5—9 页。

② “转一念”下，新本作：“偶着一念，因而过矣，卒流于恶者有之。”《刘宗周全集》第二册，第 6 页。

之象曰："君子以惩忿窒欲。"惩窒之功，正在动念时一加提醒，不使复流于过而为不善。才有不善，未尝不知之而止之，止之而复其初矣。过此以往，便有蔓不及图者。昔人云："惩忿如推山，窒欲如填壑。"直如此难，亦为图之于其蔓故耳。学不本之慎独，则心无所主，滋为物化。虽终日惩忿，只是以忿惩忿；终日窒欲，只是以欲窒欲。以忿惩忿，忿愈增；以欲窒欲，欲愈溃。宜其有取于推山填壑之象。岂知人心本自无忿，忽焉有忿，吾知之；本自无欲，忽焉有欲，吾知之。只此知之之时，即是惩之窒之之时，当下廓清，可不费丝毫气力，后来徐加保任而已。《易》曰："知几其神乎?"此之谓也。谓非独体之至神，不足以与于此也。

由"体独"之后，将对天命之性的体察进一步向外推之，就是在动念之初做慎独工夫。动念之初，如果能够"慎动"，使得"情返乎性"，那么就"动无不善"，这就是"动而无动"的状态。"慎动"，需要"惩忿窒欲"，也就是在动念之初一一加以提醒，使得念念都不会流于"过"而成为不善。然而要做到"慎动"，实现自我提醒，就必须本于"慎独"，通过"体独"使得内心有所主。反之，心无所主，所谓的"惩忿窒欲"也只是"以忿惩忿"、"以欲窒欲"，忿欲只会增加不会减少。所以关键还是在于"体独"，而后才可"卜动念"即"知几"，从而能在忿欲来临之初加以惩窒，"当下廓清"，就可以"不费丝毫气力"，随后只要"保任"之功即可。

第三，"谨威仪以定命"，对应《人极图》第三图"静而无静"，刘宗周说：

慎独之学，既于动念上卜贞邪，已足端本澄源。而诚于中者形于外，容貌辞气之间有为之符者矣。所谓"静而生阴"也。于焉，官虽止而神自行，仍一一以独体闲之，静而妙合于动矣。如足容当重，无以轻佻心失之；手容当恭，无以弛慢心失之；目容当端，无以淫僻心失之；口容当止，无以烦易心失之；声容当静，无以暴厉心失之；头容当直，无以邪曲心失之；气容当肃，无以浮荡心失之；立容当德，无以徙倚心失之；色容当庄，无以表暴心失之。此《记》所谓"九容"也。天命之性不可见，而见于容貌辞气之间，莫不各有当然之则。是即所谓性也。故曰："谨威仪以定命。"昔横渠教人，专以"知礼成性、变化气质"为先，殆谓是与?

上一步，动念之初的慎独工夫如果做好，已经足够"端本澄源"；那么再进一步向外推之，就要去考量"容貌辞气"，在这上头去做慎独工夫了。五官、手足即使静止之时，也应以“独体”、以“至善之性”去考量，这也就是说虽静而“妙合于动”，所以说“静而无静”。刘宗周具体规范了足容、手容、目容、口容、声容、头容、气容、立容、色容，也就是《礼记》所说“九容”分别应当如何去做工夫，其中都有“当然之则”，也就是合乎“至善之性”，这已是将道德理性具体去运用于道德实践的阶段。他还指出：“九容便有九思，若只言九容，便是伪也。”①“九思”也就是内在慎独工夫，“九容”更强调了以外在的“礼”来配合内在的“性”的修养。

第四，“敦大伦以凝道”，对应《人极图》第四图“五行攸叙”，刘宗周说：

> 人生七尺堕地后，便为五伦关切之身。而所性之理，与之一齐俱到。分寄五行，天然定位。父子有亲，属少阳之木，喜之性也；君臣有义，属少阴之金，怒之性也；长幼有序，属太阳之火，乐之性也；夫妇有别，属太阴之水，哀之性也；朋友有信，属阴阳会合之土，中之性也。此五者，天下之达道也，“率性之谓道”是也。然必待其人而后行。故学者工夫，自慎独以来，根心生色，畅于四肢，自当发于事业，而其大者先授之五伦。于此尤加致力，外之何以极其规模之大，内之何以究其节目之详。总期践履敦笃。慥慥君子以无忝此率性之道而已。昔人之言曰：“五伦间有多少不尽分处。”夫惟尝怀不尽之心，而黾黾以从事焉，庶几其逭于责乎！

这里“五伦间有多少不尽分处”是程颢的话。“五行”象征“五伦”，“五行攸叙”，就是将“性之理”，落实到五伦关系之中的践履。刘宗周将“五伦”分别配之“五行”，分别是人性不同的表现：父子有亲，少阳，木，性喜；君臣有义，少阴，金，性怒；长幼有序，太阳，火，性乐；夫妇有别，太阴，水，性哀；朋友有信，阴阳会合，性中。这可以说是刘宗周将“喜怒哀乐”配“春夏秋冬”四时的进一步发展，只是为了强调五伦关系就是“天然定位”的。② 通过前面三步的慎独工夫的修炼，到了这一步就要由心到身，再到五伦之中的应事接物，这一步已经将道德的理性更加具体地运用于道德的实践，并且提出只有践履做到了敦厚、笃实，才能实现证人、体道。

第五，“备百行以考旋”，对应《人极图》第五图“物物太极”，刘宗周说：

---

① ［明］刘宗周：《刘宗周全集》第二册《人谱杂记一》定名篇按语，第 34 页。
② ［明］刘宗周：《刘宗周全集》第二册《学言中》，第 414—416 页。

> 孟子曰：“万物皆备于我矣。”此非意言之也。只由五大伦推之，盈天地间皆吾父子、兄弟、夫妇、君臣、朋友也。其间知之明、处之当，无不一一责备于君子之身，大是一体关切痛痒。然而其间有一处缺陷，便如一体中伤残了一肢一节，不成其为我。又曰：“细行不矜，终累大德。”安见肢节受伤非即腹心之痛？故君子言仁则无所不爱，言义则无所不宜，言别则无所不辨，言序则无所不让，言信则无所不实。至此乃见尽性之学，尽伦尽物，一以贯之。《易》称“视履考祥，其旋元吉。”吉祥之地，正是不废查考耳。今学者动言万物备我，恐只是镜中花，略见得光景如此。若是真见得，便须一一与之践履过。[1] 故曰：“反身而诚，乐莫大焉。”又曰：“强恕而行，求仁莫近焉。”“反身而诚”，统体一极也；“强恕而行”，物物付极也。

“考旋”，出自《周易》履卦“视履考祥，其旋元吉”。由上一步的“五伦”而推之于“百行”，刘宗周重新解释了“万物皆备于我”的含义，在他看来“万物”与“我”的关系可以从“五伦”推之，也都与自我是一体的，是痛痒相关的。所以君子谈“仁”就要“无所不爱”，谈“义”就要“无所不宜”等，“尽性之学”，修身养性应该不放过万事万物，也即在“百行”之中一以贯之。刘宗周还批评了王门后学中人谈“万物备我”如同“镜中花”一般“玩弄光景”，将之说得十分玄虚的弊病，他认为必须要将道德理性一一贯穿于广泛、普遍的道德实践之中，才算是“真见得”。他还指出：“反身而诚”，体会内在的心性修养则是“统体一太极”；“强恕而行”，修养落实在日用践履则是“物物一太极”。

第六，“迁善改过以作圣”，对应《人极图》第六图“其要无咎”，刘宗周说：

> 自古无现成的圣人，即尧、舜不废兢业。其次只一味迁善改过，便做成圣人，如孔子自道可见。学者未历过上五条公案，通身都是罪过。即已历过上五条公案，通身仍是罪过。才举一公案，如此是善，不如此便是过。即如此是善，而善无穷。以善进善，亦无穷。不如此是过，而过无穷，因过改过，亦无穷。一迁一改，时迁时改，忽不觉其入于圣人之域，此证人之极则也。然所谓是善是不善，本心原自历落分明。学者但就本心明处一决，决定如此不如彼，便时时

[1] “今学者”下，新本作：“然非逐事简点，只为圆满此独体。如是学以慎独，方真见得万物皆备于我体段，一反身而自得知，不假外求。”《刘宗周全集》第二册，第8—9页。

有迁改工夫可作。更须小心穷理，使本心愈明，则查简愈细，全靠不得今日已是见得如此如此，而即以为了手地也。故曰："君子无所不用其极。"

这一步强调两点：其一，"只一味迁善改过，便做成圣人"，作为一名儒者最为根本的目的就是学做圣人，然而"成圣"没有捷径可循，唯一的路径就是"迁善改过"；其二，"未历过上五条公案，通身都是罪过。即已历过上五条公案，通身仍是罪过"，也就是说看来简单可行的"迁善改过"，真正去做也并不那么容易。因为每日间都要应事接物，一言一行"如此是善，不如此便是过"，其中的分寸自有无穷无尽的细枝末节需要去明了，所以说"君子无所不用其极"。刘宗周所说的"通身是过"，就是指"过无穷"因而"改过亦无穷"，"一迁一改，时迁时改，忽不觉其入于圣人之域"，成圣的过程就是一个不断迁善、改过的过程，也是一个穷天理、明本心的过程，因此说"其道至善，其要无咎"。

《证人要旨》所强调的就是以道德理性指导日用之中的道德实践，从"闲居体独"到"动念知几"，再到"威仪"中的"九容"，以及"五伦"与"百行"，都通过"体独"来实现道德理性"独体"的监督，使得行为都能够合于"理"，实践背后的理论还是"慎独"学说。而且在这一过程之中，也难免"过"的发生，所以必须时时"迁善改过"，成人、成圣，也就必须配合于《纪过格》来一步步实践改过。

《人谱续编》之二，最为重要的就是《纪过格》，其中分为六个阶段，分为六种"过"：微过、隐过、显过、大过、丛过、成过。《人谱续编》之二还包括了《讼过法》一篇与《改过说》三篇。

首先来看《纪过格》的具体内容。第一，"微过，独知主之"[①]。就《人极图》而言，"无极太极"在此变成了"物先兆"，因为不能"凛闲居以体独"，于是便生了"妄"。关于"微过"阶段，刘宗周说：

以上一过实函后来种种诸过，而藏在未起念之前，仿佛不可名状，故曰"微"，原从无过中看出过者。"妄"字最难解，直是无病痛可指。如人元气偶虚耳，然百邪从此易入。人犯此者，便一生受亏，无药可疗，最可畏也。程子曰："无妄之谓

① ［明］刘宗周：《刘宗周全集》第二册《人谱续篇二·纪过格》，第10—15页。下文同此出处则不再注明。

> 诚。"诚尚在无妄之后。诚与伪对，妄乃生伪也。妄无面目，只一点浮气所中，如履霜之象，微乎微乎！妄根所中曰惑：为利，为名，为生死；其粗者为酒色财气。

"微过"阶段，之后的种种诸过都还未曾发生，尚未"起念"，所以"仿佛不可名状"，但是其中已经包含了后来的种种诸过的先兆。刘宗周提出"微过"，"原从无过中看出过者"，在"无病痛可指"之时就要加以提醒，似乎比孔子所说的"见不贤而内自省"，更为深邃、透彻。所以，体会"微过"之中的"妄"才是《人谱》最为重要的工夫。那么"妄"是什么？刘宗周解释说是"元气偶虚"因而"百邪从此易入"。"妄"的根源在于元气之虚浮，因为有"妄"，或者是名、利，或者是酒、色、财、气等"惑"就会产生，所以便要在闲居之中"体独"，从最根源处、无过之处入手。

第二，"隐过，七情主之"。就《人极图》而言，"动而无动"变成了"动而有动"，因为不能"卜动念以知几"，所以在喜、怒、哀、惧、爱、恶、欲这"七情"之中出现了"隐过"。具体而言则为：溢喜、迁怒、伤哀、多惧、溺爱、作恶、纵欲。对这七种"隐过"刘宗周在《纪过格》中也都有具体的解说。"隐过"是从"微过"而来，"微过"还不可见，但是感之于"七情"就会明显起来，不过"隐过"的表现也还不很明显，可能只是在内心而未表露在外面。

第三，"显过，九容主之"。就《人极图》而言，"静而无静"变成了"静而有静"，因为不能"谨威仪以定命"，所以在"九容"之中出现了种种"显过"。足容、手容、目容、口容、声容、头容、气容、立容、色容，这九容的每一条目，刘宗周在《纪过格》中分别又指出具体"过"的内容。比如足容之过有"箕踞，交股（大交小交），趋，蹶"；声容之过有"高声，谑笑，詈骂"，等等。"显过"是从前面的"微过"、"隐过"积集而来，九容中的每一容的过，由于七情之中每一情的原因不同也会有不同的外在表现。

第四，"大过，五伦主之"。就《人极图》而言，"五行攸叙"变成了"五行不叙"，因为不能"敦大伦以凝道"，所以在"五伦"之中出现了非道事亲、非道事君、交警不时、非道事兄、势交利交五方面的"大过"，五伦的"大过"，也是从"微过"、"隐过"与"显过"发展而来，特别是"九容"之过在"五伦"之中继续发展，就将"显过"变成了"大过"。在《纪过格》中每一伦的"过"，也都有具体记录。

第五，"丛过，百行主之"。就《人极图》而言，"物物太极"已经变成了"物物不极”，因为不能“备百行以考旋”，所以在“百行”之中有“丛过”，在《纪过格》中详细列举了一百种过的具体名目，此处不再列举。即便是“丛过”之中的种种过，其实也从上面的四种过而来，特别是“九容”与“五伦”之过的进一步发展。

第六，“成过为众恶门，以克念终焉”。就《人极图》而言，“其要无咎”已经变成了“迷复”，“迁善改过以作圣”，还是继续于迷途而不复，最为关键的就是到了“成过”的阶段如何修养。“成过”又分为五门：祟门，微过成过曰微恶；妖门，隐过成过曰隐恶；戾门，显过成过曰显恶；兽门，大过成过曰大恶；贼门，丛过成过曰丛恶。最后，“诸过成过还以成过得改地。一一进以讼法，立登圣域”。也就是说“过而不纵”，终得以入之圣域；“过而不改”，才是过，如果能够提起此心，还可以证人成圣。

刘宗周在《人谱》续编二，接着《纪过格》就是《讼过法》，其中提出了一整套的具体操作方法：

> 一炷香，一盂水，置之净几，布一蒲团座子于下，方会平旦以后，一躬就坐，交趺齐手，屏息正容。正俨威间，鉴临有赫，呈我宿疚，炳如也。乃进而敕之曰：尔固俨然人耳，一朝跌足，乃兽乃禽，种种堕落，嗟何及矣。应曰：唯唯。复出十目十手，共指共视，皆作如是言。应曰：唯唯。于是方寸兀兀，痛汗微星，赤光发颊，若身亲三木者。已乃跃然而奋，曰：是予之罪也夫。则又敕之曰：莫得姑且供认。又应曰：否否。顷之，一线清明之气徐徐来，若向太虚然，此心便与太虚同体。乃知从前都是妄缘，妄则非真。一真自若，湛湛澄澄，迎之无来，随之无去，却是本来真面目也。此时正好与之葆任，忽有一尘起，辄吹落。又葆任一回，忽有一尘起，辄吹落。如此数番，勿忘勿助，勿问效验如何。一霍间，整身而起，闭阖终日。①

在《讼过法》之中，刘宗周以静坐的状态来进行讼过的道德实践，在自讼的过程中进行自我反省，分辨人与禽兽、真与妄。在“俨威”的状态中自问自答，自我忏悔，然后独体渐渐朗现，“清明之气徐来”，“葆任”此“本来面目”，“浮气”与“尘”若有起则一一“吹落”。

---

① ［明］刘宗周：《刘宗周全集》第二册《人谱续篇二·讼过格》，第15—17页。

讼过之后，需要进行具体的改过。刘宗周的《人谱》有三篇《改过说》，第一篇中说：

> 天命流行，物与无妄。人得之以为心，是谓本心，何过之有？唯是气机乘除之际，有不能无过不及之差者。有过而后有不及。虽不及，亦过也。过也，而妄乘之，为厥心病矣。乃其造端甚微，去无过之地所争不能毫厘，而其究甚大……防微，则时时知过，时时改过。俄而授之隐过矣，当念过，便从当念改。又授之显过矣，当身过，便从当身改。又授之大过矣，当境过，当境改。又授之从过矣，随事过，随事改。改之，则复于无过，可喜也。过而不改，是谓过矣。虽然，且得无改乎？凡此，皆却妄还真之路，而工夫吃紧总在微处得力云。①

"过"的产生，是因为"浮气"，也就是"气机乘除之际，有不能无过不及之差者"，应事接物难免有过或不及，这就是"过"。刘宗周在此强调"防微杜渐"，提倡"时时知过，时时改过"。"隐过"则当念过当念改，从起念处入手；"显过"则当身过当身改；"大过"则当境过当境改；"从过"则随事过随事改。有过而改之，就可以回复到无过的状态，如果有过而不改，才是真正的过，也就是到了"成过"的阶段，要改也变得困难了。最为关键的还是在于"微处"得力，"微处"时候就注意，也就是前面所说的从无过中要看出过，并且就已经着手改过。《改过说》的第二篇中说：

> 盖本心常明，而不能不受暗于过。明处是心，暗处是过。明中有暗，暗中有明。明中之暗即是过，暗中之明即是改。手势此亲切。但常人之心虽明亦暗，故知过而归之文过，病不在暗中，反在明中。君子之心虽暗亦明，故就明中用个提醒法，立地与之扩充去，得力仍在明中也。

刘宗周对于"过"与"文过"的认识十分深刻。人的本心虽然常明，但是不能不因为"过"而生暗，而且"明中有暗，暗中有明"纠缠不清，明中的暗处即是有过之处，暗中的明处即是过而已改之处。更为困难的则是"虽明亦暗"，似明而实暗是因为内心已经知过，但又自我文饰。"文过"才是改过过程中最为困难的地

① ［明］刘宗周：《刘宗周全集》第二册《人谱续篇二・改过格》，第17—18页。

方。"过"即是"暗",一看便知,"文过"则"虽明亦暗"很难看得真切,所以刘宗周说"病不在暗中,反在明中"。这就需要发挥内心之中的"明"的力量来提醒,使得"明"加以扩充,需要道德理性本身的强大。这里的关键工夫还是"体独",所以说刘宗周的证人改过之学,背后一直都有慎独之学在起着支撑作用,证人改过之学是慎独学的一部分,是慎独学在实践层面的展开。

第四节　蕺山后学:张履祥与黄宗羲

"子刘子既没,宗旨复裂。"[①]关于蕺山学派的分化,大多学者认为最为重要的有三派。[②] 其一,以张履祥为代表的转向程朱之学的一派,还包括刘汋、吴蕃昌、沈昀、叶敦艮、恽日初等人。这一派的人数众多,实际上都是沿着刘宗周以朱学修正王学的方向继续发展,从而更趋近于朱学。其二,以陈确(1604—1677)为代表的转而对宋明理学加以批判的一派,陈确的思想实际还是心学一系,对王、刘心学有所修正。其三,以黄宗羲为代表的较为忠实于刘宗周的一派,黄宗羲的心学思想较多继承于刘宗周,而其经史之学的发展则超出了蕺山学的规模。在这三派之中,影响了明清学术转型的则是张履祥与黄宗羲。

一、张履祥所受刘宗周的影响及其"尊朱辟王"

张履祥(1611—1674),字考夫,学者称杨园先生,浙江桐乡人。关于张履祥

① [明]黄宗羲:《黄宗羲全集》第十册《刘伯绳先生墓志铭》,第314—315页。

② 王汎森先生指出张履祥和恽仲昇以及刘宗周的长子刘汋代表了蕺山学派中的同情或支持朱子学的一派;另外两派是陈确和黄宗羲;但是在谈到蕺山学派的分化时,又提出五派之说:自认忠实于蕺山之学的黄宗羲一派、走入狂禅一派、恽刘所代表的修正派、张履祥所代表的由王返朱派和陈确为独立一派。《清初思想趋向与〈刘子节要〉——兼论清初蕺山学派的分裂》,载氏著《晚明清初思想十论》,第249—289页。李纪祥先生也有关于此问题的研究有不同的观点,他认为清初的刘门曾发生过对刘宗周思想的解释和解释权之争,这一争论至少可以分为恽日初、黄宗羲、陈确以及稍后康熙时的邵廷采四派。参见李纪祥《清初浙东刘门的分化及刘学的解释权之争》,《第二届国际华学研究会论文集》,台湾中国文化大学1992年版,第703—728页。

与其师刘宗周之间思想学术的承继关系是最有待于说明的问题，他对蕺山学做了偏向于朱学的诠释，并以是否符合正学来选编《刘子粹言》，后人认为于师门有“补救”之功。明清之际的“由王返朱”的学术转型，张履祥的“尊朱辟王”思想起了重要的推动作用，因而被认为“辟王学的第一个人”，甚至“朱子后之一人”。毕生从事处馆与农耕的乡野儒者张履祥，也因为其学术与道德而成为刘门弟子之中最早入祀孔庙的圣贤。

图 8－4　张履祥

与刘宗周以及黄宗羲、陈确等偏向于心学一系的学者有所不同，张履祥中年以后转向了程朱理学，那么师事于刘宗周，对张履祥产生了哪些影响？比张履祥稍晚的陆陇其（1630—1692），在《松阳钞存》中记述吕留良（1629—1683）对此的评论：“考夫虽师念台，而不尽从其学。”[①] 张履祥虽然师从刘宗周，但治学路径却从王学转向朱学，所以吕留良称赞其并不尽从刘宗周之学。张履祥晚年的重要友人凌克贞（1620—1690）则说：“先生生于明季，少时向道，闻山阴刘先生为海内学者所宗，往受业于门。先生德器温粹，陶淑于山阴，更觉从容。归而肆力于程、朱之书，学益精密，识益纯正。”[②]凌克贞虽然认为张履祥转向程朱而学术更加“纯正”，但也看重其师事刘宗周一节具有“陶淑”之功。吕留良与凌克贞二人看法略有不同，可见就刘宗周对于张履祥的影响究竟如何，当时就难以评说了。

（一）问学蕺山

问学于蕺山，是张履祥一生之中的大事件。虽然他在刘门的时间不到三个月，但是师弟之情却很深，对其思想的发展也有很大的触动。

---

① ［清］陆陇其：《松阳钞存》卷下，光绪十六年《陆子全书》本。

② ［明］凌克贞：《杨园先生全集序》，载《杨园先生全集》卷首，第 5 页。

崇祯十六年(1643),刘宗周被革职为民,回到蕺山继续他的讲学活动。第二年,即甲申年的二月,张履祥偕同好友钱寅(1614—1647)正式到山阴之蕺山,问学于刘宗周。问学之余,又选择《愿学记》之中的条目求教,刘宗周给予了评点,归来之后抄录为《问目》一书。这年冬,又以续得之语寄呈,之后抄录为《甲申冬问目》。张履祥在山阴逗留约两个月,经常陪侍于刘宗周的身边听讲、论辩,涉及的主题有静坐、坐下工夫、功利之习、人心道心、立命之说、禅学、举业等等。① 从蕺山回来,携带有《人谱》《证人社约》等书出示于门人。是年夏四月,张履祥又开始记录《言行见闻录》。② 其首条即记载与刘宗周之言论:"山阴刘先生曰:世人以六尺为性命,吾人以性命为六尺。"③在此书之中陆续记录与刘宗周相关的就有36条之多,从问学的情况到刘宗周的言行等,都有详细记述,其他刘门弟子的言行也是此书记述的重点。从此书可见,张履祥对于刘宗周正可谓念兹在兹了。

顺治二年(1645)闰六月,清军攻占杭州,张履祥听闻刘宗周绝食二十三日而卒之后,痛哭不已。④ 其后,张履祥即与同门友人商议祭祀之事。顺治九年(1652)冬,张履祥亲自到山阴,祭刘宗周,又应同门友人陈确与吴蕃昌之约,求得刘宗周的遗书、遗像带回浙西。顺治十七年(1660),张履祥50岁时在早年的《问目》之后写下跋语:"此甲申仲春,执以求教先师之册也……今去此十六七年,过失多于前时,学问益负初心,抚此徂光,用深悲叹。哲人既萎。问业无门,徒有惘惘没齿而已。"⑤他感叹先师辞世十六、七年了,但是过失仍多,学问也有负于先师之处,可惜再也没有机会问学了。

总之,作为刘门高弟的张履祥,对先师刘宗周一直念念不忘。张履祥所作的《上山阴刘念台先生书》《先师年谱书后》《告先师文》,以及在与同门友人叶敦艮、吴蕃昌等的书信之中,都有提及老师刘宗周对于他的影响,即便是到了人生之暮年,提及先师刘宗周,仍旧十分恭敬。康熙十年(1671),张履祥病逝前两年,他在与吕留良的信中说:"年来燕居,深念先师遗训:'非其义所出,一箪之食

---

① [明]张履祥:《杨园先生全集》卷三十一《言行见闻录一》,第870—966页。
② [清]苏惇元:《张杨园先生年谱》,载《杨园先生全集》附录,第1496页。
③ [明]张履祥:《杨园先生全集》卷三十一《言行见闻录一》,第870页。
④ [清]苏惇元:《张杨园先生年谱》,载《杨园先生全集》附录,第1497页。
⑤ [明]张履祥:《杨园先生全集》卷二十五《问目》,第698页。

不可受于人。’”①可谓一日为师，终身敬之。

问学蕺山，对于张履祥的思想发展来说，影响非常深远。除去前面已经提及的之外，最为重要的还是经过刘宗周的指点，张履祥对于道学的体认得到了升华。他曾说：“吾自见刘先生后，自信益笃。”②在与老师的书信中说：

> 今岁春得见夫子。不以祥之不肖，不足以辱至教，反复启诲，诚哉天地父母之心，惟恐一物之不得其生成，一子之弗克肯构也。且于祥所出以质之夫子者，多见许可，益勉以弗生退阻。临行谆谆，复以体认动而无动，静而无静为言。退而思之，涣若发蒙，于前所谓志帅、致知、立诚、主静种种功夫，一旦会归于一，真有怡然理顺之乐。③

张履祥首先感佩刘宗周的“反复启诲”，真是“天地父母之心”，刘宗周的教育拳拳在于成人成物，而无一毫功利之心。临别之时刘宗周又教导对于动静的体认，这些讲解，使得张履祥对于“志帅、致知、立诚、主静种种功夫”的体认进一步深化，“一旦会归于一，真有怡然理顺之乐”。刘宗周具有统合性的学术使得张履祥多年的研习得以打通，可以说起到了“陶淑”之功。

之后，张履祥与刘宗周还有不多的几次书信往来，继续问学。刘宗周去世之后，通过对于《人谱》等刘宗周著述的反复研习，进一步领悟蕺山学的精华。比如，顺治二年刘宗周给张履祥的回信中曾说：“今乾坤何等时，犹堪我辈从容拥皋比而讲道论学乎？此所谓不识人间羞耻事者也。仆是以入山惟恐不深，求死惟恐不速矣。”④刘宗周认为乱世不适宜讲学，也不轻易接受拜师，这些都为张履祥所接受。张履祥终身不愿受人一拜，宁可处馆授书也不愿像晚明学者那样公开讲学，可以说刘宗周的教导，影响了他一生。

张履祥虽然在思想学术上受到了刘宗周的影响，但是后来却没有继续沿着心学一系继续发展。随着明朝的灭亡，刘宗周的去世，面对风俗、人心的败坏，

① ［明］张履祥：《杨园先生全集》卷七《与吕用晦六》，第 199 页。
② ［明］张履祥：《杨园先生全集》卷二十七《愿学记二》，第 740 页。
③ ［明］张履祥：《杨园先生全集》卷二《上山阴刘念台先生书》，第 21—22 页。
④ ［明］刘宗周：《刘宗周全集》第三册《答张生考甫》，第 495 页。又见《上山阴刘念台先生书》附刘先生复书，载《杨园先生全集》卷二，第 24 页。

究竟应该选择什么样的学术来实现儒者的抱负？张履祥与同门的陈确、黄宗羲都有各自不同的看法。张履祥选择了“由王返朱”，与其老师之间的差异越来越大，对“慎独”、“诚意”等“师说”，张履祥后来也有了不同的理解，对蕺山学进行了偏向于朱学的诠释，张、刘学术上的分别，主要在于如何看待王阳明。张履祥曾说：

> 延陵同学语予曰：“先师于阳明，虽瑕瑜不掩，然未尝不深敬。而子何疾之深也？得毋同异？”予曰：“何伤乎？孔子大管仲之功，而孟子羞称之，彼一时，此一时，道固并行而不悖也。”①

刘宗周仍敬重王阳明，认为王学是瑕不掩瑜；张履祥则几乎全盘否定王学。为何有如此巨大的差别？张履祥将此与孔、孟对管仲的不同评价相比，原因就是“彼一时，此一时”。对于王学的态度，在不同的时期，有不同的表现。这也有一定的道理。到了张履祥的后半生，面对明清鼎革的乱世，世道人心更非刘宗周生活的晚明时期可比，所以也就不得不进行更为彻底的批判。这一阶段张履祥的思想状况，从二十多年后他自己对《问目》的自批中也可以看到，这一自批作于他的晚年，张嘉玲（佩葱，1640—1674）问学之时。② 在《问目》许多条目的自批中，有“言致知而不及格物，则汩没于‘良知’而不觉者也”、“当时于朱子之书未尽读，故所见如此”以及“亦不脱‘良知’二字”③等，可以看出张履祥一意程朱之后，对于师从刘宗周这一阶段仍然不能脱去王学阴影而有所不满。

后期张履祥对刘宗周学术的看法，较为集中体现在《告先师文》之中。其中说：

> 本朝至隆万以后，阳明之学滋敝而人心陷溺极矣！……先生起而立诚以为教，本之人极，以一其趋，原之慎独，以密其课，操之静存动察，以深其养，辨之暗然的然以要其归，而复敦之以践履，闲之以名节，使高明之士既得与闻乎至道，而谨厚者亦得循循于绳墨之守。盖世儒之为教也，好言本体而先生独言

① ［明］张履祥：《杨园先生全集》卷四十二《备忘四》，第 1163 页。
② ［明］何商隐：《问目小识》，载《杨园先生全集》卷二十五，第 705 页。
③ ［明］张履祥：《杨园先生全集》卷二十五《问目》，第 687—697 页。

工夫，多逞辞辨而先生率以躬行，崇尚玄虚而先生示以平实，先立同异而先生一以和平。①

这里所说的“独言工夫”、“敦之以践履”以及“平实”、“和平”等，并不完全符合刘宗周的学术性格，但完全符合张履祥本人的学术性格，或者说完全是张履祥心目中的刘宗周形象。还有，在康熙六年（1667）他 57 岁之时写给同门叶敦良（字静远）的书信之中的一段话，也可以作为代表。他说：

> 夫先生所示为学之方，居敬穷理之目也。所示用力之切，慎独之旨也。盖世之学者，务外好夸，腾口无实，袭“良知”之诡辨，以文其弃义嗜利之奸，其归至于决名教而鲜廉耻。先生病之，而以生于越乡，浸淫之敝已久，非可旦夕以口舌救，又不欲显为异同，启聚讼之端。故与学者语，但举程、朱之教，使之主敬以闲其邪，穷理以求其是。②

张履祥认为刘宗周的学术还是在发展程朱的“居敬穷理”，刘宗周的立教是以程、朱之教的主敬、穷理来矫正王阳明“良知”之学，从而端正名教。这就与黄宗羲所概括的刘宗周学术主旨有很大的差异了。

张履祥的学术越来越倾向于程朱之学，对于先师学术的解释也越来越倾向于程朱一系。这并不能说张履祥未能理解先师，而是出于对于不同时世、不同思想背景的考量，需要选择不同的道德践履理论，故而有意为之的结果。正如有学者指出：“张履祥的师从刘宗周非但无妨于、甚至有助于其从事程朱之学。这或许应部分地归因于刘宗周思想的复杂性。宗朱、宗王截然二分，对于其时的士人，已不尽适用。”③

（二）尊朱辟王

张履祥曾应何汝霖、吕留良之邀，评点王阳明《传习录》，他对王学的批判主

---

① ［明］张履祥：《杨园先生全集》卷二十二《告先师文》，第 635—636 页。

② ［明］张履祥：《杨园先生全集》卷十六《寄赠叶静远序》，第 484 页。

③ 赵园：《刘门师弟子——关于明清之际的一组人物》，载汕头大学新国学研究中心编：《新国学研究》第 1 辑，第 199 页。

要就在《传习录总评》《备忘录》以及一些与友人的书信之中。陈梓认为他评《传习录》，能够“洞揭阳儒阴释之隐，以为炯鉴……障姚江之澜，直穷其窟”①。这一说法，为晚清理学家唐鉴(1778—1861)的《清学案小识》所采纳②，应该说张履祥对王学的批评还是颇为全面而深刻的。

第一，从为学上批判：骄吝诬人，排黜程朱、三教一门。对王学的批判，张履祥首先抓住了王阳明为学态度的不严谨，认为其学术往往有骄吝、诬人等弊病。在《传习录总评》中就批评其“骄吝”：

> 一部《传习录》，只“骄吝”二字可以蔽之。姚江自以才智过人，又于二氏有得，逞其长以覆其短，故一意排斥儒先。盖思《论语》曰：“如有周公之才之美，使骄且吝，其余不足观也已。”世以陆、王并称，实则不同。王较陆尤多欺己诬人之罪，其不能虚己逊志，则一而已。③

这里张履祥引《论语·泰伯》之中的话来说骄吝，朱子对此的解释即矜夸、鄙啬，如果学者的治学态度流于“骄吝”，那么“其余不足观”。为学过分自以为是，以自己意思为圣人意思并且以此欺骗他人，学术也就无所谓学术了。骄吝的源头，就是学者的私心，“姚江著书立说，无一语不是骄吝之私所发。又其言闪烁善遁，使人不可把捉，真释氏之雄杰也”④。在张履祥看来“骄吝之私”不是儒者的传统，而是佛教的特点，正因为“骄吝”，王阳明不能“虚己逊志”，才会“诬人”，才会“排黜程朱”、“阐扬异教”。

对王阳明的为学，张履祥批判得最为激烈的就是“排黜程朱”，即王阳明以一己之私意对程朱之学加以排斥、罢黜。王阳明“排黜程朱”的一个证据，就是所谓的《朱子晚年定论》。对此，张履祥在《传习录总评》中有过评论：“年之晚与不晚，论之定与不定，考之年谱自见。即此，姚江欺己诬人之罪，虽有仪、秦之辨，不能为之解矣。”⑤在他看来，王阳明的《朱子晚年定论》是以自己的意思去选

① [清]陈梓：《张履祥小传》，载《杨园先生全集》附录《节录诸家评论》，第1528页。
② [清]唐鉴：《清学案小识》，商务印书馆1935年版，第22页。
③ [清]苏惇元：《张杨园先生年谱》，载《杨园先生全集》附录，第1514页。
④ [明]张履祥：《杨园先生全集》卷四十二《备忘四》，第1173页。
⑤ [清]苏惇元：《张杨园先生年谱》，载《杨园先生全集》附录，第1514页。

择朱子的文章，造成朱子晚年倾向心学的假象，治学态度的不严谨，在这里已经明白无疑了。王阳明"排黜程朱"的另一个证据就是《古本大学》。张履祥认为："复《古本》，是姚江一种私意，大指只是排黜程朱以伸己说耳。"①王阳明试图通过《古本大学》与《朱子晚年定论》对宋明理学的学统进行改造，其中的治学态度确实也存在着弊病，给反王学的士人留下了把柄。

张履祥批判王学为学态度的另一问题就是"三教一门"，他说：

> 闪烁变幻，总不出"知行合一"之旨。"不排"二字，是三教一门本领。所论往往首是末非，或末是首非，或首尾俱非中间是，或首尾俱是中间非，正所谓假窃近似以文其奸也。岂知本领不是凭他覆盖掩饰，终不得而隐其情也。②

王阳明有出入二氏的为学经历，对佛教、道教的理论有所吸收，带有三教合一的倾向。在治学过程中，因为吸收了各种思想资源而有"学之三变"、"教之三变"之说。所以在张履祥看来，王阳明所论有"首是末非"等问题，王阳明在儒学中夹杂二氏，虽尽力"覆盖掩饰"但还是"不得而隐其情"。这里所反映出来的还是王阳明治学不够严谨，而使得学术越来越不纯正，如从阳明后学来看，张履祥所指出的这些弊病确实存在。

第二，从学理上批判：排斥穷理、直捷径省。对于阳明之学的学理，张履祥也有精辟的批判，他认为王学之弊关键处在于排斥"格物穷理"，吸收释老而形成了"直捷径省"的工夫论，即好走捷径而提倡直接去体悟良知、天理。在张履祥看来，这是晚明以来学术、风俗败坏的真正根源。阳明学在工夫论上"好直捷"、"乐径省"，这弊病在太平盛世、质厚君子还不严重，到了明末乱世，其祸害就明显起来。张履祥说：

> 近世学者，祖尚其说，以为捷径，稍及格物穷理，则谓之支离烦碎。夫恶支离则好直捷，厌烦碎则乐径省，是以礼教陵夷，邪淫日炽，而天下之祸不可胜言。③

---

① ［明］张履祥：《杨园先生全集》卷二《上山阴刘念台先生书》，第 25 页。
② ［清］苏惇元：《张杨园先生年谱》，载《杨园先生全集》附录，第 1514 页。
③ ［明］张履祥：《杨园先生全集》卷五《与何商隐一》，第 111 页。

他将礼教与风俗的败坏都归之于王学，也许还值得另作探讨，但是王学"直捷径情"的工夫论确实是王学走向末路的关键。

不仅如此，张履祥还指出王学工夫论来自佛道"异教"："非信姚江也，信其言之出入于释老，而直情径行，可以无所顾忌，高自许可，足以目无古人也。"①具有"直情径行"或"直捷径省"特点的工夫论，与王阳明"排黜程朱"、"三教一门"的为学态度相关，但关键还是对于本体与工夫的独特看法。王阳明"直捷径省"的依据就是"吾心自有天则"，在王阳明这里，天理被纳入内心，"吾心"成为衡量天理的唯一标准。这一理论，弊病很多。张履祥就指出：

> 姚江"良知"之学，其精微之言，只"吾心自有天则"一语而已。夫人性本善，以为天则不具于吾心不可也。然人之生也，有气禀之拘，有习染之迁，有物欲之蔽，此心已非性之本然，故曰："人心之不同如其面也。"夫子之圣，必至七十，然后从心所欲不逾矩。亦谓天则未能即此心而是，故须好古以敏求耳。今以未尝学问之人，而谓吾心即是天则可乎？②

他认为，因为气禀、习染、物蔽等影响，人心与天则之间有一定的距离，盲目地说标准就在自己内心，其弊端还是很明显的。所以张履祥指出，以外在的天理而不是以内在的良知为准绳，因为人心往往不同而多变，作为规则难以确定。他在反思自己从事王学经历之后说："吾前时亦为良知之学，于今思之，虽无私心，却多不合天理。"③人心与天理之间还是不能等同。

人心与天理等同，就会造成"直情而径行"："'良知'之教，使人直情而径行，其敝至于废灭礼教，播弃先典，《记》所谓'戎狄之道'也。"④张履祥不但将王学比作"异教"，而且还是"戎狄之道"。所以王学流行就会"废灭礼教"，甚至"今日邪说暴行之徒，莫非自托于'良知'之学，究其立身，寡廉耻，决名教，流祸已极"⑤。立身之败、家国之亡都成了王学"流祸"。

---

① ［明］张履祥：《杨园先生全集》卷十《与吴裒仲四》，第 287 页。
② ［明］张履祥：《杨园先生全集》卷四《答沈德孚二》，第 85—86 页。
③ ［明］张履祥：《杨园先生全集》卷四十二《备忘录遗》，第 1202 页。
④ ［明］张履祥：《杨园先生全集》卷四十一《备忘三》，第 1138 页。
⑤ ［明］张履祥：《杨园先生全集》卷四《答沈德孚二》，第 86 页。

第三，结合学术史批判：霸道之学。张履祥对王学的批判，除了在为学与学理上进行剖析外，也结合了理学学术发展的历史，指出其深层的根源：

> 朱子精微，象山简率，薛、胡谨严，陈、王放旷。今人多好象山，不乐朱子，于近代人物，尊陈、王而诎薛、胡。固因人情便简率而苦精详，乐放旷而畏谨严；亦缘百余年来，承阳明气习，程、朱之书不行于世，而王、陆则家有其书，士人挟册，便已沦浃其耳目，师友之论，复锢其心思，遂以先入之言为主。虽使间读程、朱，亦只本王、陆之意指摘其短长而已。谁复能虚心笃志，求所为穷理以致其知，践履以敏其行者？此种习尚不能丕变，窃忧生心害事之祸，未有艾也。①

张履祥非常细致地梳理了宋明理学的发展历程，认为理学一系是从朱子的精微到薛瑄、胡居仁的谨严；心学一系则是陆九渊（象山）的简率到陈献章、王阳明的放旷。发展到了明代中晚期，因为“人情便简率而苦精详，乐放旷而畏谨严”，就造成程、朱之书不行而王、陆之书流行。明代中叶学风的转变，一方面是学术本身，而另一方面是社会风气、人情之变化使然。到了明末清初如果学风不能有新的转向，“生心害事”就没有一个尽头了。张履祥还把陆、王之学定性为霸道之学：

> 治道有王霸，学术亦有王霸。陆象山、王阳明，儒家之桓、文也。霸者，尊周攘夷，名义岂不甚正？一时岂不有功于生民？然于王道，不啻珷玞之于美玉也。②
>
> 百余年来，学术晦暝，邪说暴行塞乎天地，入于膏肓。窃谓姚江之教，如吴、楚称王，蛮夷猾夏，僭食上国。③

他认为在这百多年之中，陆王之学盛行而“僭食”了程朱之学，这就像春秋时期的齐桓公、晋文公以尊王攘夷的纯正名义去蚕食周王的天下，程朱之学是王道，则陆王之学就是霸道，甚至是如吴楚为蛮夷一样，已经是异类、异教了。到了晚明

① ［明］张履祥：《杨园先生全集》卷四十一《备忘三》，第1143页。
② ［明］张履祥：《杨园先生全集》卷四十二《备忘录遗》，第1199页。
③ ［明］张履祥：《杨园先生全集》卷四《答沈德孚二》，第87页。

则“今日之言，不归王则归陆”，天下已经被蚕食殆尽，几乎“入于膏肓”。

张履祥的时代，已经产生了总结明代学术的教训的必要，“应必有大贤之士起而任斯道之责，揭日月于重渊，而使之复旦者”。[①] 或者说张履祥自己也是以这样的人物自期，他也确实为之努力并且取得了一定的成就，他对于王学激烈而深刻的批判，有力地推动了“尊朱辟王”之风的兴起。张履祥作为“清儒中辟王学的第一个人”[②]，他自己却以明之遗民自居，隐居乡里而“声誉不出闾巷”[③]，其著作也只有《备忘录》等有少量的传抄、刊行。其“尊朱辟王”思想，主要通过其友人吕留良，影响了被称为“本朝理学儒臣第一”[④]的陆陇其，由民间而入官方，从而有力地推动了“尊朱辟王”思潮的发展。

吕留良是张履祥晚年的重要友人，从康熙八年(1669)到康熙十三年(1674)，张履祥在吕家处馆，一边教学，一边与吕留良一起从事学术活动。对吕留良的后半生来说，张履祥是影响最为深刻的人物之一。钱穆先生曾指出，吕留良人生的前期：“课儿读书于家园之梅花阁，与鄞县高旦中、余姚黄梨洲、晦木兄弟、同里吴自牧、孟举诸人以诗文相唱和。”后期则是：“归卧南阳村，与桐乡张考夫、盐官何商隐、吴江张佩葱诸人，共力发明宋学，以朱子为归。”[⑤]吕留良人生的前后期虽不能说截然不同，但也相去甚远。与另一刘门弟子黄宗羲交游之时，其“尊朱辟王”趋向不很明显，对吕留良与黄宗羲交恶一事，大多学者认为主要就是因为在学术上的分歧，吕留良从偏向黄宗羲所笃信的王学立场，转向了程朱之学。吕留良与张履祥交往之后，二人共同从事“尊朱辟王”的学术活动。其中最重要的是吕留良敦请张履祥评点《传习录》，可惜此书后来遗失，仅在《杨园先生年谱》中辑录有《总评》和《评晚年定论》二篇。桐城派学者方东树认为：“自朱子而后，学术之差，启于阳明。而先生闲邪之功，其最切者，莫如辨阳明之失。惜所评《传习录》不见，然就其总评及集中所论，皆坚确明著，已足订阳明之歧误矣。”[⑥]可见张履祥评点《传习录》，对于“尊朱辟王”意义重大。因为晚明以

① [明]张履祥：《杨园先生全集》卷四《答沈德孚二》，第87页。
② 梁启超：《中国近三百年学术史》，天津古籍出版社2003年版，第111页。
③ [清]左宗棠：《左宗棠全集》第十三册《张杨园先生〈寒风伫立图〉跋后》，岳麓书社1987年版，第290页。
④ [清]吴光酉、郭麟、周梁：《陆陇其年谱》，中华书局1993年版，第1页。
⑤ 钱穆：《中国近三百年学术史》，第77页。
⑥ [清]方东树：《重编张杨园先生年谱序》，载《杨园先生全集》附录，第1488页。

来，程朱之书难以寻觅，张履祥就力劝吕留良刊刻程朱遗书："先生馆语水数年，劝友人门人刻《二程遗书》、《朱子遗书》、《语类》及诸先儒书数十种，且同商略。迄今能得见诸书之全者，先生力也。"[①]除了刊刻先儒遗书之外，张履祥还提出选编《朱子近思录》一书，即"取《朱子文集》、《语类》两书，选定编辑，录其最切要精粹者"[②]，可惜张履祥只编辑出部分选目就去世了，后来吕留良继续进行补辑，其子吕无党刊行了《四书朱子语类摘钞》等书。

陆陇其通过吕留良而受到张履祥的间接影响。康熙十一年(1672)，陆陇其与吕留良会于嘉兴，据《陆陇其年谱》记载："先生访吕石门于禾郡，彼此恨相见之晚。一时往复，皆关学术人心。"这次会面吕留良就曾论及张履祥的学术。在康熙二十六年(1687)四月，陆陇其偶然见到张履祥的《备忘录》一册，认为"其笃实正大，足救俗学之弊"。[③] 当然吕留良本人对陆陇其的影响更大，据吴光酉《陆稼书先生年谱》所载，陆陇其 40 岁前后尚在朱王学术间徘徊，受吕氏学术影响方才成为朱学笃信者。这一点陆陇其本人也不讳言，在《祭吕晚村先生文》中说："某不敏，四十以前，亦尝反复程、朱之书，粗知其梗概。继而纵观诸家之语录，糠秕杂陈，珷玞并列，反生淆惑。壬子癸丑，始遇先生，从容指示，我志始坚，不可复变。"[④]与张履祥、吕留良这两位常年隐居乡里的遗民学者相比，跻身于清廷官场的陆陇其在"尊朱辟王"运动中发挥了更大的作用，他不但自己撰有《学术辨》《松阳讲义》等著作专门批判王学，刊行了陈建的《学蔀通辨》、张烈的《王学质疑》。康熙二十二(1683)年，陆陇其与持有朱、王调和态度的理学名臣汤斌，就"尊朱辟王"问题开展学术论战，二人之间既有当面的学术争辩又有多次的书信往来。[⑤]

从张履祥开始，经过吕留良、陆陇其的进一步发展，"尊朱辟王"运动的影响越来越大。晚清学者唐鉴《国朝学案小识》将陆陇其、张履祥同列传道学案卷一，认为经过他们的力辨，"而后知阳明之学，断不能傅会于程朱"[⑥]。到了康熙朝中期，程朱之学成为学术正统而王学则渐趋式微，乾隆朝编撰的《四库全书》

① [清]苏惇元：《张杨园先生年谱》，载《杨园先生全集》附录，1512 页。
② [明]张履祥：《杨园先生全集》卷五十四《训门人语三》，第 1484 页。
③ [清]吴光酉、郭麟、周梁：《陆陇其年谱》，第 151 页。
④ [清]吴光酉、郭麟、周梁：《陆陇其年谱》，第 94—95 页。
⑤ [清]吴光酉、郭麟、周梁：《陆陇其年谱》，第 88、97 页。
⑥ [清]唐鉴：《清学案小识》，第 3—4 页。

就极少收入清初的王学著作。

二、黄宗羲的经史学转向与蕺山学派的继往开来

黄宗羲(1610—1695),字太冲,号南雷,学者称梨洲先生,浙江余姚人,是晚明清初的大家,也是蕺山学派的重要成员之一,然而论其学者却极少提及其老师刘宗周,事实上黄宗羲受蕺山学的影响很大,他对刘宗周也极为推崇,并以传承蕺山学为己任,为承继先师未竟之事业、护持师门之宗旨不遗余力。

自从受父命而从游刘宗周之后,黄宗羲就经常跟随刘宗周,听讲于绍兴的证人书院。刘宗周去世之后,黄宗羲成为《刘子全书》编刊最为重要的推动者,又编撰了《子刘子行状》与《子刘子学言》;还致力于承续先师未竟之事业,完成了《孟子师说》与《明儒学案》的编撰。黄宗羲自己的著述与讲学,都可以说是在刘宗周的方向上继续开拓,他的《明夷待访录》也有着刘宗周学术的影子,他讲学于甬上证人书院之初曾大力弘扬蕺山学。为了维护刘宗周"意为心之所主"等宗旨,保存老师学术的本来面貌,黄宗羲对其他蕺山学派的同门篡改先师遗著等行为多有批评,其中体现了大学者的严谨与学术史的高度。

黄宗羲自许为师门之薪传,他光大师门的努力也得到了同门及其他同时代

图 8-5 余姚黄宗羲墓

人的认可，将其与孔门之曾子、朱门之黄榦相提并论。黄宗羲在使蕺山之学“如日中天”的同时，又超越于师门之“藩篱”，开创清代浙东经史学派，继承与超越双丰收之取得，则与他对“师门”采取“护持”而不“卫道”的态度有关。

（一）刘、黄之传承

天启六年(1626)，黄宗羲17岁。其父黄尊素被阉党所逮，黄宗羲送至郡城绍兴，当时被革职在家讲学的刘宗周特地到城外的佛寺，为黄尊素饯行，于是黄尊素命黄宗羲师事于刘宗周。[①] 随后黄尊素被害，黄宗羲当时并未留在绍兴受学。

崇祯四年(1631)，刘宗周与陶奭龄举证人社讲学于绍兴，黄宗羲前去听讲。后来因为讲学宗旨之争证人社出现分裂，黄宗羲等人“于是邀一时知名之士数十余人执贽先生门下，而此数十余人者，又皆文章之士，阔远于学，故能知先生之学者鲜矣”[②]。黄宗羲是支持刘宗周讲学的重要弟子之一，但是在他看来，当时的刘门弟子大多不能懂蕺山之学，甚至连他自己也是如此。因为与其他士子一样，黄宗羲也在致力于举业文章。他曾回忆说：

> 余学于子刘子，其时志在举业，不能有得，聊备蕺山门人之一数耳。天移地转，僵饿深山，尽发藏书而读之，近二十年胸中空碍解剥，始知曩日之孤负为不可赎也。[③]

黄宗羲这样说，有自谦的因素，但也当是实情。从别处相关的记载来看，当年的黄宗羲与其师也多有不合之处。他说：

> 先生题魏忠节公主，羲侍先生于舟中。陈几亭以《与绍守书》呈先生。先生览毕付羲。其大意谓：“天下之治乱在六部，六部之胥吏尽绍兴。胥吏在京师，其父兄子弟尽在绍兴，为太守者，苟能化其父兄子弟，则胥吏亦从之而化

① ［清］黄炳垕：《黄宗羲年谱》，载［明］黄宗羲著，沈善洪主编、吴光执行主编：《黄宗羲全集》第十二册，浙江古籍出版社2005年版，第20页。

② ［明］黄宗羲：《黄宗羲全集》第一册《思旧录》，第341—342页。

③ ［明］黄宗羲：《黄宗羲全集》第十册《恽仲昇文集序》，第4—5页。

> 矣。故绍兴者,天下治乱之根本也。”羲一笑而置之,曰:“迂腐。”先生久之曰:“天下谁肯为迂腐者?”羲惕然,无以自容。①

崇祯七年(1634),刘宗周的弟子魏学濂(1608—1644)为其父、刘宗周的友人魏大中(1575—1625)举行葬礼,特请刘宗周题写神位,因为黄宗羲之父也是魏大中的友人,故二人同去同回。从舟中的讨论可以看作当时作为党人或名士的黄宗羲,与已经是粹儒的刘宗周的差异,也可以从此知道当时的黄宗羲对于蕺山之学确实并未能真正窥探其门墙。他自己还说:“甲戌岁,随先师至嘉禾,陈几亭以《遗书》为馈,先师在舟中阅之,每至禅门路径,指以示弟,弟是时茫然。”②当时对于儒释之别,黄宗羲也较为茫然,直到后来读了刘宗周的《论学书》等著述才渐渐心中明了起来。

顺治二年(1645)六月,绍兴太守降清之后,黄宗羲与刘宗周曾有一次会面。黄宗羲从绍兴郊外,赶至刘宗周绝食避难地杨堋。③ 这最后的会面没有谈及学术,不过刘宗周那种殉道而死的精神,应该会对黄宗羲触动很大。他回家之后,就奉母避地于余姚一带的山野乡村之中。

虽然当年的黄宗羲并未真正于蕺山之学有所得,但他还是以得闻蕺山之讲学而自豪。他在与友人的书信中说:“曾侍蕺山夫子,往往得闻绪论,今亦荒落久矣。”④黄宗羲真正从事于蕺山之学的研习并有所得,然后继承刘宗周事业,已是老师去世之后。他说:“某幼遭家难,先师蕺山先生视某如子,扶危定倾,日闻绪言。小子蹻蹻,梦奠之后,始从遗书得其宗旨。而同门之友,多归忠节。”⑤他在《先师蕺山先生文集序》中也说:

> 昔者,阳明之良知与晦翁之格物相参差,学者骇之,罗整庵、霍渭崖、顾东桥

---

① [明]黄宗羲:《明儒学案》卷六十二《蕺山学案》,第1546页。此事《思旧录》也有提及而略有不同,见[明]黄宗羲:《黄宗羲全集》第一册《思旧录》,陈龙正条,第372页。

② [明]黄宗羲:《黄宗羲全集》第十册《与顾梁汾书》,第212页。此事在《明儒学案》中记为:“然当《高子遗书》初出之时,羲侍先师于舟中,自禾水至省下,尽日翻阅。先师时摘其阑入释氏者以示羲。”黄宗羲:《蕺山学案》序,[明]黄宗羲:《明儒学案》卷六十一《东林学案四》,第1509页。

③ [明]黄宗羲:《黄宗羲全集》第一册《思旧录》,刘宗周条,第342页。

④ [明]黄宗羲:《黄宗羲全集》第十册《与顾梁汾书》,第211—212页。

⑤ [明]黄宗羲:《黄宗羲全集》第十册《明儒学案序》(原本),第78页。

> 龂龂如也。然一时从游者，皆振古人豪，卒能明其师说，而与晦翁并垂天壤。先师丁改革之际，其高第弟子如金伯玉、吴磊斋、祁世培、章格庵、叶润山、彭期生、王元趾、祝开美一辈，既已身殉国难，皋比凝尘。曩日之旅进者，才识多下。①

黄宗羲指出，与王阳明论辩的学者众多，如罗钦顺、霍韬（渭崖，1487—1540）、顾璘（东桥，1476—1545）等，因为师从王阳明的弟子众多，而且都能够发明师说，所以能够光大阳明之学。但是刘宗周去世后，诸多取得功名、有一定影响的高第弟子如金铉（伯玉，1610—1644）、吴麟征（磊斋，1593—1644）、祁彪佳（世培，1602—1645）等人都已经殉节。与阳明后学相比而言，蕺山后学确实显得特别冷清。还有，在黄宗羲看来"才识多下"的，大概是指入清之后蕺山学派其他弟子诸如刘宗周之长子刘汋（伯绳，1613—1664）以及张履祥、吴蕃昌（仲木，1622—1656）等偏向程朱之学的刘门弟子。也正因为如此，黄宗羲才感到振兴师门责无旁贷。

黄宗羲入清之后的大半生，致力于学术。其中特别关键的几项则都与先师刘宗周有关，可以说也是承继了先师未竟的事业而后才能有所开拓。黄宗羲一生都对刘宗周极为推崇。他说：

> 有明学术，白沙开其端，至姚江而始大明……逮及先师蕺山，学术流弊，救正殆尽。向无姚江，则学脉中绝；向无蕺山，则流弊充塞。凡海内之知学者，要皆东浙之所衣被也。②
>
> 制科盛而人才绌，于是当世之君子，立讲会以通其变，其兴起人才，学校反有所不逮……逮阳明之徒，讲会且遍天下，其衰也，犹吴有东林，越有证人，古今人才，大略多出于是。③

---

① ［明］黄宗羲：《黄宗羲全集》第十册《先师蕺山先生文集序》，第55页。黄宗羲关于师门冷清的记述颇多。如《答恽仲昇论子刘子节要书》："嗟乎！阳明身后，学其学者遍天下，先师梦奠以来，未及三十年，知其学者不过一二人……"《陈乾初先生墓志铭》（二稿）："环视刘门，知其学者亦绝少。徒以牵挽于口耳积习，不能当下抉择，浅识所锢，血心充塞，大抵然矣。"分别见《黄宗羲全集》第十册，第225、362页。

② ［明］黄宗羲：《黄宗羲全集》第十册《移史馆论不宜立理学传书》，第221页。

③ ［明］黄宗羲：《黄宗羲全集》第十册《陈夔献墓志铭》，第452页。

黄宗羲指出，无论是从明代学术史发展的脉络来看，还是从明代讲会之发展来看，刘宗周都是极为重要的一个人物。对黄宗羲来说，刘宗周是其一生最为重要的老师，他后来所做的事业，无论是相关著述还是甬上证人书院的讲学活动，都是以承继蕺山学为己任的结果。因此，与黄宗羲亦师亦友关系的李邺嗣（杲堂，1622—1680），称其为“刘门之曾子”：

> 昔者夫子之门，惟曾子为最少，而于圣人之传独得其宗……孟子既殁，千余年而有宋诸大儒起，后三百年而有阳明子，复百余年而有子刘子。先生少侍教于刘门，得传其学。及子刘子从容尽义，先生日侍其侧，年只三十有五耳。自后晦盲风雨，先生抱蕺山之遗书，伏而不出，更二十余年，而乃与吾党二三子重论其学，而子刘子之遗书亦以次渐出，使吾道复显于世，有以待夫后之学者，是则先生之功，固亦刘门之曾子也。①

后人认为曾子传《大学》《论语》等孔门之教，黄宗羲在传承先师学术上所做的努力则远远超越了曾子，这个比方还是比较恰当的。黄宗羲自己在《孟子师说》的《题辞》中说：

> 先师子刘子于《大学》有《统义》，于《中庸》有《慎独义》，于《论语》有《学案》，皆其微言所寄，独《孟子》无成书。羲读《刘子遗书》，潜心有年，粗识先师宗旨所在，窃取其意，因成《孟子师说》七卷，以补所未备，或不能无所出入，以俟知先生之学者纠其谬云。②

其中不无将自己看作是蕺山学派之大弟子，真正承续于蕺山之学的意味。

---

① ［清］李邺嗣：《杲堂诗文集》之《杲堂文钞》卷三《黄先生六十序》，浙江古籍出版社 1988 年版，第 434—435 页。

② ［明］黄宗羲：《黄宗羲全集》第一册《孟子师说》题辞，第 48 页。关于《孟子师说》，钟彩钧先生将刘宗周关于孟子的论说与《孟子师说》进行了仔细地比勘，认为刘、黄二人对孟子的理解有相当大的差异，他说：“其实《孟子师说》已经采取了与蕺山不同的研究方向……对孟子年代的考证、对故籍的考证、对历史的考证与博物之学等等，都不是蕺山学说所能范围的，而可嗅到新时代的气息。”钟彩钧：《刘蕺山与黄梨洲的孟子学》，载钟彩钧主编：《刘蕺山学术思想论集》，台湾“中央研究院”中国文哲研究所筹备处 1998 年版，第 408 页。

无论《孟子师说》与刘宗周的学说有无出入，承继先师未竟之事业的意思还是在的。全祖望也说："梨洲所解《孟子》一卷，名曰师说，以蕺山已有《大学统义》、《中庸慎独义》、《论语学案》，惟《孟子》无成著，故补之也。"①

黄宗羲承继先师所做的事业之中，最为重要的自然还是编撰《明儒学案》。陈祖武先生早就指出，对于黄宗羲影响最大的是其师刘宗周的《皇明道统录》。②《明儒学案》卷首的《师说》就是刘宗周原本为《皇明道统录》所撰的"断论"。黄宗羲自已也说《明儒学案》的编撰是在继承先师的事业，并且姜希辙（定庵，？—1698）与董玚（无休，1615—1692）等刘门弟子也有参与。他说："余于是分其宗旨，别其源流，与同门姜定庵、董无休操其大要，以著于篇，听学者从而自择。"③到了《明儒学案》编成之后，黄宗羲在序中说："某为《明儒学案》……间有发明，一本之先师，非敢有所增损其间。"④由此可见，黄宗羲兢兢业业编撰《明儒学案》，旨在对老师的学术有所发明，故而才将《师说》置于全书卷首。再说《明儒学案》先编撰的是《蕺山学案》，完成于康熙十五年（1676）前后，董玚曾为之写序，认为黄宗羲"有功于师门"，如朱门之有黄幹（勉斋，1152—1221）：

> 黄子既尝取其世系、爵里、出处、言论，与夫学问、道德、行业、道统之著者述之，而又撮其《遗编》，会于一旨。以此守先，以此待后，黄子之有功于师门也，盖不在勉斋下矣。世有愿学先师者，其于此考衷焉。⑤

黄宗羲在与董玚、姜希辙等人一起完成《刘子全书》的编辑、刊刻以及撰写《子刘子行状》之后，就开始编撰《明儒学案》，全书又以《蕺山学案》殿后。黄宗羲在此学案的序中说："识者谓五星聚奎，濂、洛、关、闽出焉；五星聚室，阳明子之说昌；五星聚张，子刘子之道通。岂非天哉！岂非天哉！"⑥在他看来，刘宗周的学术达到了整个明代学术的最高峰，将《蕺山学案》放到最后也就是以此为有

① ［清］全祖望：《全祖望集汇校集注》中册《鲒埼亭集》外编卷二七《跋黄梨洲孟子解》，第1280页。
② 陈祖武：《清儒学术拾零》之《明儒学案杂识》，湖南人民出版社2002年版，第30页。
③ ［明］黄宗羲：《明儒学案》卷首《明儒学案序》，第8页。
④ ［明］黄宗羲：《黄宗羲全集》第十册《明儒学案序》（原本），第78页。
⑤ ［明］董玚：《刘子全书抄述》，载［明］刘宗周：《刘宗周全集》第六册，第692页。
⑥ ［明］黄宗羲：《明儒学案》卷六十二《蕺山学案》，第1514—1515页。

明一代之理学，乃至整个宋明之理学做一总结的意思。从此也可得知，黄宗羲之所以如此编撰《明儒学案》，与其先师刘宗周关系甚大。

还有黄宗羲的《明夷待访录》里，也可以找到刘宗周的影子。刘宗周的外王理想常常碰壁，这恰好是因为他对于君主专制有所思考，甚至也有一些较为激烈的批判。这些思考应该对黄宗羲全面地批判君主专制以及形成更为系统的外王之学，有一定的影响。此处特别选择被黄宗羲选入《子刘子行状》之中的刘宗周奏疏之中的言论，简要说明这种影响：

> 夫天下可以一人理乎？恃一人之聪明，而使臣不得尽其忠，陛下之耳目有时而壅矣；凭一人之英断，而使诸大夫国人不得衷其是，则陛下之意见有时而移矣。
>
> 臣闻天下大矣，而以一人理，非徒以一人理天下也，故曰"君职要，臣职详"。陛下留心治道，事事躬亲。群臣奔走受成之不暇，益相与观望，为自全之计。致一人孤立于上而莫之与，岂非知人之道，未之或讲与？仰惟陛下躬亲圣学，法尧舜之明目达聪，而推本于舍己，亟舍其聪明而归之暗。非独舍聪明，并舍喜怒、舍好恶、舍是非，至于是非可舍，而后以天下之是非为真是非，斯以天下之聪明为大聪明。
>
> 今日第一义，在皇上开诚布公。先豁疑关，公天下为好恶，合国人为用舍，慨然引为皇极主。于是进贤才以资治理，开言路以决壅闭，次第与天下更始，宗社幸甚。①

刘宗周外王思想的本质还是传统儒家的"得君行道"，核心问题在于"格君心之非"，希望皇帝从事圣学、收拾人心。他也注意到君主专制的弊病，提出天下不可一人理，应该还天下于天下；舍己，舍去自己的聪明、喜怒、好恶、是非而归之于天下；"公天下"必须先"格君心"。黄宗羲《明夷待访录》则几乎彻底放弃了"得君行道"，指出"为天下之大害者"正是君主专制本身。他说：

> 古者以天下为主，君为客，凡君之所毕世而经营者，为天下也。今也以君

① ［明］黄宗羲：《黄宗羲全集》第一册《子刘子行状》卷上，第216、230、236页。

为主，天下为客，凡天下之无地而得安宁者，为君也。是以其未得之也，屠毒天下之肝脑，离散天下之子女，以博我一人之产业，曾不惨然！曰“我固为子孙创业也”。其既得之也，敲剥天下之骨髓，离散天下之子女，以奉我一人之淫乐，视为当然，曰“此我产业之花息也”。然则为天下之大害者，君而已矣。①

这些思想恐怕是刘宗周想都不敢想的，但是就“天下不能一人治”、“以天下之是非为真是非”等观念而言，黄宗羲与刘宗周非常相似。他说：

缘夫天下之大，非一人之所能治，而分治之以群工。故我之出而仕也，为天下，非为君也；为万民，非为一姓也……夫治天下犹曳大木然，前者唱“邪”，后者唱“许”，君与臣，共曳木之人也。②

关于君臣共治天下的主张，黄宗羲与刘宗周比较接近，不过他提出为臣当是“为天下”而不是“为君”，对君臣关系的认识又深了一层。在刘宗周思想的影响之下，进一步发展了的还有论学校的作用，黄宗羲说：

学校，所引养士也……天子之所是未必是，天子之所非未必非，天子亦遂不敢自为是非，而公其是非于学校。③

刘宗周提出应该以天下之是非为是非，其前提是君主的“开诚布公”、“进贤才”，黄宗羲则提出更广阔的思路，还要公是非于学校，因为学校是培养士大夫的地方，治理天下的方略皆处于学校。关于黄宗羲政治思想与刘宗周的关系，张灏先生指出：黄宗羲继承了刘宗周的那种内化超越意识并有进一步发展，不但要落实于个人道德的实践，而且要植根于群体的政治社会生活，最终形成黄宗羲式的经世精神；黄宗羲思想中特有的高度批判意识，其结果不但是以师道与君道对抗，甚至完全突破纲常名教中所蕴含的宇宙神话，而提出有君不如无

① ［明］黄宗羲：《黄宗羲全集》第一册《明夷待访录·原君》，第2页。
② ［明］黄宗羲：《黄宗羲全集》第一册《明夷待访录·原臣》，第4—5页。
③ ［明］黄宗羲：《黄宗羲全集》第一册《明夷待访录·学校》，第10页。

君的观念。①

刘宗周对黄宗羲的影响，还有对于人格、节操的特别坚守。黄宗羲入清之后成为遗民，从黄宗羲一直到之后的全祖望，将史书的人物列传转型而成为彰显人格、节操的仁人志士的列传②，最后形成了“讲性命之理必归究于史”的浙东史学传统，其中当有刘宗周的影响所在。③

（二）护持与开新

刘宗周去世之后，刘汋、黄宗羲、董玚、姜希辙等刘门弟子参与了《刘子全书》的整理、选辑、刊刻工作：刘汋编撰了年谱，黄宗羲与恽日初（字仲昇，1601—1678）编撰了行状；选编刘宗周讲学语录的比较多，主要有张履祥《刘子粹言》、陈确《山阴语抄》（又名《蕺山先生语录》）、恽日初《刘子节要》以及黄宗羲《蕺山学案》与《子刘子学言》。如何来编全书、选语录，是一个关系刘宗周学术解释权之争的重要问题，其中也体现出蕺山学派内部在学术上的分歧。黄宗羲是刘门弟子之中参与相关工作最多、影响最大的一位，可以说是起到了师门护持之功。

《刘子全书》最后得以保存原貌、正式刊刻为《刘子全书》四十卷，黄宗羲的作用尤为关键，他在《先师蕺山先生文集序》中说：

> 王颛庵先生视学两浙，以天下不得睹先师之大全为恨，捐捧刻之。东浙门人之在者，羲与董玚、姜希辙三人耳。于是依伯绳原本，取其家藏底草，逐一校勘，有数本不同者，必以手迹为据，不敢不慎也。④

王颛庵，即王掞（1644—1728），当时为浙江学政。黄宗羲原有家藏刘宗周遗书的抄本，又因为其女婿刘茂林即刘汋之子、刘宗周之孙，故得到刘宗周的原稿与刘汋的整理稿，从而《刘子全书》才得以精心校勘。此处黄宗羲之所以特别指出“以手迹为据”，是因为刘汋在整理过程中曾对原文有所删改。刘汋虽然也

---

① 张灏：《幽暗意识与民主传统》，新星出版社2006年版，第56页。

② 参见蒋年丰：《从朱子与刘蕺山的心性论分析其史学精神》，载钟彩钧主编：《国际朱子学会议论文集》下册，台湾“中央研究院”文哲所1993年版，第1137页。

③ 杜维明、东方朔：《杜维明学术专题访谈录——宗周哲学之精神与儒家文化之未来》，复旦大学出版社2001年版，第122页。

④ ［明］黄宗羲：《黄宗羲全集》第十册《先师蕺山先生文集序》，第55页。

是《刘子全书》前期整理最为重要的参与者，但是黄宗羲却对他多有不满，他说：

> 当伯绳辑遗书之时，其言与洛、闽龃龉者，相与移书，请删削之，若唯恐先师失言，为后来所指摘。嗟乎！多见其不知量也。①
>
> 夫先师宗旨，在于慎独，其慎独之功，全在"意为心之主宰"一语，此先师一生辛苦体验而得之者。即濂溪之所谓"人极"，即伊川所言"主宰谓之帝"，其与先儒印合者在此。自"意者心之所发"之注，烂熟于经生之口耳，其与先儒抵牾者亦在此，因起学者之疑亦在此。先师《存疑杂著》，大概为此而发。其后伯绳编书，另立《学言》一门，总括先师之语，而先师《存疑》之目隐矣。②

黄宗羲对刘汋整理《刘子全书》的批评有二：其一，刘汋对刘宗周著述之中与程朱之学有抵触的地方，曾与张履祥、吴蕃昌等同门协商，认为应该删去，以免先师失言而被后人指责；其二，刘汋擅自将刘宗周辑为《存疑杂著》的一部分语录，与其他的语录一起共同编为《学言》，这样就把刘宗周存疑而另立一册的原意给掩盖了。这两个问题的关键在于刘汋似乎并不认同刘宗周"意为心之主宰"，因为这一观点与程朱之学有冲突，程朱一系都认为"意者心之所发"。无独有偶，另一刘门高弟陈确（1604—1677）对刘汋也有同样的不满。他说：

> 年谱出绳兄手笔，自另成一书，不妨参以己见，然关系先生学术处亦自宜过慎。至于《遗集》言理之书，或去或留，正未易言。无论弟之浅学不敢任臆，即如绳兄之家学渊源，表里洞彻，恐亦遽难裁定……然则先生之学亦岂易言乎？与我见合者留之，不合者去之，然则岂复为先生之学乎？以绳兄之明睿，万万无此虑，而弟犹不敢偲偲过虑者，只见其不知量耳，而不能自已。③

陈确认为刘汋编撰《蕺山刘子年谱》代表了自己对于刘宗周思想学术的理解，所以即使掺杂以自己的理解也无大防，但编辑《刘子全书》则不能任由自己的主张而决定去留，因为刘宗周的学术不易理解，为先人整理遗书，还是应该以

---

① ［明］黄宗羲：《黄宗羲全集》第十册《先师蕺山先生文集序》，第55页。
② ［明］黄宗羲：《黄宗羲全集》第十册《答恽仲昇论子刘子节要书》，第224页。
③ ［清］陈确：《陈确集》上册《寄张奠夫刘伯绳两兄书》，中华书局1979年版，第77页。

"存真"为原则。这些看法与黄宗羲相同,也就是说,在编辑刘宗周的遗书这件事情上,真正与黄宗羲观点一致的,大概只有陈确一人,其他偏向程朱之学的张履祥、恽日初等刘门弟子与刘汋的观点一致,都认为"意为心之主宰"等与程朱有冲突的地方应该谨慎处理。

从黄宗羲对刘汋等人的种种批评来看,他为了护持师门之宗旨,可谓用心良苦。这种护持也是非常有道理的,主要体现在两个方面:一是关于全书或语录的选编,黄宗羲认为必须要"存真",保持老师著作的原貌;一是对于先师学术宗旨的认识,黄宗羲认为不能掺入己意,即便与先儒不合也不应轻易怀疑。从黄宗羲师门护持的言论来看,有着大学者的严谨态度,达到了学术史的高度。黄宗羲后来自许为在世的刘门弟子之中唯一能够继承先师学术的学者,这种"自许"也确实合乎事实。

黄宗羲光大师门的努力主要还是在清初,当时的同门陈之问(1616—1684)说:"黄子于蕺山门为晚出,独能疏通其微言,证明其大义,推离还源,以合于先圣不传之旨,然后蕺山之学如日中天。"[①]这一评价可以代表入清之后的刘门弟子对黄宗羲的看法。黄宗羲撰写《子刘子行状》等阐发先师学术的文章,确实做到了"疏通其微言,证明其大义"等,对于蕺山学的发扬光大有着极大的推动。更为详尽地评价黄宗羲对蕺山学的推动还有全祖望,他说:

> 南雷自是魁儒,其受业念台时,尚未见深造,国难后所得日进,念台之学得以发明者,皆其功也。兼通九流百家,则又轶出念台之藩,而窥漳海之室。然皆能不诡于纯儒,所谓杂而不越者是也。故以其学言之,有明三百年无此人,非夸诞也。[②]

从发明蕺山学的角度来说,黄宗羲确实功莫大焉。全祖望更为肯定的还是黄宗羲"兼通九流百家",而其治学规模已经超出了蕺山学派。康熙七年(1668)三月,黄宗羲因甬上士人之请,从越中至甬上讲学,于是甬上证人书院正式创立。甬上的证人书院虽然也以传承蕺山之学为己任,但是其讲会宗旨却发生了变化,从

---

① 陈之问为黄宗羲所撰写的寿文,见[明]黄宗羲:《黄宗羲全集》第十册《陈令升先生传》,第 600 页。

② [清]全祖望:《全祖望集汇校集注》中册《鲒埼亭集》外编卷四十四《答诸生问南雷学术帖子》,第 1695 页。

“证人之会”转向了“讲经会”，从义理转向考据，这一转向性的开新，造就了著名的清代浙东经史学派。关于黄宗羲在甬上证人书院讲学的宗旨，全祖望作有很好的分析：

> 先生当日讲学颇多疑议之者，虽平湖陆清献公尚不免。不知自明中叶以后，讲学之风已为极敝，高谈性命，直入禅障，束书不观，其稍平者则为学究，皆无根之徒耳。先生始谓：学必原本于经术，而后不为蹈虚；必证明于史籍，而后足以应务。元元本本，可据可依，前此讲堂锢疾，为之一变。其论王、刘两家，谓皆因时风众势以立教。阳明当建安格物之学大坏，无以救章句训诂之支离，故以良知之说倡率一时，乃曾未百年，阳明之学亦复大坏，无以绝葱岭异端之夹杂，故蕺山证人之教出焉。阳明圣门之狂，蕺山圣门之狷。其评至允，百世不可易也。①

黄宗羲讲学于甬上，陆陇其等推崇朱学的学者有“疑议”，致力于举业的士人也有“疑议”，当然“疑议”的原因并不只是因为其学术宗旨。不过当时浙东一带的讲学活动，诸如越中证人书院、姚江书院等还是以心性之学为主，其他就是为科举服务的场屋之学了。所以当时对于甬上证人书院所倡导的经史之学，真正认同的人并不多。对于黄宗羲倡导“经世”的理念与讲授经史之学，甬上证人书院其他的弟子也有此共识，因此才有后来的“讲经会”。对此黄宗羲曾有过总结：

> 始陈子夔献与同里十余人，然约为友，俱务佐王之学。以为文章不本之经术，学王、李者为剿，学欧、曾者为鄙：理学不本之经术，非矜《集注》为秘录，则援作用为轲传。高张簧舌，大抵为原伯鲁地也。于是为讲经会，穷搜宋、元来之传注，得百数十家，分头诵习。每月二会，各取其长，以相会通，数年之间，毕《易》、《诗》、《三礼》。②

① ［清］全祖望：《鲒埼亭集》外编卷十六《甬上证人书院记》，《全祖望集汇校集注》，第1059页。

② ［明］黄宗羲：《黄宗羲全集》第十册《陈夔献五十寿序》，第680—681页。

黄宗羲及其弟子致力于以经世为目的“佐王之学”，认为著文章、学理学都应该本于经术，所以举为“讲经会”，他们在明亡之后，对于包括讲学在内的诸多方面都进行了深刻的反思，共同探寻“佐王志学”，即经世致用之学。正是通过讲会的训练，虽然短短数年，甬上证人书院却培养出了一大批卓越弟子：

> 诸子亦散而之四方，然皆有以自见。如万季野之史学；万充宗、陈同亮之穷经；躬行则张旦复、蒋弘宪；名理则万公择、王文三；文章则郑禹梅清工，李杲堂纬泽，董巽子、董在中函雅，而万贞一、仇沧柱、陈匪园、陈介眉、范国雯，准的当时，笔削旧章，余子亦复质有其文。呜呼盛矣！①

让黄宗羲引以为豪的有：万斯同（季野）的史学；万斯大（充宗）、陈自舜（同亮）的经学；万斯选（公择）、王之坪（文三）的理学；郑梁（禹梅）、李邺嗣（杲堂）等人的文学。黄宗羲及其得意弟子，最终形成了著名的清代浙东经史学派。②

黄宗羲自许为师门薪传，以倡明“师说”为己任，但是其治学规模远远超过其师，无论治学的范围与方法都与刘宗周有了很大的不同。那么如何来理解他们之间的学术承继关系呢？当代学者赵园曾说：

> 黄氏本人虽以师门薪传为己任，但其学之规整、气象，非所谓“师门”所能涵盖。黄宗羲虽以倡明师说为己任，未见得即以“蕺山”为门派。他的辨明师说，也不取卫道姿态，见识明达，境界迥出俗流。令后人称羡的明清之际学术气象，也应由此种人物造成。③

黄宗羲护持师门之宗旨、承继师门之学术，但是他并没有狭隘的“卫道姿态”，不为门户所局限，而是持有“一本而万殊”的学术史观。“青出于蓝而胜于蓝”，成就了梨洲之学的博大精深，以及清代浙东学派的辉煌。

---

① ［明］黄宗羲：《黄宗羲全集》第十册《陈夔献墓志铭》，第 453 页。

② 关于甬上证人书院的弟子，参见《甬上证人书院学生考》，李国钧：《中国书院史》，湖南教育出版社 1994 年版，第 844—852 页。

③ 赵园：《刘门师弟子——关于明清之际的一组人物》，载汕头大学新国学研究中心编：《新国学研究》第一辑，第 200—201 页。

第九章 晚明的西学东渐与中西交流

晚明时期有件影响至今的事，便是西学之传入中国。此时的西方，也随着大航海发现、宗教改革、文艺复兴等一系列重大历史事件，正处于思想大变革之中。以耶稣会士为中坚的西学传播者，将西方的优秀文明成果引入中国，从而也更丰富了晚明多元的思想界，从此中西之交流持续至今，对双方都产生了深远的影响。

第一节　明晚期西学的流传

一、先驱者的奠基

在大多数描述晚明时期西学传入中国的书中，其作者往往会把传教士圣方济各·沙勿略置于书本之首。虽然沙勿略生前费尽艰辛想进入中国内陆，却并未能如愿，而是在贫病交加中逝世于广东海外的上川岛，但是他生前的努力并未白费，他热切想来中国的意愿和他各种英勇的事迹，激励了许多后续的传教士来华。因此，我们依然可以说，沙勿略乃是这项事业中当之无愧的先驱之一。

为更好地了解这位先驱，让我们先来看看他的生平大事：

1506 年，沙勿略出生于靠近法国的西班牙小城的一个贵族家庭，父母都是名门望族，虔诚的天主教徒。但是沙勿略成年之后，家道开始中落。1525 年，沙勿略进入巴黎大学圣巴巴拉学院学习，在此结识了后来对他产生很大影响的伊纳爵·罗耀拉。1534 年，沙勿略与伊纳爵等人创办耶稣会。1542 年，沙勿略受葡萄牙国王的派遣前往印度果阿，成为第一个在东方传教的耶稣会士。1545 年 9 月 3 日，沙勿略首次到达葡萄牙东方拓展殖民地的前沿马六甲。1549 年 8 月 15 日，前往日本传教。1551 年 11 月，沙勿略抛下在日本方兴未艾的传教事业返回果阿，并为前往中国做准备。1552 年 4 月，与商人迪奥戈·佩雷拉以访华使团的名义前往中国，但抵达马六甲时，使团被当地总督扣留，所乘船只及所准备的货物连同佩雷拉本人都被扣留，沙勿略只能另寻他法进入中国。1552 年 12 月 3 日，沙勿略在试图进入中国内陆时，病死于上川岛。1619 年，沙勿略被教宗保禄五世（1605—1621 在位）列为“真福”。1622 年，被教宗格里高利十五世（1621—1623 在位）封为传教圣人。

从上述大事录中可以看出，沙勿略的足迹最初遍及印度、马六甲、日本等远东地区，正是在这些地方，尤其是在日本，孕育了他来中国传教的夙愿。据沙勿略的早期书信及一些学者的考证，沙勿略在印度传教时，便开始获悉有关中国的某些知识，在其后的远东传教过程中，这些讯息日渐增多而了解日益深厚，而这些对中国的认识，大多是非常正面的。我们可以看一段沙勿略书信中的描述：

> 日本有一板东大学，规模宏大，僧侣颇多，研究教义和各宗派学说，但所有教义与宗派无不传自中国……一切经籍亦均用汉文……日本密迩中国，宗教学派，都自中国输入。中国幅员广大，境内安居乐业，绝无大小战乱。据曾前往中国的葡人报告，中国为正义之邦，一切均讲正义，故以正义卓越著称，为信仰基督的任何地区所不及。就我在日本所目睹，中国人智慧极高，远胜日本人；且善于思考，重视学术。中国物产丰富，且极名贵；人口繁盛，大城林立；楼台亭阁，建筑精美，部分采用石料。人人皆说中国盛产绸缎。有些中国人对我说：中国境内亦有若干不同宗教，察其所言，似为伊斯兰教或犹太教。至于是否有人信奉基督，则语焉不详。①

沙勿略在日本的传教过程不可谓不艰辛，对日本的认识也较深入，这段书信里，沙勿略说日本的宗派无一不传自中国，中国人智慧远胜于日本人。沙勿略心中的中国国泰民安、物产丰富；中国人善于思考、重视学术，是一个非常理想的地方。沙勿略在日本的传教过程中，也常受触动，正如费赖之在《明清间在华耶稣会士列传》里所载："那些反对者，不止一次地向他发问：'若是你的宗教是唯一真教，何以中国对此一无所知？'""他终于意识到，要使日本归依的最佳方法，无如把福音先传入中国。1552 年他写道：'中国是传播基督福音的一片有着广阔前景的地方。假如基督教义能在那里被接受，则日本的那些异教派将会不攻自破。'"②正是怀着这种信心和注重文化的传教策略，沙勿略转而把心力投入中国，一次又一次地努力进入中国国土。虽然这些努力最终都以失败告终，但他留下的书信和事迹，正是留给其后耶稣会士们最宝贵的遗产。他所获得的对中国的认知、传教的策略、热忱的心火，被其后的耶稣会士们所承继。

正如戚印平在其著述《远东耶稣会史研究》中所说：

---

① 转引自方豪：《中国天主教史人物传》，宗教文化出版社 2007 年版，第 44 页。

② [法]费赖之著，梅乘骐、梅乘骏译：《明清间在华耶稣会士列传(1552—1773)》，天主教上海教区光启社 1997 年版，第 1 页。

> 在印度、马六甲以及东南亚各地，沙勿略有许多机会获知有关中国的信息；他对中国文化的体验与认识，不仅构成早期耶稣会士中国知识的重要来源，而且与此后范礼安(P. Alessandro Valignano)、罗明坚(P. Michel Ruggiere)及利玛窦(P. Mattoeus Ricci)等人的策略抉择，有着显而易见的承嗣关系。前往中国，或许是他生命旅途最后十年间始终回荡于心灵深处的神秘召唤，正因为如此，他才会听从命运安排，不顾一切地来到中国。从这一意义上说，忽略沙勿略的传教经历，就无法对耶稣会士在中国的传教历史做出全面而客观的认识与评价。①

戚印平是学界研究沙勿略较深入的学者，他不仅注意到沙勿略对中国的认识构成了早期耶稣会士对中国认识的知识来源，而且尤为关键的是，他注意到沙勿略对其后范礼安、罗明坚和利玛窦等人的策略抉择之承接关系，正是这种策略抉择，深远地影响了耶稣会之传教与中西之交流。

沙勿略1552年逝世后，若干传教士继续试图进入中国内地：1555年，巴雷托试图进入广东，以失败告终；1565年，在澳门工作的耶稣会会长弗朗西斯科·派瑞斯来到广东，又被送回澳门；1558年，瑞贝拉在中国沿海住下，招致了中国人和其上司双方的极度不愉快，被派回欧洲。瑞贝拉和巴雷托的受挫，成了和平进入中国绝无希望的代言人，并希望武力进入中国。直到范礼安开始指导这一传教事业。

范礼安，出生于那不勒斯王国的名门望族之家，1538年12月20日生。1566年加入耶稣会，1574年赴印度，1578年赴日本前，途经澳门，在此居留9个月。在这9个月的时间里，“通过观察和询问，他对中国人产生了崇高的敬意(他称其为伟大的和杰出的人民)，同时也洞察到以往失败的原因。‘渗入中国唯一可行的方法’，他在给总会长的信中写道：‘就是调整我们的策略，采取一种与迄今为止与我们在其他国家所用的完全不同的方法。’”②1606年1月20日卒于澳门。

范礼安让罗明坚开始学习中文，深入了解中国文化，传教事业进入全新的

---

① 戚印平：《远东耶稣会史研究》，中华书局2007年版，第61页。

② ［美］邓恩著，余三乐、石蓉译：《一代巨人——明末耶稣会士在中国的故事》，社会科学文献出版社2014年版，第4页。

阶段。罗明坚，字复初，出生于那不勒斯王国威尼斯主教区，1543年生，1572年入耶稣会。1578年在里斯本乘船起航，抵达果阿。1579年7月，抵达澳门，依照范礼安神父的训示，开始学习中文，虽遭遇同会中人反对或阻挠，仍坚持不懈。1582年12月，由澳门抵肇庆，获得在东关佛寺居留的权利，这也成了耶稣会在中国境内的第一所司铎住院。1607年5月11日卒。罗明坚对中国的传教事业，实有开创之功。随后，利玛窦亦加入了此行列。

二、集大成者利玛窦

方济各·沙勿略逝世那年，利玛窦正好出生，而西学得以在明末的中国传播，利玛窦的贡献非常巨大，以至于四百余年后，他的名字依然被人纪念，有关他的传记和研究书目可用汗牛充栋来形容。

我们可以依据利玛窦的足迹来了解西方思想的流传。首先，我们可以罗列一个时间表：

1552年，出生于意大利马切拉塔城一个贵族家庭。

1582年，被范礼安神父召至澳门，开始学习汉语和中国文化。

1583年，与罗明坚神父同赴肇庆。

1589年，移居韶州，开始使用知识传教法。

1594年，抵达南昌，改僧服为儒服。

1598年，抵南京，写《交友论》等，深受士大夫喜爱。

1601年，入北京，交游甚广，直至1610年逝世。

随着利玛窦在中国的足迹的拓展，西方思想由南入北层层深入地传播，并波及全国。

利玛窦的足迹由南而北，由边陲而京城，西学正顺着他的足迹，渐渐深入明帝国的文化中心。利玛窦的个人品质常为人称道，其坚韧的毅力、儒雅的行为、高超的德行、审慎的性情、过人的聪明，都让他成了这场文化交流中最具影响的承前启后的关键人物。作为耶稣会的神父，利玛窦来华的宗旨本是传播基督福音，而最引人称道的是，文化传教的这种传播方式，这种由耶稣会会祖依纳爵制定的策略，由先驱方济各·沙勿略的奠基，在利玛窦这里发扬光大，亦为其后的耶稣会士们得以继承。

利玛窦在明末的遭遇和在其后历史中的遭遇相似，并非一帆风顺。利玛窦在明末屡遭艰难，在中国历史上，又一度被当成殖民主义的先锋。而今，他已被写入了中学的历史教材，因此很多人知道利玛窦与明朝的徐光启合译了《几何原本》这本书，知道他在科学方面的贡献，但依然很少有人知道，利玛窦还是一位天主教徒，更确切地说，是位耶稣会士。除了《几何原本》，他还绘制了《坤舆万国图》，最早翻译《四书》至西方，首次将汉语以罗马字母注音，用古雅的文言文撰写了《天主实义》《交友论》《畸人十篇》等让当时的士子争相传阅的著作。然而，他的名字无须借助地图、自鸣钟、《几何原本》等来传扬，虽其去世四百余年，中国人更多因这些而知道他，并在历史中为他留下了一笔，怀着友好的感情纪念他，虽然他的《坤舆万国图》引发了全世界大量学者的研究，称其引发了当时的中国“天崩地裂”之变化；而今依然少有国人知道或注意其天主教徒的身份。

图 9－1　利玛窦与徐光启

纵然他生前生后都曾因各种高深的学识或高尚的德性而获享盛名，如果不从其毕生及其身后之荣来看，利玛窦的一生无疑是凄惨的、屡经磨难的，即便不论其航海中的千辛万苦，殒命的同伴，初来中国前几年的苦楚，也足以让人悒郁难平，阅读他的生平传记，至少有三分之一的时光，是艰难的，似乎无望的，他的很多同伴都已绝望而力劝他离去。即使在他日益获得越来越多士大夫的好感，收获了更多信德的果实后的最后那些年岁，他依然如履薄冰、如临深渊，刻苦一身，并一再地渴望殉道，直至他平静地离开尘世。在这种艰难险阻之中，利玛窦依然沉潜自牧，筚路蓝缕以德、以言、以行折服了许多人，写了诸如《天主实义》这样不朽的著述，为中西之交通架构了坚固的桥梁。

教宗本笃十六世为马切拉塔教区，揭开纪念耶稣会士利玛窦逝世四百年活动致函当地主教说：

> 耶稣会士利玛窦1552年10月6日生于马切拉塔，信仰深湛并具有卓越的文化及科学才华，一生中用多年时间致力于西方和东方之间有成效的对话，同时以一种透彻的行动使福音在伟大的中华民族文化中生根。他的典范也是今天欧洲与中华文明之间有益相遇的模式。①

也如裴化行在《利玛窦评传》中所表达的，利玛窦这位耶稣会士、泰西儒士、欧洲士大夫，努力寻求和平而有益的理解，无非是竭力把基督教酵母注入整体的中国文化。最令人惊讶的是：在往往被描绘为对任何外来影响格格不入的中国，利玛窦找到了热心的支持者、热诚的合作者，并且回避了文明冲突。利玛窦绝对不想抛弃他的欧洲文明成果，而是想把它带给中国朋友，在他们合作下，把它嫁接在远东文化的树干上。②

三、后继者们

利玛窦之后，来华西士频频进入这扇“打开的大门”，继续将西学传于明末之中国。其中较重要和关键的有：龙华民(P. Nicolas Longobardi)、王丰肃(P. Alphonse Vagnoni)、金尼阁(P. Nicolas Trigault)、艾儒略(P. Jules Aleni)等。

龙华民，1559年出生于西西里的一个贵族家庭，1597年来华，1654年卒于北京。龙华民最初被派往韶州，经常往来城乡间传教，1609年被召至北京，其间亦在各省教区巡视，1620年后主要工作于北京。龙华民传教心火非常热烈，利玛窦亦为之感动，利玛窦去世之前，遗命他为中国教区会长。

王丰肃，出生于意大利都灵教区的贵族家庭，1566年出生，1605年来华，1640年卒于绛州。王丰肃最初被派往南京，在南京传教成就显赫，不幸1616年

① 详见教宗本笃十六世为马切拉塔教区纪念耶稣会士利玛窦逝世四百年活动致函当地主教，转引自王怀茂《弘扬利玛窦传教精神推进中国天主教本土化进程巩固和坚持自办教会原则》，《纪念利玛窦逝世400周年论文集》，2010年版。

② 裴化行：《利玛窦评传》，商务印书馆1993年版。

沈榷发动南京教案，王丰肃受尽磨难，被遣回澳门，直至 1624 年才重入中国。此时，他改名为高一志，在山西绛州传教，得韩云、韩霖两兄弟帮助，成绩亦丰。他在山西做了许多慈善工作，救济贫苦。除传教成绩丰硕外，其著述亦颇丰，较重要有：《教要解略》《圣母行实》《天主圣教圣人行实》《西学修身》《西学治平》《西学齐家》《童幼教育》等。

金尼阁，出生于比利时，1577 年出生，1610 年来华，1628 年卒于杭州。金尼阁的才华受龙华民赏识，因此被派往罗马汇报中国基督徒团体情形，并请求各项所需。在此期间，金尼阁着手翻译利玛窦用意大利文撰写的中国传教史《利玛窦中国札记》，译为拉丁文后风行欧洲，影响颇大。金尼阁另有著述若干，较著名的有《西儒耳目资》，将中国的音韵学以罗马字母注汉字音。

艾儒略，1582 年出生于意大利，1613 年来华，1649 年卒于延平。艾儒略才华卓著，被称为“西来孔子”，艾儒略在福建工作时间较长，其时与阁老叶向高交流甚多。艾儒略著述颇丰，较重要的有《天主降生言行纪略》《万物真原》《三山论学记》《杨淇园行略》《熙朝崇正集》《西学凡》《职方外纪》《口铎日抄》等。

正如邓恩在其著述《一代巨人——明末耶稣会士在中国的故事》中所说：

> 这些人在将利玛窦开创的工作向前推进的事业中，都做出了杰出的贡献。还有郭居静、李玛诺、王丰肃、熊三拔、金尼阁、罗雅谷、邓玉函，他们组成了使范礼安和利玛窦感到骄傲的一代精英传教主体。天主教文化在中国从没有出现过这样杰出的典型代表；中国文化也从没有出现过这样真诚的和富有同情心的仰慕者。他们是那是能将两个世界联结到一起，开创对话的仅有的人。虽然这种连结合对话在后来的发展中曾经被削弱了，但是却再也没有中断过。在有限的生涯中，他们克服了妄自尊大的主人和自我封闭的文化对他们深深的敌意，赢得了中国人对天主教的广泛认同。在他们中的最后一个人去世的时候，天主教的社团已经遍布除了云南和贵州之外整个帝国的所有省份，即使是作为南明最后一个政权的永历王朝，也已经接触到了天主教。这个由传教士们架设桥梁于斯的文化的鸿沟，是远比天主教刚诞生时，其与罗马文化之间的差距既深又宽的。这仅仅是以利玛窦进入东方帝国 80 年后天主教在中国

的地位，与圣·彼得死去80年后天主教在罗马帝国的地位相比较得出的结论他们的成就之大是值得人们赞赏的。①

正是这些人造就在多领域传布西学，包括天文历算、机械物理、军器兵制、生物医学、地理、水利、音乐、绘画、建筑和语文学等领域，正如李约瑟评论说："17世纪到达中国的这些耶稣会士，是满怀宗教热情的传教士，同时又是文艺复兴和资本主义上升时期发展起来的科学的大多数领域内的专家，在文明直接相互交往的历史中，是找不到与他们相提并论的人了。"②

天文历算方面，在徐光启等人和耶稣会士们的努力下，既有明末钦天监改用西法与历局之创设，又有大量天文历法书籍的译著，诸如《圜容较义》《乾坤体义》《浑盖通宪图书》《经天该》等书籍，还有天文仪器之引入与制作、天文观测与天文研究，亦有与天文历法关系最为密切的数学成就，最重要的当为利玛窦与徐光启合译的《几何原本》，梁启超称此书"字字精金美玉，为千古不朽之作"，数学书籍另有诸如《测量法义》《同文算指》《几何用法》等。机械物理上，有邓玉函的《奇器图说》、王征的《诸器图说》、熊三拔的《泰西水法》，有利玛窦之钟表等；军器兵制上，明末边患时去澳门购募葡萄牙之兵炮等；生物医学上，有《泰西人身说概》等；地理学上，有利玛窦的世界地图与中国地图，有鄂本笃修士由陆路来华所作的探索和发现，有艾儒略的《职方外纪》等；音乐方面，利玛窦所携的西琴，并撰《西琴曲意》；绘画方面，有表达天主教教义的画作；建筑方面，有西洋风格的教堂，尤其在澳门；语言学上，利玛窦的《西字奇迹》，艾儒略的《西儒耳目资》等。我们可以看到，在各个领域，都有蔚为大观的西学之流传。

第二节　明晚期西学的特点

一、神学之根本

西学传入者的耶稣会士身份，决定了他们所传的思想和文化无不以天主教

① 邓恩：《一代巨人——明末耶稣会士在中国的故事》，第380—381页。
② 邓恩：《一代巨人——明末耶稣会士在中国的故事》，第230页。

之神学为根本。这些耶稣会士们之来华，乃是植根于对“天主”的信仰中，正如裴化行所说：“佛祖或孔子都是历史人物，他们像柏拉图和亚里士多德一样已经过世，他们的影响只剩下记忆，或者说，只剩下他们的真实著作以及被看作他们著作的影响。然而，对于基督教徒而言，耶稣不单单是历史人物，他对于他的可见教会来说，是内在固有的，同时又是超越一切世纪病害的，他就是永在的生命。”①

同时，这种信仰和天主教神学又深深烙上了 16 世纪的时代印记。西方基督教文明以耶稣基督为中心点，一方面植根于犹太人对唯一天主的信仰，另一方面随着福音的传播而与古希腊、古罗马文明融合在一起。15、16 世纪时，虽然西方文明依然植根于自己的传统中，却也有了丰富的时代内涵。虽然经院哲学依然在天主教神学中居于中坚地位，而随着宗教改革和文艺复兴，引发了基督教文明自己内部的分裂和争战。1517 年，路德发表的《九十五条论纲》引发了宗教改革。改革者反对当时罗马天主教的传统，包括其教条、仪式、领导和教会组织结构。罗马天主教在特伦托会议上做出了反对宗教改革的回应，圣伊纳爵所创立的耶稣会，正是反对当时方兴未艾的宗教改革，维护天主教的传统，与此同时，天主教内部也有了自身的反思和革新。

耶稣会与路德等宗教改革者们反对天主教的做法不同，正如裴化行在《利玛窦评传》中所说：“15、16 世纪，圣依纳爵一方面竭力不让方济各·沙勿略及其伙伴们对福音主义和伊拉斯谟主义任何一方有所偏袒，另一方面则主张既不要为学术而牺牲神学，也不要为神学而牺牲学术。在他们看来，以光耀文艺复兴的成就为借口把中世纪说成荒唐可笑，或者，用狭隘闭塞地尊崇中世纪来藐视文艺复兴的成就，都是既违反信仰，也违反理性的。他和他的弟子们都认为，对古典文化和新知识的真诚热爱，是极其密合无间地与基督教原理浑然一体的。”②因此，“在他们看来，基督教义与其说是对事物的终极认识，不如说是把人联系于上帝的纽带，人与人之间的纽带，爱与宽宥的纽带，宗教应该掌握人的敏感，感动人，从而给人以真正个人的动力和其他种种社会美德：善良、团结等等，总之，给予幸福”。利玛窦正是深受这种耶稣会之神学影响，也在罗马公学深受

---

① 裴化行：《利玛窦评传》，第 44 页。

② 裴化行：《利玛窦评传》，第 46 页。

经院哲学和古典文学的教育，他面对中国文化时，更多的是身怀敬意，在论及中国时，历数其七大优越之处。[①] 觉得柏拉图笔下《理想国》里最好的“哲人”统治理想，已在中国得以实现。[②] 因此，他更多的是满全中国的传统，而非冲突对立。因此他所开拓奠基的这一事业，深深打上了这种烙印。

这批耶稣会士们在欧洲接受了完整的神学教育，来中国后，以汉语构筑了一套较完整的神学体系。

罗明坚的《新编西竺国天主实录》是晚明大陆汉文写就的第一部神学著作，1640年被修订为《天主圣教实录》，内容包括：真有一天主、天主事情、解释世人冒认天主、天主制作天地人物、天主圣性、天神亚当、论人魂不灭大异禽兽、解释魂归五所、自古及今天主止有降其规诫三端、解释第三次与人规诫事情、天主十诫、解释第一面碑文、解释第二面碑文、解释天主劝谕三规、解释人当诚信天主事实、解释圣水除罪。

利玛窦的《天主实义》，可以说是流传最广、影响最深的晚明汉文神学著作，是书与《新编西竺国天主实录》体例相同，亦为对话体，分为八篇。《天主实义》被收入《四库全书》和《天学初函》中，1595年初刻于南昌，1601年校正重刻于北京。重刻本有李之藻序，1604年重刻于北京，1605年或1606年重刻于杭州，1630年及以后屡有重刻本。1604年被译为日文，范礼安神父三次重刻于澳门，后又译为高丽语和法文，可初见其影响之大。[③]《天主实义》的研究文献也已蔚为大观。徐宗泽神父编的《明清间耶稣会士译注提要》中说：“是书之言论深得当时士大夫之赞许，其观念又浸润人心，有极大之威权，有阅之而感动，因而皈依圣教者不乏其人，冯应京、徐光启即其显著也。”[④]

《天主实义》分为八篇，首篇论天主始创天地万物而主宰安养之；第二篇解释世人错认天主；第三篇论人魂不灭，大异禽兽；第四篇辨释鬼神及人魂异论，而解辩天下万物不可谓之一体；第五篇辩驳轮回六道戒生之谬说，而揭斋素正志；第六篇解释意不可灭，并论死后必有天堂地狱之赏罚，以报世人所为善恶；第七篇论人性本善而述天主教士正学；第八篇总举大西俗尚，而论其传道之士

---

① 裴化行：《利玛窦评传》，第66页。
② 裴化行：《利玛窦评传》，第71页。
③ 费赖之：《明清间在华耶稣会士列传》，第41页。
④ 徐宗泽：《明清间耶稣会士译注提要》，上海书店出版社2010年版，第3页。

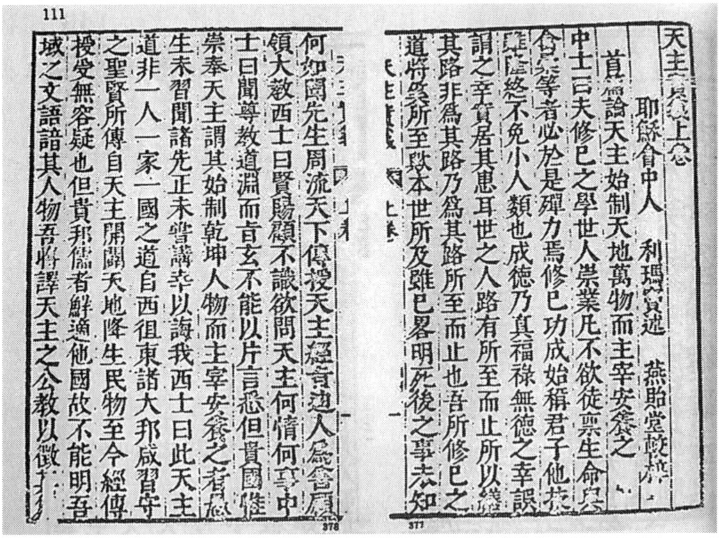

天主實義上卷

耶穌會中人 利瑪竇述 燕貽堂較梓

首篇論天主始制天地萬物而主宰安養之

中士曰夫修己之學世人崇業凡不欲徒禀生命與禽獸等者必於是殫力焉修己功成始稱君子他技雖隆終不免小人類也成德乃真福祿無德之幸謂之幸實居其患耳世之人路有所至而止所以繕其路非爲其路乃爲其路所至而止也吾所修己之道將奚所至歟本世所及雖已畧明死後之事未知何如聞先生周流天下傳授天主經旨迪人爲善願領大教西士曰賢賜顧不識欲問天主何情何事中士曰聞尊教道淵而旨玄不能以片言悉但貴國惟崇奉天主謂其始制乾坤人物而主宰安養之者愚生未習聞諸先正未嘗講究以誨我西士曰此天主道非一人一家一國之道自西徂東諸大邦咸習守之聖賢所傳自天主開闢天地降生民物至今經傳授受無容疑也但貴邦儒者鮮適他國故不能明吾域之文語諳其人物吾將譯天主之公教以徵其

图 9-2 《天主实义》燕贻堂刻本书影

所以不娶不嫁之意，并释天主降生西士来由。

其后有庞迪我的《庞子遗诠》、罗儒望的《天主圣教启蒙》《诵念珠规程》、苏儒望的《天主圣教言》、龙华民的《圣教日课》、高一志的《天主教要解略》、阳玛诺的《圣经直接》、汤若望的《真福训诠》《主制群征》《进呈书像》《主教缘起》、艾儒略的《天主降生出像经解》《天主圣教四字经文》《三山论学记》《天主降生引义》《口铎日抄》等。这些早期的耶稣会士们以中文写作或翻译的这些神学作品，构成了汉语神学的早期著述和较完善的体系。①

二、文化适应策略之努力

虽然有史可考的基督教从唐朝就开始传入中国，在元朝甚至有主教进驻中国，但明末来华的耶稣会士们对这些基督教在唐宋传入的历史并无知悉，直至利玛窦去世后 15 年，《大唐流行中国景教碑》被发现。而基督教重新跃入人们的视野，是改革开放之后 20 多年的事，尤其是随着新教福音传播的方兴未艾，文化基督徒热等而引起人们广泛的关注，这应该可以说是继明末、民国后，基督

① ［意］柯毅霖著，王志成、思竹、汪建达译：《晚明基督论》，四川人民出版社 1999 年版，第 136—302 页。

教第三次大规模在华传播福音，因历史与时代之机缘，与后两次福音传播中西方文明多少有点后来居上、咄咄逼人的势态尤为不同的，是明末自利玛窦以来的这些开创者们对中国传统文化的尊重和满全。

文化适应策略之最值得称道之处便在于学习中文、中国经典和中国文化，而利玛窦及其《天主实义》可称得上是文化适应策略之努力的典范。冯应京于1601年为《天主实义》所写序言的首段说："《天主实义》，大西国利子及其乡会友与吾中国人问答之词也。'天主'何？上帝也。'实'云者，不空也。吾国六经四子，圣圣贤贤，曰'畏上帝'，曰'助上帝'，曰'事上帝'，曰'格上帝'，夫谁以为空？"①正如冯应京所言："'天主'即上帝；六经四子，曰'畏上帝'，曰'助上帝'，曰'事上帝'，曰'格上帝'。"因为《天主实义》全书虽为传扬天主经旨，却绝少援引《圣经》之权威，而是大量援引中国经典《四书》《五经》等。

《天主实义》之写作，历时十余载，写作之前及写作中，利玛窦及其同伴努力学习中文及中国典籍，利玛窦于1586年写给马塞利神父的信中说："我一直同另一位葡萄牙神父（孟三德）待在这里，非常有系统地致力于学习这个国家的语言文字。我不为这番努力后悔，也不因取得的成绩而羞愧，现在我不怎么或完全不用通事了。"②1594年，裴德立修士去世后，郭居静被委派去韶州工作，在利玛窦领导下，致力于研习中文……欧洲传教士们循序渐进地研读中文经典。为方便他们学习，利玛窦用拉丁文翻译了（确切地说，是释意）《四书》，还加上了许多注释。中断了七八年后，他自己又勇敢地研习中国典籍，指导他的是一位业务精通的老师，一天上课两次，奋力阅读"他不能全懂"的书籍，甚至还做作文。于是，他写道："在我晚年（其实他才41岁），我还要当小学生，这倒不算什么，既然我下决心，这样做是为了爱那位上帝出于爱我之心派来人间的'人'。1593年12月10日，他就可以宣布已经译完《四书》中的三部（第四部是次年译完的），其实算不上翻译，而是用拉丁文释意，还加上许多注释。从此，新来的人都拿它派各自的用场。"③

除深入学习中文及中国典籍之外，《天主实义》尤为特别之处在于，利玛窦把活生生的"中士"与"西士"的对话与心灵经验记录下来，因此我们可以说，《天

① 梅谦立：《天主实义今注》，第69页。
② 裴化行：《利玛窦评传》，第108页。
③ 裴化行：《利玛窦评传》，第162页。

主实义》并非利玛窦一人之臆想，而是源于其研读中国经典，及与中国人真实的对话。梅谦立在《天主实义今注》开篇的后面部分介绍了利玛窦对四书五经的发现，及其与士大夫在南京、北京的对话。

裴化行的《利玛窦列传》里详细记录了利玛窦和这些士大夫们的交往，我们可以看看书中对第一位与利玛窦深厚交游的、也是相当关键的一位远东人文主义者瞿太素的描述，瞿太素怀着学习炼金术的目的与利玛窦接近，却日益为其数学、逻辑学等学说吸引，但瞿太素特别入迷的，倒不是基督教人文主义的这个逻辑、形而上学方面，而是它的伦理方面——在这一点上，他是忠实于本民族的特点的。终于，他不再以此满足了，他请神父阐述其学说。这是一个重大时刻。利玛窦要他暂停其他学习，于是，接连三四天讲解《教理问答》的大致内容。这位中国弟子非常专注地细听，还记笔记，然后写下疑难问题，边上留下空白，让神父便于解读。利玛窦非常惊讶，写道："都是些最难的问题，是神学研究中纠缠不清的死疙瘩，这位中国士子原以为任何一个都不能说清楚，看见它们一一解开，也同样感到惊奇"①。惊异是相互的，启迪也是相互的，正如裴化行所言，真正的人文主义者们亲如一家，西士和中士便在这样得天独厚的情境下相遇、相交、相知。

梅谦立在《天主实义今注》中列举了利玛窦和章潢的交往，裴化行在《利玛窦行传》也记录了两人之间的交往始末，深厚的情谊，并记录了章潢的一段话，当时章潢对利玛窦说："一定要有勇气，因为您要吃尽辛苦的。您的名字已经全帝国知晓，而既然您来到我国抱着传播您的宗教的崇高目的，必定要遇到许多困难和矛盾。您要知道，一切宗教被中国人接受之前都是这样的。只要您耐心从事，久而久之，您就能克服种种琐细障碍，终于战胜一切。"②

利玛窦之后的耶稣会士们大多坚持这种文化适应策略，他们以《四书》作为学习中文的教材，以中文著述，艾儒略等耶稣会士们尤其赢得了中国士大夫的尊重，艾儒略即被尊称为"西来孔子"。正是这一策略，让明末的西学得以更成功地流传，让中西之交流得以深入。

---

① 裴化行：《利玛窦评传》，第 142 页。

② 裴化行：《利玛窦评传》，第 200 页。

第三节　明晚期中西思想的交流

一、明末之本土回应

明末西学之传入，得到了中国本土之极大回应，有信而入教者，其中包括皇亲国戚、缙绅百姓等各阶层的人，亦有不信教而同情者，亦有起而反对和攻击者。

首先，信而入教者，我们可以按年排列如下：

> 1583 年，一人受洗；1584 年，二人受洗；1585 年，二十人；1586 年，四十人；1589 年，八十人；1596 年，一百人；1603 年，五百人；1605 年，一千人；1608 年，二千人；1610 年，至少二千五百人；1615 年，约五千人；1617 年，一万三千人；1636 年，三万八千人；1650 年，约十五万人。①

这些人中最由人称道的，当属徐光启、李之藻、杨廷筠三大柱石。

徐光启(1562—1633)，上海松江人。徐光启可以说是中国奉教者中最著名的一位，对中国教会、中西之交流皆有巨大的贡献，既是伟大的政治家，也是伟大的科学家、思想家，在各个领域皆有建树。徐光启官至礼部尚书兼东阁大学士，但其科举之路非常坎坷，自嘲“爬了一辈子烂泥路”。他 16 岁师从曾私淑过王阳明的黄体仁，四次参加乡试皆不中，第五次时，又一次名落孙山，然而这次有个戏剧性的结果，主考官焦竑以不得第一名为憾，重阅试卷，再读徐光启之卷，击节赞叹，拔置第一名，这是 1597 年。其后科考路又经波折，直至 1604 年中进士。徐光启于 1603 年受洗，此前从郭居静神父处得利玛窦《天主实义》一书，非常喜欢，达旦不寐，深受感动，请求了解更多天主教道理，接受洗礼。徐光启曾说自己生平善疑，直至接触天主教后，方无可疑处。徐光启开始转向经世

① 方豪：《中国天主教史人物传》，第 871 页。

致用之学，并批驳佛老二氏。他和利玛窦共译《几何原本》，文法精美，对中国之数学及理性思维的注重皆功勋卓著；与熊三拔合译《泰西水法》，于中国的水利贡献颇大；南京教案时，写作《辩学疏稿》，置个人生死于度外，奋起保护传教事业；写作《崇祯历书》，举荐传教士等修历，于中国天文、历法颇有贡献；自己多番试验、求教，写作《农政全书》；主张从澳门购置西炮西兵，学习先进的兵制兵器，且著兵书献兵策，于军事上亦有建树。我们可以看到，徐光启之贡献实是遍布各领域。他虽官至显赫，死时却清贫如洗，将自己家产尽奉传教事业和穷苦之人。

李之藻（1565—1630），浙江仁和（今杭州）人，官至工部水司郎中。万历三十五年（1607），与利玛窦合译《浑盖通宪图说》2 卷、《圜容较义》1 卷、《同文算指》11 卷（前编 2 卷、通编 8 卷、别编 1 卷）。天启年间（1621—1627），与葡萄牙人傅汎际合译亚里士多德名著《寰有铨》6 卷、《名理探》10 卷。协助徐光启修订《大统历》，并编撰《崇祯历法》。此外尚有译著《经天盖》、《简平仪说》（熊三拔著）、《坤舆万国全图》等，另有关于数学、历算等的序、跋、奏、疏 30 余篇，对介绍西方科学做出重要贡献。编订《天学初函》，史称“中国天主教第一部丛书”，含 20 种著述，分为理编、器编，每编 10 种，此书刊刻后影响非常大。李之藻“久服利子”，但因早年有妾，迟迟未受洗，后身患重病，遇利玛窦精心调护，听讲福音，悔过大恸，遂领洗入教。艾儒略著《大西西泰利先生行迹》记载如下：

> 太仆我存李公久习利子，服其器识，凡有所行，多与相商，觉从利子之言则顺，间有不从者，后必有悔也。厥后李公忽患病京师，邸无家眷，利子朝夕于床笫间，躬为调护。时病甚笃，已立遗书，请利子主之。利子力劝其立志奉教于生死之际。公幡然受洗，且奉百金为圣堂用。赖天主宠佑，而李公之疾已痊矣。①

李之藻受洗之后，影响了一大批人入教，其中包括“三大柱石”之一杨廷筠。杨廷筠（1562—1627），字仲坚，号淇园，浙江仁和（今杭州）人，1592 年进士，曾任

① 艾儒略：《大西西泰利先生行迹》，钟鸣旦、杜鼎克、蒙曦主编：《法国国家图书馆明清天主教文献》第 12 册，台北利氏学社 2002 年版，第 215 页。

监察御史，早年习“王学”，近佛。其作品有《代疑编》《代疑续编》《圣水纪言》《天释明辨》等。关于杨廷筠的受洗经历，《杨淇园先生超性事迹》记载如下：

> 公因乏嗣，故置侧室，公子二，由庶出。比公固请圣洗，而先生未许，公踌躇且久，私谓我存公曰：“泰西先生乃奇甚，仆以御史而事先生，夫岂不可，而独不能容吾一妾耶！若僧家者流，必不如是。”我存公喟然叹曰：“于此知泰西先生非僧徒比也。圣教戒规，天主颁之，古圣奉之，奉之德也，悖之刑也，德刑昭矣。阿其所好，若规诫何?”……公忽猛醒，痛改前非，屏妾异处，躬行教诫，于是先生鉴其诚，俾领洗焉。①

反对和攻击者们，亦不在少数，以僧侣和宋明理学卫道士居多，有些攻击甚至酿成了大的教案，如最大的一场教案——沈漼所发动的“南京教案”，对传教事业造成较大的影响，但即使是“南京教案”，也并未对这次传教事业和中西交通造成大的冲击，正如邓恩在《一代巨人——明末耶稣会士在中国的故事》所载：“由沈漼发动的这场‘南京教案’是一件不幸的事，但是，与同时代的一些国家相比，17 世纪明朝的中国人几乎称得上是文明的典范。就在当时，日本的天主教徒因为他们的信仰，在备受折磨中死去；欧洲的天主教徒们在相当长的时期里收到了刑讯，他们还在宗教的名义下自相残杀……”②正是这种较宽和的环境，让中西之交流得以持续和深入。

二、耶儒之融合

在传教士和明末士大夫们的努力下，中西思想实现了深入的交流、融合和汇通，主要表现在两个方面：敬天和崇儒重道。

第一，敬天。

明末西士来华，既是以传扬“天主”为宗旨，又较好地贯彻着文化适应策略的传教方法，因此在中国本土找到契合点尤为关键。利玛窦在阅读中国经典

① 周岩编：《明末清初天主教史资料新编》中册《杨淇园先生超性事迹》，国家图书馆出版社 2013 年版，第 863 页。

② 邓恩：《一代巨人——明末耶稣会士在中国的故事》，第 148 页。

时，便发现了这种契合点，那便是中国经典中出现较多的“天”、“上帝”等范畴。

明清来华传教士们在中国经典中找到了“天”这一表述，发现中国原典中很多类似于天主教的信仰痕迹，利玛窦相信，“天主”即是中国经典中的“上帝”，中国在古代已经有了对“上帝”的正确信仰，乃是后来受佛教影响而陷入了错误之中，因此其作品中有强烈的“容古儒、斥今儒”的倾向；其后，清朝来华传教士白晋的理解亦然，甚至从《易经》、中国的文字等中索隐《圣经》的相关记载，《古今敬天鉴》序言中，即区分了古儒、中儒、宋儒等：“以此来说明中国古人早已对天主有所认识，并且一直在敬天主、爱天主、事天主。只是后世异端邪说的兴起，中国的天学才变得模糊不清了。”①

为更好地阐述这一问题，我们可以先简单地梳理一下中国历代的天观及耶稣会士们的阐说。

首先，就中国历史而言，殷周之变和唐宋之变皆被认为是中国历史之大变，而这种变化可以集中表述为对“天”的理解和诠释，殷周之际“天”的含义渐渐从惩善罚恶之主宰者变成了更具道德性和理性的“天”，西周的天命思想及西周末年天道观的动摇，是思想史著述中几乎都会论及的命题。② 孔子曾说：“获罪于天，无所祷也。”孔子正是处于这一时代背景中。西汉董仲舒说：“道之大原出于天，天不变，道亦不变。”提出“天人合一”思想，两汉时谶纬之学和“天谴事应说”流行。唐宋之际，“天”的神义维度逐渐减少，渐渐释为“理”。这是中国天观继西周末年之后的又一次大变。沟口雄三在《中国思想史——宋至近代》中，专门论述了“北宋时期天观的转变”，又分而述之：“作为运动体的天；对天谴应说的否定；诚与理；作为政治主题的道德；‘理’还是‘法’”。③ 其中“作为运动体的天”即“太极”、“气”等，正是耶稣会士们反驳宋儒之处，引宋儒为无神论者的主要原因；“对天谴应说的否定”也与耶稣会士们的做法完全相反，北宋欧阳修编纂《新唐书》时，“把《旧唐书》中有关天谴事应的技术全部删除了”④。与之相反，耶稣会士们正是肯定了《书经》《史记》等中大量的天谴事应，最早的西文四书翻译

---

① 白晋著：《古今敬天鉴》，载郑安德编：《明末清初耶稣会思想文献汇编》，第十九册，北大内部资料2003年版。

② 可参阅侯外庐主编《中国思想史纲》，上海书店出版社2008年版。

③④ ［日］沟口雄三著，龚颖、赵士林等译：《中国思想史——宋代至近代》，生活·读书·新知三联书店2014年版，第26—33页。

《中国哲学家孔夫子》,其翻译底本亦采用了张居正天人感应倾向的诠释。但是,在沟口雄三的著述中,同样补充了天谴事应说的复杂性,在论述“政治主体的道德”时,沟口雄三说:“遭到批判的是‘天谴事应说’,而不是‘天谴说’,天谴的想法在清末的朝廷记录中也经常可见,把灾异看成是天的谴责这种想法本身并没有消失。严格说来,意志性的天观说一直持续到清末。”①如清雍正皇帝的诏令中,有数次提及“获罪于天,无所祷也”这句话。② 同样,即使在宋明理学之集大成者朱子那里,亦保留了诸如上帝、鬼神之观念,亦有自己的祈祷文。③ 如同王国维说,清末乃是“三千年未有之大变革”,几乎完全去掉“天”的意志性内涵,乃是受西方启蒙之后的理性化思潮及马克思的无神论思想影响后,近现代表现得最突出的无神化倾向。

耶稣会士们对“天”之彰显与诠释获得了一部分明儒的认同,如明末天主教“三大柱石”之一的李之藻,在《天主实义》序中说:

> 说天莫辩乎《易》,《易》为文字祖,即言“乾元统天”,“为君为父”。又言“帝出乎震”而紫阳氏解之,以为:“帝者,天之主宰”。然则天主之义不自利先生创矣。世俗谓天幽远,不暇论,竺乾氏者出,不事其亲,亦已甚矣,而敢于幻天藐帝,以自为尊。儒其服者,习闻夫天命、天理、天道、天德之说,而亦浸淫入之。然则小人之不知不畏也,亦何怪哉?利先生学术一本事天,谭天之所以为天甚晰。睹世之亵天侫佛也者,而昌言排之。④

李之藻强调“儒其服者,习闻夫天命、天理、天道、天德之说”,与之相似,冯应京(1555—1606)为《天主实义》作序中亦曾说:

> 古倦极呼天,而今呼佛矣。古祀天地社稷山川祖祢,而今祀佛矣。古学者知天顺天,而今念佛作佛矣。古仕者寅亮天工,不敢自暇自逸以瘝天民;而今

---

① [日]沟口雄三著,龚颖、赵士林等译《中国思想史——宋代至近代》,第 26—33 页。

② 详见《世宗宪皇帝上谕八旗》,《文渊阁四库全书》史部第 413 册;《世宗宪皇帝硃批谕旨》,《文渊阁四库全书》史部第 416—425 册,台湾商务印书馆 1983 年版。

③ [美]田浩:《朱熹的思维世界》,江苏人民出版社 2011 年版。

④ [意]利玛窦著,[法]梅谦立注,谭杰校勘:《天主实义今注》,商务印书馆 2014 年版,第 72 页。

> 大隐居朝，逃禅出世矣。夫佛，天竺之君师也。吾国自有君师，三皇、五帝、三王、周公、孔子，及我太祖以来，皆是也。彼君师侮天，而驾说于其上，吾君师继天，而立极于其下。彼国从之无责尔，吾舍所学而从彼，何居？程子曰："儒者本天，释氏本心。"师心之与法天，有我无我之别也，两者足以定志矣。①

利玛窦"辟佛补儒"的策略获得了一部分儒生的认同，冯应京甚至把"天"与"儒"相提并论，以作为区别于佛之处，引程子言曰："儒者本天，释氏本心"，又断然说"师心之与法天，有我无我之别也，两者足以定志矣。"同样，有另一部分拥护理学而与佛教联合反攻天主教者，双方争议的焦点，亦是对"天"的不同理解。

利玛窦的作品中基本上是援引中国经书为权威，以中国人较容易接受的，论证"天主"为"天之主宰"，而极少提及《圣经》，甚至在最后一篇中，才稍微提及耶稣道成肉身等天主教教义相关的内容。这也与利玛窦对"儒学"之理解息息相关：

> 他们既不提倡也不反对人们相信关于来生的事，他们中的许多人除信奉儒学外，还同时相信另外两种宗教，因此我们可以说，儒家并非一个固定的宗教，只是一种独立的学派，是为良好地治理国家而开创的。这样，他们既可以属于这种学派，同时也可以信奉天主。②

利玛窦认为儒家并不是宗教，其出发点乃是应对西方一部分人对"儒家"是偶像崇拜者的批判，同样，利玛窦为明清传教士开创者们发掘了大量中国原典中有关天神信仰的历史踪迹，不管儒家是不是宗教，儒家所保留的经典，尤其是"获罪于天，无所祷也"等这些关于"天"的描述，依然让历代的思想家不忘一种"敬畏"的思想，这也正是从上古以来，中华民族就持有的一种思想，如姜广辉先生说：

---

① [意]利玛窦著，[法]梅谦立注，谭杰校勘：《天主实义今注》，商务印书馆2014年版，第70页。

② [意]利玛窦著，文铮译，梅欧金校：《耶稣会与天主教进入中国史》，商务印书馆2014年版，第71页。

中西方文化虽然不同，但有许多可以相类比的方面。例如，西方有至上神“上帝”的观念，今天西方人经常会说“My God!”、“上帝与我同在”之类的话。中国也有类似的天和上帝（天、帝一体）的观念，今天中国人们也常会说“我的天！”、“人在做，天在看”之类的话……从上古以来，中国人就有这样的观念，认为天帝高高在上，时刻注视民间，能赏善而罚恶，尤其重视统治者的行为。

西周时期开启了中国古代王朝政治的正统文化，其政治的法理根据便是“天”……应该说，周人对待自然和人事，对于当前和未来怀有一种“敬畏”的心理。这一点是十分难能可贵的。①

除了“天”合于中国传统经典中意涵外，在传教士中，另有一种“天主教”倾向很浓的解释。继利玛窦之后，耶稣会内部龙华民等传教士忧心天主教在天、儒融合过程中有偏离天主教纯净教义的危险，来自耶稣会内部，尤其是方济各会、道明会等其他修会的质疑增多，方济各会士利安当《天儒印》（1664 年问世）此书较具代表性。与利玛窦对《四书》更审慎的诠解不同，书名之“天”正是指代“天主教”，由此亦可见利安当有着对“天”的解释较强的儒学天主教化倾向。他在《四书印》中说：

《论语》云：“获罪于天，无所祷也。”此“天”非指形天，亦非注云：“天者理而已。”盖形天既为形器，而理又为天主所赋之规则。所云获罪于天者，谓得罪于天主也，岂祷于奥灶所能免其罪哉？②

利安当完全否定了中国传统注疏家之注解：“天”非指形天，亦非理。形天为形器，而理只是天主所赋的规则，这句话里的“天”乃是“天主”意。

对于“祷”字的解释，利安当的解释更加附会天主教义理：

然孔子斯言非绝人以祷之之辞，正欲人知专有所祷也。观他日弟子请祷，但曰：“丘之祷久矣。”宁云已德行无丑，而不必祷，正谓朝夕祈求天主而赦我往

① 姜广辉：《怎样读〈尚书〉》，《中华读书报》2015 年 6 月 3 日第 8 版。

② 利安当：《天儒印》，载郑安德编：《明末清初耶稣会思想文献汇编》第 15 册，北大内部资料 2003 年版。

> 慫也。合而论之，一不祷于奥灶，而言天以正之；一不祷于神祇，而言祷久以拒之。然则孔子之所祷，盖在天矣。故其言曰："吾谁欺，欺天乎？"又曰："予所否者，天厌之，天厌之。"则孔子未尝不以天祷为兢兢也。乃孔氏之徒祈神佞佛，所谓非其鬼而祭之谄也，窃恐获罪于天矣。①

在这里，利安当完全把孔子塑造为一位"一不祷于奥灶，而言天以正之；一不祷于神祇，而言祷久以拒之"的钦崇唯一天主的理想的人，但后人偏离了孔子的正确教导，"孔氏之徒祈神佞佛"，"窃恐获罪于天矣。"

明清天主教译注中，含"天"为书名的甚多，有时候指示"天主教"，有时候也指示"天学"即西方天文历算学，如李之藻所编《天学初函》，即统合这两种含义于一体。前文所述利玛窦和利安当的不同诠解，呈现的是当时不同修会之间的不同理解和倾向，而当时主要的传教修会耶稣会内部，对这范畴也有不断深入的拓展和诠解。

这段与"天"相关的中西交流引发了许多学者的思考和探究，葛兆光在其作品中大量论述了这一问题，在其《思想史研究课堂讲录》第九讲"知识史与思想史——以西洋天学进入中国及其对传统思想的影响为例"，葛兆光说："所谓'天不变，道亦不变'，所以，首先要理解天，'天'在中国古代观念世界里是一个基础，不只是神灵的天、哲理的天、抽象的天，也是实实在在在我们头上的大，我一再要强调'天圆地方'的观念对于中国人非常重要，这是宇宙的秩序，同时这种空间的感觉，也支持着社会的和政治的秩序，符合这种观念才有政治和知识方面的合法性。"②葛兆光认为，西方天学知识的传入，引发了多米诺效应，从而引发了中国"道术"之裂，让明清之际的儒生有"天崩地解"之感，亦是清末民初变革的前奏。确实，伴随着天主教入华，传教士们同样带来了西方的科学技术、天文历算等，传教士们译著了大量天文历算的书目、在钦天监任职、制作天文仪器、在中国观测天象等，从而一定程度上影响了中国的天文历算和中国历史。但是我们应该注意到，在中国古代，关于"天"的理解就有"浑天说"、"盖天说"等不同看法，"天圆地方"的观念并非如此绝对。

① 利安当：《天儒印》，载郑安德编：《明末清初耶稣会思想文献汇编》第15册，北大内部资料2003年版。

② 葛兆光：《思想史研究课堂讲录》，生活·读书·新知三联书店2005年版，第230页。

同样，值得我们注意的是，一方面，来华传教士们尊崇中国经典，保留了原典中“天”的各种维度；另一方面，在西方而言，“天”的含义亦有多层，既有古希伯来传统中“启示之天”，又有古希腊传统“自然之天”、“理性之天”等，而在基督教传统中，这些含义渐趋融合，形成了一种富有张力的结合体。明清耶稣会士们在中国发现的一切，更刺激了当时欧洲的“启蒙运动”，影响了诸如伏尔泰、莱布尼茨、沃格尔等大思想家，而更彰显“理性之天”、哲学意义上的“天”①。

如同施特劳斯学派所强调的，与其强调“中西之争”，莫如强调“古今之争”，这种对“古典”和“现代”的划分，表现在“天”观上，可以说是一种“神义”维度和“人义”维度的区别。中国历史上，晚清以前，无论时代的思想如何转变，敬天的思想却是并无间断的。

第二，崇儒重道。

利玛窦洞察到中国对经典《四书》《五经》的重视，利玛窦在《耶稣会与天主教进入中国史》中说：

> 孔子曾重订过四部古书，又亲手写了一部，合称“五经”，其中所涉及的或是古代统治者的德行，或是记述这些德行的诗歌，或是中国的礼法，或是一些警世的训诫。除《五经》之外，有三四位作者辑录了很多没有联系的道德箴言，并编纂成书，受到人们的亲睐，这些书被合称为《四书》。以上九部书是中国最古老的书籍，而其他的书都是由此衍生出来的，这九部书中几乎包括了中国所有的文字。②

与对《四书》《五经》之重视相应的，是对孔子的重视，他在《耶稣会与天主教进入中国史》中说：

> 中国最大的哲学家莫过于孔子，他生于公元前551年，享年七十余岁，一生授人以言行与文辞，人们都把他视为世间至圣至贤的人，旷古未有，因此非常受人尊敬。说实话，他所立之言与他合乎自然的生活方式绝不逊色于我们

① ［法］谢和耐、戴密微等著，耿昇译：《明清间耶稣会士入华与中西汇通》，东方出版社2011年版，第192—281页。

② ［意］利玛窦：《耶稣会与天主教进入中国史》，第22—24页。

> 的先贤先哲，甚至还超过了我们很多古人。故此，没有一个读书人不把他的言行和著作视为金科玉律。甚至今日，所有的帝王依然尊崇孔子并感激他留给后人的治世学说。①

这一点，亦为其后继者们承续，西方最早的四书译本，殷铎泽（1625—1696年）等《四书》拉丁文译本《中国哲学家孔夫子》（*Confucius Sinarum philosophus*, Paris, 1687）中（其实只译了三部，其中《孟子》未译），本是以对《大学》《论语》《中庸》的翻译为主，却以孔子命书名，对孔子的重视亦可见一斑，书中有8页孔子小传，甚而把孔子称为中国的爱比克泰，"描述为基督教先知式的人物"。②

利玛窦等明清来华传教士们非常重视中国传统和原典，其后还大量译著了与中国原典相关的著作。利玛窦亦对儒家所推重的伦理道德维度极为重视，我们还可以从其书信和回忆录中得到旁证：1593年，致阿桂委瓦信云："《四书》所述的伦理犹如第二位塞尼加（Seneca）的作品，不次于古代罗马任何著名作家的作品。"③1597年，致摩德纳巴西奥乃伊神父信云："中国人也有德高望重之士著述立说，但多为伦理方面的，而非科学的著述，而是根据《四书》中的名言去发挥申述。"④《耶稣会与天主教进入中国史》中所言则更为丰富：

> 由于这些书中阐发了极为高尚的道德观念，故而历代君王纷纷立法，使他们的读书人都以这些书为其学位的基础……儒家教义的宗旨是国泰民安，家庭和睦，人人安分守纪。在这些方面，他们的主张相当正确，完全符合自然的理性和天主教的真理。他们相当重视"五伦"……在儒家所有的著作中，都非常明确地指出关于"仁"的理论，即无论何事，凡你们愿意别人为你们做的，你们也该为别人做。⑤

对于来华传教士及儒学的关系而言，有一个较重要的问题，即他们对宋明

---

① ［意］利玛窦：《耶稣会与天主教进入中国史》，第22页。
② 朱雁冰：《耶稣会与明清之际中西文化交流》，浙江大学出版社2014年版，第165、172页。
③ ［意］利玛窦著，罗渔译：《利玛窦书信集》，台湾辅仁大学出版社1986年版，第135页。
④ ［意］利玛窦著，罗渔译：《利玛窦书信集》，台湾辅仁大学出版社1986年版，第244页。
⑤ ［意］利玛窦：《耶稣会与天主教进入中国史》，第24、71页。

理学的态度。学界多认为耶稣会士们对宋儒大多持“批判”态度，笔者认为，其态度远远比简单的“批判”更为复杂微妙，与学界所论较多的利玛窦在《天主实义》中“容古儒”、“斥新儒”、“特批朱子学”等理解不同。一方面，《天主实义》中确实曾有“古今”之维度，似乎“西士”更崇“古儒”，但同时，我们不可不注意，“中士”同样崇“古儒”。无论宋儒之“法三代”，程朱之否定汉唐、直承孔孟，还是王阳明溯源至古本大学，皆是“崇古儒”，而利玛窦正是在这一层面亦与朱王等宋明儒相通。另一方面，与此相关，利玛窦对“新儒”、“朱子学”等态度不仅仅是批驳，而是对朱学和王学各有所取。亦如本文第二部分所提及，《中国哲学家孔夫子》所采取的翻译底本，乃是诸如张居正、邱浚、张鼐等明代儒生的注释本，而译者的评述中亦有融合西方经院哲学与宋明理学的倾向，这种倾向又反过来影响了诸如张鼐这样的明儒。这种富有创建性的发现，现在也激起了学者们的兴趣，如莱布尼茨和白晋的通信①，亦如对朱子和托马斯·阿奎那的比较。② 虽然，富于开创性的早期传教士利玛窦在作品中批判“天人合一”的观念，在他的理解中，“天人合一”之意乃是“人类与天帝是同质的”，因而是一种错误的僭越的观念，乃是儒学受到佛教影响以后所产生。③ 但是我们不可不注意，天主教系统中“道成肉身”、“圣体圣事”等教义，亦含有“天人合一”之意蕴。利玛窦等耶稣会士在当时已是很开放、包容的理解，在今天犹显得“保守”，而梵二所倡导的世界各文明直接的深度对话，指示了一种更宽容、开放的对话和理解。

之所以有如此种种的成就，乃是因为来华耶稣会士们秉持爱德这一信仰的灵魂，利玛窦在1608年自北京致函耶稣会士法比奥·德法比的一封信中，无比谦虚地说：

> 我给您写信的时候错误百出，我深知整整26年在中国，远离意大利、远离欧洲，如果以工作的分量和遭受困难的程度来衡量的话，那么，我还真有望得到一些报酬。但是，我们所做的一切都是用爱德来衡量的。而这一点，我还仍然不够长进。所以，不断渴望自己不要 vacuum cucurrerim。尊敬的神父，请您

① ［德］莱布尼茨著，［法］梅谦立，杨宝筠译：《中国近事——为了照亮我们这个时代的历史》，大象出版社2005年版。

② 朱雁冰：《耶稣会与明清之际中西文化交流》，浙江大学出版社2014年版，第211—242页。

③ ［意］利玛窦：《耶稣会与天主教进入中国史》，第70页。

以爱德厚待我，甚至在我死后，仍然为我祈祷。①

如同信中所言，利玛窦用以衡量自我及言行的乃是“爱德”，一生所践行的也是“爱德”。如果说“仁”是孔子思想的核心，那么，“爱”是基督宗教的核心。《论语》中多次提到“仁”，比较重要的一处源于《颜渊》篇之中：

颜渊问仁。子曰：“克己复礼为仁。一日克己复礼，天下归焉。为仁由己，而由人乎哉？”颜渊曰：“请问其目”。子曰：“非礼勿视，非礼勿听，非礼勿言，非礼勿动”。颜渊曰：“回虽不敏，请事斯语矣”。

与之相通，圣保禄在格林多前书第13章中说：

夫爱之为德，宽裕含忍，恺悌慈祥，不忮不求，不矜不伐，明廉知耻，尚义敦礼，于利不贪，见忤不怒，不念恶，不逆诈，不乐人之非，惟乐人之是；无所不容，无所不信，无所不望，无所不忍。②

我们可以看到，孔子在对颜渊的回答中，用了四个否定性的道德指令来阐释“仁”之目，“非礼勿视，非礼勿听，非礼勿言，非礼勿动”，在保禄的书信中，也用了许多否定性的道德指令，来描述爱德之内涵：“于利不贪，见忤不怒，不念恶，不逆诈，不乐人之非”。利玛窦在《天主实义》中，把仁和爱相融合，如第七篇有言：“夫德之品众矣，不能具论，吾今为子惟揭其纲，则仁其要焉。得其纲，则余者随之”，故《易》云：“元者，善之长”；“君子体仁，足以长人”③。利玛窦认为，仁是诸德之纲，他又解释了仁的内涵：

夫仁之说，可约而以二言穷之，曰：“爱天主，为天主无以尚；而为天主者，爱人如己也。”行斯二者，百行全备矣。然二亦一而已，笃爱一人，则并爱其所爱者矣。天主爱人，吾真爱天主者，有不爱人者乎？此仁之德所以为尊，其尊

① 施安东著，芸娸译：《利玛窦中国札记》，河北信德社2007年版，第57页。

② 《新经全集·格林多前书》，吴经熊译本。

③ 梅谦立：《天主实义今注》，第193页。

> 非他，乃因上帝。借令天主所以成我者，由他外物，又或求得之而不能得，则尚有歉。然皆由我内关，特在一爱云耳。孰曰吾不能爱乎？天主诸善之聚，化育我，施生我，使我为人，不为禽虫，且赐之以作德之性。吾爱天主，即天主亦宠答之，何适不详乎？①

在这里，利玛窦把仁释为“爱天主”及“爱人如己”，《圣玛窦福音》第二十二章中记载，有个法学士问耶稣：“师父，法律中，那条诫命是最大的?”耶稣对他说：“‘你应全心、全灵、全意，爱上主、你的天主。’这是最大，也是第一条诫命。第二条与此相似：你应当爱近人，如你自己。全部法律和先知，都系于这两条诫命。”②“爱天主”及“爱人如己”这两点，正是天主教之总纲，而利玛窦为“仁”赋予了天主教的内涵。

明末来华的耶稣会士们，正是怀着这种思想远赴中国，将西学引入中国，让中西思想得到了最深入而全面的交融，他们所留下的思想遗产，直至今日依然可以给我们一定的启示。

---

① 梅谦立：《天主实义今注》，第193页。

② 《圣玛窦福音》，22：37—40，《圣经》，天主教思高本。

参考文献

一、古　籍

[宋] 周敦颐著,陈克明点校:《周敦颐集》,中华书局 1990 年版

[宋] 张载著,章锡琛点校:《张载集》,中华书局 1978 年版

[宋] 程颢、程颐著,王孝鱼点校:《二程集》,中华书局 1981 年版

[宋] 朱熹著,朱杰人、严佐之、刘永翔主编:《朱子全书》,上海古籍出版社、安徽教育出版社 2002 年版

[宋] 朱熹:《四书章句集注》,中华书局 1983 年版

[宋] 朱熹著,黎靖德编,王星贤点校:《朱子语类》,中华书局 1986 年版

[宋] 陆九渊著,钟哲点校:《陆九渊集》,中华书局 1980 年版

[元] 脱脱:《宋史》,中华书局 1985 年版

[明] 宋濂著,黄灵庚编校:《宋濂全集》,人民文学出版社 2014 年版

[明] 方孝孺著,徐光大点校:《方孝孺集》,浙江古籍出版社 2013 年版

[明] 曹端著,王秉伦点校:《曹端集》,中华书局 2003 年。

[明] 薛瑄著,孙玄常等点校:《薛瑄全集》,山西人民出版社 1990 年版

[明] 吴与弼:《康斋集》,《文渊阁四库全书》集部第 1251 册,台湾商务印书馆 1983 年版

[明] 陈真晟:《陈剩夫集》,《四库全书存目丛书》集部第 39 册,齐鲁书社 1997 年版

[明] 陈献章著,孙通海点校:《陈献章集》,中华书局 1987 年版

[明] 胡居仁著,冯会明点校:《胡居仁文集》,江西人民出版社 2013 年版

[明] 林光著,罗邦柱点校:《南川冰蘖全集》,中国文史出版社 2004 年版

[明] 罗钦顺著,阎韬点校:《困知记》,中华书局 2013 年版

[明] 湛若水:《甘泉文集》,资政堂同治五年刊本

[明] 王阳明著,吴光等编校:《王阳明全集》,上海古籍出版社 1992 年版

[明] 王阳明著,束景南、查明昊辑编:《王阳明全集补编》,上海古籍出版社 2016 年版

[明] 吕柟著,刘学智点校:《吕柟集·泾野经学文集》,西北大学出版社 2015 年版
[明] 魏校:《庄渠遗书》,《文渊阁四库全书》集部第 1267 册,台湾商务印书馆 1983 年版
[明] 王艮著,陈祝生等点校:《王心斋全集》,江苏教育出版社 2001 年版
[明] 聂豹著,吴可为编校:《聂豹集》,凤凰出版社 2007 年版
[明] 徐爱、钱德洪、董澐著,钱明编校:《徐爱　钱德洪　董澐集》,凤凰出版社 2007 年版
[明] 邹守益著,董平编校:《邹守益集》,凤凰出版社 2007 年版
[明] 欧阳德著,陈永革编校:《欧阳德集》,凤凰出版社 2007 年版
[明] 唐枢:《木钟台集》,《四库全书存目丛书》子部第 162—163 册,齐鲁书社 1995 年版
[明] 王畿著,吴震编校:《王畿集》,凤凰出版社 2007 年版
[明] 罗洪先著,徐儒宗编校:《罗洪先集》,凤凰出版社 2007 年版
[明] 颜钧著,黄宣民点校:《颜均集》,中国社会科学出版社 1996 年版
[明] 罗汝芳著,方祖猷等编校:《罗汝芳集》,凤凰出版社 2007 年版
[明] 李贽著,张建业主编:《李贽文集》,社会科学文献出版社 2000 年版
[明] 许孚远:《大学述一卷答问一卷附大学古本一卷》,万历二十一年刊本
[明] 许孚远:《敬和堂集》,万历二十二年刊本
[明] 焦竑著,李剑雄点校:《澹园集》,中华书局 1999 年版
[明] 焦竑:《献征录》,上海书店 1987 年版
[明] 顾宪成:《顾文端公遗书》,光绪三年刊本
[明] 高攀龙:《高忠宪公诗集等》,《无锡文库》第四辑,凤凰出版社 2012 年版
[明] 高攀龙:《高子遗书高子遗书未刻稿》,《无锡文库》第四辑,凤凰出版社 2011 年版
[明] 刘宗周著,吴光主编:《刘宗周全集》,浙江古籍出版社 2007 年版
[明] 孙奇逢著,朱茂汉校点:《夏峰先生集》,中华书局 2012 年版
[明] 黄宗羲著,沈善洪主编,吴光执行主编:《黄宗羲全集》,浙江古籍出版社

2005年版
[明] 黄宗羲著,[清] 全祖望补修,陈金生、梁运华点校:《宋元学案》,中华书局1986年版
[明] 黄宗羲著,沈芝盈点校:《明儒学案》,中华书局2008年版
[明] 张履祥著,陈祖武点校:《杨园先生全集》,中华书局2002年版
[明] 顾炎武著,华东师范大学古籍所整理:《顾炎武全集》,上海古籍出版社2011年版
[清] 李邺嗣著,张道勤校点:《杲堂诗文集》,浙江古籍出版社1988年版
[清] 陆陇其:《陆子全书》,光绪十六年刊本
[清] 张廷玉:《明史》,中华书局1974年版
[清] 全祖望著,朱铸禹汇校集注:《全祖望集汇校集注》,上海古籍出版社2000年版
[清] 吴光酉、郭麟、周梁著,诸家伟、张文玲点校:《陆陇其年谱》,中华书局1993年版
[清] 龙文彬纂:《明会要》,中华书局1956年版
[清] 唐鉴:《清学案小识》,商务印书馆1935年版
[清] 左宗棠著,刘泱泱等校点:《左宗棠全集》,岳麓书社1987年版
[意] 利玛窦著,罗渔译:《利玛窦书信集》,台湾辅仁大学出版社1986年版
[意] 利玛窦著,施安东编,芸娸译:《利玛窦中国书札》,河北信德社2007年版
[意] 利玛窦著,[法] 梅谦立注,谭杰校:《天主实义今注》,商务印书馆2014年版
[意] 利玛窦著,文铮译,梅欧金校:《耶稣会与天主教进入中国史》,商务印书馆2014年版
郑天挺主编:《明清史资料》,天津人民出版社1980年版
周骏富辑:《明代传记丛刊》,台湾明文书局1991年版
李国祥、杨昶主编:《明实录类纂》,武汉出版社1992年版
赵所生主编:《中国历代书院志》,江苏教育出版社1995年版
钟鸣旦、杜鼎克、蒙曦主编:《法国国家图书馆明清天主教文献》,台湾利氏学社

2002 年版
郑安德编辑：《明末清初耶稣会思想文献汇编》，北京大学宗教研究所 2003 年版
于浩辑：《宋明理学家年谱》，北京图书馆出版社 2005 年版
周岩编：《明末清初天主教史资料新编》，国家图书馆出版社 2013 年版

二、专　著

容肇祖：《明代思想史》，开明书店 1941 年版
李元庆：《明代理学大师薛瑄》，山西高校联合出版社 1993 年版
裴化行：《利玛窦评传》，商务印书馆 1993 年版
李国钧：《中国书院史》，湖南教育出版社 1994 年版
嵇文甫：《晚明思想史论》，东方出版社 1996 年版
侯外庐：《宋明理学史》(下册)，人民出版社 1997 年版
东方朔：《刘蕺山哲学研究》，上海人民出版社 1997 年版
[法] 费赖之著，梅乘骐、梅乘骏译：《明清间在华耶稣会士列传(1552—1773)》，天主教上海教区光启社 1997 年版
[意] 柯毅霖著，王志成、思竹、汪建达译：《晚明基督论》，四川人民出版社 1999 年版
余英时：《论戴震与章学诚：清代中期学术思想史研究》，生活・读书・新知三联书店 2000 年版
张学智：《明代哲学史》，北京大学出版社 2000 年版
左东岭：《王学与中晚明士人心态》，人民文学出版社 2000 年版
杜维明、东方朔：《杜维明学术专题访谈录——宗周哲学之精神与儒家文化之未来》，复旦大学出版社 2001 年版
[英] 葛瑞汉著，程德祥等译：《中国的两位哲学家：二程兄弟的新儒学》，大象出版社 2001 年版
胡发贵：《罗钦顺评传》，南京大学出版社 2001 年版
牟宗三：《从陆象山到刘蕺山》，上海古籍出版社 2001 年版

吴震：《聂豹、罗洪先评传》，南京大学出版社 2001 年版
张立文：《朱熹思想研究》，中国社会科学出版社 2001 年版
陈祖武：《清儒学术拾零》，湖南人民出版社 2002 年版
陈来：《中国近世思想史研究》，商务印书馆 2003 年版
梁启超：《中国近三百年学术史》，天津古籍出版社 2003 年版
吴震：《阳明后学研究》，上海人民出版社 2003 年版
余英时：《士与中国文化》，上海人民出版社 2003 年版
邓志峰：《王学与晚明的师道复兴运动》，社会科学文献出版社 2004 年版
古清美：《慧庵存稿二——顾泾阳、高景逸思想之比较研究》，台湾大安出版社 2004 年版
杨国荣：《王学通论》，华东师范大学出版社 2004 年版
林月惠：《良知学的转折——聂双江与罗念庵思想之研究》，台湾大学出版中心 2005 年版
彭国翔：《良知学的展开：王龙溪与中晚明的阳明学》，生活·读书·新知三联书店 2005 年版
吴震：《罗汝芳评传》，南京大学出版社 2005 年版
成中英：《从中西互释中挺立：中国哲学与中国文化的新定位》，中国人民大学出版社 2006 年版
刘兴邦、江敏丹：《岭南心学传人：湛若水》，广东人民出版社 2006 年版
[日] 小野和子：《明季党社考》，上海古籍出版社 2006 年版
张灏：《幽暗意识与民主传统》，新星出版社 2006 年版
陈荣捷：《朱学论集》，华东师范大学出版社 2007 年版
方豪：《中国天主教史人物传》，宗教文化出版社 2007 年版
戚印平：《远东耶稣会史研究》，中华书局 2007 年版
甘祥满：《中国思想学说史·明清卷》，广西师范大学出版社 2008 年版
廖俊裕：《道德实践与历史性——关于蕺山学的讨论》，台湾花木兰文化出版社 2008 年版

梅谦立：《耶稣会士的北京导览——天主教与中国文化的相遇》，台湾光启出版社 2008 年版
陈来：《有无之境》，生活·读书·新知三联书店 2009 年版
董平：《王阳明的生活世界》，中国人民大学出版 2009 年版
苟小泉：《陈白沙哲学研究》，中华书局 2009 年版
何俊、尹晓宁：《刘宗周与蕺山学派》，中国人民大学出版社 2009 年版
钱明：《王阳明及其学派论考》，人民出版社 2009 年版
钱明：《浙中王学研究》，中国人民大学出版社 2009 年版
吴光：《黄宗羲与清代浙东学派》，中国人民大学出版社 2009 年版
吴震：《泰州学派研究》，中国人民大学出版社 2009 年版
徐儒宗：《江右王学通论》，中国人民大学出版社 2009 年版
张卫红：《罗念庵的生命历程与思想世界》，生活·读书·新知三联书店 2009 年版
钱穆：《中国学术思想史论丛》，九州出版社 2011 年版
钱穆：《中国近三百年学术史》，九州出版社 2011 年版
秦家懿：《王阳明》，生活·读书·新知三联书店 2011 年版
[法] 谢和耐、戴密微著，耿昇译：《明清间耶稣会士入华与中西汇通》，东方出版社 2011 年版
张学智：《中国儒学史·明代卷》，北京大学出版社 2011 年版
朱雁冰：《耶稣会与明清之际中西文化交流》，浙江大学出版社 2014 年版
邹建锋：《明代理学向心学的转型——吴与弼和崇仁学派研究》，社会科学文献出版社 2011 年版
[美] 邓恩著，余三乐、石蓉译：《一代巨人——明末耶稣会士在中国的故事》，社会科学文献出版社 2014 年版
[日] 沟口雄三著，龚颖、赵士林等译：《中国思想史——宋代至近代》，生活·读书·新知三联书店 2014 年版
张天杰：《蕺山学派与明清学术转型》，中国社会科学出版社 2014 年版

许齐雄：《北辙：薛瑄与河东学派》，浙江人民出版社 2015 年版
朱鸿林：《〈明儒学案〉研究及论学杂著》，生活·读书·新知三联书店 2016 年版
［日］冈田武彦著，吴光、钱明、屠承先译，钱明校译：《王阳明与明末儒学》，重庆出版社 2016 年版

三、论　文

王瑞来：《论宋代相权》，《历史研究》1985 年第 2 期
李纪祥：《清初浙东刘门的分化及刘学的解释权之争》，载《第二届国际华学研究会论文集》，台湾中国文化大学 1992 年版
朱汉民：《吴与弼的教育思想和明代心学思潮》，《江西社会科学》1992 第 6 期
钟彩钧：《吴康斋的生活与学术》，《中国文哲研究集刊》1997 年第 10 期
潘桂明：《论唐代宗派佛教的有情无情之争》，《世界宗教研究》1998 年第 4 期
刘宗贤：《明代初期的心性道德之学》，《中国哲学史》1999 年第 2 期
朱义禄：《论刘宗周的唯意志论：兼论阳明心学的终结》，《东方论坛》2000 年第 3 期
景海峰：《陈白沙与明初儒学》，《中国哲学史》2001 年第 2 期
刘兴邦：《吴与弼与江门学派》，《五邑大学学报》（社会科学版）2003 年第 1 期
赵园：《刘门师弟子——关于明清之际的一组人物》，载《新国学研究》第一辑，人民文学出版社 2005 年版
朱人求：《道学话语的形成、发展与转折：以宋代“定性说”的展开为中心》，《哲学研究》2008 年第 1 期
李雪、徐福来：《吴康斋哲学思想之特色及其意义》，《南昌大学学报》（人文社会科学版）2011 年第 1 期
黎业明：《王阳明何以不愿多提陈白沙——从湛若水与王阳明关系的角度考察》，载《荔园论学集·哲学卷》，北京大学出版社 2013 年版
姜广辉：《怎样读〈尚书〉》，《中华读书报》2015 年 6 月 3 日第 8 版

后 记

说到明朝思想，其主流自然还是儒学，所谓的宋明理学，明朝自然当占一半的比重。然与宋元时期相比，明朝的理学又有着自己的个性，从讲求外在的天理到讲求内在的良知，从"此亦一述朱，彼亦一述朱"①到"以各人自用得着者为真"②，特别是到了中晚期，思想之多姿多彩，好比是"许多道光彩纷披的明霞"③。黄宗羲说："尝谓有明文章事功，皆不及前代，独于理学，前代之所不及也。牛毛茧丝，无不辨析，真能发先儒之所未发。"④明朝的理学家，无论曹端、薛瑄、罗钦顺、王廷相等人的理气之辨，或是湛若水、王阳明、王艮、刘宗周等人的格物之辨，确实使得儒学再度走向广大精微，走向中国义理之学的新高峰。

明朝思想发展的动力，来自两大方面。一方面在儒学的内部，也即程朱理学、陆王心学的异同之争论。明朝的官学延续元朝，倡导程朱理学，然而到了明中叶之后的民间社会却发生了变化，"程、朱之书不行于世，而王、陆则家有其书"⑤，士人之中程朱、陆王的孰优孰劣之辨析，当是贯穿整个明朝的重要议题。朱子当年曾告知门人，力戒于陆学的党同伐异，然而他自己晚年却多次说陆学"只是禅"，此后双方的门人便争论得形同水火了。⑥ 朱、陆之辨，一开始焦点在于"尊德性"与"道问学"的先后、主次，到后来便重在讨论朱、陆是否"早异晚同"，元代的吴澄虽倡导朱学，但又十分赞赏陆学，他便认为"二师之教一也"，故

① ［明］黄宗羲：《明儒学案》卷十《姚江学案》，第 178 页。
② ［明］黄宗羲：《明儒学案》卷首《明儒学案发凡》，第 15 页。
③ 嵇文甫：《晚明思想史》，东方出版社 1996 年版，第 1 页。
④ ［明］黄宗羲：《明儒学案》卷首《明儒学案发凡》，第 14 页。
⑤ ［明］张履祥：《杨园先生全集》卷四十一《备忘三》，第 1143 页。
⑥ ［宋］朱熹著，黎靖德编：《朱子语类》卷一百二十四，中华书局 1986 年版，第 2978 页。

批评二家之门人“各立标榜，湖湘诋訾”。[①] 明朝的程敏政则编了《道一编》，认为“朱陆二氏之学，始异而终同”，而且朱子晚年“兼收陆子之学”。[②] 王阳明本人原本从事程朱理学，到了龙场悟道方才走向心学，他编《朱子晚年定论》便是想延续吴、程等人的思路，调和朱、陆。然而此书出来之后却遭到了湛若水、罗钦顺等人的强烈批评，故湛、罗二人也被认为是朱学一系的学者。明朝的朱学，著名的学者有曹端、薛瑄、胡居仁、罗钦顺、陈建等人，而湛若水则是师从于心学大家陈白沙的，然他的宗旨为“随处体认天理”，再加之他与王阳明论学中的表现，故甘泉学派常被认为与东林学派同属“新朱子学派”[③]。还有东林学派的创始人顾宪成，其学来自王门再传的薛应旂；蕺山学派的创始人刘宗周深受浙中王学的影响，然其老师却是甘泉后学许孚远，而许孚远的老师唐枢则在承继于湛若水的同时也吸取王学之长，故晚明的这两大学派于朱、王都有渊源，他们的学术还是走在调和程朱、陆王以求再度开新的路上。因此，明朝的思想家之间有着错综复杂的师承关系，而程朱与陆王的异同之辨，也是他们不得不面临的重大问题。

另一方面的动力则来自儒学的外部，主要是儒、佛、道三教的“合一”与“辨正”之争论，到了晚明时期则还有西方基督教的传入，还有伊斯兰教在福建泉州等港口城市也有一定的影响，如李贽就出身于世代经商的伊斯兰教家庭。有明一代，自明太祖撰《三教论》认为：“佛仙之幽灵，暗助王纲，益世无穷”[④]，倡导三教合一而归儒以来，学者便重视不同宗教思想的互补性，王阳明及其后学便多有出入释老的，然而他们依旧有将释老“归儒”的意图在。如被称作“三教先生”的林兆恩曾说：“群三教者流，而归之于孔子之儒也。”[⑤]还有体现为尊重人自身的《楞严经》，在明朝因为心学的影响而获得格外的重视，即所谓“冀人人各悟本心”。[⑥] 随着心学思潮一波又一波的涌动，尊重个人用得着的为己之学，尊重自然之心与性的自由思想开始大放异彩，直到李贽至于极点，这其中便

---

① [元] 吴澄：《送陈洪范序》，载《全元文》第十四册，江苏古籍出版社 1999 年版，第 141 页。

② [明] 程敏政、程曈著，张健校注：《道一编 · 闲辟录》，安徽人民出版社 2007 年版，第 26 页。

③ [日] 冈田武彦著，吴光、钱明、屠承先译，钱明校译：《王阳明与明末儒学》，重庆出版社 2016 年版，第 11 页。

④ [明] 朱元璋：《明太祖御制文集》卷十一《三教论》，台湾学生书局 1965 年版，第 8—9 页。

⑤ [明] 林兆恩：《林子全集》元部第二册《宗孔之儒》，《四库全书存目丛书》子部第 91 册，齐鲁书社 1995 年版，第 409 页。

⑥ [明] 行简：《楞严经后序》，载许明：《中国佛教经论序跋记集》，上海辞书出版社 2002 年版，第 1957 页。

有儒、佛会通的积极因素在。再说明朝学者重视“主敬”，却又将静坐涵养作为重要的修养工夫，陈白沙的“静中养出端倪”，或是顾宪成的静坐，都不免受到禅学的影响。然而明初的开国文臣宋濂主张儒、佛折衷，其弟子方孝孺却主张驱斥佛、道，强调将儒学与佛、道加以辩正的依旧大有人在，比如高攀龙与刘宗周，一生都在致力于如何克制禅学对于儒学的影响。至于晚明思想家的开放性，除了有众多学者倡导“三教合一”之外，还有对西方文化的态度，比如基督教由利玛窦等人传入中国，很快便引起了众多学者的关注，当时儒者尊称传教士为西儒，极少有排外者，焦竑、李贽等受阳明学影响极深的儒者，曾与利玛窦有过多次交流，虽然没有改信基督教。儒者李之藻、徐光启等人则接受了基督教，与利玛窦致力于耶、儒思想之会通不同，李、徐则主要致力于学习西方的科技以为我所用。故说到明朝思想的丰富性，必须重视儒学之外的宗教思想的多元影响。

此外，由于明朝皇室内部的争斗，明初的方孝孺被明成祖杀害且诛十族，“天下读书种子绝矣”[①]；还有明初文字狱曾一度盛行，政治生态的恶劣对士人的影响极大。士人们对于政治总是抱着若即若离的态度，如明中叶的吴与弼就坚持避世不仕、躬耕于野，其弟子如陈白沙等也多半不仕。后来王阳明的弟子也有很大一批为布衣，还有刘宗周及其弟子也都不再汲汲于官位。民间讲学之盛，以及水间林下的谈论心性之盛，都与士人们对政治的淡漠有一定的关系，这一特点也极大地影响了明朝思想的走势。儒者可以得君行道，更可以觉民行道，读书与讲学，山林与宗族，无处不是乐地，无时不可探析性理之精微、推行孔孟之仁义，这一点在王阳明及其亲传弟子身上表现得最为明显。

丰富多彩的明朝思想，其相关的研究成果也较为丰富，下面就作个挂一漏万的简要回顾。早在晚明清初，从周汝登、刘宗周到孙奇逢、黄宗羲等学者，就特别注意梳理明朝思想发展的脉络，并思考其中的流派得失等问题。近百年来，随着现代学术建构的一步步深入，对于宋明理学的认识也在逐步加深，然而于宋朝相比，则明朝的思想除了王阳明其人其学之外，则被关注的一直不多。二十世纪三四十年代，有开辟之功的则有容肇祖先生的《明代思想史》与嵇文甫先生的《左派王学》《晚明思想史》，此后明朝思想的研究又进入相对沉寂的状态，不过在日本以及台湾地区则继续围绕阳明学为中心有着多种相关成果，如

① ［清］张廷玉：《明史》卷一百四十一《列传第二十九》，第 4019 页。

牟宗三先生、冈田武彦先生、荒木见悟先生等都有相关代表作问世。20 世纪 90 年代，由侯外庐、邱汉生、张岂之三先生主编的《宋明理学史》下册的出版，当是明朝理学研究的一大力作，该书以 70 多万字的篇幅，对明朝的理学家们分别做了基础性的研究。20 世纪末以来，被收录于匡亚明主编的《中国思想家评传丛书》的《宋濂、方孝孺评传》（王春南、赵映林）、《陈献章评传》（黄明同）、《王守仁评传》（张祥浩）、《罗钦顺评传》（胡发贵）、《王畿评传》（方祖猷）、《聂豹、罗洪先评传》（吴震）、《王艮评传》（龚杰）、《罗汝芳评传》（吴震）、《焦竑评传》（李剑雄）、《李贽评传》（许苏民）、《顾宪成、高攀龙评传》（步近智、张安奇）、《刘宗周评传》（东方朔）、《陈确评传》（王瑞昌）、《黄宗羲评传》（徐定宝）等陆续出版，还有吴光先生主编的《阳明学研究丛书》收录了《王阳明的生活世界》（董平）、《浙中王学研究》（钱明）、《江右王学通论》（徐儒宗）、《泰州学派研究》（吴震）、《刘宗周与蕺山学派》（何俊、尹晓宁）、《黄宗羲与清代浙东学派》（吴光）等研究专著，这两大系列成果使得明朝思想的研究得以细化与深化。致力于明朝思想的著名学者则有张学智先生，他先是独力完成了近 70 万字的《明代哲学史》的撰写，后又独力撰写了《中国儒学史》之“明代卷”，前者除了儒学还包括了佛教、道教、天主教而成为反映明朝思想的断代全史，而后者则以儒学与政治为主又附及经学、宗教。还有陈来先生《有无之境——王阳明哲学的精神》《中国近世思想史研究》《宋明理学》，杨国荣先生的《王学通论》与《心学之思》，吴震先生的《阳明后学研究》《颜茂猷思想研究》，钱明先生的《阳明学的形成与发展》《王阳明及其学派考论》，左东岭先生的《王学与中晚明士人心态》，彭国翔先生的《良知学的展开——王龙溪与中晚明阳明学》，林月惠女士的《良知学的转折——聂双江与罗念庵思想之研究》，等等，近 20 年来近百部相关著作，使得以阳明学为主体的明朝思想的研究得以百花齐放、百家争鸣，达到了新的高峰。

本书因为篇幅与体例的限制，故而在向上述前辈学者学习的同时，努力做好以下三个方面，力求向希望了解明朝思想发展概况的读者，奉献一部篇幅不大而内容较全，有一定深度与广度的明朝思想研究的通俗读物。

其一，既见森林又见树木，在以时代为序介绍思想家群体，也即学派的同时，展开思想家个体、学者的研究。明初的河东学派、崇仁学派，明中叶的白沙、甘泉学派与王学的各大地域学派，晚明的东林学派与蕺山学派，这些学派组成了明朝思想的主要图景，故而本书的叙述便以此为线索，以求呈现各时代思想发展的主干。同时在介绍学派的同时，重点介绍各大学派的代表人物，特别是薛瑄、吴与弼、陈白沙、湛若水、刘宗周等学者，因为其思想史上的重要地位，故他们在本书中所在的篇幅并不比王阳明少太多。事实上就整个明朝而言，薛瑄与河东学派，其在北方的历史影响几乎与南方的王阳明及其后学可以双峰并峙；而崇仁学派的诸多后学，包括湛若水、唐枢、许孚远等学者，也与阳明学者有着诸多的“对抗”与“合作”关系；后来的东林、蕺山两大学派的诸多学者则与阳明后学的直接或间接的论辩则更多了。故而研究明朝的思想，将思想家的群体与个体结合起来，对思想史做多向度的考察，把握思想发展中的多元与互动，既是必要的，也是必需的。

其二，互见与呼应。将整个明朝思想看作一个整体，注意不同思想流派与思想家的前后互见、相互呼应。比如湛若水由于其本人的高寿，加之其创立的甘泉学派原本就是明朝中后期的主要学派，故而在列专章加以介绍之后，又在论及王阳明学思历程的时候再将王、湛论学之经过加以说明，这一呼应对比，可以看出二者思想的关联以及学术的异同。再如作为明朝朱学代表的罗钦顺，并不单列一个章节，却将之作为心学的主要反对者而出现，在论及王阳明以及吴与弼、欧阳德的时候都有论及。还有许孚远、高攀龙、王阳明的思想都对晚明大儒刘宗周有影响，故而又借着讲述刘宗周学术渊源的机会，再补充这三人思想的另一侧面。通过行文之中的互见与呼应，既可以避免讲述一位思想家时面面俱到的冗长，又可以理解思想之所以多有变化，乃是天才成群而来、彼此心灵碰撞的结果。

其三，传记性、学术性的结合，努力将思想家的生平、学思历程的叙述，与思想家的思想特点的分析有机结合起来。本书在追求严谨的学术性的同时，努力增强其可读性，但对传记性的重视，不只是为了吸引读者。比如王阳明一生的坎坷遭遇，所谓“千难百死”，便是其“致良知”学说逐步精致起来的关键，故以一定的篇幅呈现思想家的传记，对于理解其学术有着极为重要的意义。而且，本书所介绍的生平，多半结合学者的学思历程、讲学与著述的历程等，故而原本就是与其思想学术分不开的、水乳交融的。再说由于篇幅的限制，本书与明朝哲学研究的通史或专论相比，则学术性的部分明显较小，为了做到以小见大，书中选择的多半是该思想家于整个时代而言最有特色的部分，以求给予读者较为鲜明的印象。

还有需要说明的是，由于“明朝文化研究丛书”另有《明朝宗教》一册，故本书对佛教、道教等都不列专章，然佛、道思想对儒学的影响则有所涉及，基督教则在中西思想交流时也有所涉及，而其重点不在宗教本身。再者，本书对于元明或明清之交思想家的选取，主要考虑明朝思想史的完整性，以及对于明朝思想界的影响，比如宋濂入明已50多岁，然他之前一直隐居读书，其思想的光辉在人生的最后20年方才焕发；再如黄宗羲入清时正好35岁，但其后50年的人生只作为明朝的遗老而活着，为整理明朝的文史而活着。当然思想史不像政治史可以找到标志性事件作为分水岭，故而在连绵不绝的思想之河流中，无论如何截取，也都只是权宜之计。你在驻足凝视此处风光之时，那一道清泉早就已经流向远方。

最后，说明一下本书写作的具体分工情况：第一、五、六、八章与第七章第一节的撰写，以及全书的统稿，由杭州师范大学哲学系副教授张天杰负责；第三、四章的撰写，由宁波大学国学和哲学研究中心副教授邹建锋负责；第二、九章与第七章第二、三节的撰写，由湖南大学岳麓书院博士研究生喻志负责。

感谢南京出版社的热情邀约，感谢凌霄编辑的辛勤劳动。由于时间紧迫、水平有限，故本书定有诸多错误之处，敬请读者批评指正！